Christian Herold

Vermeidung des Earnings Management der Umsatzerlöse

GABLER EDITION WISSENSCHAFT

Rechnungswesen und Unternehmensüberwachung

Herausgegeben von
Professor Dr. Hans-Joachim Böcking und
Professor Dr. Michael Hommel

Die Schriftenreihe präsentiert Ergebnisse der betriebswirtschaftlichen Forschung zu den Themengebieten Financial Accounting, Business Reporting, Business Audit, Business Valuation und Corporate Governance. Die Beiträge dieser Rehe verfolgen das Ziel, Vorgaben der Gesetzgebung, der nationalen und internationalen Standardsetter sowie Empfehlungen der Wirtschaftspraxis mittels des Instrumentariums der betriebswirtschaftlichen Theorie zu beschreiben, zu analysieren und insbesondere vor dem Hintergrund der Anforderungen des Kapitalmarktes weiterzuentwickeln.

Christian Herold

Vermeidung des Earnings Management der Umsatzerlöse

Eine ökonomische Analyse der internationalen Rechnungslegungsnormen

Mit einem Geleitwort von Prof. Dr. Hans-Joachim Böcking

Deutscher Universitäts-Verlag

Bibliografische Information Der Deutschen Bibliothek
Die Deutsche Bibliothek verzeichnet diese Publikation in der Deutschen Nationalbibliografie; detaillierte bibliografische Daten sind im Internet über <http://dnb.ddb.de> abrufbar.

Dissertation Universität Frankfurt am Main, 2005

1. Auflage März 2006

Lektorat: Brigitte Siegel / Sabine Schöller

Der Deutsche Universitäts-Verlag ist ein Unternehmen von Springer Science+Business Media.
www.duv.de

Umschlaggestaltung: Regine Zimmer, Dipl.-Designerin, Frankfurt/Main
Druck und Buchbinder: Rosch-Buch, Scheßlitz
Gedruckt auf säurefreiem und chlorfrei gebleichtem Papier
Printed in Germany

ISBN 3-8350-0274-0

Geleitwort

Kapitalmarktteilnehmer weisen den Umsatzerlösen in der Finanzberichterstattung einen enormen, wenn nicht sogar den größten Stellenwert zu. Daher ist es wenig überraschend, dass Unternehmen und insbesondere deren Führungskräfte, Umsatzerlöse in erheblichem Maße für rechnungslegungspolitische Zwecke nutzen. Den Normsetzern ist es bisher offenbar nicht gelungen, effektive Regelungen zu erlassen, die dem Stellenwert der Umsatzerlöse gerecht werden, die Adressaten adäquat informieren und rechnungslegungspolitischen Einflüssen vorbeugen.

Herrn Herold gelingt in seiner Arbeit eine integrierte Abhandlung des äußerst komplexen Bereichs der ergebnisbezogenen Rechnungslegungspolitik, dem earnings management. Aufbauend auf der Prinzipal-Agenten-Theorie legt der Verfasser das grundlegende Problem der Rechnungslegung offen: Sie dient der Rechenschaft und somit der Kontrolle des Managements, wird aber auch ausschließlich von diesem gestaltet. Die Arbeit beschäftigt sich intensiv, umfassend und überzeugend mit den Anreizen und Möglichkeiten des earnings management. Alleine letztere können durch den Normsetzer beeinflusst werden. Herr Herold weist nach, dass earnings management ungeachtet moralischer Aspekte aus ökonomischen Gesichtspunkten stets abzulehnen ist. Nach einer deskriptiven Aufnahme der oftmals mit Manipulationen in Zusammenhang stehenden Normen der Umsatzrealisierung nach US GAAP, IFRS und HGB, wird das Manipulationspotenzial der einzelnen Norm offengelegt. Im Rahmen seiner normativen Forschung zur ökonomischen Analyse des Rechts kann nachgewiesen werden, dass nur auf Prinzipien basierende und durch Regeln konkretisierte Normen, earnings management reduzieren können. Die von Herrn Herold formulierten neuen und notwendigen Anforderungen zur Konkretisierung der Normen der Umsatzrealisierung und zur Ausdehnung der Publikationspflichten werden wohl nicht alle Manager begeistern.

Mit der vorliegenden Arbeit leistet Herr Herold einen sehr guten Beitrag zu Forschung und Praxis im Bereich der nationalen und internationalen Rechnungslegung und Abschlussprüfung. Die Ergebnisse der Arbeit bringen sowohl für Wissenschaft und Praxis wertvolle und vor allem neue Einblicke, die es rasch in die Praxis umzusetzen gilt. Der brandaktuelle Themenbereich verdeutlicht einmal mehr, wie wichtig es ist, sich mit den Grundlagen des earnings management von Umsatzerlösen zu beschäftigen. Für alle Personen, die sich mit Fragen der Rechnungslegung und Abschlussprüfung auseinandersetzen, ist die Lektüre dieser Arbeit dringend zu empfehlen.

Professor Dr. Hans-Joachim Böcking

Vorwort

Die vorliegende Arbeit entstand während meiner Tätigkeit als wissenschaftlicher Mitarbeiter an der Professur für Betriebswirtschaftslehre, insbesondere Wirtschaftsprüfung und Corporate Governance an der Johann Wolfgang Goethe-Universität Frankfurt am Main. Sie wurde vom Fachbereich Wirtschaftswissenschaften im November 2005 als Dissertation angenommen.

Meinem akademischen Lehrer, Herrn Professor Dr. Hans-Joachim Böcking, der mir die Möglichkeit zur Promotion eröffnete, mich stets mit großem Engagement in der Erstellung der Arbeit unterstützte und mir dabei den notwendigen fachlichen und zeitlich flexiblen Freiraum ließ, gilt mein herzlicher Dank. Ebenso bedanken möchte ich mich bei Herrn Prof. Dr. Michael Hommel für die freundliche und zeitnahe Übernahme des Zweitgutachtens.

Ein besonderer Dank gilt Herrn Dr. Bert Böttcher und Herrn Dr. Markus Kronner – auch stellvertretend für die KPMG Deutsche Treuhand-Gesellschaft AG. Ohne ihren längst nicht selbstverständlichen Einsatz, ihr allgegenwärtiges Verständnis für das Promotionsprojekt und ihre finanzielle Förderung, hätte die Arbeit nicht auf diese Weise abgeschlossen werden können.

Vor allem aber haben die Kolleginnen und Kollegen der Professur für Wirtschaftsprüfung und Corporate Governance zum Entstehen dieser Arbeit beigetragen. Unsere vielen, gemeinsam verbrachten Stunden während und außerhalb der Arbeitszeit, werden mir stets in freudiger Erinnerung bleiben. Bedanken möchte ich mich insbesondere bei Herrn Dr. Andreas Dutzi und Herrn Benjamin Rausch. Nicht nur ihre Anmerkungen beim Korrekturlesen sondern auch die vielen spontanen nicht nur fachlichen Diskussionen eröffneten oftmals ungeahnte Einblicke und differenzierte Blickrichtungen. Eine zudem derart große Hilfsbereitschaft und ehrlich konstruktive Kritik sucht ihresgleichen. Sie haben einen wesentlichen Anteil zum Gelingen dieser Arbeit beigetragen. Für das Korrekturlesen bedanke ich mich darüber hinaus bei Frau Dr. Katrin Müller und Frau Nina Carola Seikat.

Mein größter Dank gilt meinen Eltern. Sie haben mich und meine Ausbildung in jeglichen Belangen unterstützt und mir stets mit Rat und Tat zur Seite gestanden. Ihnen ist diese Arbeit gewidmet.

Christian Herold

Inhaltsverzeichnis

Abbildungs- und Tabellenverzeichnis

Abbildungsverzeichnis

Tabellenverzeichnis

Abkürzungsverzeichnis

a.A.	anderer Auffassung
AAA	American Accounting Association
AAER	Accounting and Auditing Enforcement Release
ABl.	Amtsblatt der Europäischen Gemeinschaften
Abs.	Absatz
Abschn.	Abschnitt
AcSEC	AICPA Accounting Standards Executive Committee
AG	Aktiengesellschaft
AICPA	American Institute of Certified Public Accountants
AIN	American Institute of Certified Public Accountants, Accounting Interpretation(s)
AKEU	Arbeitskreis Externe Unternehmensrechnung der Schmalenbach-Gesellschaft e.V.
AktG	Aktiengesetz
AMEX	American Stock Exchange
Anm.	Anmerkung
APAG	Abschlussprüferaufsichtsgesetz
APB	Accounting Principles Board; APB Opinion(s)
App.	Appendix
ARB	Accounting Research Bulletin
Art.	Artikel
AU	US Auditing Standard(s)
Aufl.	Auflage
BaFin	Bundesanstalt für Finanzdienstleistungsaufsicht
Bd.	Band
BFH	Bundesfinanzhof
BFH/NV	Sammlung nicht veröffentlichter Entscheidungen des BFH
BFHE	Sammlung der Entscheidungen des Bundesfinanzhofs
BGB	Bürgerliches Gesetzbuch
BGH	Bundesgerichtshof
BGHSt	Entscheidungen des Bundesgerichtshofs in Strafsachen
BilKoG	Bilanzkontrollgesetz
BilReG	Bilanzrechtsreformgesetz
BiRiLiG	Bilanzrichtlinien-Gesetz
BMJ	Bundesministerium der Justiz
BörsO	Börsenordnung
BR	Deutscher Bundesrat
bspw.	beispielsweise
BStBl.	Bundessteuerblatt
BT	Deutscher Bundestag
bzw.	beziehungsweise

ca. .... circa
Ch. .... Chapter
Corp. .... Corporation
COSO .... Committee of Sponsoring Organizations of the Treadway Commission

d.h. .... das heißt
DCGK .... Deutscher Corporate Governance Kodex
Drs. .... Drucksache
DRS .... Deutscher Rechnungslegungs Standard
DRSC .... Deutsches Rechnungslegungs Standards Committee e.V.
DSR .... Deutscher Standardisierungs Rat
DStJG .... Deutsche Steuerjuristische Gesellschaft e.V.
DStR-E .... Deutsches Steuerrecht-Entscheidungsdienst

E .... Entwurf
e.V. .... eingetragener Verein
ed. .... Edition
EFG .... Sammlung der Entscheidungen der Finanzgerichte
EFRAG .... European Financial Reporting Advisory Group
EG .... Europäische Gemeinschaft
EITF .... Emerging Issues Task Force
ERS .... Entwurf IDW Stellungnahme zur Rechnungslegung
EStG .... Einkommensteuergesetz
et al. .... et alii
etc. .... et cetera
EU .... Europäische Union
EuGH .... Europäischer Gerichtshof
evtl. .... eventuell

F .... Framework
f. .... folgende
FAIT .... Fachausschuss für Informationstechnologie
FASB .... Financial Accounting Standards Board
FG .... Finanzgericht
Fn. .... Fußnote
FTB .... FASB Technical Bulletins

GAAP .... Generally Accepted Accounting Principles
GAO .... General Accounting Office
GE .... Geldeinheiten
gem. .... gemäß
GmbH .... Gesellschaft mit beschränkter Haftung

GmbHG .... Gesetz betreffend die Gesellschaften mit beschränkter Haftung
GoB .... Grundsätze ordnungsmäßiger Buchführung
GuV .... Gewinn- und Verlustrechnung

HFA .... Hauptfachausschuss des IDW
HGB .... Handelsgesetzbuch
Hrsg. .... Herausgeber

i.e.S. .... im engeren Sinne
i.d.F. .... in der Fassung
i.H.v. .... in Höhe von
i.S.d. .... im Sinne des
i.V.m. .... in Verbindung mit
i.w.S. .... im weiteren Sinne
IAASB .... International Auditing and Assurance Standards Board
IAS .... International Accounting Standard(s)
IASB .... International Accounting Standards Board
IDW .... Institut der Wirtschaftsprüfung e.V.
IFAC .... International Federation of Accountants
IFRIC .... International Financial Reporting Interpretations Committee
IFRS .... International Financial Reporting Standard(s)
Inc. .... Incorporated
IPO .... Initial Public Offering
IPS .... Internationaler Prüfungsstandard des IDW
IRS .... Internal Revenue Service
ISA .... International Standard(s) on Auditing

Jg. .... Jahrgang
Jr. .... Junior

KOM .... Kommission der Europäischen Gemeinschaften

LG .... Landgericht
LR .... Litigation Release

m.w.N. .... mit weiteren Nachweisen
MBO .... Management Buy Out
Mio. .... Million
MitbestG .... Gesetz über die Mitbestimmung der Arbeitnehmer
Mrd .... Milliarde

n.F. .... neue Fassung
NASDAQ .... National Association of Securities Dealers Automated Quotations

No. .... Number
Nr. .... Nummer
NYSE .... New York Stock Exchange
NYU .... New York University

o.V. .... ohne Verfasser
OFD .... Oberfinanzdirektion

PS .... Prüfungsstandard des IDW
Pub.L. .... Public Law

Ref. .... Reference
Reg. .... Regulation
RL .... Richtlinie
Rn. .... Randnummer
RS .... Stellungnahmen zur Rechnungslegung des IDW
Rz. .... Randziffer

S. .... Seite(n), Satz
SAB .... SEC Staff Accounting Bulletin(s)
SAS .... Statement on Auditing Standard(s)
SEC .... United States Securities and Exchange Commission
Sec. .... Section
SFAC .... Statement of Financial Accounting Concept(s)
SFAS .... Statement of Financial Accounting Standard(s)
SIC .... Standing Interpretations Committee
SOA .... Sarbanes-Oxley Act of 2002
sog. .... so genannt(e)
SOP .... Statements of Position des American Institute of Certified Public Accountants
Sp. .... Spalte
StBGebV .... Steuerberatergebührenverordnung
StGB .... Strafgesetzbuch

Tz. .... Textziffer

u.a. .... unter anderem
US GAAP .... United States Generally Accepted Accounting Principles
US .... United States
USA .... United States of America

Verf. .... Verfasser(s)
vgl. .... vergleiche
VO .... Verordnung

Vol. .... Volume
vs. .... versus

WpHG.................................... Gesetz über den Wertpapierhandel

z.B. .... zum Beispiel
z.T. .... zum Teil
zzgl. .... zuzüglich

I. Einleitung

1 Problemstellung

„Rechnungslegungsnormen dienen der Abbildung von wirtschaftlich getroffenen Entscheidungen“[1]. Sie sollen das tatsächlich Geschehene ihrem zu Grunde liegenden wirtschaftlichen Gehalt abbilden. Nur eine Abbildung, die den tatsächlichen Verhältnissen des Unternehmens entspricht, kann der Rechenschaft des Managements gegenüber den Aktionären, der Öffentlichkeit und den anderen Adressatengruppen gerecht werden.[2] Folglich gelten Rechnungslegungsvorschriften und deren Prüfung sowie Durchsetzung als notwendige Rahmenbedingungen für den Kapitalmarkt, insbesondere zur Senkung der Verhandlungs- und Einigungskosten im Hinblick auf die Markteffizienz, zum Schutz der Kapitalgeber,[3] zur Vergleichbarkeit und damit zur Bewertung der Unternehmen und zur Begrenzung der Machtverteilung zwischen dem Management und den Anteilseignern.[4] Rechnungslegungsnormen führen dann nicht zum gewünschten Ergebnis, wenn das Management die Abbildung des Tatsächlichen zu dessen Gunsten falsch darstellt.[5] Findet eine falsche Darstellung durch Einflussnahme auf die Rechnungslegung im Hinblick auf den Gewinnausweis statt, werden diese Handlungen international auch als *earnings management* bezeichnet.

In der Vergangenheit wurden unterschiedliche Fälle von Darstellungen der Unternehmenslage bekannt, die nicht den tatsächlichen Verhältnissen entsprachen.[6] Insbesondere im Zusammenhang mit der Umsatzrealisierung treten, gemessen an anderen Abschlussposten, gehäuft falsche Darstellungen auf.[7] Dies verwundert nicht, gelten doch die Umsatzerlöse als einer der für die Adressaten wichtigsten Abschlussposten.[8] Eine Beurteilung der Ertragslage ohne die Kenntnis der Umsatzerlöse ist nicht möglich. Empirische Untersuchungen zeigen weiterhin, dass der Kapitalmarkt empfindlich auf die Veränderung der Umsatzerlöse reagiert. Beispielsweise besteht ein positiver Zusammenhang zwischen der Höhe der Umsatzerlöse und den Aktienkursen.[9] Auch ergeben sich aus Prognosen der Umsatzerlöse und den tatsächlich erziel-

---

1 Böcking (Internationalisierung, 2004), S. 179.

2 Vgl. Böcking (Internationalisierung, 2004), S. 178 zum Problem der Rechenschaft gegenüber Dritten.

3 Vgl. Modigliani/Perotti (Markets, 2000), S. 85-86 zum Schutz von Minderheiteninteressen durch ein Enforcement und zur Außenfinanzierung.

4 Vgl. Böcking (Verhältnis, 1998), S. 27-29.

5 Vgl. Hommel (Bilanzierung, 1998), S. 23 der unter anderem als Anforderungsprofil einer entscheidungserheblichen Information die Manipulationsfreiheit und eine ausgeprägte Objektivierung aufführt. Zum Risiko von Manipulationen vgl. Wagenhofer (Accounting, 2004), S. 26 „if firms can ‚lie' … without threat of being caught, they will do so“.

6 Vgl. dazu Kapitel II.2.2.2, S. 45. Für Deutschland sind beispielsweise die Fälle FlowTex und ComRoad weitläufig bekannt.

7 Vgl. statt vieler COSO (Reporting, 1997).

8 Vgl. Kapitel III.1, S. 63.

9 Vgl. Benston (Prices, 1967), S. 24 mit einer Untersuchung US-amerikanischer börsennotierter Unternehmen. So auch Sridharan/Summers/McAlum (Valuation, 2003), S. 258.

ten Umsatzerlösen signifikante Kursreaktionen.[10] Vor diesem Hintergrund stehen neben bilanztheoretischen Fragestellungen, informationsökonomische Überlegungen zur Ausgestaltung der Rechnungslegung bei der Realisierung von Umsatzerlösen durch verkaufte Waren oder erbrachte Dienstleistungen im Mittelpunkt dieser Arbeit.[11] Insbesondere Fragestellungen jener Art, wie die Normen zur Umsatzrealisierung die adäquate Abbildung der großen Vielfalt an Transaktionen gewährleisten können und zudem, den Adressaten relative Sicherheit in der Ordnungsmäßigkeit der realisierten Umsatzerlöse vermitteln.

Auf Basis eines agency-theoretisch begründeten Erklärungsansatzes gilt es zu hinterfragen, auf welche Ursachen Falschdarstellungen zurückzuführen sind. In diesem Rahmen wird ferner darauf eingegangen, inwieweit Möglichkeiten des Managements bestehen, die Rechenschaftslegung zu konterkarieren. Da vorhandene Möglichkeiten nur genutzt werden, wenn auch entsprechende Anreize und entsprechende (charakterliche) Einstellungen eines Individuums vorliegen,[12] stellt sich die Frage, welche Anreize zu derartigen Handlungen veranlassen. Die charakterlichen Einstellungen nur am Rande berücksichtigend, gibt es zwei verbleibende Stellhebel, eine den tatsächlichen Verhältnissen entsprechende Rechenschaftslegung herbeizuführen, nämlich die Beeinflussung der Anreize und die Verhinderung von Möglichkeiten. Zudem ist zu untersuchen, ob eine nicht den tatsächlichen Verhältnissen entsprechende Rechenschaftslegung aus ökonomischen Erwägungen abzulehnen ist. Obwohl auch eine Einflussnahme auf die Anreize zielführend sein kann, stellen diese keinen Gegenstand der weiteren Untersuchung dar. Institutionen wie Abschlussprüfer und Enforcement-Einrichtungen, die ebenfalls zwischen dem Verhältnis von Abschlussadressaten und Managern in Zusammenhang mit der Rechenschaft der Rechnungslegung eine wichtige Rolle spielen, werden im Weiteren stets als im alleinigen Sinne der Adressaten handelnd definiert.

2 Gang der Untersuchung

Vom Management generierte und an die Adressaten übermittelte Informationen, die in Bezug auf die Umsatzerlöse nicht den tatsächlichen Verhältnissen entsprechen, fordern die Auseinandersetzung mit der Forschungsfrage, auf welche Weise die Möglichkeiten einer Falschdarstellung durch Ausgestaltung der Rechnungslegungsnormen verringert werden können. Die vorliegende Untersuchung behandelt die Normen zur Umsatzrealisierung nach den *United States Generally Accepted Accounting Principles* (US GAAP), den *International Financial*

---

10 Vgl. statt vieler Han/Wild (Stock, 1991), S. 89 und Cornell (Response, 2001), S. 114.

11 Nach *Ballwieser* hat sich die Betrachtung der Rechnungslegung hin zur Informationsökonomie und weg von früheren bilanztheoretischen Fragestellungen wie die zweckgerichtete Einkommensbemessung und die daraus folgenden Bilanzierungsregeln entwickelt. Vgl. Ballwieser (Theorie, 1991), S. 111.

12 Vgl. u.a. Knabe/Mika/Müller *et al.* (Fraud, 2004), S. 1059.

Reporting Standards (IFRS) und dem Handelsgesetzbuch (HGB).[13] Zum einen werden die Normen im Kontext des ihnen zu Grunde liegenden Rahmenkonzepts, d.h. auf ihre Konsistenz hin untersucht. Darüber hinaus bedarf es, die einzelnen Regelungsbereiche herauszustellen, Regelungslücken zu identifizieren und den Grad der Detaillierung der Normen festzustellen.[14] Zur Vermeidung von Falschdarstellungen sind es mithin diese Aspekte, die es bei der Entwicklung von Rechnungslegungsnormen zu beachten gilt.

Abbildung 1: Gang der Untersuchung

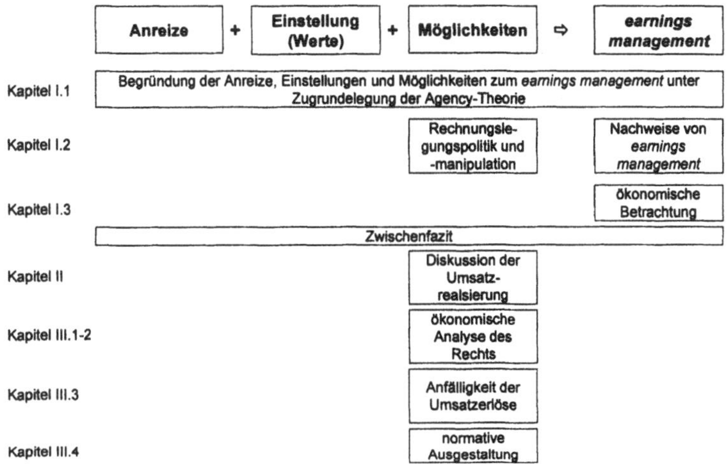

Anschließend an die Untersuchung der Normen zur Umsatzrealisierung werden auf Basis der ökonomischen Analyse des Rechts die grundsätzlichen Wirkungsrichtungen von prinzipienbasierten und regelungsbasierten Normen aufgegriffen. Die aus der Betrachtung der Normen

13 Kapitalmarktorientierte Unternehmen konnten bis zum 31.12.2004 einen befreienden Konzernabschluss gem. § 292a HGB nach international anerkannten Grundsätzen aufstellen. Hierunter fielen sowohl die US GAAP als auch die IFRS (vgl. dazu DRS 1.6, 1.10). Für Geschäftsjahre, die nach dem 1.1.2005 beginnen, haben kapitalmarktorientierte Unternehmen auf Grund von Art. 4 der VO (EG) Nr. 1606/2002 bzw. nach § 315a HGB, einen Konzernabschluss nach IFRS aufzustellen. Unternehmen, die an einer US-amerikanischen Börse notiert sind, dürfen weiterhin einen US GAAP-Abschluss aufstellen und müssen erst für Geschäftsjahre die nach dem 1.1.2007 beginnen, IFRS zwingend zur Einhaltung deutschen bzw. europäischen Rechts anwenden. Für den Jahresabschluss ist stets das Handelsbilanzrecht anzuwenden, auch wenn bei der Offenlegung vom Wahlrecht Gebrauch gemacht wird, einen Einzelabschluss im Bundesanzeiger nach IFRS zu veröffentlichen. Denn die befreiende Wirkung der Offenlegung eines IFRS-Einzelabschlusses tritt nur ein, wenn die Gesellschaft den handelsrechtlichen Jahresabschluss mit dem Vermerk des Abschlussprüfers zum Handelsregister eingereicht hat (§ 325 Abs. 2a i.V.m. Abs. 2b Nr. 3 HGB i.V.m. § 325 Abs. 1 S. 1, 2 HGB). Folglich besitzen sowohl die US GAAP, die IFRS und das HGB nachhaltig Relevanz für die Rechnungslegung deutscher Unternehmen.

14 Zur dringend gebotenen Notwendigkeit der Schließung von Regelungslücken innerhalb der IFRS und US GAAP vgl. Hommel/Wich (Entfernungsverpflichtungen, 2004), S. 16.

zur Umsatzrealisierung gewonnenen Erkenntnisse fließen in die Analyse ein und werden zudem durch praktische Beispiele belegt. Hieraus folgt die Ableitung einer Normkomposition, die am Ende dieser Arbeit mit einem Vorschlag zur Verbesserung von Rechnungslegungsnormen betreffend die Umsatzrealisierung mit der Zielsetzung einer Vermeidung von *earnings management* schließt. Ziel ist nicht, bestehende Einzelfallregelungen zu ergänzen, sondern grundlegende Aspekte und Alternativen eines noch zu entwickelnden konsistenten Systems darzustellen. Besondere Aktualität erlangt diese Arbeit durch das derzeit gemeinsam vom *Financial Accounting Standards Board* (FASB) und *International Accounting Standards Board* (IASB) durchgeführte Projekt „*Revenue Recognition*"[15]. Der Gang der Untersuchung ist zusammenfassend der obigen Abbildung zu entnehmen.

Mit den Erkenntnissen aus der Agency-Theorie gibt die Arbeit allgemein Aufschluss über Instrumente und Anreize zur zielgerichteten Adressatenbeeinflussung. Dabei dient eine Zusammenstellung kasuistisch auftretenden *earnings management* einer Sensibilisierung der Abschlussadressaten. Zudem bieten die aufgezeigten Inkonsistenzen, Regelungslücken und Regelungsschärfen der Rechnungslegung im Hinblick auf die Umsatzrealisierung sowohl den Abschlusserstellern, Abschlussadressaten, Abschlussprüfern und Enforcement-Einrichtungen Hinweise für die jeweiligen individuellen Zielvorstellungen.[16] Die am Ende dieser Arbeit stehenden Implikationen zur Ausgestaltung der Rechnungslegungsnormen erlangen vorwiegend im Rahmen der Normgebung Relevanz.

---

15 Vgl. hierzu im Internet: http://www.fasb.org/project/revenue_recognition.shtml. Das Projekt befindet sich derzeit im Anfangsstadium. Mit einem ersten vorläufigen Entwurf wird erst Ende des Jahres 2005 gerechnet.

16 Zu Inkonsistenzen innerhalb der IFRS auch bei neueren Verlautbarungen vgl. Hommel/Wolf (Emissionsrechte, 2005), S. 318-320.

II. Kapitel: Theoretische und empirische Aspekte zum earnings management

1 Agency-theoretisch begründender Erklärungsansatz für die Einflussnahme auf die Rechnungslegung

1.1 Das Grundmodell der Agency-Problematik

Die Agency-Theorie beschäftigt sich mit der Analyse und Gestaltung von Vertragsbeziehungen zwischen einem Auftraggeber (Prinzipal) und einem Auftragnehmer (Agent).[17] Das Grundmodell einer Agency-Beziehung stellt sich regelmäßig wie folgt dar: Der Agent als Entscheidungsträger über die ihm anvertraute Ressource wählt eine Handlung aus seinem Aktionsraum, die sowohl den Nutzen des Agenten als auch den des Prinzipals beeinflusst. Der Prinzipal legt ex ante eine Vergütungsfunktion fest, welche an die vom Prinzipal ex post beobachteten Ergebnisse aus den Handlungen des Agenten anknüpft.[18] Zwischen diesen beiden (begrenzt) rational und opportunistisch handelnden, nutzenmaximierenden Akteuren besteht in der Regel ein Zielkonflikt bzw. ein Konflikt divergierender Bedürfnisse.[19] Als ursächlich für die Interessendivergenz wird zum einen die in den Grundmodellen angenommene Arbeitsaversion des Agenten angesehen, der z.B. durch Informationsbeschaffungsaktivitäten oder anderweitiges Tätigwerden Arbeitsleid bzw. Disnutzen erfährt.[20] Zum anderen ist der Prinzipal im Wesentlichen am finanziellen Erfolg seiner Ressource (z.B. eine Investition bzw. ein Unternehmen) interessiert, während der Agent neben den finanziellen Aspekten noch nach weiteren nicht finanzielle Vorteile wie der Steigerung seiner Reputation sowie Karrierechancen und dem privaten Konsum von Ressourcen strebt.[21] Zu diesen sog. *fringe benefits* zählt

---

17 Vgl. Jensen/Meckling (Theory, 1976), S. 308; Spremann (Agent, 1987), S. 3; Levinthal (Agency, 1988), S. 155; Elschen (Agency-Theorie, 1991), S. 1004; Laux (Risiko, 1990), S. 11 bezeichnet den Prinzipal als „Instanz" und den Agenten als „Entscheidungsträger". Bei der normativen Agency-Theorie steht die Frage im Vordergrund, wie die Vertragsbeziehung zwischen dem Agenten und dem Prinzipal ausgestaltet sein sollte, damit der Agent im Interesse des Prinzipals handelt, wohingegen das zentrale Anliegen der positiven Agency-Theorie auf der Beschreibung und Erklärung von realen Vertragsbeziehungen liegt. Vgl. Jensen (Organization, 1983), S. 320. „An einer strengen Trennung von normativer und deskriptiver [bzw. positiver; Anm. d. Verf.] Theorie kann man ... nicht mehr festhalten." Hax (Rationalität, 2003), S. 305. Vgl. auch Jensen (Organization, 1983), S. 335 der feststellt, dass ein Großteil der auf der normativen Theorie basierenden Literatur als Art und Weise einer positiven Theorie interpretiert werden kann.

18 Vgl. Arrow (Agency, 1985), S. 37.

19 Vgl. Ross (Theory, 1973), S. 134; Levinthal (Agency, 1988), S. 154; Eisenhardt (Agency, 1989), S. 58. Gleiche Annahmen des opportunistischen Verhaltens treffen Watts/Zimmerman (Demand, 1979), S. 300-301 für ihre *positive accounting theory*: „the only accounting theory that will provide predictions that are consistent with observed phenomena is one based on self-interest".

20 Vgl. Holmström (Moral hazard, 1979), S. 76; Ewert (Interessenkonflikte, 1992), S. 285. Zusammenfassend siehe Breid (Ansätze, 1995), S. 837.

21 Vgl. Holmström/Ricart i Costa (Incentives, 1986), S. 837. *Fringe benefits* können als Sozialnutzen oder nicht-finanzielle Nebeneinkünfte wie z.B. luxuriöse Büroeinrichtungen und Dienstwagen bezeichnet werden. Vgl. Jensen/Meckling (Theory, 1976), S. 312 und Ewert (Agency-Probleme, 1986), S. 10.

im Wesentlichen die Maximierung der *organizational slack.*[22] Unterschiedliche Zeithorizonte der Beteiligten führen dazu, dass der Agent bei seinen gegenwärtigen Handlungen weniger Wert auf künftige Auswirkungen legt, da er künftig entweder nicht länger für den entsprechenden Prinzipal tätig ist oder er gegenwärtig für Verhandlungen über künftige Entlohnungen eine gute Diskussionsgrundlage benötigt.[23]

Die Unvollständigkeit der Information und Informationsasymmetrien sind zentraler Bestandteil der Agency-Beziehung und treten in unterschiedlichen Ausprägungen vor und nach Vertragsabschluss und während des gesamten Zeitraums auf. Sie liegen darin begründet, dass der Prinzipal die Verfügungsmacht über die Ressource auf den Agenten überträgt, sich damit aus den operativen Entscheidungen zurückzieht und sich letztendlich auf die Kontrolle bzw. Überwachung des Agenten beschränkt. Grundlegend sind die Informationsasymmetrien in die Problematik der *hidden action* und *hidden information* aufzuspalten. Diese führen zu der Gefahr des *moral hazard*, bei der das Verhalten des Agenten auch nicht ex post vom Prinzipal beobachtbar ist.

Als *hidden action* werden die Handlungen des Agenten bezeichnet, die nach Abschluss des Vertrags durchgeführt werden.[24] Für den Prinzipal ist es nur begrenzt möglich, die Handlungen des Agenten daraufhin zu überwachen und zu verifizieren, ob diese im Einklang mit seinen Zielen stehen. Demnach kann der Prinzipal nur das aus dem Handeln des Agenten resultierende (finanzielle) Ergebnis ablesen, aber nicht dessen Zustandekommen erklären.[25] Verschlossen bleibt dem Prinzipal, „ob gute (schlechte) Handlungsergebnisse dem Eintritt günstiger (ungünstiger) Zukunftslagen im Entscheidungsfeld der ... [Agenten; Anm. d. Verf.] geschuldet sind oder ob sie auf den hohen (mangelnden) Arbeitseinsatz für die Ziele der ... [Prinzipale; Anm. d. Verf.] zurückgeführt werden können."[26] Vom Prinzipal nicht erkennbare Entscheidungsunsicherheiten des Agenten erschweren dem Prinzipal die Verhaltens- bzw. Ergebnisbeurteilung.[27] Der Prinzipal kann nicht zwischen Verhaltensrisiko und echtem (exogenen) Risiko unterscheiden.[28] Basierend auf der Prämisse des opportunistischen Handelns ist der Agent bestrebt, diese Informationsasymmetrie zu seinen Gunsten und möglicherweise zu Lasten des Prinzipals auszunutzen.

---

22 Vgl. Antle/Eppen (Organizational Slack, 1985), S. 164. *Organizational slacks* sind definiert als „the excess of resources allocated over the minimum necessary to accomplish the tasks assigned", Antle/Eppen (Organizational Slack, 1985), S. 163. Ausführlich zum Begriff *slack* siehe Sprinkle (Perspectives, 2003), S. 291-292.

23 Vgl. Lambert (Contracting, 2001), S. 6.

24 Vgl. Arrow (Agency, 1985), S. 38 und Lambert (Contracting, 2001), S. 8.

25 Vgl. Hartmann-Wendels (Principal-Agent-Theorie, 1989), S. 714.

26 Elschen (Shareholder Value, 1991), S. 210. So auch Levinthal (Agency, 1988), S. 156 mit der Feststellung, dass „shareholders cannot be sure if poor performance stems from bad management or bad luck."

27 Vgl. Levinthal (Agency, 1988), S. 155; Elschen (Agency-Theorie, 1991), S. 1004.

28 Vgl. Spremann (Stakeholder-Ansatz, 1989), S. 743.

Im Fall der *hidden information* beobachtet der Agent exogen auftretende Ereignisse, die dessen Verhalten beeinflussen und von denen der Prinzipal keine oder nicht in der gleichen Qualität Kenntnis erlangt; und zwar ungeachtet dessen, ob der Prinzipal die Handlungen des Agenten beobachten kann oder nicht.[29] Diese *hidden information* entsteht nach Abschluss des Vertrags (z.B. im Entscheidungsfeld des Agenten oder in der Umweltsituation).[30] Die äußeren Umstände, warum der Agent eine bestimmte Handlungsalternative gewählt hat und ob dessen Arbeitseinsatz angemessen war, können vom Prinzipal nicht nachvollzogen werden, obwohl die Handlung des Agenten bekannt sein mag.[31] Die Beantwortung der Frage, inwiefern die dem Agenten vorliegenden Informationen im Interesse des Prinzipals genutzt wurden, entzieht sich der Beurteilung des Prinzipals. Grundsätzlich besteht für den Agenten kein Interesse daran, den Informationsvorsprung gegenüber dem Prinzipal offen zu legen. Vielmehr nutzt er diesen, um seinen eigenen Nutzen zu maximieren.

Die Möglichkeit des opportunistischen Verhaltens ergibt sich aus den nach Vertragsabschluss vom Agenten bewusst aufrechterhaltenen Informationsasymmetrien. Weicht das aus den Handlungen des Agenten resultierende Ergebnis negativ von dem vom Prinzipal erwarteten Ergebnis ab, wird der Agent stets bemüht sein, diese Abweichung auf exogene Ereignisse zurückzuführen, anstelle der tatsächlichen Offenlegung der Handlungen oder der Informationen, denen diese Handlung zu Grunde lag.[32] Um ein gegen die Interessen des Prinzipals gerichtetes Verhalten zu minimieren, können dem Agenten angemessene, an das relativ leicht und mit geringem Aufwand feststellbare Handlungsergebnis geknüpfte Anreize gegeben (ergebnisbezogene Anreize) oder meist mit hohen Kosten verbundene Überwachungsroutinen zur Beschränkung von ungewolltem Verhalten bzw. zur Belohnung von gewolltem Verhalten (verhaltensbezogene Anreize) durch den Prinzipal implementiert werden.[33] Die Entscheidung, ob ergebnis- oder verhaltensbezogene Anreize vorteilhaft sind, hängt u.a. von der Risikoneigung der Akteure und der Messbarkeit der jeweiligen Anknüpfungspunkte ab. Je risikoaverser (risikofreudiger) der Agent ist, desto eher werden verhaltensbezogene (ergebnisbezogene) Anreize zum gewünschten Verhalten führen.[34] Ergebnisbezogene Anreize führen für den Agenten zu einer Partizipation an den Risiken. Oftmals wird in der Agency-Theorie davon ausgegangen, dass das Verhalten des Prinzipals gegenüber Risiken indifferent ist, während

---

29 Vgl. Arrow (Agency, 1985), S. 39.

30 Vgl. Hartmann-Wendels (Principal-Agent-Theorie, 1989), S. 715; Elschen (Agency-Theorie, 1991), S. 1005.

31 Vgl. Jost (Prinzipal-Agenten-Theorie, 2001), S. 31.

32 Vgl. Ewert (Interessenkonflikte, 1992), S. 281 zur wahrscheinlichen, nicht wahrheitsgemäßen Berichterstattung des Agenten; Kleinholz (Signalisierung, 1989), S. 736.

33 Vgl. Jensen/Meckling (Theory, 1976), S. 308. Neben den Anreizen und der Überwachung nennen Jensen/Meckling die Hingabe einer Kaution oder Sanktionen des Agenten.

34 Vgl. Elschen (Agency-Theorie, 1991), S. 1008.

der Agent tendenziell risikoavers reagiert.[35] Auf Grund der Risikoaversion des Agenten hat der Prinzipal eine höhere Vergütung bei ergebnisbezogenen Anreizen zu entrichten, als dies ansonsten der Fall wäre.[36]

Vorvertragliche Informationsasymmetrien nehmen in der folgenden Arbeit eine untergeordnete Rolle ein und sollen daher nicht weiter vertieft werden.[37] Hierbei handelt es sich um ex post bekannt gewordene aber ex ante nicht erkennbare Verhaltensunsicherheiten (*hidden intention* mit dem Risiko des *holdup*[38])[39] sowie ex ante nicht erkennbare, exogen gegebene Merkmale des Agenten (*hidden characteristics* mit der Gefahr der *adverse selection*)[40].

1.2 Diskussion der Annahme des opportunistischen Verhaltens

In den Modellen der Agency-Theorie werden die Agenten als ausschließlich opportunistisch handelnde Individuen dargestellt, die – soweit es die Verhaltensspielräume zulassen – sich auf Kosten der Prinzipale durch Ausnutzung von Informationsasymmetrien bereichern oder anderweitig Nutzensteigerungen herbeiführen und gegebenes Vertrauen missbrauchen.[41] Die Ausnutzung von Informationsasymmetrien zur Verschleierung der tatsächlich erbrachten und möglicherweise nicht im Sinne des Prinzipals liegenden Leistung, kann auf eine unvollständige oder nicht wahrheitsgemäße Berichterstattung übertragen werden, da der Agent unter der Voraussetzung des opportunistischen Handelns dem Prinzipal nicht über seine tatsächlichen Handlungen (*hidden action*) oder über seine den Handlungen zu Grunde liegenden Informationen (*hidden information*) wahrheitsgemäß berichten würde. Empirische Studien belegen, dass Agenten tatsächlich auch opportunistisch handeln, wenn ein Anreiz besteht, den Arbeitsaufwand zu reduzieren und der Agent über private Informationen verfügt, die dem Prinzipal nicht zugänglich sind.[42]

---

35 Dies ist darin begründet, dass der Prinzipal sein persönliches Beteiligungsportfolio diversifizieren kann, während die Arbeitskraft des Agenten nicht in dieser Weise teilbar ist. Vgl. u.a. Eisenhardt (Agency, 1989), S. 60-61; Wenger/Knoll (Management-Anreize, 1999), S. 570.

36 Vgl. Elschen (Shareholder Value, 1991), S. 212. Je unsicherer das Ergebnis ist, desto eher bevorzugt der Agent verhaltensorientierte Anreize.

37 Asymmetrische Informationsverteilungen zwischen dem Prinzipal und dem Agenten, die bereits vor Vertragsabschluss bestehen und bei denen der „besser Informierte" opportunistisches Verhalten aufweist, werden als Gefahr bzw. als Gefahr der Auswahl unerwünschter Vertragspartner bezeichnet. Vgl. Richter/Furubotn (Institutionenökonomik, 1998), S. 165; Picot (Organisation, 1991), S. 152; Milgrom/Roberts (Economics, 1992), S. 149.

38 Wörtlich zu übersetzen ist *holdup* in diesem Zusammenhang mit Hinterhalt.

39 Vgl. Breid (Ansätze, 1995), S. 825; Spremann (Information, 1990), S. 566.

40 Vgl. Spremann (Information, 1990), S. 566; Picot (Organisation, 1991), S. 152.

41 So ist Opportunismus auch als Verfolgung des Eigeninteresses mit List und Tücke zu verstehen. Vgl. Schmidtchen (Analyse, 2001), S. 5 sowie Williamson (Trust, 1993), S. 458.

42 Vgl. Harrell/Harrison (Shirk, 1994), S. 575 untersuchen das Verhalten von Managern im Zusammenhang mit der Fortführung oder Einstellung von Projekten m.w.N.

Das im Grundmodell der Agency-Theorie postulierte rein opportunistische Verhalten der Agenten entspricht nicht gänzlich der Realität und stellt vielfach einen Anknüpfungspunkt teilweise berechtigter Kritik dar.[43] Eine zentrale Bedeutung gewinnt daher die Prognose des tatsächlichen Handelns der Agenten.[44] Neben dem bewussten Ausnutzen von Informationsasymmetrien und dem nicht aufdeckbaren Kommunizieren der Unwahrheit durch die Agenten, ist das menschliche Verhalten mehr oder weniger auch durch Altruismus, Loyalität, Ethik, Moral, Fairness aber auch durch Eigennutz und Boshaftigkeit geprägt.[45] Die geistige Grundhaltung der Loyalität, Ethik, Moral oder Fairness ist nicht erzwingbar oder vertraglich fixierbar, sondern beruht auf der Anerkennung entsprechender Gebote und Werte.[46] Eine enge Sichtweise des reinen Selbstinteresses ist aufzugeben und um die bereits genannten Aspekte zu erweitern. Inwiefern hierdurch der grundsätzliche Aussagewert der Agency-Theorie beeinflusst wird, ist strittig. Während *Baiman/Lewis* davon ausgehen, dass die ethischen und moralischen Grundsätze der Agenten zur ehrlichen Berichterstattung nicht ausreichen, um die Weitergabe falscher Informationen signifikant zu beschränken und damit die agency-theoretischen Überlegungen des opportunistischen Verhaltens untermauern,[47] kommen andere Autoren zu einem davon abweichenden Ergebnis.[48] Nach *Baiman/Lewis* besitzt jeder Agent einen Schwellenwert der wahrheitsgemäßen Berichterstattung. Wird diese Schwelle des Disnutzens einer falschen Berichterstattung in Form der Aufdeckung durch den Prinzipal überschritten, handelt der Agent vollumfänglich opportunistisch. So wurde bspw. in einem Laborversuch festgestellt, dass Agenten schon auf Grund geringer Mehrauszahlungen diese Schwelle überschreiten.[49]

---

43 Vgl. u.a. Levinthal (Agency, 1988), 154; Donaldson (Economics, 1990), S. 373; Müller (Informationsgehalt, 1995), S. 68-69; Gedenk (Agency-Theorie, 1998), S. 25.

44 Vgl. Hax (Rationalität, 2003), S. 305.

45 Vgl. Becker (Nobel, 1993), S. 386; Ewert (Interessenkonflikte, 1992), S. 283 zur Relevanz von verhaltenswissenschaftlichen Analysen.

46 Vgl. Clemm (Ethik, 1998), S. 1234.

47 Vgl. Baiman/Lewis (Equivalence, 1989), S. 15.

48 Vgl. Chow/Cooper/Waller (Budgeting, 1988), S. 120; Young (Slack, 1985), S. 839.

49 Vgl. Baiman/Lewis (Equivalence, 1989), S. 14. Der Laborversuch wurde zweimal mit 48 Probanden durchgeführt, die als Arbeitnehmer unter verschiedenen Arbeitgebern aufzutreten hatten. In der ersten Phase des Versuchs wurde die Validität des Probandenverhaltens mit den Annahmen des Agency-Modells geprüft. In dieser Phase bestand kein Anreiz zur falschen Berichterstattung. Erst in der zweiten Phase wurden monetäre Anreize zur falschen Berichterstattung induziert. Der in der zweiten Phase angebotene und nutzenmaximale Vertrag konnte nur auf Grund einer nicht wahrheitsgemäßen Berichterstattung erreicht werden. Als Ergebnis wurde festgestellt, dass sowohl in Phase 1 als auch in Phase 2 ein nutzenmaximierender Vertrag ausgewählt wurde und damit ein möglicherweise auftretender Disnutzen einer falschen Berichterstattung die Optimierung des Probandenverhaltens nicht beeinflusste. Selbstverständlich ist kritisch anzumerken, dass die Probanden keinen realen Nutzenverlust bei aufgedeckter falscher Berichterstattung zu erleiden hatten und damit die Schwelle hierzu möglicherweise zu gering ermittelt wurde.

Chow et al.[50] stellen fest, dass mit steigenden Auszahlungen durch die Ausnutzung von Informationsasymmetrien bzw. durch falsche Berichterstattungen der Umfang der unrichtigen Informationsvermittlung der Agenten an die Prinzipale steigt. Erhöhte Auszahlungen an den Agenten durch dessen unethisches Verhalten haben weiteres unethisches Verhalten zur Folge. Ethisches Verhalten tauschen die Agenten in diesem Fall durch höhere Nutzengewinne aus. Teilweise werden die Nutzensteigerungen aber durch erwartete negative Effekte der falschen Berichterstattungen begrenzt. Bei gegebenen Auszahlungen an den Agenten nimmt die Anzahl der unrichtigen Berichterstattung grundsätzlich in dem Maße zu, je weniger schwerwiegend die unrichtige Berichterstattung ist, um die gegebenen Auszahlungen zu verbessern.[51] Je stärker die Auszahlungen also durch falsche Berichterstattungen beeinflusst werden können, desto größer ist die Nutzensteigerung des Agenten durch falsche Berichterstattungen.

Nach *Evans III et al.* nimmt hingegen der Umfang der unrichtigen Berichterstattung nicht zwingend zu, wenn hierdurch der Agent höhere Auszahlungen erfährt.[52] Die Veränderung der Auszahlungshöhe beeinflusst die wahrheitsgemäße Berichterstattung teilweise nur marginal. Demnach kann die zuvor genannte Disnutzenschwelle zur falschen Berichterstattung in der Studie von *Baiman/Lewis* und die Zunahme der falschen Berichterstattung durch erhöhte Auszahlungen nicht umfänglich zur Klärung des Verhaltens herangezogen werden.[53] Weiterhin kommen *Evans III et al.* zu dem Ergebnis, die Agenten würden in Abhängigkeit von der Vertragsgestaltung zur falschen Berichterstattung tendieren. So könnte beispielsweise ein höheres Fixgehalt den Anteil des Agenten am Gesamtgewinn erhöhen und damit eine wahrheitsgemäße Berichterstattung induzieren. Diese Mehrkosten der höheren Vergütung sind vom Prinzipal gegen die Kosten der falschen Berichterstattung abzuwägen.[54]

Wie die vorangegangenen Ausführungen zeigen, haben ethische und moralische Grundsätze der Agenten sehr wohl eine Auswirkung auf deren Umgang mit Informationsasymmetrien und der wahrheitsgemäßen Berichterstattung. Den Studien ist gemein, Ethik und Moral in

---

50 Vgl. Chow/Cooper/Waller (Budgeting, 1988), S. 120. Auch *Chow/Cooper/Waller* führten einen Laborversuch mit 40 Studenten durch. In diesem Experiment waren bestimmte Schriftsätze zu erfassen. In einer Trainingsphase wurde die Leistung der Probanden in der Gruppe der Informationsasymmetrien von diesen selbst und in der Gruppe der Informationssymmetrien von einem Mitarbeiter gemessen. In einem Treffen mit dem Manager wurden folgend Budgets der abzuarbeitenden Schriftsätze festgelegt. Dort hatten die Probanden einen angemessenen, zu ihrer Leistung passenden Vergütungsvertrag auszuwählen. In der Gruppe der Informationsasymmetrien wurden erhebliche Differenzen zwischen der erbrachten Leistung und dem festgelegten Budget festgestellt.

51 Vgl. Luft (Fairness, 1997), S. 206-207.

52 Vgl. Evans III/Hannan/Krishnan *et al.* (Reporting, 2001), S. 542. Das hier erwähnte und 10 mal wiederholte Laborexperiment wurde mit 28 Studenten durchgeführt, die die Rolle eines Managers einnahmen. Es wurde jeweils ein Budget vom Manager vorgegeben. Die Differenz der Budgetanfrage an die fiktive Zentrale und der tatsächlichen Produktionskosten konnte vom Manager unerkannt einbehalten werden und diente als Maß einer falschen Berichterstattung.

53 Vgl. Baiman/Lewis (Equivalence, 1989), S. 14; Evans III/Hannan/Krishnan *et al.* (Reporting, 2001), S. 545.

54 Vgl. Evans III/Hannan/Krishnan *et al.* (Reporting, 2001), S. 554.

gewisser Weise als limitierenden Faktor des opportunistischen Verhaltens anzusehen.[55] Dennoch ist in allen Studien situationsabhängig opportunistisches Verhalten aufgetreten. Durch das weitere Berücksichtigen der aus der Agency-Theorie gewonnenen, strukturierten und alle wichtigen Einflussgrößen des opportunistischen Handelns erfassenden Erkenntnisse gelingt es, die Ausnutzung der Informationsasymmetrien der Agenten möglichst realitätsnah auf das Verhalten rechnungslegender Manager zu übertragen.

1.3 Übertragung der Agency-Theorie auf die Rechnungslegung

1.3.1 Zwecke der Rechnungslegung

Die externe Rechnungslegung verfolgt unterschiedliche Zwecke; sie generiert u.a. Informationen für den Kapitalmarkt, an sie knüpfen bestimmte Rechtsfolgen und sie informiert eine nicht genauer umrissene allgemeine Öffentlichkeit.[56] Dies konkretisierend, bedeutet Rechnungslegung „Rechenschaft zur Bemessung von Ansprüchen und Verpflichtungen mit Hilfe eines Rechnungswesens geben“[57]. Rechnungslegungsvorschriften können damit auch als Schutzvorschriften bezeichnet werden. Sie schützen die Gewinnberechtigten vor Gewinnverkürzungen, sie schützen durch Ausschüttungssperren vor einer Gefährdung des Gesellschaftszwecks, sie schützen die Unternehmensleitung im Rahmen der Selbstinformation vor Fehlsteuerungen des Unternehmens und sie schützen die Adressaten durch die Befriedigung ihrer Informationsinteressen um Entscheidungen zu treffen.[58] Die (traditionelle) handelsrechtliche Rechnungslegung versucht den relativierten Schutz aller Adressaten durch einen Interessenausgleich zwischen den unterschiedlichen Bedürfnissen der Adressaten herbeizuführen.[59] Den *United States Generally Accepted Accounting Principles* (US GAAP) liegt der Rechenschaftszweck ebenso für einen weiten Adressatenkreis zu Grunde wie den *International Financial Reporting Standards* (IFRS).[60] Im Rahmen dieser Arbeit liegt der Fokus auf einer externen Rechnungslegung die dazu dient, Rechenschaft abzulegen – und zwar der Rechenschaft der Kapitalnehmer bzw. Agenten über die ihnen anvertrauten Mittel gegenüber den Kapitalmarktteilnehmern bzw. den Prinzipalen, d.h. zur Kontrolle der Agenten.[61] Folglich muss die Rechnungslegung dazu dienen, reale wirtschaftliche Sachverhalte nach ihrem zu

---

55 Vgl. Rutledge/Karim (Self-interest, 1999), S. 182.

56 Vgl. Hax (Vorschriften, 1988), S. 190-191.

57 Schneider (Methoden, 2003), S. 655. So steht nach Hommel/Schmidt/Wüstemann (Rechnungslegung, 2004), S. S84 die Bilanz „für Rechenschaft und das kontrollierende und zielorientierte Handeln des Unternehmers.“

58 Vgl. Moxter (Grundsätze, 2003), S. 3-7. Zur Ermittlung eines ausschüttungsfähigen Betrags auch Hommel/Berndt (Transformation, 2002), S. 92.

59 Vgl. Baetge/Kirsch/Thiele (Bilanzen, 2003), S. 93. Vgl. zum Wandel des Jahresabschlusses vom Instrument des Gläubigerschutzes zum umfassenden Informationsinstrument, Hommel (Fortschritte, 2001), S. 1207.

60 „Financial reporting should provide information about how management of an enterprise has discharged its stewardship responsibility to owners ... for the use of enterprise resources entrusted to it“, SFAC 1.50. Ähnlich auch das Preface zum IASB Framework.

61 Vgl. Busse von Colbe (Informationsinstrument, 1993), S. 13-14 und Böcking (Verhältnis, 1998), S. 25.

Grunde liegenden wirtschaftlichen Gehalt und den tatsächlichen Verhältnissen entsprechend abzubilden sowie im Rahmen der Unternehmenspublizität zu kommunizieren.[62] Die externe Rechnungslegung soll primär und unabhängig vom Rechnungslegungssystem dazu führen, Informationsasymmetrien zwischen den Kapitalnehmern und den Kapitalmarktteilnehmern zu verringern.[63] Sie ist die „institutionalisierte Form der Informationsverarbeitung und Informationsvermittlung"[64] einer Agency-Beziehung. Problematisch wird die Rechnungslegung als Instrument zur Verringerung von Informationsasymmetrien immer dann, wenn sie selbst zur Falle für die Adressaten wird und dem Agenten die Möglichkeit eröffnet, unentdeckbar Einfluss auf die in dieses Instrument vertrauenden Adressaten nimmt. Abstrakt betrachtet implementieren demnach die Prinzipale die Rechnungslegung zur Kontrolle ihrer Agenten. Gleichzeitig stellen sie aber damit ein Instrument zur Verfügung, welches den Agenten erst das notwendige Instrumentarium zu Verfügung stellt, der angemessenen Kontrolle durch die Prinzipale zu entgehen und zudem noch Nutzensteigerungen zu Lasten der Prinzipale zu erzielen. Das Instrument der Rechnungslegung ist insoweit kritisch im Hinblick auf dessen Verlässlichkeit anzusehen, als die Agenten über die von ihnen erwirtschafteten Ergebnisse selbst berichten und eine Verifizierung durch die Adressaten nur bedingt möglich ist.

1.3.2 Akteure der Rechnungslegung

Die zuvor allgemein als Agenten (Kapitalnehmer) und Prinzipale (Kapitalgeber oder Kapitalmarkt) bezeichneten Akteure der Agency-Theorie stellen im Folgenden auf eine bestimmte Institution übertragen die Manager und die Anteilseigner eines Unternehmens dar. Als Unternehmen werden in den weiteren Ausführungen nur kapitalmarktorientierte Unternehmen[65], insbesondere Aktiengesellschaften, behandelt, wobei die weiteren Ausführungen dieser Arbeit größtenteils auch auf andere Unternehmen übertragbar sind. Gesellschaftsrechtlich hat der Vorstand (Agent bzw. Manager) dafür zu sorgen, dass die erforderlichen Handelsbücher geführt werden (§ 238 HGB). Nach § 91 Abs. 1 AktG liegt die Verantwortung für die Rechnungslegung daher beim gesamten Vorstand.[66] Vorstände, die ihre Obliegenheiten bzw. Pflichten im Zusammenhang mit der Rechnungslegung verletzen, haften der Gesellschaft zivilrechtlich zum Ersatz des daraus entstandenen Schadens solidarisch bzw. gesamtschuldne-

---

62 Vgl. Böcking/Sittmann-Haury (Auswirkungen, 2002), S. 183 zur Rechnungslegung als Element der Corporate Governance. Ähnlich auch Moxter (Jahresabschlussaufgaben, 1979), S. 141. Soll der Abschluss des Unternehmens seiner Schutzfunktion gerecht werden, „muß er ein den ‚tatsächlichen Verhältnissen' entsprechendes Bild vermitteln; die[se] ‚Generalnorm' wird dann zur ‚Zielnorm'".

63 Vgl. Busse von Colbe (Informationsinstrument, 1993), S. 14.

64 Hax (Theorie, 1991), S. 63.

65 Kapitalmarktorientierte Unternehmen sind folgend gem. der IAS-Verordnung, VO (EG) Nr. 1606/2002, Art. 4, definiert als: „Gesellschaften, die ... ihre Wertpapiere in einem beliebigen Mitgliedstaat zum Handel in einem geregelten Markt im Sinne des Artikels 1 Absatz 13 der Richtlinie 93/22/EWG des Rates vom 10. Mai 1993 über Wertpapierdienstleistungen zugelassen" haben.

66 Durch § 91 Abs. 1 AktG wird das öffentliche Interesse an der Pflicht zur Buchführung für alle Vorstandsmitglieder betont und muss deshalb als wesentliches Element der Corporate Governance für den Kapitalmarkt angesehen werden. Vgl. Hefermehl/Spindler (Kommentar, 2004), § 91 AktG, Tz. 4-12.

risch (§ 93 Abs. 2 S. 1 AktG).[67] Eine ordnungsmäßige Rechnungslegung stellt in den Sorgfaltspflichten des Vorstands eine zentrale Bedeutung dar. Die Verantwortlichkeit des Managements zur ordnungsmäßigen Rechnungslegung wird durch die Straf- und Bußgeldvorschriften unterstrichen. Dabei gilt insbesondere die unrichtige Wiedergabe[68] oder Verschleierung der tatsächlichen Verhältnisse der Kapitalgesellschaft sowie unrichtige Angaben in Aufklärungen oder Nachweisen an den Abschlussprüfer durch das vertretungsberechtigte Organ oder den Aufsichtsrat als strafbar (§§ 331-335 HGB). Auch Verletzungen im Zusammenhang mit der Buchführungspflicht bei Überschuldung oder drohender Zahlungsunfähigkeit i.S.d. § 283b StGB sind strafbewährt. Die Verantwortlichkeit der Manager für die Rechnungslegung besteht unabhängig davon, ob nach US GAAP, IFRS oder HGB im Jahres- oder Konzernabschluss Rechnung gelegt wird. Anteilseigner, also Prinzipale einer Aktiengesellschaft, sind deren Aktionäre. Annahmegemäß werden die Anteilseigner im Folgenden als durchschnittliche und vorsichtige Investoren betrachtet.[69] Institutionen wie Enforcement-Einrichtungen oder der Aufsichtsrat inklusive dessen Prüfungsausschuss sowie der Abschlussprüfer, gelten folgend nicht als eigenständige Akteure einer Agency-Beziehung, sondern vielmehr als Instrument der Anteilseigner zu dem Zweck, Informationsasymmetrien zu verringern.

1.3.3 Anreize zur Einflussnahme auf die Rechnungslegung

1.3.3.1 Anreizkategorien unter Berücksichtigung des Kapitalmarkts

Es ist evident, dass das Management bei der Erstellung des Abschlusses unausweichlich Einfluss auf die Anwendung der Rechnungslegungsnormen ausüben kann. Eine Gefahr der Einflussnahme auf die Rechnungslegung zur Vermittlung eines nicht den tatsächlichen Verhältnissen entsprechenden Bilds besteht immer dann, wenn der Manager einen Anreiz und zugleich die Möglichkeit besitzt, Einfluss zu nehmen.[70] In diesem Zusammenhang sei die Einflussnahme als durch eine vom Management induzierte zielgerichtete Ausnutzung aller in Verbindung mit der Rechnungslegung stehenden Sachverhalte und zu einem anderen Zweck verstanden, als ausschließlich dem, die Vermögens-, Finanz- und Ertragslage des Unternehmens den tatsächlichen Verhältnissen entsprechend darzustellen. Das Verständnis für die Anreize des Managements ist der Schlüssel dafür, dessen Verlangen zur Einflussnahme auf die

---

67 Der Ersatzanspruch der Gesellschaft kann auch von den Gläubigern geltend gemacht werden, wenn der Vorstand „die Sorgfalt eines ordentlichen und gewissenhaften Geschäftsleiters gröblich verletzt" hat (§ 93 Abs. 5 AktG). Eine unterlassene oder nicht ordnungsmäßige Buchführung fällt unter § 93 Abs. 5 AktG. Vgl. Hefermehl/Spindler (Kommentar, 2004), § 93 AktG, Tz. 17.

68 Eine unrichtige Widergabe ist als Tat schon vollendet, wenn der Abschluss aufgestellt wurde und nicht erst mit dessen Vorlage an den Abschlussprüfer oder dessen Offenlegung. Vgl. Ruß (Kommentar, 2002), § 331 HGB, Tz. 2.

69 Die SEC legt eben diesen „average prudent investor" zu Grunde. Vgl. Regulation S-X, Reg. § 210.1-02 (o). Das Handelsrecht unterstellt die Kenntnisse eines sachverständigen Abschlussadressaten (§ 238 Abs. 1 S. 2 HGB).

70 Vgl. Rutledge/Karim (Self-interest, 1999), S. 174.

Rechnungslegung zu verstehen.[71] Anreize im Vorfeld bestehen nur dann, wenn nach der Einflussnahme auf die Rechnungslegung ein für den Manager höherer Nutzen zu erwarten ist, als vor der Einflussnahme auf die Rechnungslegung. Erwartete Schadenskonsequenzen durch eine Aufdeckung der Einflussnahme müssen in dieses Kalkül mit einbezogen werden. Anreize der Manager zur Einflussnahme auf die Rechnungslegung sind vielschichtiger Natur. Sie können darauf gerichtet sein, das finanzielle Auskommen zu maximieren oder einen möglichst großen nicht finanziellen Nutzen durch die Stellung im Unternehmen zu erhalten. Dabei müssen die Interessen der Anteilseigner und Manager nicht zwingend widersprüchlich sein.

Abbildung 2: Anreize zur Einflussnahme auf die Rechnungslegung

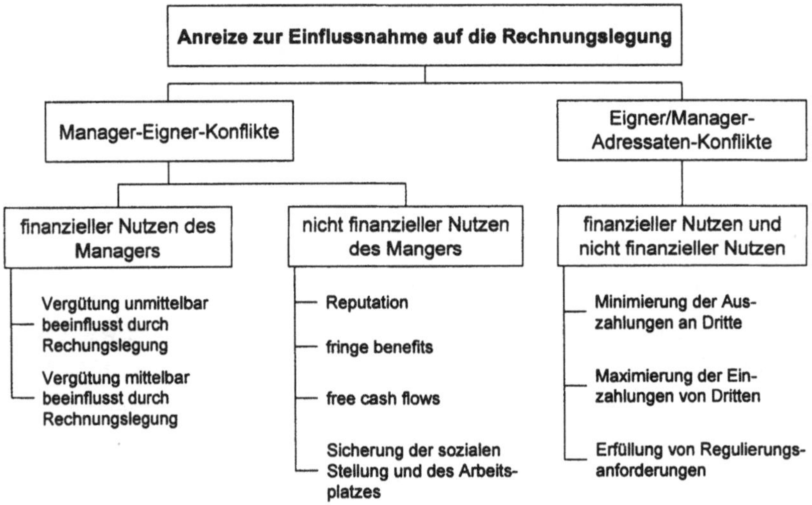

Der Kapitalmarkt besitzt erheblichen Einfluss auf den Grad des für den Manager erzielbaren Nutzens. Dauerhaft schlechte Aktienkursentwicklungen werden vom Kapitalmarkt nicht geduldet und wirken sich sowohl mittelbar und unmittelbar auf die Vergütung des Managers als auch auf seine Stellung im Unternehmen aus. Die Minimierung der Auszahlungen an Dritte wie beispielsweise Fremdkapitalzinsen und die Maximierung der Einzahlungen von Dritten durch die Attraktion neuen Eigenkapitals erscheint umso schwieriger, je niedriger der Aktienkurs und je geringer die künftigen Erwartungen der Anteilseigner und potenzieller Anteilseigner zur Erzielung künftiger Überschüsse in das Unternehmen sind. Oftmals garantiert nur die Erfüllung der Erwartungen des Kapitalmarkts bei kapitalmarktorientierten Unternehmen eine nachhaltige Nutzensteigerungen für die Manager.

71 Vgl. Dechow/Skinner (Earnings, 2000), S. 248.

Auf der anderen Seite werden die Erwartungen der Investoren bezüglich der Unternehmensleistung gezielt durch das Management beeinflusst, um beispielsweise Aufmerksamkeit zu gewinnen oder Zielformulierungen in den Bereich des Machbaren zu bringen.[72] Ein wesentlicher Grund zur Abgabe von Gewinnprognosen durch das Management ist daher, die im Markt vorherrschenden Erwartungen an die (privaten) Vorstellungen der Manager anzupassen.[73] Die Abgabe von Prognoseinformationen, seien sie bewusst richtig oder falsch, resultiert auch aus den Zwängen des Kapitalmarkts. Manager mit privaten Informationen über den von ihnen ermittelten Unternehmenswert und dem Ziel der Maximierung des *Shareholder Value* zur Steigerung der eigenen Vergütung, werden dann positive Prognosen veröffentlichen, wenn der Markt die Unternehmen durchschnittlich unterbewertet, so dass der Aktienkurs als Folge der Prognose steigen dürfte.[74] Dass die Veränderung des Aktienkurses durch Prognosen gelingen vermag, zeigen Auswertungen von Aktienkursveränderungen in Zusammenhang mit der Bekanntgabe von Prognosen der Manager.[75] Negative Abweichungen des tatsächlichen Ergebnisses von den Prognosen führen in der Regel zu einer stärkeren Marktreaktion als positive Abweichungen.[76] Ein weiterer Grund warum Prognosen abgegeben werden, ist die Auffassung der Kapitalmarktteilnehmer, dass Prognosen die Fähigkeiten des Managers widerspiegeln, künftige Veränderungen im Umfeld des Unternehmens zu erkennen und einzuschätzen und ihn veranlassen, darauf im Rahmen seiner Verantwortung adäquat zu reagieren.[77]

Die Relevanz des Kapitalmarkts für den Manager bedingt genauer zu untersuchen, inwiefern der Kapitalmarkt durch Rechnungslegungsinformationen beeinflussbar ist, d.h. ob die Rechnungslegung im Rahmen der mittelstrengen Informationseffizienz auf den Kapitalmarkt über

---

72 Vgl. Degeorge/Patel/Zeckhauser (Earnings, 1999), S. 4.

73 Vgl. Ajinkya/Gift (Forecasts, 1984), S. 426.

74 Zur theoretischen Herleitung siehe Milgrom (Representation, 1981) S. 385. Vgl. Lev/Penman (Forecast, 1990), S. 50 für empirische Belege. Geben Unternehmen keine Prognosen ab, deutet dies auf einen Unternehmenswert unterhalb der durchschnittlichen Marktbewertung mit der Folge hin, dass der Aktienkurs von den Marktteilnehmern nach untern korrigiert wird. Vgl. Verrecchia (Disclosure, 1983), S. 190; Wagenhofer/Ewert (Unternehmensrechnung, 2002), S. 289. Negative Prognosen werden z.T. veröffentlicht, um das Risiko rechtlicher Konsequenzen oder Reputationsverluste der Manager zu vermeiden. Die Wahrscheinlichkeit durch unterlassene Veröffentlichungen auf Grundlage der international üblichen Wertpapierhandelsgesetze verklagt zu werden ist wesentlich höher, als wenn die entsprechende Information vorher bekannt gegeben wird. Somit besitzen Manager hinsichtlich der Veröffentlichung und Nicht-Veröffentlichung unterschiedliche Nutzen- bzw. Verlustfunktionen. Vgl. hierzu Skinner (Disclose, 1994), S. 57. Ein ähnlich gelagerter Fall liegt vor, wenn Manager positive Prognosen auf Grund ihrer Risikoaversion bzw. der Angst, wegen Irreführung verklagt zu werden, falls die positiven Prognosen nicht eintreffen, nicht veröffentlichen. Vgl. Trueman (Managers, 1986), S. 70.

75 Vgl. Han/Wild (Stock, 1991), S. 88. Baetge/Ballwieser (Bilanzpolitik, 1978), S. 512 gehen davon aus, dass „das freiwillig publizierte Material ... zur Adressatenbeeinflussung wenig geeignet" ist. Dem kann aus heutiger Sicht nicht mehr uneingeschränkt zugestimmt werden.

76 Vgl. Skinner/Sloan (Earnings, 1999), S. 18 insbesondere zu den asymmetrischen Kapitalmarktreaktionen durch von den Prognosen abweichende Gewinnerwartungen bei Wachstumstiteln.

77 Vgl. Trueman (Managers, 1986), S. 54-55.

die Erwartungen der Kapitalmarktteilnehmer wirkt.[78] Es „ist die zwischen Unternehmensleitung und Kapitalanlegern bestehende Informationsasymmetrie, die es möglich macht, die Kursentwicklungen durch gezielte Informationspolitik zu beeinflussen“[79]. So wurde erstmals für den US-amerikanischen Kapitalmarkt im Jahr 1968 nachgewiesen, dass das durch die Rechnungslegung ermittelte Unternehmensergebnis zwar eine hohe Relevanz für den Aktienkurs besitzt, aber bereits vor Veröffentlichung des Jahres- bzw. Konzernabschlusses durch andere Informationsquellen wie z.B. Quartalsberichte, im Kurs antizipiert wurde.[80] Gleiches gilt für die Kapitalmarktreaktion deutscher Unternehmen auf Grundlage der handelsrechtlichen Rechnungslegung.[81] Grundsätzlich ist davon auszugehen, dass Rechnungslegungsinformationen einen erheblichen Einfluss auf den Aktienkurs besitzen.[82] Dies belegen auch zahlreiche Studien über den Zusammenhang zwischen Aktienkursen bzw. -renditen und jahresabschlussbasierten Erfolgskennzahlen sowie über die Beeinflussung der Marktrisiken durch Bilanzinformationen für den deutschen Kapitalmarkt.[83] Auf den Kapitalmarkt wirken nicht nur isoliert betrachtet die Informationen der Rechnungslegung und weitere Faktoren die nicht in Zusammenhang mit der Rechnungslegung stehen, sondern auch die damit zusammenhängenden psychologischen Faktoren, die zu weiteren Anreizen der Einflussnahme auf die Rechnungslegung führen.[84] Beispielsweise lassen die unterschiedlichen Reaktionen des Kapitalmarkts zwischen dem Ausweis von positiven und negativen Zahlen vom Manager das Bestreben zum Ausweis von Gewinnen erwarten. Weitere wichtige Vergleichsmaßstäbe bilden die Relationen der Unternehmensleistung des gegenwärtigen Geschäftsjahrs zum Vorherigen und der Unternehmensleistung zu den Erwartungen der Analysten.[85]

---

78 Eine mittelstrenge Informationseffizienz liegt dann vor, wenn „current prices ‚fully reflect' all obviously publicly available information“ Fama (Marktes, 1970), S. 404. Hierzu zählen insbesondere offengelegte Zahlen aus der Rechnungslegung. Vgl. Wagenhofer/Ewert (Unternehmensrechnung, 2002), S. 108, 134.

79 Hax (Rationalität, 2003), S. 303.

80 Vgl. Ball/Brown (Accounting, 1968), S. 170. Die Auswirkungen der Rechnungslegungsinformationen auf die Aktienkurse sind u.a. auch Bestandteil der *positive accounting theory*. Vgl. Watts/Zimmerman (Positive, 1990), S. 138.

81 Vgl. Harris/Lang/Möller (Relevance, 1994), S. 201.

82 Vgl. Kothari (Capital, 2001), S. 116 m.w.N.: „whether and how quickly accounting measures capture changes in the information set that is reflected in security returns over a given period“. Vgl. auch Coenenberg/Schmidt/Werhand (Entscheidungen, 1983), S. 321.

83 Siehe hierzu zusammenfassend und mit zahlreichen Nachweisen, Terhoeven (Aktienanalyse, 1999), S. 111-112 sowie Müller (Bilanzinformation, 1992), S. 218-219.

84 Nach Caneghem (Earnings, 2002), S. 174 werden Gewinne im Regelfall aufgerundet. Mit statistischer Signifikanz ließ sich feststellen, dass der Gewinn vor Steuern in der zweiten Stelle eine höhere (geringere) Anzahl an Nullen (Neunen) aufwies, als es nach *Benford's Law* (eine Verteilungshypothese auftretender Ziffern) zu erwarten gewesen wäre. Ein Betrag von beispielsweise 10 Mio GE wirkt psychologisch wesentlich höher als ein Betrag von 9,8 Mio GE. Vgl. zu den kognitiven Referenzpunkten und zu weiteren Nachweisen Caneghem (Rounding, 2004), S. 771-772. Vgl. zur Methodik Quick/Wolz (Benford, 2003), S. 211 und Mochty (Benford, 2002), S. 725-728.

85 Vgl. Degeorge/Patel/Zeckhauser (Earnings, 1999), S. 3.

Neben den auf der Agency-Theorie basierenden Erklärungen zur Einflussnahme des Managements auf die Rechnungslegung unter Zugrundelegung vorwiegend opportunistischen, begrenzt rationalen Verhaltens des Agenten, eröffnet die *prospect theory*[86] weitere, dem menschlichen Verhalten innewohnende Erklärungsansätze zur Konkretisierung der Agency-Theorie.[87] Der *prospect theory* zu Folge ist nicht der absolute Wohlstand oder der Reichtum eines Individuums maßgeblich für die Beurteilung von Entscheidungsalternativen, sondern der Betrag der positiven oder negativen Veränderungen zu einem neutralen Referenzpunkt bzw. zu der vorherrschenden Vermögensposition.[88] Positive Veränderungen können als Gewinne, negative als Verluste bezeichnet werden.[89] Charakteristisch für Einstellungen bezüglich der Wohlfahrtsänderungen ist, auftretenden Verlusten eine größere Bedeutung beizumessen als in entsprechender Höhe auftretenden Gewinnen.[90] Diese Verlustaversion (*loss aversion*) impliziert, dass die Auswirkung einer Veränderung in einer Dimension (z.B. Gehalt des Managers) größer ist, wenn diese Veränderung als Verlust gewertet wird, als wenn die gleiche Veränderung einen Gewinn darstellt.[91] Die Verlustaversion steht in einem engen Zusammenhang mit der bereits aus dem Agency-Modell bekannten Risikoaversion des Managers.[92] Unter der Annahme, dass die Vergütung des Managers eine vom ausgewiesenen Gewinn abhängige Funktion ist, entspricht der Referenzpunkt der Wertfunktion einem sich nicht verändernden Gewinn im Vergleich zum Vorjahr.[93] Gewinnminderungen führen zu verhältnismäßig hohen Werteinbußen, da die Wertfunktion für Verluste einen steil konvexen Verlauf nimmt. Betragsmäßig identische Gewinnsteigerungen führen ceteris paribus zu verhältnismäßig geringeren Wertzuwächsen. Folglich werden die Anreize zur Einflussnahme auf die Rechnungslegung bei erwarteten negativen Abweichungen vom Referenzpunkt wesentlich höher sein, als bei einem unveränderten Referenzpunkt. Der gleiche Gedankengang ist auf sämtliche für den Manager relevanten Einflussgrößen, wie z.B. der Ausweis von Gewinnen oder die Erfüllung der Analystenerwartungen, anwendbar.[94]

---

86 Vgl. Kahneman/Tversky (Prospect, 1979), S. 277.

87 Vgl. Eisenführ/Weber (Entscheiden, 2003), S. 394-395 zur Erwartungsnutzentheorie und zum fehlenden deskriptiven Anspruch.

88 Vgl. Kahneman/Tversky (Prospect, 1979), S. 277.

89 Vgl. Tversky/Kahneman (Aversion, 1991), S. 1039.

90 Vgl. Kahneman/Tversky (Prospect, 1979), S. 279. Die Tatsache, Verluste höher als Gewinne zu werten, wird auch als *loss aversion* bezeichnet. Zuzüglich ist für die Empfindung der Stärke der *loss aversion* die Häufigkeit der auftretenden Verluste entscheidend. Siehe hierzu Tversky/ Kahneman (Aversion, 1991), S. 1039 und Kahneman/Knetsch/Thaler (Anomalies, 1991), S. 199.

91 Vgl. Tversky/Kahneman (Aversion, 1991), S. 1045; Kahneman/Knetsch/Thaler (Anomalies, 1991), S. 199-200. Empirischen Schätzungen zu Folge werden Verluste doppelt so stark gewichtet wie Gewinne. Aus diesen Überlegungen resultiert eine Wertfunktion, die (durch Abweichungen vom Referenzpunkt definiert), einen konkaven Verlauf für Gewinne und einen konvexen Verlauf für Verluste aufweist und steiler für Verluste als für Gewinne verläuft (S-förmige Wertfunktion). Vgl. Kahneman/Tversky (Prospect, 1979), S. 279.

92 Vgl. Kahneman/Lovallo (Choices, 1993), S. 22. Die wichtigste Begründung zur Risikoaversion ist folglich in der Verlustaversion zu sehen.

93 Vgl. Burgstahler/Dichev (Earnings, 1997), S. 123-124.

94 Vgl. Degeorge/Patel/Zeckhauser (Earnings, 1999), S. 6-7.

1.3.3.2 Finanzieller Nutzen des Managers

Die Vergütung der Manager wird bei einer Aktiengesellschaft vom Aufsichtsrat (§ 112 AktG i.V.m. § 87 AktG) festgelegt.[95] Auf Grund der Interessenkonflikte zwischen Anteilseignern und Managern und opportunistisch geprägtem Verhalten der Manager werden Anreizverträge ausgehandelt, um die Manager trotz Informationsasymmetrien dazu zu bewegen, im Interesse der Anteilseigner zu handeln. Die Anteilseigner sind in der Regel daran interessiert, den von Ergebnisgrößen abhängenden Marktwert des Unternehmens zu maximieren.[96] Es wurde empirisch nachgewiesen, dass die Unternehmensleistung (*Return on Equity*, *profits*) stark positiv mit der Managervergütung korreliert, also tatsächlich erfolgsabhängige Vergütungen angewendet werden, die grundsätzlich im Einklang mit den Agency-Überlegungen stehen.[97] Unter anderem spielen die Verkaufszahlen, die Umsatzerlöse sowie das Verhältnis des Gewinns zu den Verkaufszahlen des Unternehmens eine bedeutende Rolle in der Entlohnung.[98] Durch die im letzten Jahrzehnt häufig implementierten Aktien- und Aktienoptionsprogramme konnte weiterhin eine starke Verbindung zwischen dem Wohlstand der Manager und der Anteilseigner empirisch nachvollzogen werden.[99] Mit den Aktienoptionen wurde versucht, dem kurzfristigen Zeithorizont der Manager entgegenzuwirken.[100]

Im Folgenden ist zu klären, welche Bedeutung der Rechnungslegung bei der Vergütung des Managements beizumessen ist. Bei Vergütungsfunktionen, die unmittelbar oder mittelbar über Relationen an die Größen der Rechnungslegung anknüpfen, ist offensichtlich, dass die Rechnungslegung bzw. die durch die Rechnungslegung abgebildeten tatsächlichen Sachverhalte die Vergütung des Managers determinieren. Der Vertrag des Managers wirkt auf die Anreize zur Einflussnahme auf die Rechnungslegung. Neben dem Jahresüberschuss als Bemessungsgrundlage der Vergütung stehen Größen wie die Gesamtkapitalrendite (*Return on Investment*), die Eigenkapitalrendite (*Return on Equity*) und eine Vielzahl weiterer Kennzahlen, die auf der Rechnungslegung beruhen.[101] Eine Aufgabe der Rechnungslegung kann daher die Ermittlung und die Festlegung von Performancegrößen als Basis für die Anreizsysteme

---

95 Da die Zusammensetzung des deutschen Aufsichtsrats auch Arbeitnehmervertreter umfasst (§ 96 AktG), kann er nicht als perfekter Agent der Anteilseigner angesehen werden. Vgl. Wagenhofer/Ewert (Unternehmensrechnung, 2002), S. 505. Zudem ist der Aufsichtsrat nicht primär den Anteilseignern, sondern dem Wohl der Gesellschaft verantwortlich (§ 111 AktG).

96 Vgl. Abowd/Kaplan (Compensation, 1999), S. 145.

97 Vgl. u.a. Murphey (Remuneration, 1985), S. 40; Ciscel/Carroll (Salary, 1980), S. 13 für den US-amerikanischen Kapitalmarkt.

98 Vgl. Deckop (Compesation, 1988), S. 215, 224; Ciscel/Carroll (Salary, 1980), S. 13.

99 Vgl. Abowd/Kaplan (Compensation, 1999), S. 150; Lambert (Compensation, 1993), S. 101 zur optimalen Vertragsgestaltung unter Berücksichtigung von Rechnungslegungsinformationen und Aktienkursen.

100 Beispielsweise befürwortet Dietz (Aktienoptionsprogramme, 2004), S. 91 eine langfristige Ausgestaltung von Aktienoptionsprogrammen.

101 Vgl. Elschen (Shareholder Value, 1991), S. 216.

darstellen.[102] Bei einer Anpassung des internen an das externe Rechnungswesen werden an die Berichte des internen Rechnungswesens angelehnte Vergütungen ebenfalls durch die Aussagen des externen Rechnungswesens bestimmt. Über die Relevanz der Rechnungslegung für die Kapitalmarktteilnehmer und damit für die Aktienkurse erlangt das Management Einfluss auf marktwertorientierte Vergütungssysteme, die beispielsweise auf dem Aktienkurs beruhen.

Zusammenfassend ist festzustellen, dass die Vergütung der Manager zu wesentlichen Teilen von der Rechnungslegung unmittelbar oder mittelbar beeinflusst werden kann. Verantwortlich für die Rechnungslegung sind die Manager.[103] Das heißt, ein Großteil der Informationen, nach denen die Leistung des Managers beurteilt wird, berichtet und ermittelt dieser folglich selbst.[104] Hierdurch kann er – in den nachfolgenden Kapiteln noch näher zu konkretisierende – Handlungen zur Erhöhung der Vergütungsbemessungsgrundlage (*performance measure*) vornehmen, ohne die beabsichtigte, zur Vergütung heranzuziehende Maßgröße zwingend real zu beeinflussen.[105] Die an Rechnungslegungsinformationen gekoppelten Anreize zur Interessenharmonisierung zwischen Manager und Anteilseigner werden damit konterkariert. Ist die Vergütung unabhängig von den Daten der Rechnungslegung gestaltet, d.h. erhält der Manager ein fixes Gehalt, bestehen allerdings Anreize, zielgerichteten Einfluss auf die Rechnungslegung zu nehmen um die Stellung im Unternehmen (unter Erwartung höherer Fixbezüge) zu verbessern. Erwartete Steigerungen der Fixbezüge können als quasivariable, ergebnisbezogene Anreize gewertet werden. Die Frage, ob die Rechnungslegung grundsätzlich geeignet ist, eine Bemessungsgrundlage zur Vergütung der Manager darzustellen, ist hier nicht zu diskutieren. Vielmehr ist die Gewissheit für die folgenden Untersuchungen hinreichend, dass die Rechnungslegung tatsächlich eine wesentliche, unmittelbare oder mittelbare Rolle im Rahmen der Vergütung spielt.[106]

1.3.3.3 Nicht finanzieller Nutzen des Managers

Neben den auf der Vergütungsfunktion beruhenden Anreizen sind Manager insbesondere im Hinblick auf die Karriere bestrebt, ihre eigene Reputation zu erhöhen oder beizubehalten und die soziale Stellung sowie den Arbeitsplatz zu sichern oder Konflikte zu vermeiden.[107] Der finanzielle Nutzen durch die Vergütung kann nicht unabhängig von der Reputation des Managers betrachtet werden, sondern korreliert vielmehr stark positiv mit dessen Ansehen und

---

[102] Vgl. Wagenhofer (Gestaltung, 1999), S. 186.

[103] Siehe Kapitel II.1.3.2, S. 12.

[104] Vgl. Baiman/Lewis (Equivalence, 1989), S. 1.

[105] Vgl. Lambert (Contracting, 2001), S. 37.

[106] Vgl. Elschen (Shareholder Value, 1991), S. 216 mit der Forderung, die Gestaltung von Anreizsystemen vollständig von den Konventionen der Rechnungslegung zu lösen. Ob eine solche Abkopplung möglich ist, erscheint zweifelhaft vor dem Hintergrund, da Rechnungslegungsnormen ausschließlich als Abbildungsnormen des realen betrieblichen Geschehens anzusehen sind.

[107] Vgl. Holmström/Ricart i Costa (Incentives, 1986), S. 836; Hax (Rationalität, 2003), S. 310.

(vermuteten) Talent.[108] Reputationsverluste wiegen entsprechend der *prospect theory*[109] stärker als entsprechende Gewinne. Manager sind bestrebt, solche Verluste zu vermeiden. Diese Reputationsverluste treten beispielsweise dann auf, wenn der Unternehmenswert Minderungen erfährt. Eine unmittelbare Einflussgröße auf das Ansehen des Managers ist z.B. die Rentabilität von Investitionen sowie die Erfüllung verlautbarter Prognosen über die künftige Entwicklung des Unternehmens.[110] Immer dann, wenn Reputationsverluste zu erwarten sind, werden Manager verstärkt versuchen, die Berichterstattung zu ihren Gunsten auszulegen, da eine Verlustvermeidung auf operativem Wege im Rahmen des normalen Geschäftsgangs in der Regel nicht möglich erscheint.[111]

Ein weiterer Anreiz, Einfluss auf die Rechnungslegung zu nehmen, ist, den Privatkonsum von Unternehmensressourcen durch *fringe benefits*[112] auf Kosten der Anteilseigner zu erhöhen. Die Allokation von z.B. Sach- und Humaninvestitionen würde demnach nicht auf die den Unternehmenswert maximierenden Unternehmensbereiche erfolgen, sondern vielmehr auf die Unternehmensbereiche, bei denen der jeweilige Manager den höchsten Privatnutzen erzielt.[113] Anreize dieser Art können jedoch in Konkurrenz zu Anreizen im Zusammenhang mit der Unternehmenswertmaximierung stehen. Denn je stärker die Fehlallokation von Ressourcen ist, desto geringer wird der Unternehmenswert und damit auch die daran anknüpfende Vergütung ausfallen. Ergänzend ist zu berücksichtigen, dass Auszahlungen des Unternehmens an die Anteilseigner den Umfang der vom Manager kontrollierten Ressourcen und damit dessen Macht verringert. Manager besitzen möglicherweise einen Anreiz, das Unternehmenswachstum auch über die optimale Größe hinweg zu forcieren, um dadurch die Kontrolle über eine noch größere Ressource zu erhalten.[114] Denn die Größe des Unternehmens bzw. die Höhe der Umsätze oder Verkäufe korreliert positiv mit der Vergütung der Manager.[115] Probleme dieser Art (Überinvestition) treten dann auf, wenn das Unternehmen betragsmäßig hohe *free cash*

---

108 Vgl. Milbourn (CEO, 2003), S. 236, 254-260 der einen Zusammenhang zwischen Reputation und Vergütung des Managers feststellt. Als Proxy zur Ermittlung der Reputation dienen die Amtsdauer, die Nennung des Managernamens in der Presse, die Berufung in andere Ämter und die Unternehmensleistung während seiner Amtszeit. Vgl. auch Hax (Rationalität, 2003), S. 304 der den finanziellen Erfolg des Unternehmens auch als Schlüsselgröße für die nicht finanziellen Ziele des Managers betrachtet.

109 Vgl. Kapitel I.3.3.1, S. 13.

110 Vgl. Kanodia/Bushman/Dickhaut (Escalation, 1989), S. 60. „Managers have an incentive to use investment choices as a tool for building their personal reputation…", Hirshleifer (Reputation, 1993), S. 146.

111 Vgl. Sridhar (Managerial, 1994), S. 355.

112 Vgl. Kapitel II.1.1, S. 5 sowie Fn. 21.

113 Vgl. Wagenhofer/Ewert (Unternehmensrechnung, 2002), S. 183.

114 Vgl. Jensen (Costs, 1986), S. 323.

115 Vgl. Murphey (Remuneration, 1985), S. 40.

flows generiert.[116] Insbesondere können durch die Rechnungslegung Rechtfertigungen gefunden werden, um die *free cash flows* im Interesse der Manager zu investieren.

1.3.4 Institutioneller Rahmen zur Einflussnahme auf die Rechnungslegung

1.3.4.1 Grundsätzliche Möglichkeiten zur Einflussnahme auf die Rechnungslegung

Unabhängig vom Rechnungslegungssystem – also unabhängig von den US GAAP, den IFRS oder dem HGB, aber auch unter Zugrundelegung einzelner systemabhängiger Normen, eröffnen sich Möglichkeiten, eine auf (opportunistische) Ziele gerichtete Informationsvermittlung gegenüber den Adressaten zu betreiben. Diese zielgerichteten Informationen werden vom Management generiert. Bemerken die Adressaten die Beeinflussung der Rechnungslegung, läuft der vom Management unternommene Lenkungsversuch ins Leere oder zieht Konsequenzen für das Management nach sich. Unterstützung erhalten die Adressaten annahmegemäß vom Aufsichtsrat (Prüfungsausschuss) oder dem Abschlussprüfer des Unternehmens sowie – falls vorhanden – von Enforcement-Einrichtungen.

Abbildung 3: Möglichkeiten zur Einflussnahme auf die Rechnungslegung

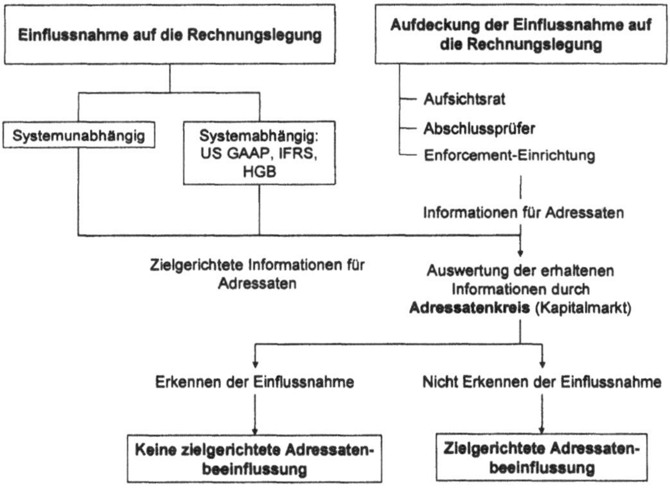

Das Ziel dieser (Informations-)Intermediäre ist, die Glaubwürdigkeit der vermittelten Informationen zur Verringerung der Informationsasymmetrien durch die Rechnungslegung zu unterstützen.[117] Ihre Wirksamkeit hängt mit dem Erkennen der Einflussnahme auf die Rech-

---

[116] Zur Definition von *free cash flows*, Jensen (Costs, 1986), S. 323: „Free cash flow is cash flow in excess of that required to fund all projects that have positive net present values when discounted at the relevant cost of capital."

[117] Vgl. Ehrhardt/Nowak (Durchsetzung, 2002), S. 338.

nungslegung, mit der Einwirkung im Vorfeld auf das Management, eine den tatsächlichen Verhältnissen entsprechende Berichterstattung vorzunehmen sowie mit der Kommunikation des Erkennens und der Kommunikation des Grades der Einflussnahme an die Adressaten zusammen. Die von den Institutionen Aufsichtsrat, Abschlussprüfer und Enforcement-Einrichtung generierten Informationen sind insofern annahmegemäß nicht zielgerichtet, als sie keine bestimmten Handlungen oder Reaktionen der Adressaten herbeiführen wollen, sondern notwendige Informationen im Hinblick auf eine ordnungsmäßige Rechnungslegung vermitteln. Daneben sind Gestaltungen denkbar, in denen der Abschlussprüfer, der Aufsichtsrat oder die Enforcement-Einrichtung Einflussnahmen erkennen, aber nicht verhindern oder kommunizieren können, da sie sich Rahmen der geltenden Normen befinden. Die Abbildung 3 fasst die dargestellten Beziehungen zusammen.

1.3.4.2 Informationsasymmetrien als grundlegende Voraussetzungen zur Einflussnahme auf die Rechnungslegung

Die Möglichkeiten zur Einflussnahme auf die Rechnungslegung resultieren aus den im Grundmodell der Agency-Theorie dargestellten Informationsasymmetrien zwischen dem Agenten und Prinzipal und den durch die Rechnungslegung eröffneten Spielräumen sowie durch die von den Agenten kontrollierten Ressourcen.[118] Die Möglichkeit, auf die Rechnungslegung in gewisser Weise Einfluss nehmen zu können, ist eine notwendige, aber noch keine hinreichende Bedingung, dass Einflussnahmen tatsächlich auftreten. Denn nur wenn die vom Management durchgeführten Maßnahmen nicht von den Adressaten erkannt oder aufgedeckt werden, dürfte der gewünschte Lenkungseffekt eintreten.

Informationsasymmetrien wie *hidden action* und *hidden information* führen zur Gefahr des *moral hazard*.[119] Im Zusammenhang mit der Rechnungslegung stellen *hidden action* des Managers Einflussnahmen auf die Rechnungslegung dar, deren Resultat dem Kapitalmarkt z.B. durch Veröffentlichung der Jahresabschlusszahlen entweder bekannt ist oder verschlossen bleibt, aber deren Zustandekommen nicht nachvollzogen werden kann. Hierunter sind die in den vergangenen Jahren häufig diskutierten Zweckgesellschafen (*special purpose entities*) zu subsumieren, die das Management gerade deshalb eingerichtet hatte, um bestimmte Geschäftsvorfälle nicht im Abschluss abbilden zu müssen.[120] Diskretionäre Spielräume in der Rechnungslegung, deren Inhalt und Zustandekommen nicht transparent sind, aber deren Ergebnis im Abschluss Eingang findet, jedoch nicht isoliert werden kann, zählen ebenfalls zu dem Typus der *hidden action*.

---

118 Vgl. Kapitel II.1.1, S. 5; Leuz/Nanda/Wysocki (Protection, 2002), S. 2.

119 Siehe hierzu Kapitel II.1.1, S. 5.

120 Vgl. zu Umgehungsmöglichkeiten der Konsolidierungspflicht Pellens/Sellhorn/Streckenbach (Konsolidierungskreis, 2003), S. 191-192. Vgl. zur Konsolidierung nach US GAAP, IFRS und HGB Schruff/Rothenburger (Konsolidierung, 2002), S. 757-765.

Das Vorliegen von *hidden information* ist ein weiterer Anknüpfungspunkt des Managements, um Einfluss auf die Rechnungslegung zu nehmen. Die Anteilseigner können zwar die entsprechende Handlung des Managers und das daraus resultierende Ergebnis in Erfahrung bringen, wissen jedoch nicht, auf welcher Informationsgrundlage die getroffene Entscheidung basiert. Bei der Rückstellungsbildung wird beispielsweise dem Anteilseigner offen gelegt, dass Rückstellungen in bestimmter Höhe gebildet wurden. Die Handlung und das Ergebnis der Handlung ist demnach bekannt. Aber warum gerade dieser Betrag basierend auf einer bestimmten Eintrittswahrscheinlichkeit gewählt wurde, bleibt unbekannt. Auch Informationen über vorhandene stille Reserven oder Lasten werden als *hidden information* betrachtet. Der Anteilseigner kennt die im Abschluss ausgewiesenen Beträge und auf Grund welchen Bilanzierungs- und Bewertungsmethoden sie zustande gekommen sind, jedoch nicht, in welcher Höhe stille Reserven oder Lasten vorliegen. Möglichkeiten zur Einflussnahme auf die Rechnungslegung müssen nicht auf der Ausnutzung von Informationsasymmetrien beruhen, sondern können auch – wie von *Dye* beschrieben[121] – auf eine externe Nachfrage durch die Anteilseigner entstehen und von diesen gezielt eröffnet werden; sei es zur Erzielung eines höheren Ertrags bei der Veräußerung der Anteile an potenzielle neue Anteilseigner oder zur Verminderung der Auszahlungen an Dritte.

1.3.4.3 Aufdeckung der Einflussnahme durch den Aufsichtsrat bzw. Prüfungsausschuss und den Abschlussprüfer

Der Aufsichtsrat bzw. Prüfungsausschuss besitzt im Verhältnis zum Kapitalmarkt weitaus mehr Möglichkeiten, Einflussnahmen auf die Rechnungslegung zu erkennen. Da umfangreiche Auskunfts- und Informationsrechte bestehen und indem der Abschlussprüfer[122] direkt an den Aufsichtsrat berichtet, erhält der Aufsichtsrat sowohl von unternehmensinternen Einrichtungen als auch von unabhängiger Stelle Informationen.[123] Voraussetzung für eine wirksame Unternehmensüberwachung ist allerdings, „dass die Aufsichtsratsmitglieder profunde Kenntnisse über die Geschäftstätigkeit sowie das wirtschaftliche und rechtliche Umfeld des Unternehmens besitzen"[124]. Ein Prüfungsausschuss mag zur Verbesserung der Unternehmensüberwachung beitragen und hat primär dem Anlegerschutz zu dienen.[125] Für eine effektive Ausnutzung seiner Überwachungsfunktion sollten ihm Kontrollrechte in Zusammenhang mit der

121 Vgl. Dye (Earnings, 1988), S. 201-202.

122 Zu dem Ziel und Gegenstand der Abschlussprüfung vgl. IDW PS 200.8-15. Insbesondere soll die Verlässlichkeit der Finanzberichterstattung bestätigt und deren Glaubhaftigkeit erhöht werden.

123 Vgl. zum Verhältnis Abschlussprüfer/Aufsichtsrat, insbesondere auch zur Unterstützungsfunktion des Abschlussprüfers Böcking/Orth (Kontrolle, 1999), S. 432-433. Teilweise wird kritisiert, dass der Aufsichtsrat auf Grund der Nähe des Abschlussprüfers zum Vorstand nicht ausreichend unterstützt würde. Vgl. hierzu Theisen (Unternehmensüberwachung, 2004), S. 484.

124 Böcking (Prüfungsausschuss, 2004), S. 572. Vgl. weiterhin zur Unternehmensüberwachung durch den Aufsichtsrat, Böcking/Dutzi (Aufsichtsratsvergütung, 2004), S. 393.

125 Vgl. Böcking (Prüfungsausschuss, 2004), S. 588. Zum Anlegerschutz durch einen Prüfungsausschuss vgl. Böcking/Dutzi/Müßig (Funktion, 2004), S. 433.

Unternehmenspublizität zugeordnet sein.[126] Gemäß § 170 Abs. 1 AktG erhält der Aufsichtsrat den Jahres- bzw. Konzernabschluss sowie den (Konzern-) Lagebericht unverzüglich nach der Aufstellung durch den Vorstand, um die entsprechenden Bestandteile zu prüfen (§ 171 Abs. 1 S. 1 AktG). Die Kommunikation der Prüfungsergebnisse des Aufsichtsrats an die Anteilseigner bzw. an den Kapitalmarkt erfolgt schriftlich an die Hauptversammlung. Im Falle eines prüfungspflichtigen Unternehmens i.S.d. § 316 HGB, hat der Abschlussprüfer nach § 171 Abs. 1 S. 2 AktG an den Verhandlungen des Aufsichtsrats oder eines Ausschusses über die vorgelegten Unterlagen teilzunehmen und über die wesentlichen Ergebnisse seiner Prüfung zu berichten.[127] Der Abschlussprüfer übt daher eine „Brückenfunktion zwischen Management und Aktionären“[128] aus und ist folglich auch nur diesen verpflichtet.

Die Berichterstattung des Abschlussprüfers an den Aufsichtsrat erfolgt durch die bereits genannte Teilnahme an den entsprechenden Verhandlungen über die vom Vorstand vorgelegten Unterlagen und durch den Prüfungsbericht gem. § 321 HGB.[129] Der Abschlussprüfer ist dabei verpflichtet, im Prüfungsbericht auf wesentliche Bewertungsgrundlagen sowie auf den Einfluss von Änderungen in den Bewertungsgrundlagen einschließlich der Ausübung von Bilanzierungs- und Bewertungswahlrechten und der Ausnutzung von Ermessensspielräumen sowie sachverhaltsgestaltende Maßnahmen insgesamt auf die Vermögens-, Finanz- und Ertragslage einzugehen (§ 321 Abs. 2 S. 4 HGB).[130] Eine Befürchtung, dass diese Regelung „entbehrlich ist“[131] kann nicht geteilt werden. Ebenfalls ist der Vermutung zu widersprechen, dass hierdurch der „Fokus des Abschlussprüfers von den eigentlichen Risiken, die im Geschäft liegen,“[132] abgelenkt würde und dadurch eine unsachgemäße Gewichtsverlagerung stattfände. Vielmehr offenbaren aufgedeckte Einflussnahmen auf die Rechnungslegung geradezu die Risiken, die verschleiert werden sollten. Das IDW wertet die hiermit einhergehende, erweiterte Unterstützungsfunktion des Abschlussprüfers für den Aufsichtsrat positiv. Neben der Ordnungsmäßigkeit erhält der Aufsichtsrat Informationen über die Zweckmäßigkeit der angewendeten Bilanzierungs- und Bewertungsentscheidungen durch den Vorstand.[133] Der Aufsichtsrat als Adressat des Prüfungsberichts soll in die Lage versetzt werden, zu beurteilen, ob der Vorstand die Gestaltungsmöglichkeiten sachgerecht und im Interesse der Anteilseigner

---

[126] Vgl. Böcking/Dutzi/Müßig (Funktion, 2004), S. 436.

[127] Weiterhin soll der Abschlussprüfer dem Aufsichtsrat über alle für die Aufgaben des Aufsichtsrats wesentlichen Feststellungen und Vorkommnisse unverzüglich berichten, die sich bei der Durchführung der Abschlussprüfung ergeben. Vgl. DCGK 7.2.3.

[128] Baetge/Thiele/Matena (Prüfungsqualität, 2004), S. 205.

[129] Der Abschlussprüfer soll den Aufsichtsrat bei der Überwachung der Geschäftsführung behilflich sein. Vgl. auch IDW PS 470.20.

[130] Vgl. Böcking/Herold/Wiederhold (Modernisierung, 2003), S. 404, die die Auffassung vertreten, dass durch Änderung der 4. und 7. EU-Richtlinie die Angabe dieser Information künftig durch den Vorstand zu erfolgen hat.

[131] Hense/Poullie (Bilanzkommentar, 2003), § 321 HGB, Rz. 61.

[132] Pfitzer/Oser/Orth (TransPubG, 2002), S. 164.

[133] Vgl. IDW (TransPuG, 2002), S. 151.

genutzt hat, ein den tatsächlichen Verhältnissen entsprechendes Bild des Unternehmens zu zeigen.[134] Diese Angaben des Abschlussprüfers führen dazu, Informationsasymmetrien abzubauen und das tatsächliche Managerverhalten offenzulegen. *Hidden action* und *hidden information* können hierdurch aufgedeckt werden. Beispielsweise kann der Aufsichtsrat erkennen, inwiefern durch Gestaltungsmaßnahmen die Vergütung beeinflusst oder wichtige (psychologische) Kenngrößen (Gewinn- versus Verlustausweis) gestaltet werden.

Durch den Bestätigungsvermerk erhält der Kapitalmarkt direkt Hinweise darüber, ob der Abschluss ein den tatsächlichen Verhältnissen entsprechendes Bild der Vermögens-, Finanz- und Ertragslage des Unternehmens oder des Konzerns vermittelt (§ 322 Abs. 1 S. 3 HGB). Im Gegensatz dazu bietet der Prüfungsbericht aber die Möglichkeit einer differenzierteren Darstellung und stellt damit ein wichtiges Element der Corporate Governance dar. Dagegen ist im Regelfall im Bestätigungsvermerk nicht auf im legalen Rahmen betriebene Auslegungen, Anwendungen und Ermessensentscheidungen einzugehen. Vom Abschlussprüfer aufgedeckte Sachverhalte haben nur dann einen Einfluss auf die Rechnungslegung, wenn tatsächlich eine Weitergabe von Informationen über die nicht korrigierten Fehler bzw. Gestaltungen erfolgt.

Eine zentrale, aber selten untersuchte Rolle für die Effektivität des Abschlussprüfers spielt stets, wer über die Berufung bzw. Wiederwahl des Abschlussprüfers mittelbar oder unmittelbar entscheidet.[135] In Verbindung mit der Entscheidung, wer den Abschlussprüfer bestellt, könnte die Auskunftsbereitschaft des Abschlussprüfers gegenüber den Anteilseignern stehen. Der Aufsichtsrat sollte an einer vollkommen unbeeinflussten und offenen Berichterstattung des Abschlussprüfers interessiert sein. Probleme könnten jedoch dann entstehen, wenn der Aufsichtsrat gleichgerichtete Interessen hinsichtlich der Einflussnahme auf die Rechnungslegung mit dem Vorstand aufweist oder sich von diesem beeinflussen lässt und damit den Abschlussprüfer in eine schlechte Verhandlungsposition gegenüber dem Management stellt. Unabhängige Aufsichtsräte erlangen eine hohe Bedeutung.[136] Sie trotzen dem Druck des Managements, Einflussnahmen auf die Rechnungslegung mit zu tragen.[137] Aufsichtsräte, die ebenfalls Manager in anderen Unternehmen sind, könnten beispielsweise eher die Manager in

---

134 Vgl. Scheffler (Berichterstattung, 2002), S. 1298, der vom Interesse des Unternehmens spricht.

135 Vgl. hierzu auch Ewert (Beratung, 2003), S. 538 im Kontext zur Diskussion der Unabhängigkeit des Abschlussprüfers bei gleichzeitiger Erbringung von Beratungsleistungen. Nach § 318 Abs. 1 S. 1 HGB wird der Abschlussprüfer von den Gesellschaftern (Aktionären) gewählt. Vorschläge zur Beschlussfassung im Zusammenhang mit der Wahl des Abschlussprüfers durch die Hauptversammlung sind dem Aufsichtsrat gem. § 124 Abs. 3 S. 1 AktG und den Aktionären (§ 127 AktG) vorbehalten. Bei Aktiengesellschaften erteilt der Aufsichtsrat gem. § 111 Abs. 2 S. 3 AktG dem Abschlussprüfer den Prüfungsauftrag (nach der Wahl durch die Hauptversammlung).

136 Eine wirksame Unternehmensüberwachung durch den Prüfungsausschuss bedingt u.a. unabhängige Mitglieder. Vgl. Böcking (Prüfungsausschuss, 2004), S. 588.

137 Vgl. Klein (Audit, 2000), S. 7. *Klein* konnte einen negativen Zusammenhang zwischen der Unabhängigkeit des Boards und Gewinnmanipulation feststellen.

Streitigkeiten über Rechnungslegungsfragen mit dessen Abschlussprüfer unterstützen anstatt unabhängig zu kontrollieren.[138]

1.3.4.4 Aufdeckung der Einflussnahme durch Enforcement-Institutionen

„It is important to realize, ... that legal rules alone are not sufficient to create a favourable legal framework; their proper enforcement is just as important"[139]. Neben dem Aufsichtsrat und den Abschlussprüfern existieren weitere Enforcement-Einrichtungen zur Aufdeckung und Prävention von Einflussnahmen auf die Rechnungslegung. Sie agieren regelmäßig unabhängig von den Organen des Unternehmens sowie von den Abschlussprüfern.[140] Ihre Aufgabe besteht darin, die festgestellten Abschlüsse der Unternehmen anhand bestimmter Routinen auf den Bilanzansatz, die Bewertung oder den Ausweis zu prüfen.[141] Dabei ist festzuhalten, „dass ein *Enforcement* nicht jede Falschbilanzierung und jedes betrügerische Handeln aufdecken kann."[142] Eine Einflussnahme des Managements auf diese Enforcement-Einrichtungen – wie es auf den Aufsichtsrat oder Abschlussprüfer noch möglich erschien – ist ausgeschlossen. Dies ist ein gewichtiger Grund, eine Enforcement-Einrichtung zu fordern.[143] Die Notwendigkeit von Enforcement-Einrichtungen resultiert weiterhin daraus, dass die Abschlussadressaten regelmäßig nicht in der Lage sind, Einflussnahmen auf die Rechnungslegung zu erkennen. Dabei spielen auch, wie im vorherigen Kapitel gezeigt, die Probleme im Zusammenhang mit der Abschlussprüfung eine Rolle. Dagegen kann beispielsweise das deutsche Enforcement-Verfahren mit der Bundesanstalt für Finanzdienstleistungsaufsicht (BaFin) als „Verwaltungsbehörde eine verbindliche Entscheidung darüber treffen, ob die Rechnungslegung des betroffenen Unternehmens rechtlichen Bedenken begegnet"[144]. Eine reaktive Tätigkeit der Enforcement-Institution (bspw. durch die Prüfstelle oder die BaFin gem. § 342b Abs. 2 HGB) setzt bereits die Fehleraufdeckung voraus und würde in diesem Fall nicht primär der Aufdeckung des Fehlers sondern dessen Kommunikation und Behebung dienen.[145] Die Aufdeckung durch

---

138 Vgl. hierzu die Untersuchung von DeZoort/Salterio (Audit, 2001), S. 35, 43 auch mit weiteren Nachweisen.

139 Modigliani/Perotti (Markets, 2000), S. 84.

140 Die Bundesregierung definiert *Enforcement* als „Überwachung der Rechtmäßigkeit konkreter Unternehmensabschlüsse durch eine außerhalb des Unternehmens stehende, nicht mit dem gesetzlichen Abschlussprüfer (Wirtschaftsprüfer) identische unabhängige Stelle"; Bundesregierung (Maßnahmenkatalog, 2003), Abschnitt 6.

141 Vgl. Kiefer (Kapitalmarktregulierung, 2003), S. 22.

142 Böcking (Audit, 2003), S. 692.

143 Vgl. Böcking (Enforcement, 2004), S. 269 insbesondere zur Herausforderung bezüglich der Unabhängigkeit von „privaten" Prüfern. Für eine behördliche Lösung spricht sich weiterhin der AKEU (Enforcement, 2002), S. 2173 aus. Positiver zu einer privaten Prüfstelle äußern sich Hommelhoff/Mattheus (Enforcement, 2004), S. 100.

144 Mattheus/Schwab (Rechtsschutz, 2004), S. 1976.

145 Vgl. Baetge/Thiele/Matena (Prüfungsqualität, 2004), S. 212 zur reaktiven Prüfung.

eine Enforcement-Einrichtung muss daher wohl in den meisten Fällen auf Basis aktiver Untersuchungen erfolgen.[146]

Eingeleitete Enforcement-Verfahren sind grundsätzlich im Rahmen der Ad-hoc Publizität den Adressaten des Abschlusses bekannt zu gegeben.[147] Als Folge von Presseberichten oder von durch die SEC geäußerten Anfangsverdächtigungen zur Einflussnahme des Managements auf die Rechnungslegung konnten bei nachfolgend dargestellten empirischen Untersuchungen signifikante negative Kursreaktionen festgestellt werden.[148] Folglich wurden diese Maßnahmen der Unternehmen vom Abschlussprüfer nicht entdeckt oder kommuniziert oder von den Kapitalmarktteilnehmern nicht erkannt. Aktien der Unternehmen, die vor Bekanntgabe der SEC-Untersuchungen Streitigkeiten über die Rechnungslegungspraxis veröffentlichten, erfuhren mit dem Beginn formaler Ermittlungen zu diesen Sachverhalten durch die SEC weitere negative abnormale Renditen.[149] Auch von der BaFin angestrengte Sanktionsmaßnahmen, wie beispielsweise die Erhebung eines (geringen) Bußgelds von € 50.000, aber vor allem die negative Publizität einer Fehleraufdeckung und damit zusammenhängende Aktienkursminderungen, können zu Konsequenzen für Manager in Form einer Vergütungsminderung und eines Reputationsverlusts führen.[150]

1.3.4.5 Erkennen der Einflussnahme durch die Adressaten

Erkennen die Adressaten die Einflussnahme des Managements auf die Rechnungslegung, so können daran anknüpfend Maßnahmen getroffen werden, um dem künftig entgegen zu steuern. Dass der Kapitalmarkt nicht stets die zielgerichtete Einflussnahme auf die Rechnungslegung auch mit Drittinformationen durch den Board of Directors oder Abschlussprüfer zu erkennen vermag, wurde u.a. in den folgend umrissenen Studien belegt.

Für die Öl- und Gasindustrie konnten auf Grund eines Wahlrechts in den Rechnungslegungsnormen unterschiedliche Kapitalmarktreaktionen beim Ausweis von Abschreibungen entweder mit Erfassung in der Bilanz oder lediglich im Anhang bei gleichen zu Grunde liegenden

---

146 Vgl. Baetge/Thiele/Matena (Prüfungsqualität, 2004), S. 212-213 zu den Voraussetzung einer proaktiven Aufdeckung wie z.B. die Auswahl der Unternehmen durch Stichproben und die Intensität der Untersuchungen. Vgl. ebenfalls zur Forderung eines proaktiven Vorgehens Küting/Wohlgemuth (Enforcement, 2002), S. 276.

147 Nach formaler Mitteilung der SEC, dass Ermittlungen aufgenommen wurden, ergibt sich eine unmittelbare Pflicht des Unternehmens zur öffentlichen Berichterstattung nach Act Release No. 5092 bezüglich der Bekanntgabe von wesentlichen Informationen. Auch Ermittlungen der in Deutschland eingerichteten Enforcement-Institution nach dem Bilanzkontrollgesetz sollten ebenfalls eine Publizität nach § 15 Abs. 1 WpHG bedingen.

Nach § 37q Abs. 2 WpHG müssen jedoch erst nach offizieller Fehlerfeststellung, d.h. nach Abschluss der Untersuchung, die Fehler durch das Unternehmen offen gelegt werden.

148 Vgl. Dechow/Sloan/Sweeney (Manipulation, 1996), S. 27.

149 Vgl. Feroz/Park/Pastena (SEC, 1991), S. 124.

150 Vgl. Pellens/Detert/Nölte *et al.* (Enforcement, 2004), S. 3.

Sachverhalten nachgewiesen werden.[151] Da in beiden Fällen die gleichen Informationen vermittelt wurden, wären unterschiedliche Kursreaktionen nicht zu erwarten gewesen. Ähnliche Ergebnisse erzielten *Espahbodi/Espahbodi/Rezaee et al.* bei der Untersuchung von Kursreaktionen, wenn Unternehmen Aktienoptionsprogramme im Abschluss aufwandswirksam nach SFAS 123 erfassen oder mit einer pro forma-Angabe nach APB Opinion 25 veröffentlichen. Da in beiden Fällen keine anderen Informationen vermittelt werden, dürften auch hier – was aber der Fall ist – die Kursreaktionen keine Unterschiede aufweisen.[152] Die Untersuchung der Kapitalmarktreaktionen vor Einführung von SFAS 106 *Employers' Accounting for Postretirement Benefits Other Than Pensions* mit dem bloßen Ausweis des entsprechenden Betrags gem. SAB 74 oder nach Einführung von SFAS 106 mit dem Niederschlag im Unternehmensergebnis ergab signifikante, auf die jeweiligen Größen zurückzuführende Marktpreisunterschiede der Unternehmensanteile.[153] Allein schon die Unterscheidung, ob ein Sachverhalt im Zahlenwerk abgebildet oder lediglich als Anhangangabe behandelt wird, hat Marktwertbeeinflussungen zur Folge.[154] Weshalb die Investoren nicht in der Lage sind, bestimmte Einflussnahmen zu erkennen bzw. nicht zu erkennen versuchen, kann verschiedene Gründe haben. Zum einen kann es darauf zurückzuführen sein, dass es schwierig ist, die Auswirkungen einer Methodenänderung nach der Änderungsperiode zu quantifizieren, zum anderen können begrenzte Fähigkeiten in der Verarbeitung von Rechnungslegungsinformationen vorliegen oder nur geringfügige Ansprüche bestehen, die eine nähere Auseinandersetzung mit den Rechnungslegungsinformationen nicht notwendig erscheinen lassen.[155]

2 Managerverhalten zur Einflussnahme auf die Rechnungslegung

2.1 Rechnungslegungspolitik als vordergründig normkonformes Verhalten

2.1.1 Ziele und Instrumente zur Rechnungslegungspolitik

Rechnungslegungspolitischen Entscheidungen oder Handlungen durch das Management liegen die zuvor in Kapitel II.1.3.3 erörterten Anreize zu Grunde. Nach aus den Anreizen hervorgehenden operationalen Zielformulierungen handeln die Manager in Ausnutzung ihres Aktionenraums zur Einflussnahme auf die Rechnungslegung. Die Ziele der Rechnungslegungspolitik leiten sich entgegen der herrschenden Meinung nicht unbedingt „aus den allge-

151 Vgl. Aboody (Recognition, 1996), S. 30. Die Untersuchung erstreckte sich allerdings ausschließlich auf den US-amerikanischen Kapitalmarkt.

152 Vgl. Espahbodi/Espahbodi/Rezaee *et al.* (Stock, 2002), S. 366.

153 Vgl. Davis-Friday/Folami/Liu *et al.* (Relevance, 1999), S. 420.

154 Vgl. Barth/Clinch/Shibano (Market, 2003), S. 581-609 zur theoretischen Begründung unterschiedlicher Kapitalmarkteffekte bei *recognition* oder *disclosure*.

155 Vgl. Bowen/DuCharme/Shores (Claims, 1995), S. 261-262.

meinen Unternehmenszielen ab“[156], sondern vielmehr aus den teilweise opportunistisch motivierten Anreizen der Manager. Manager, als Verantwortliche der Rechnungslegung, verfügen über unterschiedliche Arten der Einflussnahme auf die Rechnungslegung. Die in Abbildung 4 vorgenommene Darstellung erfolgt nicht anhand konkreter Gestaltungsmöglichkeiten unter Berücksichtigung der einzelnen Normen der US GAAP, IFRS oder des HGB, sondern anhand allgemein gültiger Einflussarten.

Die Gesamtheit der bewussten, zielgerichteten und normkonformen Einflussmöglichkeiten des Managements auf die Finanzberichterstattung durch sachverhaltsabbildende und sachverhaltsgestaltende Maßnahmen, werden im Folgenden als Rechnungslegungspolitik bezeichnet.[157]

Abbildung 4: Rechnungslegungspolitik und Rechnungslegungsmanipulation

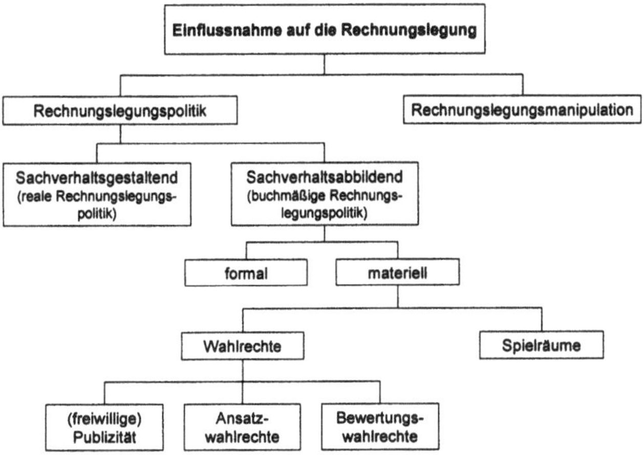

Die Gesamtheit der bewussten, zielgerichteten und normkonformen Einflussmöglichkeiten des Managements auf die Finanzberichterstattung durch sachverhaltsabbildende und sachverhaltsgestaltende Maßnahmen, werden im Folgenden als Rechnungslegungspolitik bezeich-

[156] Scheffler (Bilanzpolitik, 2002), Sp. 186. Die Aussage von *Scheffler* ist dann zutreffend, wenn mit den allgemeinen Unternehmenszielen die vom Management verfolgten Ziele gemeint sind. Auch Baetge/Ballwieser (Bilanzpolitik, 1978), S. 515 sind der Auffassung, dass eine „rationale Bilanzpolitik ... nicht unbedingt an der gleichen Zielvorschrift – wie die gestaltenden Unternehmenspolitiken – ausgerichtet sein“ muss.

[157] Zur Definition des Begriffs Rechnungslegungspolitik vgl. Sieben (Rechnungslegungspolitik, 1998), S. 5 sowie Scheffler (Bilanzpolitik, 2002), S. 186. Nach Lücke (Bilanzstrategie, 1969), S. 2287, „kann die Bilanzpolitik ... nur solche Ziele und Maßnahmen umfassen, die [der; Anm. d. Verf.] Rechtsordnung entsprechen“. Gleicher Ansicht unter dem Gesichtspunkt der Konzernbilanzpolitik ist Greth (Konzernbilanzpolitik, 1996), S. 8.

net.[158] Der geläufige Terminus „Bilanzpolitik" ist unter dem Aspekt der begrifflichen Genauigkeit abzulehnen, da Gestaltungsmaßnahmen nicht nur die Bilanz, sondern die gesamte Finanzberichterstattung umfassen können.[159] Auch der Begriff der Jahresabschlusspolitik griffe zu kurz, würde doch so die Vielheit der Gestaltungsmöglichkeiten eines Konzernverbundes und (Konzern-)Lageberichts ignoriert werden.[160] Der Begriff der Rechnungslegungspolitik beinhaltet demnach u.a. den Begriff der Bilanzpolitik, Jahres- und Konzernabschlusspolitik sowie sämtliche Gestaltungen innerhalb der (Konzern-)Lageberichterstattung aber auch Gestaltungen in Zusammenhang mit der Quartalsberichterstattung.[161]

Sachverhaltsgestaltende Maßnahmen finden vor dem Bilanzstichtag statt und haben eine Änderung des tatsächlichen „Geschehens im Betrieb selbst"[162] zu Folge. Diese Maßnahmen sollen bestimmte Tatbestandsvoraussetzungen der Rechnungslegungsnormen erfüllen oder vermeiden.[163] Zur Beurteilung der Auswirkung der so gestalteten Sachverhalte auf die Rechnungslegung sind zusätzlich die der Rechnungslegung inhärenten Spielräume, d.h. die sachverhaltsabbildenden Aktionsparameter, zu beachten. Die Kenntnis der Wahlrechte und Spielräume im Vorhinein stellt folglich eine zentrale Voraussetzung zur Anwendung von sachverhaltsgestaltenden Maßnahmen dar. Während sachverhaltsabbildende Gestaltungen keine unmittelbar operativen Wirkungen entfalten und ausschließlich Einfluss auf die Rechnungslegung nehmen, können im Gegenzug hierzu die sachverhaltsgestaltenden Parameter Niederschlag in den realen Zahlungsströmen finden.[164]

Bei der sachverhaltsabbildenden Rechnungslegungspolitik wird zwischen formaler und materieller Rechnungslegungspolitik differenziert.[165] Materielle Aspekte der rechnungslegungspolitischen Maßnahmen stellen auf das Zahlenwerk ab, formale rechnungslegungspolitische Instrumente auf den Ausweis, die Struktur und die Darstellungsmöglichkeiten in Bezug auf

---

[158] Zur Definition des Begriffs Rechnungslegungspolitik vgl. Sieben (Rechnungslegungspolitik, 1998), S. 5 sowie Scheffler (Bilanzpolitik, 2002), S. 186. Nach Lücke (Bilanzstrategie, 1969), S. 2287, „kann die Bilanzpolitik ... nur solche Ziele und Maßnahmen umfassen, die [der; Anm. d. Verf.] Rechtsordnung entsprechen". Gleicher Ansicht unter dem Gesichtspunkt der Konzernbilanzpolitik ist Greth (Konzernbilanzpolitik, 1996), S. 8.

[159] Vgl. Hoffmann (Jahresabschlusspolitik, 1994), S. 20.

[160] Auch kapitalmarktorientierte Unternehmen die künftig IFRS anwenden, haben weiterhin gem. § 315a Abs. 1 HGB einen Konzernlagebericht aufzustellen

[161] Vgl. Mulford/Comiskey (Numbers, 2002), S. 3 zur Abgrenzung der Begriffe. Vgl. auch Wagenhofer/Ewert (Unternehmensrechnung, 2002), S. 197.

[162] Veit (Bilanzpolitik, 2002), S. 11.

[163] Vgl. Hinz (Jahresabschlusspolitik, 1994), S. 68. Ein Beispiel für eine sachverhaltsgestaltende Maßnahme ist, eine im nächsten Jahr geplante Investition auf das aktuelle Geschäftsjahr vorzuziehen; und zwar aus dem Grund, die Finanzberichterstattung entsprechend darzustellen.

[164] Vgl. Dutta/Gigler (Effect, 2002), S. 632; Fischer/Haller (Bilanzpolitik, 1993), S. 39.

[165] Eine sachverhaltsabbildende Maßnahme wäre beispielsweise im Rahmen der Vorratsbewertung, eine künftig geringe Verkaufsprognose im Rahmen des eigenen Ermessens herbeizuführen, um stille Reserven für die nächsten Perioden zu bilden.

die Elemente der Finanzberichterstattung.[166] Sachverhaltsabbildende Aktionsparameter finden folglich nach dem jeweiligen Berichtszeitraum des Abschlusserstellers statt.[167] Materielle Rechnungslegungsnormen enthalten per se Ansatz-, Bewertungs- und Abbildungs- bzw. Publizitätswahlrechte sowie Spielräume, die der Unternehmensleitung eine bewusste und zielgerichtete,[168] jedoch auf die Abschlüsse beschränkte Einflussnahme auf die Rechnungslegung eröffnet. Demnach sollten sie dazu dienen, die tatsächlichen wirtschaftlichen Verhältnisse des jeweiligen Geschäftvorfalls bzw. der Gesamtheit der Geschäftsvorfälle bestmöglichst in den Büchern des Unternehmens abzubilden. Bei Wahlrechten knüpfen an einen Tatbestand mindestens sich zwei gegenseitig ausschließende, aber frei wählbare, explizit genannte und bestimmbare Folgen an.[169] Spielräume resultieren aus der zwangsläufigen Unmöglichkeit, sämtliche Ausprägungen tatsächlicher Geschäftsvorfälle detailliert regeln zu können.[170] Diese Wahlrechte und Spielräume führen unter anderem dazu, die Rechnungslegung für Einflussnahmen empfänglicher zu machen und können auf Grund der Informationsasymmetrien zu einer Vorteilsverschiebung zu Gunsten der Manager führen.[171] So bemerkte bereits *Schiff* „if there is a conflict between the managers' and owners' interests ... the opportunity to choose the accounting method gives an important advantage to the manager"[172].

Das wohl am häufigsten diskutierte Gebiet in der internationalen Fachliteratur zum Thema Rechnungslegungspolitik wird mit dem Begriff *earnings management* belegt, dessen uneinheitliche Definitionen folgend kurz umrissen werden. *Schipper* definiert *earnings management* als „purposeful intervention in the external financial reporting process, with the intent of obtaining some private gain (as opposed to, say, merely facilitating the neutral operation of the process)."[173] Ähnlich ist die Definition von *Healy/Wahlen*: „Earnings management occurs when managers use judgement in financial reporting and in structuring transactions to alter financial reports to either mislead some stakeholders about the underlying economic performance of the company or to influence contractual outcomes that depend on reporting account-

166 Vgl. Sieben (Rechnungslegungspolitik, 1998), S. 23.

167 Vgl. Schulte (Bilanzpolitik, 1986), S. 8-9; Hofmann (Vergleich, 1997), S. 40.

168 Vgl. Hilke (Bilanzpolitik, 2002), S. 11, Wöhe (Bilanzierung, 1997), S. 673.

169 Vgl. Bauer (Rechnungspolitik, 1981), S. 66.

170 Vgl. Pfleger (Bilanzpolitik, 1991), S. 35. Spielräume entstehen zum einen dadurch, dass ein bestimmter Sachverhalt nicht ohne Auslegung des Abschlusserstellers unter eine Tatbestandsvoraussetzung subsumierbar ist und zum anderen aus den aus einem Tatbestand hervorgehenden, mehrdeutigen und anwendbaren Rechtsfolgen. Vgl. Bauer (Rechnungspolitik, 1981), S. 66 und Pfleger (Bilanzpolitik, 1991), S. 34.

171 Vgl. Sankar/Subramanyam (Discretion, 2001), S. 366.

172 Schiff (Accounting, 1966), S. 62.

173 Schipper (Commentary, 1989), S. 92.

ing numbers."[174] *Earnings management* beinhaltet demnach sämtliche Einflussnahmen auf die Rechnungslegung, die früher oder später auch Ergebniswirkung entfalten werden.[175]

2.1.2 Nachweise von Rechnungslegungspolitik

2.1.2.1 Diskretionäre Periodenabgrenzungen

Inwiefern und in welchem Ausmaß tatsächlich Einfluss auf die Rechnungslegung durch Rechnungslegungspolitik genommen wird, ist in den meisten Fällen auf Grund der diskutierten Informationsasymmetrien zwischen den Kapitalmarktteilnehmern und den Managern nicht ohne Weiteres zu ermitteln. In der Literatur zum *earnings management* wurden dazu unter anderem die im Folgenden diskutierten empirischen Untersuchungen durchgeführt. Dazu sind zuerst die den empirischen Untersuchungen zu Grunde gelegten Modelle zur Ermittlung von *earnings management* kritisch zu würdigen.

Der Ausgangspunkt der Untersuchungen basiert regelmäßig auf der Annahme, dass der Grad des *earnings management* durch die jeweiligen Periodenabgrenzungen teilweise widergespiegelt wird. Die „Periodenabgrenzungen entsprechen der Differenz des Jahresergebnisses und des Cashflows aus der Geschäftstätigkeit und zeigen die zahlungsunwirksamen Erträge und Aufwendungen“[176]. Es ist zwischen Modellen zu unterscheiden, die sämtliche Periodenabgrenzungen in die Berechnung mit einbeziehen, und solchen, die lediglich ausgewählte Periodisierungsgrößen (z.B. ausschließlich Restrukturierungsrückstellungen) verwenden. Die Summe aller Periodenabgrenzungen stellt die Differenz zwischen dem Jahresergebnis und dem *cash flow* aus der operativen Geschäftstätigkeit dar und ist im Rahmen der hier behandelten Modelle in diskretionäre und nicht diskretionäre Komponenten aufzuteilen. Diskretionäre Komponenten sind jene, die ausschließlich im Rahmen der Rechnungslegungspolitik entstehen, während nicht diskretionäre Komponenten zwangsläufig durch den tatsächlichen, nicht durch Sachverhaltsabbildungen beeinflussten Geschäftsgang des Unternehmens auftreten. Beispielsweise würden zu hoch dotierte Rückstellungen mit ihrem zu hoch bemessenen Betrag unter die diskretionären Periodenabgrenzungen fallen, wohingegen der angemessene Betrag die nicht diskretionäre, normale Komponente der Periodenabgrenzungen darstellt.[177] Angelehnt an IAS 7.20 setzt sich die Gesamtsumme der Periodenabgrenzungen grundsätzlich aus der Veränderung des Vorratsvermögens, der Forderungen und Verbindlichkeiten und den

---

174 Healy/Wahlen (Review, 1999), S. 368.

175 Vgl. Küting/Weber/Pilhofer (Umsatzrealisation, 2002), S. 1, die *earnings management* mit Gewinnmanagement gleichsetzen. *Dutta/Gigler* bezeichnen *earnings management* als Unterform des *window dressing*. Nach ihnen findet *earnings management* statt, wenn „the reported earnings differ from the true earnings, that is, when the agent dishonestly communicates his private information.“ Dutta/Gigler (Effect, 2002), S. 633.

176 Wagenhofer/Ewert (Unternehmensrechnung, 2002), S. 212. Periodenabgrenzungen sind beispielsweise Forderungen, Verbindlichkeiten oder Rückstellungen.

177 Vgl. Healy (Bonus, 1985), S. 94.

nicht zahlungswirksamen Aufwendungen und Erträgen zusammen. Periodenabgrenzungen korrigieren den *cash flow* und ergeben summiert über die Totalperiode, d.h. über die gesamte Lebensdauer des Unternehmens, einen Wert von null.[178] Die größte Schwierigkeit bei der Untersuchung von *earnings management* stellt die Ermittlung der nicht diskretionären Komponenten dar. Als Residuum ist der diskretionäre Anteil dann leicht ermittelbar. So zieht *Healy* zur Messung der nicht diskretionären Periodenabgrenzungen den Durchschnitt der gesamten Periodenabgrenzung in der gesamten Schätzperiode heran.[179] *DeAngelo* nutzt hingegen die gesamten Periodenabgrenzungen der Vorperiode als Maßstab für die erwarteten (normalen) nicht diskretionären Komponenten der Betrachtungsperiode, so dass die Veränderung der diskretionären Komponenten die Veränderung der gesamten Periodenabgrenzungen widerspiegelt.[180] Ist die Differenz der Veränderung der diskretionären Abgrenzungen negativ, d.h. nehmen die gesamten Periodenabgrenzungen ab, kann dies als Einflussnahme, die eine Unterbewertung des Jahresergebnisses zur Folge hat, gewertet werden.

Kaplan äußert berechtigte Kritik am Modell von *Healy* und damit auch an jenem von *DeAngelo*, da Bestandteile der Periodenabgrenzungen (hier: das *working capital*[181]) mit der wirtschaftlichen Situation des Unternehmens schwanken werden und nicht als fixes Datum der Vergangenheit zu betrachten sind.[182] Diese Nachteile behebt das in der jüngeren Fachliteratur meist genutzte *Jones-Model*. Hierbei wird die abhängige Variable der nicht diskretionären Periodenabgrenzung in Abhängigkeit von den exogenen Variablen der Umsatzerlöse zur Abbildung der Veränderung des *working capital* und das Bruttosachanlagevermögen als Erklärungsvariable für die nicht diskretionären Abschreibungen herangezogen.[183] Die erwarteten nicht diskretionären Periodenabgrenzungen werden dann durch Einsetzen der Parameter in die multivariate Regressionsgleichung ermittelt. Defizite besitzt das *Jones-Model* insbesondere dann, wenn die Umsatzerlöse ebenfalls diskretionäre Spielräume enthalten.[184] Grundsätzlich geht das *Jones-Model* davon aus, dass die Umsatzerlöse frei von diskretionären Einflüssen des Managements sind. Um dieses Problem zu beheben, modifizieren *Dechow/Sloan/Sweeney*

---

178 Vgl. Chan/Jegadeesh/Sougiannis (Accrual, 2004), S. 98.

179 Vgl. Healy (Bonus, 1985), S. 94-96.

180 Vgl. DeAngelo (Accounting, 1986), S. 409. Das Modell von *DeAngelo* kann daher als Spezialfall des *Healy* Modells interpretiert werden, wenn die Schätzperiode für die nicht diskretionären Periodenabgrenzungen auf die Beobachtungen des vorangegangenen Jahres beschränkt werden. Vgl. hierzu Dechow/Sloan/Sweeney (Detecting, 1995), S. 198.

181 *Working capital* ist definiert als „change in current assets other than cash and short-term investments less current liabilities other than current maturities of long-term liabilities and income taxes payable“, Jones (Earnings, 1991), S. 207.

182 Vgl. Kaplan (Comments, 1985), S. 111. Werden die nicht diskretionären Periodenabgrenzungen z.B. als Funktion von Umsatzerlösen dargestellt, so kann der Rückgang der gesamten Periodenabgrenzungen durch den Rückgang der Umsatzerlöse und damit durch die nicht diskretionären Periodenabgrenzungen begründet werden. Vgl. Jones (Earnings, 1991), S. 210.

183 Vgl. Jones (Earnings, 1991), S. 211-212. Zur relativen Vorteilhaftigkeit des *Jones-Model* siehe auch Guay/Kothari/Watts (Evaluation, 1996), S. 103.

184 Vgl. Jones (Earnings, 1991), S. 212.

die unabhängige Variable der Umsatzerlöse im *Jones-Model* durch die Bereinigung der Veränderung der Umsatzerlöse um die Veränderung der Forderungen in der Untersuchungsperiode mit dem Ergebnis, dass sämtliche Zielverkäufe als Folge von *earnings management* gewertet werden.[185] Um eine noch höhere Präzision zu erreichen, wurde die Veränderung der Forderungen in einen diskretionären und nicht diskretionären Bestandteil geteilt. Die durchschnittliche Veränderung der Forderungen in Abhängigkeit der Verkäufe dient dabei als Nachweis der nicht diskretionären Forderungsveränderung.[186] Eine weitere Modifikation erhält das *Jones-Model* (folgend als *CF-Jones* bezeichnet), indem neben der Veränderung der Umsatzerlöse und des Bruttosachanlagevermögens eine dritte unabhängige Variable „*cash flow*-Veränderung" zur Berechnung der nicht diskretionären Periodenabgrenzungen hinzugezogen wird.[187] Dahinter steht der Gedanke, dass *cash flows* und Periodenabgrenzungen eine stark negative Korrelation aufweisen.[188] Für wachsende Unternehmen sind ebenfalls Anpassungen notwendig. Wachsende Unternehmen mit erwarteten steigenden Verkaufzahlen erhöhen regelmäßig das Vorratsvermögen und führen damit im *Jones-Model* zu der Annahme, das Management würde *earnings management* durch eine Erhöhung der Periodenabgrenzungen betreiben. Zur Vermeidung dieses Effekts ist es sinnvoll, das erwartete Absatzwachstum als Variable im Modell zu integrieren.[189]

Neben den Modellen, die *earnings management* anhand der Summe aller Periodenabgrenzungen feststellen, wurden Modelle basierend auf ausgewählten Periodenabgrenzungen entwickelt. Anstatt die Summe aller Periodenabgrenzungen nach diskretionären und nicht diskretionären Bestandteilen zu differenzieren, wird nur eine Abgrenzungsgröße (z.B. Wertberichtigungen auf Forderungen) herangezogen und mittels einer Regressionsanalyse in diskretionäre und nicht diskretionäre Bestandteile aufgespalten.[190] Sowohl die Erbringung des Nachweises von *earnings management* durch die Betrachtung aller diskretionären Periodenabgrenzungen als auch die Betrachtung ausgewählter Periodenabgrenzungen, weist Vor- und Nachteile auf.[191] Gemein ist allen Modellen neben einer ähnlichen Vorgehensweise, bei der die geschätzten künftigen mit den tatsächlichen Periodenabgrenzungen verglichen werden, auch eine ähnliche Schwierigkeit bei deren Ermittlung. Insbesondere herrscht Unklarheit darüber, ob die Abweichung der Periodenabgrenzungen von der Vorhersage auf diskretionäre oder auf nicht diskretionäre Periodenabgrenzungen zurückzuführen ist.[192] Im Folgenden werden die

185 Vgl. Dechow/Sloan/Sweeney (Detecting, 1995), S. 199.

186 Vgl. Dechow/Richardson/Tuna (Explanation, 2003), S. 359.

187 Vgl. Chan/Jegadeesh/Sougiannis (Accrual, 2004), S. 104.

188 Vgl. Dechow (Accruals, 1994), S. 36.

189 Vgl. McNichols (Research, 2000), S. 329 und Dechow/Richardson/Tuna (Explanation, 2003), S. 359.

190 Vgl. McNichols/Wilson (Evidence, 1988), S. 5. Zu weiteren Nachweisen von *earnings management* anhand spezifischer Periodenabgrenzungen siehe McNichols (Research, 2000), S. 334.

191 Vgl. ausführlich hierzu McNichols (Research, 2000), S. 333.

192 Vgl. Wagenhofer/Ewert (Unternehmensrechnung, 2002), S. 214.

Ergebnisse ausgewählter Untersuchungen erläutert, denen die zuvor diskutierten Modelle zu Grunde liegen. Sie geben Aufschluss darüber, in welchen Situationen *earnings management* betrieben wird und bestärken damit die in Kapitel II.1.3.3 behandelten Anreize.

Einen wichtigen – auch empirischen – Beitrag zum Verständnis der Einflussnahme auf die Rechnungslegung des Managements leistet *Healy* mit der Untersuchung der Bonus-Maximierungs-Hypothese.[193] Unter der Annahme einer linear steigenden, vom Gewinn abhängigen und einseitig nach oben hin begrenzten Bonusfunktion zur Managementvergütung mit einer Bonuseintrittsschwelle ab einer bestimmten Gewinnhöhe, bestünde für das Management bei Gewinnen bzw. Verlusten die fern ab – unter Berücksichtigung von gewinnerhöhendem *earnings management* – der Eintrittsschwelle liegen ein Anreiz, gewinnminderndes *earnings management* zu betreiben, um den künftig erwarteten Bonus zu erhöhen.[194] Eine solche Vorgehensweise wird als *big bath accounting* bezeichnet. Dabei „wäscht" das Management den Abschluss von Altlasten frei und bildet darüber hinaus unbemerkt Reserven für die Zukunft.[195] Eine Nutzung gewinnmindernder Periodenabgrenzungen findet statt, wenn der Bonus auf Grund der Plafondierung pro zusätzliche Gewinneinheit nicht mehr ansteigt.[196] Darüber hinaus ausgewiesene Gewinne wären für Bonuszwecke und damit für Gehaltsmehrungen verloren. Der Manager reduziert durch das gewinnmindernde *earnings management* nicht seinen gegenwärtigen Bonus, sondern erhöht seinen künftig erwarteten Bonus. Ist die Bonussteigerung nicht begrenzt, werden stets die höchsten positiven diskretionären Periodenabgrenzungen gewählt.[197] Gewinnsteigerndes *earnings management* ist dann relevant, wenn die Eintrittsschwelle zur Bonuszahlung gering unter- oder bereits überschritten ist.[198] Zwischen der Bonus-Maximierungs-Hypothese und der Gewinnglättungshypothese besteht vor allem ein Konflikt im Fall der unterschrittenen Bonuseintrittsschwelle, d.h. bei Durchführung von *big bath accounting*. Die Gewinnglättungshypothese schließt *big bath accounting* grundsätzlich aus.

---

193 Vgl. insbesondere Healy (Bonus, 1985), S. 90 sowie Wagenhofer/Ewert (Unternehmensrechnung, 2002), S. 217-220.

194 Vgl. Healy (Bonus, 1985), S. 90-91. Gaver/Gaver/Austin (Additional, 1995), S. 18 kommen durch Anwendung des modifizierten *Jones-Model* zu dem Ergebnis, dass „the proportion of positive and negative discreationary accruals does *not* differ significantly between portfolios" die vor der Bonuseintrittsschwelle oder bereits im Bonusbereich liegen. *Big bath accounting* wird zugunsten der Annahme von Gewinnglättungen verneint.

195 Vgl. Francis/Hanna/Vincent (Write-Offs, 1996), S. 127 zu unterschiedlichen Auswirkungen von Abschreibungen abhängig von deren Art (Vorratsvermögen, Goodwill, Restrukturierung).

196 Vgl. Holthausen/Larcker/Sloan (Annual, 1995), S. 55, die feststellten, dass die diskretionären Periodenabgrenzungen im Bonusbereich wesentlich höher ausfielen als bei schon maximal ausgenutzten Bonusbeträgen.

197 Vgl. Healy (Bonus, 1985), S. 91.

198 Zu gleichen Ergebnissen und damit die Bonus-Maximierungs-Hypothese bestätigend, gelangen Guidry/Leone/Rock (Bonus, 1999), S. 127-131 bei der Untersuchung des Verhaltens von Geschäftsbereichsmanagern. Vgl. auch McNichols/Wilson (Evidence, 1988), S. 29.

DeFond/Park[199] untermauern empirisch anhand des *Jones-Model* die von *Fudenberg/Tirole* untersuchte Gewinnglättungshypothese bei US-amerikanischen Unternehmen.[200] Demnach unternimmt das Management zur Sicherung der Anstellung und zur Vermeidung von Einmischungen durch die Anteilseigner Handlungen zur Steigerung des Gewinns, wenn der Gewinn niedrig ausfällt und Handlungen zur Verringerung des Gewinns, wenn dieser hoch ausfällt.[201] Dieser Anreiz wurde zuvor als nicht finanzieller Nutzen des Managers bezeichnet. Weitere Anreize zur Gewinnglättung stehen u.a. im Zusammenhang mit der Steigerung des Aktienkurses oder der Verringerung der Fremdkapitalkosten.[202] Da die Zufriedenheit der Anteilseigner in Bezug auf das Unternehmen mit den durchschnittlichen Wachstumsraten des Unternehmensgewinns sowie mit dessen Beständigkeit steigt,[203] und die Geschicke des Managements von der Zufriedenheit der Anteilseigner abhängen, ist das Management dazu geneigt, Gewinnglättungen vorzunehmen.[204]

Tabelle 1: Gewinnglättungsmodi[205]

		gegenwärtige relative Unternehmensleistung	
		schwach	Stark
erwartete künftige relative Unternehmensleistung	schwach	A	B
	stark	C	D

Manager besitzen mit gegenwärtig guten Unternehmenszahlen und künftig erwarteten schlechten Unternehmenszahlen Anreize, in der aktuellen Periode gewinnmindernde Periodenabgrenzungen zu bilden (vgl. Feld B der Tabelle 1), während im umgekehrten Fall gewinnerhöhende Periodenabgrenzungen gebildet bzw. vormals gewinnmindernde aufgelöst werden (vgl. Feld C der Tabelle 1).[206] Die Ergebnisse von *DeFond/Park* konnten auch bei

199 Vgl. DeFond/Park (Smoothing, 1997), S. 115-139.

200 Zur Gewinnglättung siehe auch Coenenberg/Schmidt/Werhand (Entscheidungen, 1983), S. 342 und Coenenberg (Gewinnregulierungspolitik, 1985), S. 124.

201 Vgl. Fudenberg/Tirole (Theory, 1995), S. 76-77.

202 Vgl. Kirschenheiter/Melumad (Earnings, 2002), S. 763-764 m.w.N. zu Anreizen über die Glättung von Gewinnen durch das Management.

203 Vgl. Gordon (Postulates, 1964), S. 262.

204 Als Motivation für Gewinnglättungen nennt bereits Hepworth (Smoothing, 1953), S. 33 steuerliche Gründe sowie in der Beziehung des Managements zu den Investoren und Arbeitnehmern liegende Gründe.

205 In Anlehnung an DeFond/Park (Smoothing, 1997), S. 126.

206 Vgl. DeFond/Park (Smoothing, 1997), S. 137.

einer empirischen Untersuchung spanischer Unternehmen bestätigt werden.[207] Bemerkenswert ist insbesondere, dass auch bei europäischen Unternehmen Gewinnglättungen vorgenommen werden.[208]

Während *DeFond/Park* und *De Albornoz/Alcarria* für die Tabellenfelder B und C zu ähnlichen Ergebnissen gelangen, gehen *DeFond/Park* für die Felder A und D hinsichtlich des Anreizes zur Gewinnglättung davon aus, dass entweder kein Anreiz besteht, oder Anreizkonflikte vorliegen und keine Gewinnglättung betrieben wird, da Gewinnglättungen bei A zwar in der gegenwärtigen Periode zu besseren Unternehmenszahlen führten, aber in der ohnehin schon als schlecht erwarteten Folgeperiode zu einem noch schlechteren Ergebnis beitrügen.[209] *De Albornoz/Alcarria* argumentieren dagegen für gewinnerhöhende Gewinnglättungen in Feld A auf Grund der gegenwärtigen Angst des Managers, Konsequenzen tragen zu müssen und vor dem Hintergrund der Hoffnung sich bessernder Aussichten.[210] Dafür würde auch der regelmäßig angenommene kurzfristige Zeithorizont der Manager sprechen. Für Feld D geben *DeFond/Park* kein Urteil ab. *De Albornoz/Alcarria* gehen dagegen von gewinnmindernden Glättungen aus, um für künftige schlechtere Perioden vorzusorgen. Die von *De Albornoz/Alcarria* aufgestellten Hypothesen konnten bislang empirisch nicht falsifiziert werden.[211]

Anstatt diskretionäre Periodenabgrenzungen zur Gewinnglättung zu verwenden, können auch Sachverhaltsgestaltungen realer Transaktionen in Betracht kommen.[212] Eine theoretische Begründung zum optimalen *earnings management*, die sowohl das *big bath accounting* als auch das *income smoothing* erklärt, entwickelten *Kirschenheiter/Melumad.* Hinreichend schlechte Nachrichten (z.B. niedrige *cash flows* oder Umsatzerlöse) verleiten das Management, die Gewinne durch ein *big bath accounting* maximal in der entsprechenden Periode zu reduzieren. Sind die Nachrichten nicht hinreichend schlecht, glättet das Management den Gewinn (sog. *smoothing*) in der Form, dass bei nicht hinreichend schlechten Nachrichten die Gewinne überhöht und bei zunehmend besseren Nachrichten (z.B. höhere *cash flows* oder Umsatzerlöse vor *earnings management*) der Grad der überhöhten Darstellung nachlässt, bis schließlich bei hinreichend guten Nachrichten gewinnmindernde Rechnungslegungspolitik hin zum *income smoothing* durchgeführt wird.[213] Bereits in den Jahren 1960 und 1970 veröffentlichte

---

207 Vgl. De Albornoz/Alcarria (Smoothing, 2003), S. 452-453, die ebenfalls in Anlehnung an *DeFond/Park* das *Jones-Model* anwenden.

208 Vgl. De Albornoz/Alcarria (Smoothing, 2003), S. 445.

209 Vgl. DeFond/Park (Smoothing, 1997), S. 129.

210 Vgl. De Albornoz/Alcarria (Smoothing, 2003), S. 446-447.

211 Vgl. De Albornoz/Alcarria (Smoothing, 2003), S. 452.

212 Vgl. Bartov (Timing, 1993), S. 850 zum *income smoothing* durch Veräußerungen von Vermögenswerten.

213 Vgl. Kirschenheiter/Melumad (Earnings, 2002), S. 762.

Studien belegen die Glättung von Gewinnen durch das Management.[214] So konnte z.B. nachgewiesen werden, dass Unternehmen Instrumente wie die Bilanzierung von Pensionsrückstellungen, Forschungs- und Entwicklungsaufwendungen sowie von nicht fortgeführten Geschäftsbereichen nutzen, um Gewinne zu egalisieren.[215]

Nachdem das Vorgehen zur Identifizierung von *earnings management* erläutert und das Instrument der Gewinnglättung untersucht wurde, werden folgend Ereignisse identifiziert, deren Auftreten häufig mit *earnings management* in Verbindung zu bringen ist. Nicht geplante Wechsel des Vorstands, d.h. wenn das Unternehmen bei Rücktritten oder Entlassungen von Vorständen nicht die Möglichkeit besitzt, die Nachfolge ordentlich zu planen, werden in der Periode des Wechsels oftmals von sinkenden und in der Folgeperiode von steigenden Gewinnen begleitet.[216] Der neue Vorstand verwendet hierzu gewinnmindernde diskretionäre Periodenabgrenzungen im Eintrittsjahr und gewinnsteigernde diskretionäre Periodenabgrenzungen in den Folgejahren.[217] Hohe Wertberichtigungen kann das neue Management durch Schuldzuweisungen an das alte Management gegenüber den Anteilseignern rechtfertigen und sich selbst in Zukunft durch die angesammelten diskretionären Periodenabgrenzungen (im Sinne von einer Auflösung stiller Reserven) in gutem Lichte erscheinen lassen.

Bei Unternehmenszusammenschlüssen, die mit einem Aktienerwerb durchgeführt wurden, konnten *Erickson/Wang* anhand von Periodenabgrenzungen feststellen, dass das erwerbende Unternehmen in den Quartalen vor dem Zusammenschluss die Gewinne durch *earnings management* erhöht, um den eigenen Aktienkurs zu steigern und damit die Hingabe eigener Aktien zu minimieren.[218]

Teoh/Welch/Wong fanden Hinweise, dass Unternehmen vor einem Börsengang höhere Gewinne und nach einem Börsengang ungewöhnlich niedrige Gewinne ausweisen. Vor dem Börsengang steigen die positiven diskretionären Periodenabgrenzungen trotz abnehmender *cash flows* und damit auch die Gewinne; die Periodenabgrenzungen erreichen dann ihre maximale Ausprägung im Jahr des Börsengangs und nehmen in den folgenden Perioden wieder

214 Siehe beispielsweise Archibald (Depreciation, 1997), S. 168-169 zu Gewinnglättungen durch Änderung der Abschreibungsmethoden. Vgl. auch Copeland (Smoothing, 1968), 101-116 m.w.N.

215 Vgl. Beidleman (Smoothing, 1973), S. 666. *Beidleman* legt sowohl über die Gewinne als auch über die zur Gewinnglättung verwendeten Posten einen linearen Trend. Zum Test der Gewinnglättungshypothese wird der Korrelationskoeffizient der Abweichung beider Trends berechnet. Zu Grunde gelegt wird die Annahme, dass die normale Höhe der Gewinne und Glättungsvariablen mit ihren jeweiligen Trendwerten in jedem Zeitpunkt zusammenfallen. In Perioden der Gewinnglättung korrelieren die Zeitreihenabweichungen des Gewinntrends mit den diskretionären Aufwendungen positiv und die Zeitreihenabweichungen des Gewinntrends mit den diskretionären Erlösen negativ.

216 Vgl. Pourciau (Earnings, 1993), S. 318.

217 Vgl. Pourciau (Earnings, 1993), S. 330-333; Murphy/Zimmerman (Financial, 1993), S. 283-284; Wells (CEO, 2002), S. 191.

218 Vgl. Erickson/Wang (Earnings, 1999), S. 163.

ab.[219] Es konnte eine negative Beziehung zwischen diskretionären Periodenabgrenzungen vor dem Börsengang und Gewinnen nach dem Börsengang nachgewiesen werden. Dies hängt insbesondere (unter der Voraussetzung des normkonformen Verhaltens) mit der Vorverlagerung von Erträgen und der Nachverlagerung von Aufwendungen zusammen. Interessenharmonie zwischen den Anteilseignern und Managern besteht auch hier mit dem Ziel, die Einzahlungen Dritter zu maximieren. Sowohl *Teoh/Welch/Wong* als auch *Rangan* gehen davon aus, dass der Kapitalmarkt das *earnings management* des Managements vor dem Börsengang nicht entdeckt und damit eine Durchsetzung höherer Emissionspreise erfolgt.

Bei *management buy outs* (MBO) kauft das Management den Anteilseignern die Anteile des Unternehmens ab. Dabei bestehen Anreize, den Kaufpreis, d.h. die Auszahlungen an die Noch-Anteilseigner, möglichst gering zu halten. *Earnings management* mit dem Ziel einer Unterbewertung des Unternehmens liegt nahe. *Perry/Williams* konnten anhand des *Jones-Model* nachweisen, dass Manager im Jahr vor Bekanntgabe des MBO negative diskretionäre Periodenabgrenzungen nutzen, um das Ergebnis des Unternehmens entsprechend schlecht darzustellen.[220] Zum gleichen Ergebnis gelangt *Wu*, der ergänzend zur Untersuchung der diskretionären Periodenabgrenzungen eine Validierung der Ergebnisse anhand einer positiven Korrelation sinkender Aktienpreise vor dem MBO mit sinkenden Gewinnen feststellt.[221]

Neben den bereits genannten Untersuchungen existieren zahlreiche weitere Studien zum Nachweis von *earnings management* zu unterschiedlichen Sachverhalten, deren Ermittlungsmethoden entweder auf der Betrachtung sämtlicher oder ausgewählter Periodenabgrenzungen

---

219 Vgl. Teoh/Welch/Wong (Earnings, 1998), S. 79. So auch Rangan (Earnings, 1998), S. 111, 115. Hierzu kritisch Shivakumar (Overstating, 2000), S. 340-341. *Shivakumar* unterstellt kein opportunistisches Verhalten des Managements vor dem Börsengang. Die hohen Periodenabgrenzungen werden als Reaktion des Unternehmens darauf angesehen, dass die potenziellen Investoren bei allen Unternehmen bereits zu hoch ausgewiesene Gewinne vermuten und Abschläge nach der Bekanntgabe eines Börsengangs auf den Kaufpreis vornehmen. Die Situation des *earnings management* stellt demnach das Nash-Gleichgewicht in einem Gefangenendilemma zwischen dem Emittenten und dem potenziellen Investor dar. Aharony/Lin/Loeb (IPO, 1993), S. 77-78 finden nur einen schwachen Beleg dafür, dass das Management die Gewinne vor einem Börsengang durch Rechnungslegungspolitik steigert. Allerdings bedienen sie sich den Modellen von *Healy* und *DeAngelo*, welche dem von *Teoh/Welch/Wong* und von *Rangan* angewendeten *Jones-Model* technisch unterlegen sind (vgl. zu den einzelnen Modellen Kapitel II.2.1.2.1, S. 32). Roosenboom/Van der Goot/Mertens (Earnings, 2003), S. 263 kommen zu dem Ergebnis, dass noch im ersten Jahr nach dem IPO gewinnerhöhende Rechnungslegungspolitik betrieben wird.

220 Vgl. Perry/Williams (MBO, 1994), S. 168-171. DeAngelo (Accounting, 1986), S. 418-419 konnte im Jahr 1986 noch keine signifikanten Hinweise zur Einflussnahme des Managements auf die Rechnungslegung bei MBOs feststellen. Sie verwendete jedoch ein dem *Jones-Model* technisch unterlegenes *random walk model* und gab als mögliche, aber später verworfene Erklärung an, dass „the accrual methodology is simply not powerful enough to detect systematic income manipulation." Als mögliche Erklärung zog sie heran, dass vor einem MBO die Anteilseigner erhöhte Ressourcen zur Aufdeckung von gewinnmindernden Praktiken aufwenden.

221 Vgl. Wu (Management, 1997), S. 384-385 und Denis/Denis (Performance, 1995), S. 1055.

liegen.[222] Trotz aller gegenüber diesen Modellen geäußerter und auch hier dargestellter Kritik und der ihnen innewohnenden Schwächen, scheinen sie auch unter Betrachtung agencytheoretischer Überlegungen in der Gesamtheit tatsächlich Relevanz zu besitzen. Gerade die Vielzahl der einbezogenen Unternehmen lässt darauf schließen, dass Rechnungslegungspolitik in großem Umfang stattfindet.

2.1.2.2 Diskontinuitäten in der Verteilung ausgewiesener Gewinne

Burgstahler/Dichev untersuchen anhand der Verteilung ausgewiesener Gewinne ob, wie und warum Manager im Zeitablauf bestrebt sind, Rückgänge im Ausweis von Gewinnen zu vermeiden und im Zeitpunkt betrachtet, auch den Ausweis von Verlusten zu umgehen.[223] Vorangegangene Untersuchungen zeigten, dass Unternehmen mit ansteigenden erwarteten Gewinnen höhere *price-earnings multiples* aufweisen als Unternehmen mit sinkenden Gewinnen[224] und Unternehmen mit Durchbrechung eines steigenden Gewinntrends durchschnittlich in der Periode der Durchbrechung eine negative abnormale Rendite von ca. 14 % erzielen.[225] Beim Vergleich der Verteilung von Gewinnen und Verlusten treten Diskontinuitäten bei einem ausgeglichenen Ergebnis in Form einer Rechtsverschiebung der unterstellten Normalverteilung in Richtung positiver Ergebnisse auf. Insbesondere konnten nur wenige Ausprägungen von geringen Verlusten festgestellt werden.[226] Ähnliche Ergebnisse ergaben sich bei europäischen Unternehmen.[227]

Earnings management wird zum einen betrieben, um Verringerungen im ausgewiesenen Gewinn zu verhindern. Empirische Untersuchungen zur Gewinnentwicklung zeigen, dass eine geringe Verminderung weniger häufig auftritt und geringe Steigerungen von Gewinnen häufiger als erwartet auftreten.[228] Je länger die Periode der wachsenden Gewinne anhält, desto mehr steigen die Anreize, diesen Trend beizubehalten. Zum anderen treten geringe Verluste in viel geringerem Maße als erwartet auf, wobei geringe Gewinne öfter als erwartet auftreten. Auch hier gilt: je häufiger in den vergangenen Perioden Gewinne ausgewiesen wurden, desto

---

222 Zum Literaturüberblick vgl. McNichols (Research, 2000), S. 339-343. Matsumoto (Avoid, 2002), S. 506 weist beispielsweise nach, dass Unternehmen *earnings management* betreiben, um negative Gewinnüberraschungen zu vermeiden.

223 Vgl. Burgstahler/Dichev (Earnings, 1997), S. 101 mit einer Untersuchung US-amerikanischer Unternehmen. Die von *Burgstahler/Dichev* gewählte Vorgehensweise ist ein aussagekräftiger Test, um Diskontinuitäten in Verteilungen festzustellen. Vgl. hierzu auch Takeuchi (Method, 2004), S. 110.

224 Vgl. Barth/Elliott/Finn (Market, 1999), S. 410.

225 Vgl. DeAngelo/DeAngelo/Skinner (Reversal, 1996), S. 359.

226 Vgl. Hayn (Information, 1995), S. 132.

227 Vgl. Daske/Gebhardt/McLeay (Distribution, 2003), S. 23-25.

228 Vgl. Burgstahler/Dichev (Earnings, 1997), S. 103-105. Degeorge/Patel/Zeckhauser (Earnings, 1999), S. 19 „provide evidence that earnings from 1 year ago constitute an important threshold for earnings reports".

höher ist der Anreiz, Verluste zu vermeiden.[229] Die Untersuchungsergebnisse belegen stärkere Ausprägungen zur Vermeidung von Verlusten als zur Vermeidung von Gewinnrückgängen.[230] Für Unternehmen mit höheren kurzfristigen Vermögenswerten und Schulden verursacht die Durchführung von *earnings management* relativ geringere Kosten als für Unternehmen mit niedrigen kurzfristigen Vermögenswerten oder Schulden. Folglich ist eine Rechnungslegungspolitik mit dem Ziel, geringe Gewinne statt geringe Verluste auszuweisen umso wahrscheinlicher, je höher zu Periodenbeginn – also ex ante – die kurzfristigen Vermögenswerte und Schulden sind.[231] Ex post betrachtet findet *earnings management* zur Steigerung der Gewinne durch Einflussnahmen auf den operativen *cash flow* und durch Veränderungen im *working capital* statt.[232] Neben den zwei von *Burgstahler/Dichev* untersuchten Schwellen, d.h. neben dem Ausweis sich fortsetzender Gewinnsteigerungen und der Gewinnschwelle, ergänzen *Degeorge/Patel/Zeckhauser* die Untersuchung um die Erfüllung der Analystenerwartung als Nachweis von *earnings management.*[233]

Dechow/Richardson/Tuna hinterfragen, ob die Diskontinuitäten in den ausgewiesenen Gewinnen tatsächlich auf *earnings management* zurückzuführen sind.[234] Hierzu wenden sie das von ihnen modifizierte *Jones-Model* an. Danach müssten Unternehmen mit einem geringen Gewinn höhere diskretionäre Periodenabgrenzungen aufweisen als Unternehmen mit einem geringen Verlust, um als vormalige Verlustunternehmen aus der Verlustzone herauszuschreiten. *Dechow/Richardson/Tuna* gelangen jedoch zu dem Ergebnis, dass beide Unternehmensgruppen in ähnlichem Umfang diskretionäre Periodenabgrenzungen aufweisen und aus der reinen Periodenabgrenzungsbetrachtung kein Beweis für *earnings management* erbracht werden kann.[235] Zugleich bemerken sie unter anderem als Schwächen ihres Modells die Nichterfassung sachverhaltsgestaltenden Managements zur Verbesserung des Unternehmensergebnisses. Die Ausführungen von *Burgstahler/Dichev* werden dabei nicht verworfen – denn *earnings management* bedingt nicht zwingend die Voraussetzung des Instrumentariums der (diskretionären) Periodenabgrenzungen.[236]

---

229 Vgl. Burgstahler/Dichev (Earnings, 1997), S. 109. Zum gleichen Ergebnis gelangen Degeorge/Patel/Zeckhauser (Earnings, 1999), S. 21-22.

230 Degeorge/Patel/Zeckhauser (Earnings, 1999), S. 23-24 stellen auf Grund der Verteilungsfunktionen der *earnings per share* fest, dass es Unterschiede hinsichtlich der Bedeutung des Ausweises eines positiven Ergebnisses, des Ausweises von mindestens gleich hohen Gewinnen im Vergleich zur Vorperiode und dem Erfüllen von Analystenerwartungen gibt. Die Bedeutung nimmt in der genannten Reihenfolge ab.

231 Vgl. Burgstahler/Dichev (Earnings, 1997), S. 115-116.

232 Vgl. Burgstahler/Dichev (Earnings, 1997), S. 117-120.

233 Vgl. Degeorge/Patel/Zeckhauser (Earnings, 1999), S. 20.

234 Vgl. Dechow/Richardson/Tuna (Explanation, 2003), S. 381.

235 McNichols (Discussion, 2003), S. 390 sieht wenige Hinweise dafür, dass Unternehmen mit gering ausgewiesenen Gewinnen Einfluss auf die Rechnungslegung nehmen.

236 Sachverhaltsgestaltende Maßnahmen fallen ebenfalls unter den Begriff des *earnings management*, beeinflussen aber nicht die diskretionären Periodenabgrenzungen.

Eine ähnliche Untersuchung für privat und öffentlich gehaltene Anteile an Banken führten *Beatty/Ke/Petroni* durch.[237] Öffentliche, also den Kapitalmarktteilnehmern Rechenschaft ablegende Banken, weisen weniger geringe Rückgänge und mehr geringe Steigerungen in den Gewinnen als erwartet auf. Bei privat gehaltenen Banken ist diese Verwerfung längst nicht so hoch, d.h. die Abweichungen zur unterstellten Normalverteilung fallen geringer aus.[238] Eine Untersuchung der genutzten diskretionären Periodenabgrenzungen zeigt weiterhin, dass vor allem öffentliche Banken Wertberichtigungen, Rückstellungen und erfolgswirksame Realisierungen von Gewinnen und Verlusten bei Wertpapieren zum *earnings management* nutzen.[239]

2.2 Rechnungslegungsmanipulation als nicht normkonformes Verhalten

2.2.1 Ziele und Instrumente der Rechnungslegungsmanipulation

Die Normen zur Rechnungslegung können trotz inhärenter, durch die Rechnungslegungspolitik ausgenutzter Spielräume, als Disziplinierungsinstrument der Anteilseigner gegenüber dem Management angesehen werden.[240] Überschreiten die Manager die Normen in unzulässiger Weise, d.h. manipulieren sie die Unternehmenszahlen, um den Informationsgehalt bzw. die Ausschüttungsrichtgröße der Abschlüsse bewusst falsch oder unrichtig wiederzugeben oder zu verschleiern, so läuft die Rechnungslegung als Disziplinierungsinstrument und Instrument zur wahrheitsgemäßen, relevanten und zuverlässigen Informationsvermittlung ins Leere.[241] An ihre Grenzen stößt die (zulässige) Rechnungslegungspolitik dann, wenn sie den Übergang zur Rechnungslegungsmanipulation findet und sich außerhalb der vom Gesetzgeber eingeräumten Spielräume bewegt. Rechnungslegungsmanipulationen sind Handlungen, die entweder Straftaten oder Ordnungswidrigkeiten darstellen oder zivilrechtliche Folgen nach sich ziehen.[242] Der Begriff des *fraud* (Betrug) ist gleichbedeutend verwendbar und kann treffend definiert werden, als die Ausnutzung des Beschäftigungsverhältnisses zur persönlichen Bereicherung durch bewussten Missbrauch oder falsche Nutzung der Ressourcen oder Vermögenswerte des Arbeitgebers. Jedem Betrug sind vier Schlüsselelemente bezüglich der durchgeführten Handlungen gemein:[243]

---

237 Vgl. Beatty/Ke/Petroni (Earnings, 2002), S. 557.

238 Vgl. Beatty/Ke/Petroni (Earnings, 2002), S. 560.

239 Vgl. Beatty/Ke/Petroni (Earnings, 2002), S. 565.

240 Vgl. Evans III/Sridhar (Accounting, 1996), S. 47.

241 Vgl. zur Rolle des Abschlussprüfers in Zusammenhang mit *fraud*, Schruff (Fraud, 2003), S. 902-906.

242 Vgl. Copeland (Smoothing, 1968), S. 101, der Manipulation als „ability to increase or decrease *reported* net income at will" bezeichnet. *Copeland* betrachtet den Begriff der Manipulation in den Bandbreiten der zulässigen Anwendung von Rechnungslegungsnormen.

243 Vgl. Association of Certified Fraud Examiners (Fraud, 2002), S. 2. Das IDW differenziert bei Verstößen („als falsche Angaben im Abschluss und … Lagebericht") zwischen Täuschungen und Vermögensschädigungen. Vgl. IDW PS 210.2.

- sie werden heimlich durchgeführt (auf Grund von Informationsasymmetrien),
- sie verletzen die Treuepflichten gegenüber dem Arbeitgeber (determiniert durch die ethischen und moralischen Grundsätze),
- sie werden begangen, um sich einen direkten oder indirekten Vorteil zu verschaffen (opportunistisches Verhalten) und
- sie schaden dem Unternehmen (hier: den Anteilseignern bzw. dem Kapitalmarkt) mittelbar oder unmittelbar in Zusammenhang mit Vermögenswerten, Erträgen oder Rücklagen.

Übertragen auf die Rechnungslegung bedeutet *financial fraud* bzw. *accounting fraud*[244] die vorsätzliche, wohldurchdachte, falsche oder unterlassene und irreführende Darstellung von wesentlichen Sachverhalten oder Rechnungslegungsinformationen die, wenn zutreffend dargestellt, die Informationsadressaten zur Änderung oder Überdenkung ihrer Beurteilung oder Entscheidung veranlassen würden.[245] Fehler, die womöglich auch eine Täuschung der Adressaten zur Folge haben, aber nicht mit Vorsatz begangen werden, sind nicht unter den Begriff der Rechnungslegungsmanipulation zu subsumieren.[246] Grundsätzlich stimmen die Ziele der Rechnungslegungspolitik mit jenen der Rechnungslegungsmanipulation überein und basieren auf den Anreizen, die als Begründung der Manipulation dienten. Unter Berücksichtigung der an Manipulationen anknüpfenden und teilweise gravierenden Sanktionen ist davon auszugehen, dass die Zielverfolgung durch Rechnungslegungsmanipulationen an im Wesentlichen opportunistische Motive geknüpft ist. Wurde grundsätzlich die Einflussnahme auf die Rechnungslegung an einen vorhandenen Anreiz und eine hierfür bestehende Möglichkeiten gekoppelt, so kommt bei manipulativen Handlungen ein fehlgeleitetes Werteverständnis des Managers hinzu.[247] Ethische und moralische Grundsätze können demnach als Barriere zur Ausübung von Rechnungslegungsmanipulationen angesehen werden. Je höher die erwartete Belohnung oder je gravierender die Folge für vom Manager zu vertretende Ergebnisse sind, des-

---

[244] *Accounting fraud* wird auch als *cooking the books* bezeichnet. *Cooking the books* ist nicht mit *cookbook accounting* zu verwechseln. Letzteres ist ein Synonym für einen *rules based approach*, der die Vorgehensweise bei der Rechnungslegung unter Einbezug aller Details regelt. Vgl. Parfet (Commentary, 2000), S. 482.

[245] Übersetzt von National Association of Fraud Examiners (Books, 1993), S. 12, zitiert nach Dechow/Skinner (Earnings, 2000), S. 238. Eine ähnliche Definition erfolgt durch die National Commission on Fraudulent Financial Reporting (Report, 1987), S. 2: „fraudulent financial reporting as intentional or reckless conduct, whether act or omission, that results in materially misleading financial statements. Fraudulent financial reporting can involve many factors and take many forms. It may entail gross and deliberate distortion of corporate records, such as inventory count tags, or falsified transactions, such as fictitious sales or orders. It may entail the misapplication of accounting principles". Kerwin (Fraud, 1995), S. 36 definiert *fraud*, als „a materially false statement, which is knowingly made, relied upon by the victim, and which gives rise to damages."

Nach ISA 240.4 ist *fraud* definiert als „intentional act by one or more individuals among management, those charged with governance, employees, or third parties, involving the use of deception to obtain an unjust or illegal advantage."

[246] Vgl. Hansen/McDonald/Messier *et al.* (Model, 1996), S. 1023.

[247] Vgl. Wells (Fraud, 1990), S. 82.

to größer ist die Motivation zum Fehlverhalten.[248] Bei hohem externen und internen Druck auf die Unternehmensleitung zur Erfüllung der Zielvorgaben, insbesondere in Branchen oder Unternehmen mit geringer Profitabilität, treten Betrugsdelikte vermehrt auf, da Manager nur mit erheblichen Schwierigkeiten die Zielvorgaben erreichen und *organizational slack* kaum als Manövriermasse nutzen können.[249] Ebenso spielen Gelegenheiten als günstige Kombination von Umständen, die eine bestimmte Handlungsweise ermöglichen, eine wichtige Rolle zur Erklärung von *financial fraud*.[250]

Rechnungslegungsmanipulationen treten in den unterschiedlichsten Bereichen der Finanzberichterstattung auf. Wegen der großen Bandbreite und Kreativität der Manager bezüglich der Instrumente bzw. Manipulationsarten der Rechnungslegung, kann die Einordnung nur in grobe Kategorien erfolgen. Die häufigsten Manipulationen stehen nach einer Untersuchung zwischen den Jahren 1981 und 1986 im Zusammenhang mit der Realisierung von Umsatzerlösen (47 % aller Verstöße), unrichtig periodisierten Aufwendungen, der Überbewertung oder Unterbewertung von Vermögensgegenständen und Schulden, Unternehmenstransaktionen und der Ausnutzung des Wesentlichkeitsgrundsatzes.[251] Auch zwischen den Branchen bestehen Unterschiede hinsichtlich der Ausprägung der Betrugsdelikte. Von einer nicht ordnungsmäßigen Umsatzrealisierung waren vor allem Unternehmen im Technologiesektor betroffen, während Unternehmen im Finanzsektor Häufungen beim Falschausweis von Vermögenswerten aufwiesen.[252]

Eine Grenze zwischen zulässiger Rechnungslegungspolitik und -manipulation zu ziehen, ist mit Schwierigkeiten verbunden. Grundsätzlich ist davon auszugehen, dass mit zunehmender Ausnutzung der rechnungslegungspolitischen Möglichkeiten auch eine größere Verschleierung der tatsächlichen Verhältnisse des Unternehmens und vermehrt Manipulationen auftreten werden. Fraglich scheint, ob Rechnungslegungsmanipulationen bei Ausnutzung des rechnungslegungspolitischen Spielraums, also im Rahmen der Rechnungslegungsvorschriften, auftreten können. Die SEC bejaht dies regelmäßig.[253] Ebenso sind *Dechow/Skinner* der Auffassung, dass auch Gestaltungen im Rahmen der Rechnungslegung als unzulässiges *earnings management* gelten, wenn hierdurch eine Verschleierung der wahren wirtschaftlichen Lage

248 Vgl. Wells (Fraud, 1990), S. 82.

249 Vgl. McKendall/Wagner (Motive, 1997), S. 625-626 mit weiteren Nachweisen zu empirischen Untersuchungen. So auch die Untersuchung der National Commission on Fraudulent Financial Reporting (Report, 1987), S. 112, „Forty-four percent of the cases against public companies occurred in industries that were experiencing, or about to experience, a general economic decline."

250 Vgl. McKendall/Wagner (Motive, 1997), S. 626.

251 Vgl. National Commission on Fraudulent Financial Reporting (Report, 1987), S. 51, 112 und Levitt (Numbers, 1998), S. 4.

252 Vgl. Beasley/Carcello/Hermanson *et al.* (Reporting, 2000), S. 447-450.

253 Vgl. SAB 99 vom 12.08.1999.

des Unternehmens auftritt.[254] Nach Betrachtung von SAB 99 kommt es darauf an, ob ungeachtet des Umfangs die Absicht einer Täuschung vorliegt oder die Natur der Sache darzustellen.[255]

Sachverhaltsgestaltende Maßnahmen fallen ebenfalls und abhängig von der zu Grunde liegenden Intention unter den Begriff der Rechnungslegungsmanipulation. Dabei spielen insbesondere zur Steigerung der Umsatzerlöse überzogene Rabatte, ungewöhnlich lange Zahlungsziele und ähnliche Aktivitäten zur Herbeiführung von Kundenbestellungen eine wichtige Rolle. Problematisch ist, dass erst in Zukunft erwartete Umsatzerlöse vorgezogen werden. Nicht veröffentlichte, derartige Vorgehensweisen werden als *channel stuffing* bezeichnet und können zur Täuschung der Adressaten führen.[256] Obwohl *channel stuffing* ausschließlich sachverhaltsgestaltende Maßnahmen beinhaltet, wird es von der SEC als „*improper revenue recognition*" erachtet.[257] Nicht nur Gestaltungen in Zusammenhang mit den Umsatzerlösen, sondern allgemein auf eine Täuschung abzielende Sachverhaltsgestaltungen sind unzulässig (z.B. auch in Zusammenhang mit Veräußerungen von Vermögenswerten und entsprechend unterlassener Anhangangaben). Allerdings dürfte regelmäßig der Nachweis schwer fallen, dass Maßnahmen mit dem Ziel der Manipulation durchgeführt wurden. Oftmals besteht die Notwendigkeit einer zusätzlichen Beweisführung, wie beispielsweise die mit der Manipulation in Verbindung stehende Veräußerung von Aktien durch das Management.[258] In Deutschland werden sachverhaltsgestaltende Handlungen bislang, und von wenigen Ausnahmen abgesehen, kaum diskutiert.[259] Um auch hier Klarheit hinsichtlich der Zulässigkeit oder Unzulässigkeit bestimmter sachverhaltsgestaltender Maßnahmen zu schaffen, bedarf es einer zuverlässigen und vor allem kompetenten Enforcement-Einrichtung.[260]

2.2.2 Nachweise von Rechnungslegungsmanipulationen

In den letzten Jahren berichtete die Tagespresse zunehmend über die Manipulation von Unternehmenszahlen durch das Management. Anstatt ein den tatsächlichen Verhältnissen entsprechendes Bild zu vermitteln, zeigten manche Abschlüsse Geschäftszahlen, die nicht der wirtschaftlichen Realität entsprachen. Insbesondere die nachfolgend aufgeführten Ereignisse

---

254 Vgl. Dechow/Skinner (Earnings, 2000), S. 240.

255 Vgl. Brody/Lowe/Pany (Income, 2003), S. 154 zu den qualitativen und quantitativen Wesentlichkeitsbetrachtungen.

256 Vgl. SEC LR-17001 vom 15.05.2001. *Litigation releases* (LR) betreffen von der SEC an einem Bundesgericht erhobene, zivilrechtliche Klagen sowohl gegen Unternehmen als auch gegen natürliche Personen auf Grund von Verstößen gegen Regularien.

257 Vgl. SEC LR-17934 vom 15.01.2003 und den entsprechenden SEC-Complaint.

258 Vgl. Lev (Facts, 2003), S. 34.

259 Jedoch fordert IDW PS 450.94-96 explizit im Rahmen der Berichterstattung des Abschlussprüfers auf sachverhaltsgestaltende Maßnahmen einzugehen, sofern diese von den üblichen Gestaltungen abweichen, die die Abschlussadressaten erwarten und sich wesentlich auf die Gesamtaussage des Jahresabschlusses auswirken.

260 Vgl. Böcking/Kiefer (Finanzaufsichtsbehörde, 2002), S. 28.

sensibilisierten länderübergreifend sowohl die Kapitalmärkte als auch die Gesetzgeber und Aufsichtsbehörden nachhaltig.

Im November 2001 gab das Energieversorgungsunternehmen *Enron Corp.* bekannt, das Eigenkapital auf Grund falscher Bilanzierungspraktiken um $ 1,7 Mrd. korrigieren zu müssen. Grund hierfür waren u.a. durch Zweckgesellschaften vor Investoren verschleierte Schulden und Verluste, Transaktionen mit (fälschlicherweise) nicht konsolidierten Zweckgesellschaften und nicht ordnungsmäßig erfolgte Umsatzrealisierungen.[261] Beim Telekommunikationsunternehmen *Worldcom Inc.* konnten nach der im März 2002 eingeleiteten Untersuchung der SEC Falschbuchungen von über $ 9 Mrd. offengelegt werden.[262] Anstatt Ausgaben für die Nutzung der Leitungen anderer Telefongesellschaften ordnungsmäßig als Aufwand zu verbuchen, wurden diese aktiviert und im Zeitablauf abgeschrieben.[263] Die SEC verhängte in diesem Zusammenhang eine Strafe in Höhe von $ 500 Mio.[264] Der Kopierer- und Druckerhersteller *Xerox Corp.* manipulierte Umsätze und Gewinne aus Leasingverträgen zwischen 1997 und 2000 in Höhe von $ 3 Mrd. bzw. $ 1,5 Mrd. *Xerox* verschob erst in späteren Perioden zu realisierende Umsätze in die jeweils gegenwärtige Periode, obwohl damit zusammenhängende Aufwendungen erst in Zukunft anfielen.[265] Neben einer gerichtlichen Verfügung erklärte sich *Xerox* bereit, eine von der SEC erhobene Strafe von $ 10 Mio. zu entrichten.[266]

Die Liste der oben aufgeführten Fälle ließe sich hinsichtlich der Vielfalt der Manipulationen und der Anzahl der Unternehmen sowohl für Deutschland als auch international erheblich erweitern.[267] Durch ordnungspolitische Maßnahmen in Form des *Sarbanes-Oxley Act of 2002* versuchte der US-amerikanische Gesetzgeber dieser negativen Entwicklung mit weit reichenden Folgen für die Gestaltung der Corporate Governance[268] und die Tätigkeit der Abschlussprüfer Einhalt zu gebieten.[269] Dass eine Sensibilisierung der Adressaten und Behörden hinsichtlich Rechnungslegungsmanipulationen eingetreten ist, zeigt weiterhin der zunehmende

261 Vgl. Powers/Troubh/Winokur (Report, 2002), S. 3-17.

262 Vgl. o.V. (Worldcom, 2002), S. 15 und SEC LR-17866 vom 26.11.2002.

263 Vgl. SEC LR-17588 vom 27.06.2002.

264 Vgl. SEC LR-18277 vom 07.08.2003.

265 Vgl. SEC LR-17465 vom 11.04.2002.

266 Vgl. o.V. (Xerox, 2002), S. 21 und SEC LR-17465 vom 11.04.2002.

267 Die in Deutschland spektakulärsten Manipulationen in der Finanzberichterstattung betrafen u.a. die Unternehmen *Balsam*, *FlowTex* und *ComRoad*. Als bisher bedeutendster europäischer Fall von Bilanzskandalen ist der niederländische Lebensmittelkonzern *Ahold* sowie der italienische *Parmalat*-Konzern anzusehen. Weitere Ermittlungen führte die US amerikanische Börsenaufsichtbehörde SEC z.B. bei *Global Crossing*, *Tyco International*, *Quest Communications* und *Lucent Technologies* durch. Zur Darstellung weiterer Fälle siehe Lüdenbach/Hoffmann (Enron, 2002), S. 1169-1172.

268 Vgl. zu den Auswirkungen des SOA auf das deutsche Aktienrecht ausführlich und m.w.N. Gruson/Kubicek (SOA, 2003), S. 338-339.

269 Vgl. Lanfermann/Maul (Sarbanes-Oxley, 2002), S. 1725 und detailliert zur Auswirkung auf den Berufsstand der Wirtschaftsprüfer vgl. Lenz (Sarbanes-Oxley, 2002), S. 2270.

Anteil der *class action lawsuits* in den USA zu Gunsten der Anteilseigner und gegen das Management, das *Board of Directors* oder die Abschlussprüfer, die sich auf Verstöße gegen Rechnungslegungsvorschriften beziehen.[270] Rund 30 % aller korrigierten Abschlüsse auf Grund von Fehlern sind auf unmittelbare Zwänge durch die SEC (22 %) und auf mittelbare Anweisung der Abschlussprüfer (8 %) zurückzuführen.[271] Die steigende Zahl der durch die SEC veranlassten Abschlusskorrekturen geht mit deren Anstrengungen einher, gegen *earnings management* energisch und bestimmt vorzugehen.[272] Auch der deutsche Gesetzgeber folgte u.a. mit dem Bilanzrechtsreformgesetz, dem Bilanzkontrollgesetz und dem Abschlussprüferaufsichtsgesetz der Forderung einer Qualitätssicherung im Rahmen der Finanzberichterstattung.[273]

3 Aspekte zur Einflussnahme auf die Rechnungslegung

3.1 Ordnungspolitische Sichtweise

Unter der Ordnungspolitik werden alle Institutionen, Gesetze, Regeln und Handlungen verstanden, die es ermöglichen, die Wirtschaft auch durch Prinzipien von Markt und Wettbewerb zu organisieren. Die Normen zur Rechnungslegung sind in diesem Zusammenhang ein wichtiges Element. In Deutschland erfahren die Möglichkeiten zur Einflussnahme auf die Rechnungslegung im Wesentlichen ihre Grenzen durch die Rechnungslegungsnormen, das Gesellschaftsrecht und die Regelungen zur Abschlussprüfung sowie durch das im Rahmen des Bilanzkontrollgesetzes eingeführte zweistufige Enforcement-Verfahren.[274] Zudem kann die Rechtskonformität des Abschlusses abschließend durch ein Gericht festgestellt werden. In Deutschland gibt es bisweilen keinen Maßstab, der den Umfang der zulässigen Einflussnahme auf die Rechnungslegung regelt, sondern eine vage und in der Literatur unterschiedlich ausgelegte Generalnorm zur Vermittlung eines den tatsächlichen Verhältnissen entsprechenden Bilds der Vermögens-, Finanz- und Ertragslage (§ 264 Abs. 2 S. 1 HGB).[275] Im Strafrecht

---

270 Vgl. PriceWaterhouseCoopers (Litigation, 2002), S. 4. Demnach betreffen 68 % aller *class action lawsuits* Manipulationen der Rechnungslegung.

271 Vgl. Wu (Restatements, 2002), S. 13. *Wu* untersuchte an der SEC registrierte Unternehmen im Zeitraum von 1977 bis 2001 bezüglich nachträglicher Abschlusskorrekturen. Von den insgesamt 1211 Korrekturen führten 90 % zu einem geringeren Gewinnausweis.

272 Vgl. Lev (Facts, 2003), S. 39.

273 Vgl. zum Bilanzrechtsreformgesetz (BR-Drs. 852/04), das sich vorwiegend im Rahmen der Corporate Governance mit der Unabhängigkeit des Abschlussprüfers beschäftigt und zum Bilanzkontrollgesetz (BR-Drs. 851/04), das primär die Kontrolle der Unternehmensabschlüsse vorsieht, sowie dem Abschlussprüferaufsichtsgesetz (BT-Drs. 15/3983), das die wirtschaftsprüfenden Berufe unter eine unabhängige Aufsicht stellen soll.

274 Vgl. dazu ausführlich Böcking (Audit, 2003), S. 697-700, Böcking (Enforcement, 2004), S. 272 sowie Kiefer (Kapitalmarktregulierung, 2003), S. 134-145.

275 Die Interpretation von § 264 Abs. 2 S. 1 HGB erfolgt durchweg uneinheitlich. Zuweilen wird der Generalnorm Vorrangigkeit vor den Einzelvorschriften bescheinigt, teilweise dient sie nur zur Auslegung von Lücken oder sie soll die Entwicklungstendenzen des Unternehmens zuverlässig widerspiegeln. Vgl. z.B. Adler/Düring/Schmaltz (Rechnungslegung, 2001), § 264 HGB, Rn 59.

können die Grundsätze ordnungsmäßiger Buchführung einer strafrechtlichen Verurteilung nur zu Grunde gelegt werden, wenn und soweit über ihren Inhalt in den beteiligten Verkehrskreisen kein Zweifel besteht.[276] Rechnungslegungspolitik lässt diese Zweifel meist zu.

Die SEC wertet *earnings management* stets als einen Verstoß gegen Rechnungslegungsstandards. Gute Rechnungslegungsstandards bedeuten nach Auffassung der SEC, dass es keine zusätzlichen (stillen) Reserven für schlechte Zeiten sowie keine Verschiebung von Verlusterfassungen gibt und gegenwärtige Volatilitäten nicht geglättet werden, um ein künstliches Bild stetigen und konsistenten Wachstums des Unternehmens herbeizuführen.[277] Dabei spielen Wesentlichkeitsaspekte keine Rolle. Würde die Einflussnahme auf die Rechnungslegung unwesentlich sein, würde sie das Management auch nicht vornehmen, so die treffende Begründung der SEC.[278] Zur Beurteilung, ob Einflussnahmen auf die Rechnungslegung positiv oder negativ anzusehen sind, müssen vielschichtige Aspekte beleuchtet werden. Eine Beurteilung setzt die Untersuchung der Qualität der vermittelten Informationen sowie deren Auswirkung auf die Adressaten (*signaling*) voraus.

Einflussnahmen auf die Rechnungslegung können zahlreiche Folgen nach sich ziehen, deren Bewertung in der weiteren Untersuchung Aufschluss gibt, ob Einflussnahmen auf die Rechnungslegung unter ökonomischen Gesichtspunkten hinnehmbar sind. Folgen treten für den Kapitalmarkt bzw. das Unternehmen und die Unternehmensführung unabhängig davon auf, ob die Einflussnahme für das jeweilige Subjekt aufgedeckt wird oder nicht.

Tabelle 2: Subjektbezogene ökonomische Wertung

	Kapitalmarkt	Unternehmen	Manager
Aufdeckung der Einflussnahme	positiv	positiv/ negativ	Negativ
keine Aufdeckung der Einflussnahme	negativ	positiv/ negativ	Positiv

Nur die Sichtweise der jeweiligen (Rechts-)Subjekte gibt Aufschluss darüber, ob aus ihrer Perspektive Einflussnahmen auf die Rechnungslegung ökonomisch positiv oder negativ zu werten sind. In den nachfolgenden Abschnitten wird die oben dargestellte Tabelle näher erläu-

[276] Vgl. Biletzki (Gläubigerschutz, 1999), S. 538.

[277] Vgl. Levitt (Commentary, 1998), S. 80. Auch in seiner Rede „The Numbers Game" kritisierte der ehemalige Chairman der SEC, *Arthur Levitt*, Handlungen zum *earnings management*. „Flexibility in accounting allows it to keep pace with business innovations. Abuses such as earnings management occur when people exploit this pliancy. Trickery is employed to obscure actual financial volatility", Levitt (Numbers, 1998).

[278] Vgl. SAB 99 vom 12.08.1999.

tert. Abweichungen von den getroffenen Sachurteilen mögen in einzelnen wenigen Fällen vorkommen.

3.2 Ökonomische Betrachtung

3.2.1 Ablehnung aus Kapitalmarktsicht

Einflussnahmen auf die Rechnungslegung könnten nach *Arya/Glover/Sunder* im Interesse des Kapitalmarkts liegen, da die Einflussnahme der Anteilseigner auf die Unternehmensführung durch gute Unternehmenszahlen verhindert würde.[279] Hiernach sei bspw. *earnings management* ein Substitut, um im Vorhinein der Versuchung einer Einmischung durch die Anteilseigner zu entgehen, die die Anteilseigner im Nachhinein beabsichtigen könnten. Dies diene der Anziehung und Motivation von Managern, die ansonsten auch höhere Vergütungen wegen der Gefahr einer Kündigung fordern würden, sowie auch dem Fernhalten der Anteilseigner, die regelmäßig nicht in der Unternehmensführung geübt sind.[280] Eine Aufdeckung wäre hier für den Kapitalmarkt nicht wünschenswert. In einer modellhaften Umwelt mögen derartige Folgerungen zulässig sein. Die Realität sieht anders aus. Es muss den Anteilseignern im Rahmen einer guten Corporate Governance vorbehalten sein, wann sie Manager entlassen oder deren Entscheidungsfreiheit begrenzen und zwar auch bei nur kurzweiligen Gewinneinbrüchen, deren Ende vielleicht vom Management bereits abgesehen wird. Sollte der Manager in seinen Prognosen über spätere Periodenergebnisse irren, so resultiert ein noch größerer Schaden für die Anteilseigner. Eine weniger transparente Berichterstattung zu verlangen, um dem Manager eine Garantie zu geben, das Richtige zu tun, ohne ihn der Befürchtung von Missverständnissen auszusetzen, ist nicht hinnehmbar.[281] Denn würde der Manager im reinen Anteilseignerinteresse handeln, könnte er diese Handlungen auch den Anteilseignern ohne Sorge vor Konsequenzen kommunizieren.

Neben den an der Unternehmenskontrolle und -steuerung interessierten Anteilseignern stehen die vorwiegend an guten Renditen interessierten Anteilseigner. Sie verfügen grundsätzlich über ein breites, diversifiziertes Portfolio und über eine Vielzahl an Investitionsalternativen, bei deren Zusammensetzung auch Informationen aus den Abschlüssen Eingang finden. Nicht offengelegte Einflussnahmen auf die Rechnungslegung können daher zu Fehlentscheidungen und Fehlallokationen auf dem Kapitalmarkt führen. Deshalb müssen die Anteilseigner in die Lage versetzt werden, sowohl die Unternehmensentwicklung im Zeitablauf als auch verschiedene Unternehmen untereinander vergleichen zu können. Ein Vergleich bedingt Objektivie-

279 Vgl. Arya/Glover/Sunder (Revelation, 1998), S. 1.

280 Vgl. Arya/Glover/Sunder (Revelation, 1998), S. 6.

281 Vgl. Arya/Glover/Sunder (Earnings, 2003), S. 115, die dies befürworten.

rungen, d.h. Ermessensbeschränkungen und Beschränkungen der Einflussnahme auf die Rechnungslegung.[282]

Einflussnahmen auf die Rechnungslegung haben nicht nur Konsequenzen für Anteilseigner, sondern für alle Adressaten, die Entscheidungen auf Basis der Finanzberichterstattung treffen. Kunden würden beispielsweise keine langfristigen oder hoch dotierten Verträge abschließen, wenn sie nicht annehmen könnten, dass das Unternehmen auf Grund seiner Lage eine Erfüllung der Ansprüche herbeiführen kann; Lieferanten benötigen neben dinglichen Sicherheiten zuverlässige Informationen über die Vermögenslage und die künftige zu erwartende (pünktliche) Zahlungsfähigkeit des Geschäftspartners; gut ausgebildete und gefragte Arbeitnehmer bevorzugen Unternehmen, deren Fortbestehen gesichert erscheint und welche in der Lage sind, die Pensionsansprüche zu befriedigen; und Fremdkapitalgeber legen Wert auf eine vollständige und verzinste Rückzahlung ihres hingegebenen Kapitals.

Einflussnahmen auf die Rechnungslegung bedeuten daher die Minimierung externer Kontrolle und einen Verlust der Transparenz und gipfeln in der Gefahr, Schäden für alle Beteiligten auf Grund schlechter Unternehmensführung zu verursachen.[283] So täuscht z.B. eine erfolgsmindernde Bildung von Rückstellungen in guten Ertragssituationen mit deren Auflösung in schlechteren Ertragslagen eine weiterhin gute Unternehmenssituation vor. Gleiches gilt bei in der Vergangenheit überhöht durchgeführten Abwertungen und sonstigen vorweggenommenen Aufwendungen. Aussagen wie „die Bilanzpolitik kann gerade in den Bereichen wirken, wo es die strategischen Maßnahmen nicht können“[284], müssen auch in Zusammenhang mit der Glättung kurzfristiger Ergebnisausschläge zurückgewiesen werden. Tatsächliche, stetige und leicht steigende Gewinne, also Gewinne die ohne Einflussnahmen auf die Rechnungslegung ausgewiesen wurden, bedeuten aus Sicht der Adressaten, dass das Unternehmen in der Lage ist, ein konstantes und nachhaltiges Wachstum zu generieren. Tatsächliches Wachstum entsteht aber nur im Rahmen der operativen Tätigkeit.[285] Insgesamt liegt also kein überzeugendes Argument vor, warum die Adressaten nicht über die tatsächliche Unternehmensentwicklung der vergangenen Periode aufgeklärt werden sollten. Im Rahmen der Lageberichterstattung verbleiben ausreichende Möglichkeiten, über vom Manager erwartete Ergebnisse oder Unternehmensentwicklungen zu berichten.[286]

---

282 Vgl. Moxter (Bilanztheorie, 1984), S. 164. Zur Kritik an der Entobjektivierung innerhalb der IFRS vgl. Hommel/Benkel/Wich (Unwägbarkeiten, 2004), S. 1270 sowie zur Entobjektivierung der US GAAP vgl. Hommel (Goodwillbilanzierung, 2001), S. 1943.

283 Vgl. Baetge/Ballwieser (Bilanzpolitik, 1978), S. 522.

284 Stein (Konzernbilanzpolitik, 1993), S. 977.

285 Vgl. Parfet (Commentary, 2000), S. 485.

286 Vgl. insbesondere zum *value reporting* Böcking/Wesner (Reporting, 2004), S. S102-S105 und zur Lageberichterstattung Böcking/Müßig (Bilanzrecht, 2002), § 289 HGB, Tz. 111.

Auch unter *signaling*-Gesichtspunkten sind Einflussnahmen auf die Rechnungslegung abzulehnen.[287] Häufig wird argumentiert, ein beeinflusster Gewinnstrom könne relevantere Informationen vermitteln als ein unbeeinflusster, indem der Manager private Informationen preisgebe.[288] So bevorzugen nach Auffassung von *Arya/Glover/Sunder* die Anteilseigner beeinflusste Unternehmenszahlen.[289] Um eine Signalwirkung zu erzielen, müssen die Adressaten Fähigkeiten besitzen, die den Umfang der Einflussnahmen auf die Rechnungslegung erkennen lassen.[290] Dies spiegelt jedoch nicht die Realität wider. Modelle dieser Art spielen daher auch ökonomisch betrachtet eine untergeordnete Rolle in der Rechtfertigung und Erklärung von *earnings management*.[291] Denn würden die Anteilseigner *earnings management* zulassen, dürften nach dessen offizieller Aufdeckung keine negativen Kursreaktionen auftreten. Dies ist aber gerade nicht der Fall.[292] Vielmehr müssten die Reaktionen schon bei Erhalt des Abschlusses stattfinden. Gleiche Überlegungen lassen sich für negative abnormale Renditen im Zusammenhang mit *restatements* anstellen.[293] Zudem wären die Manager nicht stets bestrebt, die Offenlegung von *earnings management* zu vermeiden. Das Argument, *earnings management* würde sich im Zeitablauf ausgleichen, ist zwar richtig, dient aber nicht als Rechtfertigung. Quantitativ ermittelte Auswirkungen von *earnings management*, gemessen durch Periodenabgrenzungen zum Untersuchungszeitpunkt, ergaben bei einer empirischen Untersuchung von NYSE-, AMEX- und NASDAQ-Unternehmen für die Folgejahre negative Gewinnveränderungen. Eine gegenwärtige Erhöhung der Periodenabgrenzungen um $ 1 führte zu einer Gewinnminderung im Folgejahr von $ 0,046 und bis zum Jahr vier zu kumuliert $ 0,113.[294] Damit wurde empirisch belegt, dass *earnings management* die Unternehmenszahlen nachhaltig beeinflusst und die Adressaten über einen längeren Zeitraum in die Irre führt. Auf den (beeinflussten) Unternehmenszahlen basierende Prognosen über die künftige Entwicklung des Unternehmens und die hiermit zusammenhängenden Prognosen über künftige Auszahlungen an die Anteilseigner, beeinflussen auf Grund des Zeitaspekts des Zahlungsanfalls die Unternehmensbewertung und besitzen eine erhebliche Relevanz.[295]

---

287 A.A. Sunder (Rechnungslegung, 2003), S. 147.

288 Vgl. Dutta/Gigler (Effect, 2002), S. 646; Demski (Performance, 1998), S. 277. Nach *Demski* stellt *earnings management* ein Substitut der Kommunikation dar. Vgl. auch Arya/Glover/Sunder (Earnings, 2003), S. 111-112 und Gaber (Bilanzpolitik, 2004), S. 350.

289 Vgl. Arya/Glover/Sunder (Earnings, 2003), S. 112; Arya/Glover/Sunder (Revelation, 1998), S. 1.

290 Vgl. Wagenhofer/Ewert (Unternehmensrechnung, 2002), S. 246.

291 Vgl. Wagenhofer/Ewert (Unternehmensrechnung, 2002), S. 275; Schipper (Commentary, 1989), S. 102.

292 Vgl. statt vieler Dechow/Sloan/Sweeney (Manipulation, 1996), S. 27 sowie Kapitel II.1.3.4.5, S. 27.

293 Vgl. zu negativen abnormalen Renditen im Zusammenhang mit *restatements* Palmrose/Richardson/Scholz (Restatement, 2004), S. 61-62 und S. 72-73 für weitere Nachweise.

294 Vgl. Chan/Jegadeesh/Sougiannis (Accrual, 2004), S. 106.

295 Vgl. Demski (Performance, 1998), S. 277 zur impliziten negativen Unternehmenswertbeeinflussung.

Ein positiver Zusammenhang zwischen durchgeführten Gewinnglättungen und der guten Prognosequalität von Managern ist nicht aufrecht zu erhalten.[296] Da der vergangene Periodengewinn bereits vorliegt, ist lediglich eine Anpassung um einen bestimmten Betrag notwendig, um für den vergangenen Verlauf betrachtet eine Glättung herbeizuführen. Dagegen ließe sich aufführen, dass der künftige Umkehreffekt der Einflussnahme ebenfalls mit in die Betrachtung einzubeziehen wäre und dies eine gute Prognosequalität erfordere. Dem wiederum kann entgegnet werden, dass das Management tendenziell einen kurzfristigen Zeithorizont aufweist, die Umkehreffekte demnach eine geringe Rolle spielen und die schlechteren künftigen Unternehmenszahlen gegenüber den Anteilseignern auch mittels vorliegenden *hidden information* gerechtfertigt werden können. Womöglich besteht zu einer Rechtfertigung des Managers nicht einmal die Notwendigkeit, wenn der Umkehreffekt – was durchaus denkbar ist – erst nach einem gewissen Zeitraum oder im Extremfall bei Liquidation des Unternehmens eintritt.[297] Zweifelhaft erscheint, ob getroffene „Erwartungen über die Entwicklung des ‚echten' Jahresergebnisses in den Folgeperioden weitgehend zutreffen, um die auch für die Zukunft passende bilanzpolitische Maßnahme heute zu planen"[298]. In der Regel dürfte hierbei der Manager überfordert sein. Auf der anderen Seite stellen vorweggenommene Aufwendungen, die künftig zu Erträgen führen, keine besonderen Anforderungen an das Managements hinsichtlich dessen Prognosequalität dar, da der negative Effekt bereits vorweggenommen wurde und die positive Folgewirkung konserviert oder bei Bedarf genutzt werden kann. In beiden genannten Fällen greift § 321 Abs. 2 S. 4 HGB, wonach im Rahmen der Prüfungsberichterstattung durch den Abschlussprüfer auf die Umkehreffekte der Rechnungslegungspolitik einzugehen ist.[299]

Wie gezeigt wurde, weisen beeinflusste Rechnungslegungsinformationen grundsätzlich negative Wirkungen für die Adressaten auf. Dies gilt sowohl für die an der Steuerung und Kontrolle des Unternehmens interessierten Anteilseigner, für vorwiegend an der Renditeerzielung interessierten Anteilseigner als auch für den verbleibenden Adressatenkreis. Weiterhin konnte gezeigt werden, dass *signaling*-Aspekte aus Sicht des Kapitalmarkts ebenfalls keine Einflussnahmen auf die Rechnungslegung rechtfertigen.

3.2.2 Ablehnung auf Grund von an das Unternehmen anknüpfende Folgen

Für Unternehmen auftretende unmittelbare Folgen hängen letztendlich mit geringeren Einzahlungen oder erhöhten Auszahlungen zusammen und resultieren zwangsläufig mittelbar in Fol-

---

296 A.A. Arya/Glover/Sunder (Earnings, 2003), S. 113, die der Auffassung sind, dass Manager, die *earnings management* betreiben, auch in der Prognose der künftigen Unternehmensentwicklung verlässliche Resultate liefern.

297 Vgl. Hax (Rationalität, 2003), S. 308.

298 Baetge/Ballwieser (Bilanzpolitik, 1978), S. 524.

299 Vgl. auch IDW PS 450.71 zur Berichterstattung des Abschlussprüfers.

gen für die Anteilseigner (z.B. Vermögensminderungen). *Ballwieser/Dobler* formulieren aus Bilanzdelikten hervorgehende „Schadenskonsequenzen" als jeweils direkte und indirekte Vermögens- und Vertrauensschäden.[300] Direkte Vermögensschäden betreffen Auszahlungen durch Berichtigungen der Finanzinformationen, Prozesskosten, Schadenersatz oder Strafen. Indirekte Vermögensschäden stehen im Zusammenhang mit einer künftig stärkeren Regulierung und höheren Eigen- und/oder Fremdkapitalkosten.[301] Auf Grund der Interdependenzen zwischen den am Markt tätigen Unternehmen können die Auswirkungen von Bilanzdelikten eines Unternehmens auf andere Unternehmen ausstrahlen. Beispielsweise konnten bei von *Arthur Andersen* geprüften Unternehmen vermehrt abnormale negative Renditen festgestellt werden, nachdem Unregelmäßigkeiten bezüglich deren Prüfungsqualität bei *Enron* publik wurden.[302] Nachfolgend werden unterschiedliche „Schadenskonsequenzen" durch Einflussnahmen auf die Rechnungslegung diskutiert.

Bereits geringe Beeinflussungen der Bemessungsgrundlage durch Einflussnahmen auf die Rechnungslegung zur Erlangung von Bonusschwellen im Rahmen der Vergütung, haben möglicherweise erhebliche (Personal-)Mehraufwendungen zur Folge. Diese sind ungerechtfertigt entstanden, da die erforderliche Leistung nicht operativ erbracht wurde. Verlässt ein am Erfolg des Unternehmens beteiligter Manager vor Eintreten des durch *earnings management* bedingten Umkehreffekts das Unternehmen, stellt dies eine ungerechtfertigte Bereicherung dar. Mit der Entlohnung wird in der Regel die vergangene und nicht die künftige Leistung abgegolten. Eine Aufdeckung der Rechnungslegungspolitik ist in derart gelagerten Fällen für das Unternehmen als positiv zu erachten, um künftige Einflussnahmen zu verhindern oder Rückforderungen zu stellen.

Zentrale Entscheidungen innerhalb des Unternehmens beruhen auf Informationen des internen Rechnungswesens und betreffen Produktionsprogramm-, Preis- und strategische Entscheidungen sowie verhaltenssteuernde Kontroll- und Koordinationsrechnungen wie beispielsweise Budgetierungen und Investitionscontrolling.[303] Die Harmonisierung des internen mit dem externen Rechnungswesen hat zur Folge, dass Einflussnahmen auf die Rechnungslegung unmittelbar auf die Unternehmensführung wirken.[304] So führen möglicherweise vorgezogene Aufwendungen zu höheren Kalkulationssätzen und vorgezogene Erträge zu niedrigeren Kalkulationssätzen. „Bilanzpolitisch bedingte Verzerrungen [im Rahmen des internen Rechnungswesens; Anm. d. Verf.] verlieren in dem Maße an Bedeutung, wie sich Bilanzierungs-

300 Vgl. Ballwieser/Dobler (Bilanzdelikte, 2003), S. 450.

301 Vgl. Ballwieser/Dobler (Bilanzdelikte, 2003), S. 451.

302 Vgl. Chaney/Philipich (Reputation, 2002), S. 1237-1238.

303 Vgl. Ewert/Wagenhofer (Unternehmensrechung, 2003), S. 13-17.

304 Als Grund für die Harmonisierung wird häufig die organisatorische Erleichterung und die Ausrichtung des internen Rechnungswesens auf die Informationsinteressen der Anteilseigner genannt.

grundsätze durchsetzen, die weniger Spielraum für Bilanzpolitik belassen."[305] Da auch dem Aufsichtsrat Daten des internen Rechnungswesens zur Verfügung stehen, ist das Management gezwungen, die Rechnungslegungspolitik auch dort weiter zu führen, um einer Aufdeckung der *hidden action* und *hidden information* zu entgehen. Zur verantwortlichen Führung des Unternehmens bedarf es aber der Kenntnis der tatsächlichen Lage.[306] In diesem Zusammenhang würde Rechnungslegungspolitik einen Verstoß gegen die Sorgfalt eines ordentlichen und gewissenhaften Geschäftsleiters i.S.d. § 93 Abs. 1 S. 1 AktG bedeuten. Dies unterstützend, belegen Studien geringere Einflussnahmen auf die Rechnungslegung bei Unternehmen, die eine gute Corporate Governance aufweisen, als bei Unternehmen für jene dies nicht zutrifft.[307] Ob die Befolgung der Empfehlungen und Anregungen des Deutschen Corporate Governance-Kodex (DCGK)[308] zu einer besseren Corporate Governance und zu geringeren Einflussnahmen führt, bleibt abzuwarten. Anhand von Daten US-amerikanischer Unternehmen konnte ermittelt werden, dass bei Vorliegen von unabhängigen *audit committees* und bei vom Management unabhängigen *directors* wesentlich weniger Einflussnahmen auf die Rechnungslegung zu verzeichnen sind als bei abhängigen Organmitgliedern.[309] Die (Nicht-) Aufdeckung der Rechnungslegungspolitik hat zur Steuerung des Unternehmens einen ausschließlich (negativen) positiven Effekt.

Unternehmen, die Ermittlungen der SEC unterliegen, weisen negative Kursreaktionen auf, selbst wenn der Fehler in der Rechnungslegung bereits öffentlich bekannt gegeben wurde. Dies impliziert, dass Informationen über Einflussnahmen auf die Rechnungslegung die Markterwartungen über künftige Gewinne negativ beeinflussen.[310] Folglich sinkt der Aktienkurs. Ebenfalls ist bei diesen Unternehmen ein erhöhter *bid-ask spread* festzustellen.[311] Aufgedeckte und unzulässige Rechnungslegungspolitik können damit zu steigenden Kapitalkosten der betroffenen Unternehmen führen.[312] Zum gleichen Ergebnis kommen *Hribar/Jenkins*. Sie untersuchen Auswirkungen auf die Kursentwicklung bei Berichtigungen von Abschlüssen (*restatements*) auf Grund falsch ausgewiesener Gewinne in Abhängigkeit der die Korrektur veranlassenden Stelle.[313] Die Höhe der Kapitalkosten hängt ebenfalls von der Qualität der

305 Hax (Integration, 2002), Sp. 766.

306 Dies gilt nicht weniger für andere Aspekte der Corporate Governance. Beispielsweise muss der Aufsichtsrat ebenfalls Kenntnis über die tatsächliche Lage des Unternehmens erlangen, um das Unternehmen adäquat im Sinne seiner Funktion kontrollieren zu können.

307 Vgl. Dechow/Sloan/Sweeney (Manipulation, 1996), S. 21.

308 Vgl. Regierungskommission Deutscher Corporate Governance Kodex (DCGK, 2002), Präambel.

309 Vgl. Beasley/Carcello/Hermanson *et al.* (Reporting, 2000), S. 453.

310 Vgl. Feroz/Park/Pastena (SEC, 1991), S. 124; Healy/Wahlen (Review, 1999), S. 368.

311 Vgl. Dechow/Sloan/Sweeney (Manipulation, 1996), S. 27-30.

312 Zum Verhältnis zwischen *bid-ask spread* und Kapitalkosten vgl. Amihud/Mendelson (Pricing, 1986), S. 224, 231.

313 Vgl. Hribar/Jenkins (Restatements, 2003), S. 26. Die stärksten Kapitalkostensteigerungen treten auf, wenn der Abschlussprüfer die Abschlussberichtigung veranlasst. Dem folgen durch das Unternehmen selbst und dann durch die SEC initiierte Berichtigungen.

berichteten Gewinne ab. Gemessen wird die Qualität der Gewinne am Anteil damit in Zusammenhang stehender (künftiger) *cash flows* sowie an dem Anteil an diskretionären Periodenabgrenzungen. Unternehmen mit qualitativ weniger guten Gewinnen weisen höhere Fremdkapitalkosten auf und erhalten ein schlechteres *rating*.[314] Relativ geringere *price-earnings ratios* lassen auf höhere Eigenkapitalkosten schließen. Investoren zahlen für einen gegebenen Betrag an Gewinnen „niedrigere Qualität" einen geringeren Betrag an Geldeinheiten.[315] Im gleichen Zusammenhang besteht ein signifikantes Verhältnis zwischen der Qualität der Periodenabgrenzungen und den vom Markt wahrgenommenen Eigenkapitalrisiken, gemessen an Beta-Faktoren[316].[317]

Auch nach Abschluss der SEC-Untersuchung sind bei den betroffenen Unternehmen negative abnormale Renditen feststellbar.[318] Als Erklärung dient die nachhaltige Skepsis in Bezug auf die Glaubwürdigkeit der Finanzberichterstattung und der Kontrollsysteme sowie Zweifel an einer funktionierenden Corporate Governance. Nicht unerhebliche Forderungen gegen die falsch berichtenden Unternehmen können auf Grund von Aktionärsklagen oder durch von den Aufsichtsbehörden angestrengte Klagen sowie durch Bußgelder entstehen. Urteile gegen Unternehmen führen vor allem in den USA zu hohen Schadenersatzforderungen mit Strafcharakter (sog. *punitive damages*). Beispielsweise wurde gegen *WorldCom Inc.* eine (zivilrechtliche) Strafe von $ 2,25 Mrd ausgesprochen.[319] Aber auch deutsche Unternehmen sind vor Schadenersatzforderungen gegenüber Anteilseignern grundsätzlich nicht gefeit.[320] Eine Untersuchung in den USA von ca. 3000 Klagen betreffend unterschiedlicher Vergehen (*federal class action filings*) im Zeitraum zwischen 1990 und 2002 ergab negative Kursreaktionen zum Zeitpunkt der Bekanntgabe des Vergehens von durchschnittlich 16,6 % und insbesondere bei Rechnungslegungsdelikten von 24,3 % sowie zum Zeitpunkt der Klage von durchschnittlich 4,1 % und bei Rechnungslegungsdelikten von 7,2 %.[321] Zu beachten ist vor allem, dass gerade Verstöße gegen Rechnungslegungsnormen erheblich stärker vom Kapitalmarkt sanktioniert wer-

314 Vgl. Francis/LaFond/Olsson *et al.* (Quality, 2003), S. 18-19.

315 Vgl. Francis/LaFond/Olsson *et al.* (Quality, 2003), S. 19.

316 Der Beta-Faktor misst die Empfindlichkeit der Aktienrendite gegenüber allgemeinen Marktschwankungen. Vgl. statt vieler Kruschwitz (Finanzierung, 2002), S. 178-179.

317 Vgl. Francis/LaFond/Olsson *et al.* (Quality, 2003), S. 24.

318 Vgl. Beneish (Violation, 1997), S. 272.

319 Vgl. zum genannten Fall und zu weiteren Fällen sowie grundsätzlich zur Erhebung von *punitive damages* durch die SEC, Cutler (Speech, 2004).

320 Vgl. LG Frankfurt am Main 3-7 O 47/02 vom 28.4.2003 zu einem Schadensersatzanspruch wegen vorsätzlicher, sittenwidriger Schädigung durch Bilanzfälschung in Zusammenhang mit der *ComRoad* gem. § 826 BGB i.V.m. § 31 BGB.

321 Vgl. Griffin/Grundfest/Perino (Litigation, 2004), S. 33. Die Klagen wurden ausschließlich vor US-Gerichten geführt. Die Berechnung der abnormalen Renditen wurde innerhalb einer Dreitagesperiode um den Zeitpunkt des jeweiligen Ereignisses gemessen.

den. Vorangegangene Studien hinsichtlich Marktreaktionen auf Klagen gegen die jeweiligen Unternehmen kommen zu ähnlichen Ergebnissen.[322]

Weitere negative Folgen durch überhöhte Gewinne können höhere Steuerauszahlungen und damit einhergehende Liquiditätsabflüsse sein. In einer empirischen Studie von *Erickson/Hanlon/Maydew* wurde festgestellt, dass Unternehmen auch auf überhöht dargestellte Gewinne Steuern zahlen – und zwar in erheblicher Höhe. So zahlten Unternehmen durchschnittlich pro einem Dollar überhöht dargestelltem Vorsteuergewinn zwanzig Cent an Steuern.[323] Der entrichtete Steuerbetrag entsprach durchschnittlich 2,4 % des Marktwerts der Unternehmen. Als Grund für die Steuerzahlungen wird vermutet, die Handlungen des Managements könnten Verdacht bei der SEC oder dem IRS[324] wecken, da die steuerliche Bemessungsgrundlage erheblich vom ausgewiesenen Gewinn nach US GAAP divergiert.[325] Der Nutzen aus der beeinflussten Rechnungslegung ist für das Management offenkundig höher als der Ressourcenabfluss durch Steuern aus dem Unternehmen.

Aus Sicht des Unternehmens entstehen sowohl mit der Aufdeckung von *earnings management* Kosten (induziert durch Enforcement, Abschlusskorrekturen, Klagen, eingeschränkte oder versagte Bestätigungsvermerke sowie durch negative Presseberichterstattung im Zusammenhang mit Reputationsverlusten), als auch durch nicht aufgedecktes *earnings management* im Rahmen auftretender Umkehreffekte, künftig eingeschränkter Flexibilität, geringerer Aussagekraft des Unternehmensergebnisses und Kosten durch eine nur noch eingeschränkt funktionierende Unternehmenssteuerung. Grundsätzlich gilt auch hier, dass *earnings management* nachteilig und zu vermeiden ist.[326]

3.2.3 Ablehnung auf Grund von an das Management anknüpfende Folgen

Manager nehmen Einfluss auf die Rechnungslegung um bestimmte finanzielle oder nicht finanzielle Ziele zu erreichen. Unterschiedliche Untersuchungen belegen ein erhöhtes Ansehen und geringere Entlassungen von Managern, die Gewinnglättungen betreiben.[327] Voraussetzung ist, dass die Einflussnahme unentdeckt bleibt. Neben den mit diesen Zielen aus Sicht des Managers vermeintlich positiven Wirkungen entstehen auch bei einer nicht aufgedeckten Ein-

322 Vgl. beispielsweise Francis/Philbrick/Schipper (Litigation, 1994), S. 153 ermitteln eine negative abnormale Rendite von ca. 17 %.

323 Vgl. Erickson/Hanlon/Maydew (Earnings, 2004), S. 400. Die Unternehmen wurden entsprechend der Accounting and Auditing Enforcement Releases der SEC ausgewählt. Dabei wurde, vereinfacht ausgedrückt, die Veränderung des Steueraufwands mit der Veränderung der korrigierten überhöhten Gewinne betrachtet.

324 Der Internal Revenue Service (IRS) ist die Steuerbehörde der USA.

325 Vgl. Erickson/Hanlon/Maydew (Earnings, 2004), S. 388.

326 Vgl. Marquardt/Wiedman (Earnings, 2004), S. 467-470 mit jeweils weiteren empirischen Nachweisen zu den einzelnen Aspekten.

327 Vgl. DeFond/Park (Smoothing, 1997), S. 137 zur empirischen Untersuchung und Fudenberg/Tirole (Theory, 1995), S. 91-92 zur ökonomischen Analyse.

flussnahme auf die Rechnungslegung Nachteile für ihn. Ein Problembereich wurde bereits mit der Unternehmenssteuerung und -kontrolle angesprochen. Unzulänglichkeiten im internen Rechnungswesen resultieren zwangsläufig auf Dauer in einer ineffizienten Unternehmenssteuerung und -kontrolle und können folglich in einem Ansehensverlust des Managers gipfeln. Ergebniserhöhende Gewinnglättungen führen bei real gleich bleibenden oder sich verschlechternden Unternehmensergebnissen zu einem durch den Umkehreffekt verursachten noch geringeren künftigen Ergebnis. Dies kann wiederum Anlass zu einer extensiveren Einflussnahme geben, die bereits die Grenze der Legalität überschreitet und somit einen qualitativen Abwärtstrend in der Finanzberichterstattung fortsetzt.

Im Verhältnis zu den negativen Wirkungen, die mit einer Verschleierung der Einflussnahme auf die Rechnungslegung für das Management einhergehen, haben aufgedeckte Einflussnahmen weitaus gravierendere und weit gestreutere Konsequenzen. Ausgehend von aufdeckungsinduzierten Kursrückgängen bei öffentlich bekannt gegebenen Einflussnahmen, beispielsweise durch den Bestätigungsvermerk, Ad-hoc Mitteilungen oder Bekanntgaben durch spezielle Enforcement-Einrichtungen, erhält das Management bei an Aktien gekoppelten Belohnungssystemen eine geringere Vergütung. Zudem besteht auch bei einer nicht öffentlichen Bekanntgabe die Gefahr des Arbeitsplatzverlusts und die eines erheblichen Reputationsverlusts. Private Vermögensverluste entstehen abhängig von der Schwere der Einflussnahme auf die Rechnungslegung durch Aktionärsklagen gegen das Management oder auf Grund strafrechtlicher Konsequenzen (bspw. § 331 HGB) sowie durch ausgesprochene Berufsverbote i.S.d. § 70 StGB oder Schadenersatzansprüche der Anteilseigner, der Gesellschaft oder anderer Stakeholder. Vorstand kann beispielsweise nicht sein, wer wegen §§ 283-283b StGB verurteilt wurde (§ 76 Abs. 3 S. 3 AktG). Wegen ihres Reputationsverlusts fällt es schwer, neue gleichgerichtete Beschäftigungsverhältnisse zu finden.[328] So resultieren folglich auch für das Management „Schadenskonsequenzen" in Form von Vermögens- und Vertrauensschäden.[329]

Wie das Urteil des Landgerichts Mannheim gegen die Verantwortlichen im Bilanzskandal „FlowTex" belegt, wird nicht unmittelbar die Tatsache der Falschbilanzierung an sich, sondern mittelbar die damit in Verbindung stehenden Auswirkungen auf Dritte sanktioniert. So wurden die Verantwortlichen wegen bandenmäßigen Betrugs (§ 263 Abs. 1, 3 StGB) und wegen Kapitalanlagebetrugs (§ 264a Abs. 1 StGB) in Tateinheit mit versuchtem bandenmäßigen Betrug zur Rechenschaft gezogen.[330] Die ausgesprochenen Haftstrafen zwischen zwölf und

---

[328] Vgl. Beneish (Penalties, 1999), S. 451, 453. Insbesondere sanktioniert die SEC Vorstände relativ höher, die bei einem Börsengang Manipulationen der Rechnungslegung betreiben.

[329] Vgl. Ballwieser/Dobler (Bilanzdelikte, 2003), S. 452.

[330] Vgl. LG Mannheim 22 KLs 628 Js 10855/01 vom 18.12.2001. Straftaten traten im Zusammenhang mit „virtuellen" Bohrgeräten zum Nachteil von Leasinggesellschaften und Leasingfonds und zum Nachteil der kreditgebenden Banken auf (S. 18-39 des Urteils). Weiterhin wurde eine Anleihe auf Grund falscher Angaben platziert (S. 39-44 des Urteils).

sieben Jahren belegen die auch für das Management gravierenden Auswirkungen.[331] Haftstrafen von zwei bis sieben Jahren erfuhren die Beteiligten im Fall von *ComRoad*.[332] Der Hauptbeteiligte wurde wegen Kursbetrugs nach § 38 Abs. 1 Nr. 4 WpHG i.V.m. § 39 Abs. 1 Nr. 1 WpHG und § 20a Abs. 1 Nr. 1 WpHG[333] verurteilt. Darüber hinaus folgten strafbare Handlungen durch Insiderhandel gem. § 38 Abs. 1 Nr. 1 WpHG i.V.m. § 14 Abs. 1 Nr. 1 WpHG. Mit der gewerbsmäßigen Schädigung des Vermögens eines Anderen durch Vorspielung falscher Tatsachen, war zudem der Tatbestand des Betrugs i.S.d. § 263 Abs. 1 und Abs. 3 Nr. 1 StGB erfüllt. Zusammenfassend gilt: Einflussnahmen auf die Rechnungslegung können genau zu den gegenteiligen Effekten führen, die das Management mit derartigen Handlungen zu erreichen versucht.

3.3 Forderung zur Einschränkung der Einflussnahmen auf die Rechnungslegung

Die Überlegungen zu der Beziehung zwischen Prinzipalen und Agenten haben gezeigt, dass Ethik und Moral als limitierende Faktoren zur Verringerung opportunistischen Verhaltens nicht ausreichen. Möglichkeiten zum opportunistischen Verhalten folgen vor allem aus *hidden action* und *hidden information* zu Lasten des Prinzipals (*moral hazard*). Anreize zu Einflussnahmen auf die Rechnungslegung durch das Management liegen vorwiegend in erwarteten finanziellen oder nicht finanziellen Nutzensteigerungen, d.h. vorwiegend in der Vergütung oder Reputation. Insbesondere die Verknüpfung der Anreize mit Reaktionen des Kapitalmarkts und die Reaktionen des Kapitalmarkts auf Rechnungslegungsinformationen führen zu *earnings management* durch Manager. Folglich können die vormals implementierten Anreize zur Interessenharmonisierung zwischen Managern (Agenten) und Anteilseignern (Prinzipalen) gleichzeitig Anreize zu einer nicht den tatsächlichen Verhältnissen entsprechenden Finanzberichterstattung sein. Möglichkeiten zu Einflussnahmen auf die Rechnungslegung liegen in der Rechnungslegung an sich und in einer Nichtentdeckung durch den Aufsichtsrat (Prüfungsausschuss), den Abschlussprüfer oder durch weitere Enforcement-Einrichtungen. Die Abschlussadressaten sind in der Regel nicht in der Lage, Einflussnahmen auf die Rechnungslegung unmittelbar aufzudecken und haben damit keine Möglichkeiten, das Management dahingehend zu disziplinieren. Vom Rechnungslegungssystem abhängige Einflussmöglichkeiten führen zum Großteil zu rechnungslegungspolitischen Gestaltungen, während Manipulationen der Rechnungslegung weitgehend systemunabhängig vorgenommen werden können. Dass tatsächlich *earnings management* betrieben wird, zeigen unter anderem Untersu-

---

331 Vgl. LG Mannheim 22 KLs 628 Js 10855/01 vom 18.12.2001; BGH 1 StR 169/02 vom 10.9.2002 und LG Mannheim 25 KLs 628 Js 10855/01 vom 22.5.2003.

332 Vgl. LG München I 6 KLs 305 Js 34066/02 vom 21.11.2002.

333 Nach § 20a Abs. 1 Nr. 1 WpHG ist es verboten, „unrichtige Angaben über Umstände zu machen, die für die Bewertung eines Vermögenswertes erheblich sind, oder solche Umstände entgegen bestehenden Rechtsvorschriften zu verschweigen, wenn die Angaben oder das Verschweigen geeignet sind, auf den … Preis eines Vermögenswerts einzuwirken.“

chungen der diskretionären Periodenabgrenzungen und Diskontinuitäten in ausgewiesenen Gewinnen.

Einflussnahmen auf die Rechnungslegung durch das Management sind in einer Gesamtbetrachtung ökonomisch gesehen nachteilig, und zwar grundsätzlich unabhängig davon, ob sie den Adressaten bekannt sind oder nicht. Ziel muss es daher sein, fehlleitende Spielräume in der Ausgestaltung der Rechnungslegung weiträumig einzuschränken, ohne den Informationsgehalt der Rechnungslegung mit der Darstellung eines den tatsächlichen Verhältnissen entsprechenden Bilds der Vermögens-, Finanz- und Ertragslage bzw. die Vermittlung eines *true and fair view* zu beschränken.[334] Erscheint dies wie beispielsweise bei Sachverhaltsgestaltungen schwierig, bedarf es einer Kommunikation mit detaillierten Angaben. Manipulationen der Rechnungslegung sind ohnehin unzulässige Handlungen und durch strengere Rechnungslegungsvorschriften nur begrenzt einschränkbar. Hier sind vielmehr Maßnahmen zur Prävention, Kontrolle und Aufdeckung, wie z.B. durch bestimmte Prüf- und Kontrollinstitutionen, einzurichten. Ferner ist ein Umdenken des Managements herbeizuführen, innerhalb ethischer Grundsätze zu handeln. Die bisherigen Ergebnisse dieser Arbeit unterstützen die Forderung und Notwendigkeit nach einem effektiven Enforcement von Rechnungslegungsstandards. Begründung findet eine Enforcement-Einrichtung durch das Auftreten opportunistischen Managementverhaltens und insbesondere durch die negativen ökonomischen Auswirkungen von Einflussnahmen auf die Rechnungslegung bzw. von Rechnungslegungsmanipulationen.[335] Außerdem gilt es, bestehende Institutionen wie den Abschlussprüfer und den Aufsichtsrat bzw. den Prüfungsausschuss im Hinblick auf die Vermeidung von Einflussnahmen auf die Rechnungslegung zu stärken. Eine gewissenhafte und getreue Rechenschaftslegung kann nur jene sein, die ohne „politische“ Färbung auskommt.[336]

3.4 Negative Wirkungen durch Beschränkungen der Einflussnahmen

Den folgenden Ausführungen liegt die Annahme zu Grunde, dass Normsetzer zwar *earnings management* durch Sachverhaltsabbildungen (*accounting earnings management*) einschränken, jedoch wenig gegen Sachverhaltsgestaltungen (*real earnings management*) ausrichten können.[337] Zusätzlich wird angenommen, dass eine Verhinderung von Sachverhaltsgestaltungen u.a. an Kosten/Nutzen-Überlegungen scheitert, da eine vollkommene Unterbindung mit

[334] Vgl. Hommel (Bilanzrechtskonzeptionen, 1997), S. 351 zum Spannungsverhältnis zwischen Entscheidungsverbundenheit und Manipulationsfreiheit sowie zur Notwendigkeit einer nicht beeinflussten Rechnungslegung. Ähnlich in Zusammenhang mit der Verlässlichkeit der vermittelten Informationen auch Plock (Ertragsrealisation, 2004), S. 61.

[335] Vgl. stellvertretend zur Forderung eines Enforcement z.B. Böcking (Audit, 2003), S. 692-694; Böcking (Internationalisierung, 2004), S. 182; Böcking/Kiefer (Finanzaufsichtsbehörde, 2002), S. 28.

[336] Vgl. Clemm (Ethik, 1998), S. 1229. Ähnlich auch Hommel (Bilanzierung, 1998), S. 21-25, der sich ebenfalls für eine Einschränkung der Einflussnahmen bzw. Manipulationsmöglichkeiten ausspricht. Zur Bilanzwahrheit und verlässlichen Objektivierung auch Berndt (Bilanzwahrheit, 2001), S. 380.

[337] Vgl. Ewert/Wagenhofer (Effects, 2005), S. 2.

erheblichen Kosten verbunden ist.[338] Schränken die Normsetzer nun die Möglichkeiten für sachverhaltsabbildende Maßnahmen des Managers ein, da ihnen laut Annahme eine Begrenzung der Sachverhaltsgestaltungen kaum möglich ist, und bestehen darüber hinaus Anreize für Manager, auf die Rechnungslegung Einfluss zu nehmen, so gehen die Manager zwangsläufig auf Sachverhaltsgestaltungen über.[339] Es liegt demnach ein Austauschverhältnis zwischen Sachverhaltsabbildungen und Sachverhaltsgestaltungen vor. Daher kann die Einschränkung von sachverhaltsabbildenden Maßnahmen gar zu einer Zunahme von Einflussnahmen auf die Rechnungslegung führen.[340] Sachverhaltsgestaltungen bedeuten aus Sicht der Adressaten meist ökonomische Nachteile in Form einer Minderung des Unternehmenswerts, da der Manager zur Beeinflussung seines Gewinns von einer optimalen Handlungsalternative abweicht, also tatsächlich Transaktionen verändert.[341] Nachteile resultieren weiterhin daraus, dass der Kapitalmarkt (vordergründig) nicht beeinflussbaren Gewinnen eine höhere Relevanz beimisst aber nicht erkennt, dass diese durch die Gestaltung von Sachverhalten beeinflusst wurden.[342] *Ewert/Wagenhofer* lehnen im Ergebnis sämtliches *earnings management* ab, stellen aber die Folgen einer Beschränkung von Ermessensspielräumen und Wahlrechten des Managements unter bestimmten Bedingungen nachteiliger dar, als deren Existenz.

Dem ist grundlegend zuzustimmen. Allerdings darf bezweifelt werden, ob die Annahme einer nicht möglichen Einschränkung von Sachverhaltsgestaltungen in allen Bereichen der Rechnungslegung aufrecht zu halten ist. Sowohl die US GAAP, die IFRS und das HGB kennen das Prinzip der wirtschaftlichen Betrachtungsweise.[343] Das Ziel einer wirtschaftlichen Betrachtungsweise ist, Sachverhalte nach dem tatsächlich Gewollten abzubilden.[344] Abbildungsnormen dienen deshalb in bestimmten Fällen ebenfalls der Beschränkung bzw. Offenlegung von

338 Vgl. Schipper (Commentary, 1989), S. 97 und Ewert/Wagenhofer (Effects, 2005), S. 9 mit der Begründung, dass Sachverhaltsgestaltungen nicht von den gewöhnlichen Transaktionen des Unternehmens unterschieden werden können und teilweise sogar *cash flows* generieren. So auch Fischer/Haller (Bilanzpolitik, 1993), S. 55.

339 Vgl. Ewert/Wagenhofer (Effects, 2005), S. 14.

340 Vgl. Ewert/Wagenhofer (Effects, 2005), S. 14-15.

341 Vgl. Fudenberg/Tirole (Theory, 1995), S. 76 und Ewert/Wagenhofer (Effects, 2005), S. 2.

342 Vgl. zur Wertrelevanz Fischer/Verrecchia (Bias, 2000), S. 239-240 sowie Ewert/Wagenhofer (Effects, 2005), S. 21-23.

343 Vgl. Böcking (Betrachtungsweise, 1997), S. 102. *Böcking* ist der zuzustimmenden Auffassung, dass gerade die wirtschaftliche Betrachtungsweise von Sachverhalten ein wesentliches Konvergenzkriterium der Rechnungslegungssysteme darstellt. Vgl. auch Oldenburger (Bilanzierung, 2000), S. 85 und Meyer (Framework, 1976), S. 80. Zur wirtschaftlichen Betrachtungsweise bei US GAAP, vgl. Erickson/Mayhew/Felix (Audit, 2000), S. 179.

344 Nach US GAAP steht die Notwendigkeit einer wirtschaftlichen Betrachtungsweise im Vordergrund: „The quality of reliability and, in particular, of representational faithfulness leaves no room for accounting representations that subordinate substance to form" (SFAC 2.160). Auch nach IFRS steht die wirtschaftliche vor der formalrechtlichen Betrachtungsweise (IAS 1.20 (b) (ii)). Zur wirtschaftlichen Betrachtungsweise im Handelsrecht vgl. Böcking (Verbindlichkeitsbilanzierung, 1994), S. 7-31.

Sachverhaltsgestaltungen.[345] In welchem Maße jeweils negative Auswirkungen durch sachverhaltsabbildende oder sachverhaltsgestaltende Maßnahmen auf die Adressaten zukommen, ist kaum zu beantworten. Sachverhaltsgestaltungen können zu ineffizienten Ressourcenallokationen führen, während Sachverhaltsabbildungen keine real veränderte Transaktion zu Grunde liegen.[346] Der Nutzen einer Sachverhaltsabbildung liegt also in der Vermeidung einer Sachverhaltsgestaltung. Festzustellen bleibt, dass beide Arten der Einflussnahme abzulehnen sind und Kosten verursachen.[347]

Nachdem es Rechnungslegungspolitik und Rechnungslegungsmanipulationen einzuschränken gilt, bleibt die Frage, wie Rechnungslegungsnormen hierzu gestaltet werden sollten. Ziel ist es, Ermessensspielräume in den Rechnungslegungsnormen zu vermindern und eine Ausgestaltung zu finden, die eine bessere Durchsetzung der Normen ermöglicht. Die Norm sollte also die Möglichkeiten zur Einflussnahme beschränken und bestenfalls die Abschlussadressaten selbst in die Lage versetzen, *earnings management* zu erkennen. Auf Grund der Relevanz des Postens Umsatzerlöse für kapitalmarktorientierte Unternehmen, wird im nächsten Kapitel die Problematik der Umsatzrealisierung nach US GAAP, IFRS und HGB behandelt.

---

345 Es sei auf die ausführlichen Regelungen zur Abbildung von Leasingverhältnissen hingewiesen. Vgl. IAS 17 oder SFAS 13, SFAS 98 etc.

346 Vgl. Parfet (Commentary, 2000), S. 485. Nach *Parfet* ist ausschließlich reales *earnings management* als positiv zu beurteilen. Und zwar auch nur dann, wenn es in „reasonable and proper practices that are part of operating a well-managed business and delivering value to shareholders“ resultiert.

347 Vgl. Degeorge/Patel/Zeckhauser (Earnings, 1999), S. 5.

III. Kapitel: Normen der Umsatzrealisierung

1 Besondere Relevanz der Umsatzerlöse für die Abschlussadressaten

„Revenues are the lifeblood of an enterprise“[348]. Ohne Umsatzerlöse gibt es für operativ tätige Unternehmen keine Gewinne und ohne Gewinne auf Dauer kein Unternehmen.[349] Auf Grund dieser hohen Relevanz der Umsatzerlöse erfolgt sowohl nach US GAAP (z.B. SFAS 130.131, SEC Regulation S-X Rule 5-03) als auch nach IFRS (IAS 1.91, 92) und HGB (§ 275 HGB) der Ausweis von Umsatzerlösen in der ersten Zeile der Gewinn- und Verlustrechnung. In der Ertragstrukturbetrachtung der Unternehmen dominieren die Umsatzerlöse im Konzern- und Einzelabschluss mit regelmäßig über 90 % aller Erträge.[350] Sie geben Aufschlüsse darüber, in welcher Höhe das Unternehmen Lieferungen und Leistungen auf dem Markt erbracht hat und spiegeln damit den Erfolg und teilweise auch den Marktanteil des Unternehmens wider. Umsatzerlöse sind daher für einen externen Betriebsvergleich, aber auch für einen Vergleich der eigenen Unternehmensentwicklung relevant. Der Erfolg und die Erfolgspotenziale, abgeleitet und ermittelt anhand der Umsatzerlöse, sowie die Gegenüberstellung der verwendeten Ressourcen einzelner Geschäftseinheiten, sind jeweils aus der Segmentberichterstattung ersichtlich und gewähren den Adressaten Einblicke in die Art und Weise der Ressourcenallokation.[351] Zur Beurteilung der Vermögens-, Finanz- und Ertragslage ist eine Kenntnis über die Entwicklung der Umsatzerlöse unentbehrlich.[352] Zum Ausdruck kommt der Einfluss der Umsatzerlöse auf die Vermögensermittlung durch ihre nach HGB vollkommene und nach US GAAP und IFRS teilweise vollzogene Kopplung an realisierte Umsätze.[353] Auch als Indikator für die Ertragslage erlangt der Posten Umsatzerlöse eine wichtige Bedeutung. Weiterhin knüpfen Rechtsfolgen an die Höhe der Umsatzerlöse, beispielsweise bei der Ermittlung der Größenklassen des Unternehmens gem. § 267 HGB.

„Ziel der Bilanzanalyse ist es ... entscheidungsrelevante Informationen über die gegenwärtige wirtschaftliche Lage und die zukünftige Entwicklung ... zu gewinnen“[354], die nicht direkt dem Abschluss zu entnehmen sind. Zu ihrem Aufgabengebiet zählt die Beurteilung von Bonitätsrisiken sowie auch das Aufspüren von Fehlentwicklungen.[355] Umsatzerlöse spielen in der erfolgswirtschaftlichen Bilanzanalyse, aber auch in der finanzwirtschaftlichen Analyse eine

---

348 Hendriksen/Van Breda (Theory, 1991), S. 353.

349 Vgl. Hendriksen/Van Breda (Theory, 1991), S. 353.

350 Vgl. Terhoeven (Aktienanalyse, 1999), S. 24, deren Untersuchung alle deutschen Jahres- und Konzernabschlüsse börsennotierter Unternehmen umfasst, die zwischen 1985 und 1994 aufgestellt wurden.

351 Vgl. Böcking (Segmentberichterstattung, 1999), S. 512-513 sowie Böcking/Orth (Segmentberichterstattung, 2003), S. 786-787 zu den Segmentangaben.

352 Vgl. Moxter (Bilanzlehre, 1986), S. 94.

353 Vgl. Moxter (Bilanztheorie, 1984), S. 164 zur handelsrechtlichen Rechnungslegung.

354 Baetge (Bilanzanalyse, 1998), S. 1-2. So auch Küting/Weber (Bilanzanalyse, 2000), S. 9.

355 Vgl. Hommel (Besprechung, 1999), S. 1507.

zentrale Rolle. Die erfolgswirtschaftliche Analyse hat die Gewinnung von Informationen zur Beurteilung der Ertragskraft des Unternehmens zum Ziel, während die finanzwirtschaftliche Analyse die Vermögens- und Finanzlage betrachtet.[356] Die Bilanzanalyse erfolgt mit Kennzahlen wie Umschlagskoeffizienten, bei denen die Umsatzerlöse zu einer durchschnittlichen Kapitalgröße in Relation gesetzt werden; bei Rentabilitätsbetrachtungen finden Umsatzerlöse sogar doppelten Eingang: mittelbar in der Erfolgsgröße des Zählers und als selbständige Nennergröße.[357] Umsatzrelationen sind weitere wichtige Kenngrößen bei der Bilanzanalyse, sie bilden die Grundlage einer Vielzahl von Kennzahlen zur Analyse der Vermögens- und Ertragslage[358] und können daher Entscheidungen der Bilanzanalytiker oder deren Informationsempfänger mit beeinflussen.[359]

„Forecasting revenues is an essential first step in the valuation of any publicly traded company“[360]. Die Umsatzerlöse beeinflussen den Marktwert von kapitalmarktorientierten Unternehmen. So besteht bspw. ein positiver Zusammenhang zwischen der Höhe der Umsatzerlöse und den Aktienkursen.[361] Auf GuV-Positionen, die aus Sicht der Adressaten einfacher, genauer und freier von Manipulationen ermittelbar sind, reagieren die Aktienkurse wesentlich stärker als auf andere GuV-Positionen, für die das nicht gilt.[362] Grundsätzlich haben Umsatzerlöse den Anschein der Manipulationsresistenz. Weiterhin sind sie nicht in dem Maße wie die zu einem Posten aggregierten Aufwendungen mit „Störinformationen“ behaftet und deren Änderungen meist nachhaltiger, d.h. über mehrere Perioden hinweg.[363] Die aus den Umsatzerlösen resultierenden Gewinne haben einen erheblichen Einfluss auf die Marktbewertung der Unternehmen.[364] Investoren reagieren auf einen Dollar Umsatzzuwachs signifikant stärker positiv als auf die Verminderung von Aufwendungen um den gleichen Betrag.[365] Nachweislich resultieren aus Prognosen der Umsatzerlöse und den tatsächlich erzielten Umsatzerlösen signifikante Kursreaktionen auf Grund des Verhaltens der Marktteilnehmer.[366] Insbesondere in bestimmten Branchen der *New Economy* haben die traditionellen Finanzinformationen, mit

---

356 Vgl. Coenenberg (Jahresabschluss, 2003), S. 987.

357 Vgl. Baetge (Bilanzanalyse, 1998), S. 458-459.

358 Vgl. Küting/Weber (Bilanzanalyse, 2000), S. 255-266.

359 Vgl. Pilhofer (Umsatzrealisierung, 2002), S. 78-82 zu unterschiedlichen auf Umsatzerlösen basierenden Kennzahlen.

360 Trueman/Wong/Zhang (Revenues, 2001), S. 305.

361 Vgl. Benston (Prices, 1967), S. 24 mit einer Untersuchung US-amerikanischer börsennotierter Unternehmen. So auch Sridharan/Summers/McAlum (Valuation, 2003), S. 258.

362 Vgl. Ohlson/Penman (Returns, 1992), S. 567 die börsennotierte Unternehmen des US-amerikanischen Kapitalmarkts untersuchen.

363 Vgl. Ertimur/Livnat/Martikainen (Revenue, 2003), S. 188.

364 Vgl. Terhoeven (Aktienanalyse, 1999), S. 111-112.

365 Vgl. Ertimur/Livnat/Martikainen (Revenue, 2003), S. 186, 197.

366 Vgl. statt vieler Han/Wild (Stock, 1991), S. 89 und Cornell (Response, 2001), S. 114.

Ausnahme der Umsatzerlöse, kaum kursrelevante Auswirkungen zur Folge.[367] Zwischen der Bewertung von Internetunternehmen durch den Kapitalmarkt und der Veröffentlichung von Umsatzzahlen traten bspw. signifikant positive Korrelationen auf.[368] Aber nicht nur die Tatsache, dass Umsatzerlöse ausgewiesen werden, sondern auch die Art der Umsatzerlöse besitzt Wertrelevanz. Insbesondere hat seit dem starken Rückgang der Aktienkurse im April 2000 die Wertrelevanz von aus Tauschgeschäften generierten Umsatzerlösen und Umsatzerlösen mit ermessensbehaftetem Bruttoausweis so zugenommen, dass ihnen ein geringerer Wert als Umsatzerlösen gegen Entgelt von den Adressaten beigemessen wird.[369]

Bei der Aktienanalyse finden Unternehmenszahlen wie Umsatzerlöse eine große Beachtung durch die Analysten zur Plausibilisierung ihrer Einschätzung und Planung erwarteter Erfolge.[370] Analystenschätzungen hinsichtlich der Unternehmens- und Kursentwicklung stehen in unmittelbarem Zusammenhang mit den in der Vergangenheit ausgewiesenen Umsatzerlösen.[371] Es ist ein zunehmender Wandel der reinen Gewinnbetrachtung hin zur Betrachtung der Umsatzerlöse feststellbar.[372] Das Auftreten signifikanter Kursreaktionen auf unerwartete (ausbleibende) Umsatzerlöse unterstützt die These der Relevanz der Umsatzerlöse.[373] Für Unternehmensbewertungsverfahren, die an Zahlungsströme an die Unternehmenseigner anknüpfen, ist die Kenntnis der (vergangenen) Umsatzerlöse unerlässlich. Sie führen zeitnah zu direkten Zahlungsmittelzuflüssen an das Unternehmen und dadurch mittelbar an die Anteilseigner. Weiterhin geben sie Aufschluss über die künftigen bewertungsrelevanten Ertragsdeterminanten[374], legen gleichzeitig die Basis zur Schätzung künftiger Erträge und ermöglichen Kontrollen bereits formulierter Ertragserwartungen im Rahmen des Letztjahresgewinnprinzips.[375] Im Zusammenhang mit der Berücksichtigung von Verbundeffekten durch Gewinnverlagerungen können hinzukommend zeitliche Verschiebungen der Umsatzerlöse eine große Rolle bei der Unternehmensbewertung spielen.[376] Beim *Direct Comparison Approach* der Unterneh-

---

[367] Vgl. Demers/Lev (Shakeount, 2001), S. 336. „Overall, the market responds to revenue surprises, regardless of the nature of accompanying bottom line (earnings) number", Bagnoli/Kallapur/Watts (Forecasts, 2001), S. 14, 27 ebenfalls zu Internetunternehmen.

[368] Vgl. Davis (Relevance, 2002), S. 456. *Davis* untersucht den Informationswert von Gewinn- und Umsatzverlautbarungen anhand einer Dreitagesperiode nach Veröffentlichung durch Regression der Kursveränderungen mit dem von den Analysten unerwarteten Betrag an Gewinnen bzw. Umsatzerlösen.

[369] Vgl. Davis (Relevance, 2002), S. 473.

[370] Vgl. Meitner/Hüfner/Kleff *et al.* (Aktienanalyse, 2002), S. 538.

[371] Vgl. Trueman/Wong/Zhang (Revenues, 2001), S. 316, insbesondere zur Bewertung von Internetunternehmen.

[372] Vgl. Jegadeesh (Revenue, 2002), S. 3.

[373] Vgl. Jegadeesh (Revenue, 2002), S. 23. „Stock price reactions on earnings announcement dates are significantly related to the magnitude of revenue surprises, after controlling for earnings surprises."

[374] Coenenberg (Jahresabschluss, 2003), S. 1013 versteht hierunter die strukturelle Ergebnisanalyse.

[375] Vgl. Moxter (Unternehmensbewertung, 1983), S. 97 zum Ertragsursachenprinzip als Bestandteil des Rückschauanalyseprinzips bei der Ertragsermittlung. Moxter (Unternehmensbewertung, 1983), S. 107-108 zum Letztjahresgewinnprinzip.

[376] Vgl. Böcking (Verbundberücksichtigungsprinzip, 1994), S. 1424.

mensbewertung werden oftmals Umsatzerlöse als Bezugsgröße zur Berechnung von Multiplikatoren herangezogen.[377] Der Umsatz als „wichtigster Ergebnistreiber"[378] des Unternehmens spielt daher bei den *Discounted Cash Flow*-Verfahren, beim Ertragswertverfahren, bei den marktorientierten Bewertungsverfahren und bei der Preisbildung am Kapitalmarkt eine zentrale Rolle.

Auch Auswirkungen von Abschlusskorrekturen (*restatements*) lassen auf die Relevanz der Umsatzerlöse schließen. Korrekturen deuten stets darauf hin, dass die vergangenen Abschlussinformationen eine geringe Qualität aufweisen und damit eine geringe Glaubwürdigkeit besitzen. Im Vergleich zu anderen Korrekturanlässen wurden bei fehlerhafter Umsatzrealisierung neben kriminellen Handlungen die stärksten negativen abnormalen Aktienrenditen mit ca. 11 % für eine siebentägige und ca. 23 % für eine dreitägige Betrachtungsperiode nach Bekanntgabe festgestellt.[379] Zudem erhöhte sich der *bid-ask spread* bei einer Korrektur der Umsatzerlöse signifikant.[380] Ein weiteres Indiz für die Relevanz der Umsatzerlöse ist, dass zwischen 1997 und 2002 38 % aller Abschlusskorrekturen US-amerikanischer, kapitalmarktorientierter Unternehmen im Zusammenhang mit einem falschen Ausweis der Umsatzerlöse standen, obwohl eine Vielzahl von anderen Gründen kausal für eine Abschlusskorrektur der Unternehmen sein kann.[381]

Bereits im Jahr 1987 stellte die *National Commission on Fraudulent Financial Reporting* fest, dass 47 % aller fehlerhaften Finanzberichterstattungen bei SEC-registrierten Unternehmen auf die Realisierung der Umsatzerlöse zurückzuführen sind.[382] Elf Jahre später war bereits die 50 % Marke überschritten.[383] Deshalb erscheint es nicht verwunderlich, dass im Jahr 2002 61 % aller *class action lawsuits*[384] im Zusammenhang mit Verstößen gegen die Rechnungslegung auf fehlerhaften Umsatzrealisierungen beruhten.[385] Nachträgliche Korrekturen von Abschlüssen US-amerikanischer Unternehmen im Jahr 2002 resultierten zu ca. 56 % auf nicht den tatsächlichen Verhältnissen entsprechenden Umsatzerlösen.[386] Auf einen längeren Zeit-

---

377 Vgl. Böcking/Nowak (Unternehmensbewertung, 1999), S. 170.

378 Ernst/Hanikaz (Unternehmensbewertung, 2002), S. 139, Rn. 323.

379 Vgl. Anderson/Yohn (Restatements, 2002), S. 13. *Anderson/Yohn* untersuchen 161 Abschlusskorrekturen von an der SEC registrierten Unternehmen zwischen 1997 und 1999. Zu ähnlichen Ergebnissen gelangt das GAO (Restatements, 2002), S. 28.

380 Vgl. Anderson/Yohn (Restatements, 2002), S. 14.

381 Vgl. GAO (Restatements, 2002), S. 19-20. Für weitere Nachweise zu *restatements* vgl. Palmrose/Richardson/Scholz (Restatement, 2004), S. 61-62.

382 Vgl. National Commission on Fraudulent Financial Reporting (Report, 1987), S. 112.

383 Vgl. COSO (Reporting, 1997), http://www.coso.org.

384 *Class action lawsuits* sind zivilrechtliche (Sammel-)Klagen einer oder mehrerer Personen zu ihren Gunsten oder zu Gunsten anderer Personen.

385 Vgl. PriceWaterhouseCoopers (Litigation, 2002), S. 4. Bonner/Palmrose/Young (Litigation, 1998), S. 515 kommen zu ähnlichen Ergebnissen im Zusammenhang mit Gerichtsverfahren gegen Abschlussprüfer.

386 Vgl. PriceWaterhouseCoopers (Litigation, 2002), S. 11.

raum betrachtet (1977-2001), entfallen immerhin noch 40 % und damit der größte Anteil aller Korrekturen auf nicht ordnungsmäßig realisierte Umsatzerlöse.[387] Im Ergebnis ist nur eine Schlussfolgerung möglich: Die Umsatzerlöse gehören zu den für die Adressaten wichtigsten Erfolgsgrößen und sind vielfach Gegenstand einer Einflussnahme auf die Rechnungslegung, deren Ausgestaltung nur vordergründig als zulässig erscheint.

Nach bisher noch in Deutschland herrschender Meinung böten die Umsatzerlöse einen sicheren Ausgangspunkt für den internen und externen Unternehmensvergleich. Sie seien zwar abgängig von Auslieferungsdispositionen und Preisverhandlungen, aber unabhängig von Bewertungsänderungen.[388] Weiterhin bezögen sich die Umsatzerlöse auf Größen, „die nicht ... bilanzpolitischen Einflüssen unterliegen können“[389]. Sachverhaltsgestaltungen sowie vorzeitig realisierte Umsatzerlöse, die nur eine Periodenverschiebung darstellen, seien daher ohne wesentlichen Einfluss und selten zu erwarten.[390] Diese bis heute in der Kommentarliteratur teilweise vertretene Meinung, die Umsatzerlöse seien kaum manipulierbar, steht im Widerspruch zu Fällen wie z.B. *ComRoad*. Hier stellte sich heraus, dass 96 % der angegebenen Umsätze nicht nachweisbar waren.[391]

Wie in den vorhergehenden Kapiteln gezeigt wurde, gilt es Einflussnahmen auf die Rechnungslegung im Allgemeinen und auf Grund der Relevanz der Umsatzerlöse bei diesen im Speziellen, zu vermeiden. Aus diesem Grund, hat der IAASB des IFAC mit seinem ISA 240 explizit den Umgang mit „Risiken von Verstößen im Rahmen der Umsatzrealisierung“ in einem Prüfungsstandard festgeschrieben. „Folglich unterstellt der Abschlussprüfer für gewöhnlich, dass im Zusammenhang mit der Umsatzrealisierung Risiken von Verstößen vorliegen könnten, und wägt ab, welche Arten von ... Geschäftsvorfällen ... für solche Risiken anfällig sein könnten. ... Falls der Abschlussprüfer im Einzelfall die Umsatzrealisierung nicht als einen Risikobereich für wesentlich falsche Angaben aufgrund von Verstößen eingeschätzt hat, muss ... [er; Anm. d. Verf.] die Gründe dokumentieren, welche die Folgerung ... stützen“[392]. Hierdurch wird nicht nur belegt, dass die Umsatzerlöse von besonderer Bedeutung für den Abschlussprüfer sind, sondern auch die Umsatzrealisierung wohlgemerkt nur in Einzelfällen nicht als Risikobereich zu identifizieren ist.

---

387 Vgl. Wu (Restatements, 2002), S. 5.

388 Vgl. Förschle (Bilanzkommentar, 2003), § 275 HGB, Rz. 45.

389 Beater (Kommentar, 2001), § 277 HGB, Rn. 2. Zu Ermessensspielräumen bei der Umsatzrealisierung nach US GAAP vgl. Storck (Spielräume, 2004), S. 116-117.

390 Vgl. Baetge (Bilanzanalyse, 1998), S. 365; Terhoeven (Aktienanalyse, 1999), S. 167-168 ordnet ebenfalls die Umsatzerlöse zu den bilanzpolitisch wenig beeinflussbaren Elementen der GuV.

391 Siehe entsprechende Ad-hoc Mitteilung zu den Ergebnissen des Sonderprüfungsberichts vom 10.04.2002 der ComRoad AG unter http://www.dgap.de.

392 IDW E-IPS 240.60 als Übersetzung von ISA 240.60.

2 Grundlegende Ausführungen und Definitionen zu US GAAP, IFRS und HGB

2.1 Normzusammenhänge innerhalb der Rechnungslegungssysteme

2.1.1 US GAAP

Die US GAAP bestehen nicht aus einem geschlossenen Regelwerk, sondern beinhalten eine Vielzahl von Verlautbarungen unterschiedlicher Standardsetzer. *Statements of Financial Accounting Concepts* werden vom *Financial Accounting Standards Board* (FASB)[393] erlassen, begründen aber keine zwingend anzuwendende Vorschrift und sind keine unmittelbar geltenden US GAAP.[394] Sie stellen vielmehr ein Rahmenkonzept dar, das bei neu auftretenden Fragestellungen eine aus Grundsätzen abgeleitete, schnelle und fundierte Lösungshilfe bietet sowie die Entwicklung konsistenter Rechnungslegungsnormen und die Vergleichbarkeit von Abschlüssen unterschiedlicher Unternehmen fördert.[395] Als US GAAP gelten unter anderem *Standards* des FASB und dessen Interpretationen, *Opinions* des *American Principle Board* (APB) sowie *Accounting Research Bulletins* (ARB) des *American Institute of Certified Public Accountants* (AICPA).[396] Von der Hierarchie eine Ebene tiefer gelagert, aber dennoch von erheblicher Bedeutung mit verpflichtendem Charakter, da von den maßgebenden Stellen wie beispielsweise dem FASB anerkannt, sind Regelungen wie FASB *Technical Bulletins*, AICPA *Guides* und *Statements of Positions* (SOP) insbesondere dann, wenn keine Verlautbarungen der ersten Hierarchieebene greifen. Noch eine Ebene tiefer liegen Verabschiedungen der *Emerging Issues Task Force* (EITF) und des AICPA *Accounting Standards Executive Committee* (AcSEC). Von allen US GAAP am wenigsten maßgeblich werden AICPA *Accounting Interpretations*, FASB *Implementation Guides* und allgemein anerkannte, weit verbreitete Rechnungslegungspraktiken erachtet. Die absteigende Ordnung der Hierarchien in Kategorien von „a" bis „d", wobei „a" die höchste Bindungswirkung aufweist, begründet das so genannte *House of GAAP*.[397]

Verlautbarungen der SEC – im Wesentlichen die *Staff Accounting Bulletins* (SABs) – vertreten die Sichtweise der SEC bezüglich rechnungslegungsrelevanten Sachverhalten und gelten als *non-promulgated* GAAP.[398] Sie stellen Interpretationen und Grundsätze dar, denen die SEC im Rahmen ihrer Wahrung des bundesweiten Wertpapierrechts folgt, die aber keine unmittelbaren Regeln oder Interpretationen der SEC sind.[399] Ihr Verpflichtungscharakter ent-

[393] Zur Organisation, Aufgabe und Rolle des FASB als wichtigste normgebende Instanz der US GAAP, siehe Haller (FASB, 1990), S. 265-268.

[394] So auch Ballwieser (Rahmenkonzept, 2003), S. 338.

[395] Vgl. Kieso/Weygandt/Warfield (Accounting, 2001), S. 34.

[396] Vgl. AU 411.10. Zu den einzelnen Institutionen siehe ausführlich Haller (Grundlagen, 1994), S. 31-54.

[397] Vgl. Rubin (GAAP, 1984), S. 123; Sauter (GAAP, 1991), S. 34.

[398] Vgl. Delaney/Epstein/Nach *et al.* (GAAP, 2004), S. 18.

[399] Vgl. SEC (SAB, 2004), http://www.sec.gov/interps/account.shtml; AICPA (Revenue, 2002), Tz. 1.52 ; Eisolt (Konzernrechnungslegung, 1992), S. 53 bezeichnet die SABs als von großer praktischer Bedeutung.

spricht in etwa den Richtlinien deutscher Finanzbehörden.[400] Da die genannten SABs wesentliche Grundsätze der US GAAP-Normen zusammenfassen und industrie- und themenspezifische Regelungen verallgemeinern, ist für nicht SEC-Unternehmen die Einhaltung dieser Normen dringend und auch unter dem Aspekt der Schließung von Regelungslücken zu empfehlen.[401] *Delaney et al.* sind der Auffassung, die SABs sollten stets angewandt werden, soweit sie über die existierenden Standards hinaus Einblicke in die Behandlung von Fragestellungen gewähren. Weiterhin heißt es, dass „in the absence of any other source in the GAAP hierachy, SEC pronouncements represent the best thinking on the subject and are considered authorative for all reporting entities"[402].

Sind keine der höherrangigen Verlautbarungen für bestimmte Sachverhalte einschlägig, erlangen die *Statements of Financial Accounting Concepts* neben anderer Fachliteratur wie beispielsweise *AICPA Issue Papers*, IFRS und *Technical Bulletins* an Bedeutung.[403] Explizite Vorschriften zur Vorgehensweise bei Regelungslücken bieten die US GAAP nicht an. Analogien fallen teilweise schwer, da die Normen abhängig vom Sachverhalt oder der Branche in den Standards mit unterschiedlichen Anforderungen belegt sind. Alle Hilfskonstruktionen haben jedoch im Einklang mit der Zwecksetzung der US GAAP zu stehen.[404] Verlautbarungen anerkannter Organisationen wie z.B. dem IASB ist in diesem Zusammenhang ein höherer Stellenwert einzuräumen als Kommentaren oder Lehrbüchern.[405] Aus diesen Gründen sowie allgegenwärtiger Unsicherheit und Angst vor Sanktionen, holen Unternehmen oftmals verbindliche Auskünfte zu Fragen der Rechnungslegung bei der SEC ein.

2.1.2 IFRS

Die *International Financial Reporting Standards* (IFRS) werden von dem privatrechtlichen *International Accounting Standards Board* (IASB) entwickelt und veröffentlicht. Als IFRS gelten gem. IAS 1.11 die *International Accounting Standards* (IAS), die *International Financial Reporting Standards*, die Verlautbarungen des *Standing Interpretations Committee* (SIC) und die Verlautbarungen des *International Financial Reporting Interpretations Committee* (IFRIC), das Bestandteil des IASB ist.[406] Das IASB Framework ist ähnlich den SFAC der US GAAP in der Hierarchie der IFRS den einzelnen Standards als nachrangig anzusehen. Dennoch stellt es einen wichtigen Bestandteil zur ordnungsmäßigen Anwendung und Inter-

---

400 Vgl. Kuhlewind (Bilanzrechtstheorie, 1997), S. 26.

401 Das AICPA (Revenue, 2002), Tz. 1.54 bezeichnet die Anwendung von SAB 101 für nicht SEC-registrierte Unternehmen als „helpful in analyzing revenue recognition matters" für das Management und die Abschlussprüfer. So auch Pellens/Fülbier/Gassen (Rechnungslegung, 2004), S. 66, 228.

402 Delaney/Epstein/Nach *et al.* (GAAP, 2004), S. 245.

403 Vgl. AU 411.11.

404 Vgl. KPMG (Rechnungslegung, 2003), S. 4.

405 Vgl. Delaney/Epstein/Nach *et al.* (GAAP, 2004), S. 3.

406 Vgl. IAS 1.11.

pretation der IFRS sowohl für die Abschlussersteller als auch für die Abschlussprüfer dar, insbesondere dann, wenn der zu beurteilende Sachverhalt nicht von einem IFRS direkt abgedeckt ist.[407] Die Einhaltung der im Framework manifestierten Grundsätze, auch wenn sie kein *overriding principle* einer lex generalis darstellen, wird implizit unterstellt.[408] Im Gegensatz zu den US GAAP weisen die IFRS vom Umfang her eine wesentlich geringere Regelungsdichte auf. IAS 1 *Presentation of Financial Statements* konkretisiert teilweise Regelungen des IASB Framework und verleiht ihnen somit verpflichtenden Charakter. Die IFRIC (vormals SIC) sind verbindliche Anwendungsleitlinien der IFRS und besitzen die gleiche Bindungswirkung wie die Standards selbst.[409]

Die Vielzahl unterschiedlicher Transaktionen bedingt die Unmöglichkeit, für jede Ausprägung eine konkrete Regel zu erlassen. Die IFRS verlangen mit IAS 8.10-12[410] in Ermangelung eines Standards oder einer Interpretation eine dem IASB Framework entsprechende Behandlung. Regelungslücken innerhalb einer Norm werden damit ebenfalls umfasst.[411] Bei der Suche einer angemessenen Lösung zur Behandlung des Sachverhalts, sind existierende Standards mit ähnlichen oder verwandten Problemfeldern heranzuziehen.[412] Zweitrangig i.S.d. IAS 8.11 (b) folgt die Nutzung des IASB Framework. Ergänzend kann zur Urteilsfindung auf Verlautbarungen anderer rechnungslegungsgebender Institutionen, die ein dem IASB Framework ähnliches Rahmenkonzept zu Grunde legen, auf Fachliteratur oder auf anerkannte Industriepraktiken zurückgegriffen werden, sofern hierdurch kein Widerspruch zu den bestehenden IFRS, den IFRIC oder dem IASB Framework auftritt.[413] Häufig finden vor diesem Hintergrund und unter Ausnutzung ihrer sehr detaillierten kasuistischen Regelungen die US GAAP Einzug in die IFRS Rechnungslegung.[414] Insbesondere für an der SEC registrierte Unternehmen wird eine nahe Anlehnung an die US GAAP empfohlen.[415] Auf der anderen Seite verlangt die IAS-Verordnung der EU-Kommission bei der Übernahme und Anwendung der IFRS den Einklang mit der vierten und siebten EU-Richtlinie.[416] Nach Ansicht der EU beseitigte die Modernisierungs-Richtlinie alle Unstimmigkeiten zwischen den IFRS und der vierten und siebten EU-Richtlinie.[417] Unter Berücksichtigung der Vereinbarkeit der IFRS mit den Rechnungslegungsrichtlinien der EU könnte der Schluss gezogen werden, zur Interpreta-

407 Vgl. Wagenhofer (IAS, 2003), S. 120.
408 Vgl. IASB F 46 sowie Hayn (Standards, 1994), S. 720.
409 Vgl. IAS 1.11; IFRS Preface, Tz. 15 sowie Fey/Schruff (SIC, 1997), S. 586.
410 Das heißt vor den Improvements to International Accounting Standards, December 2003.
411 Vgl. Ruhnke/Nerlich (Regelungslücken, 2004), S. 390.
412 Vgl. IAS 8.11 (a).
413 Vgl. IAS 8.12.
414 Vgl. Wagenhofer (IAS, 2003), S. 137.
415 Vgl. Adler/Düring/Schmaltz (International, 2002), Abschn. 1, Rn. 15.
416 Vgl. VO (EG) Nr. 1606/2002, Art. 3, Abs. 2.
417 Vgl. EU-RL 2003/51/EG vom 18.6.2003, S. 17.

tion der IFRS Gemeinschaftsrecht heranzuziehen.[418] Diesen Gedanken weiterführend, könnten sämtliche europäischen Rechnungslegungssysteme zur Interpretation der IFRS verwendet werden, da auch diese dem Gemeinschaftsrecht entsprechen. Diese Annahmen scheitern. Die vierte und siebte EU-Richtlinie wurden angepasst, um vereinbar mit den IFRS zu sein und beinhalten daher einen weit über die IFRS hinausgehenden Beurteilungsspielraum.[419] Im Folgenden wird die Auffassung vertreten, dass das Gemeinschaftsrecht grundsätzlich nicht zur Interpretation der IFRS herangezogen werden kann, sondern vielmehr die IFRS Relevanz zur Interpretation des Gemeinschaftsrechts besitzen.[420] Dagegen wird dem IASB Framework in einer Vielzahl von Aspekten Ähnlichkeit mit den *Statements of Financial Accounting Concepts* attestiert.[421] Weiteres Indiz für die Ähnlichkeit der Grundannahmen sind die zahlreichen gemeinsam mit dem IASB und FASB durchgeführten Projekte.[422] Abschließend ist festzuhalten, dass die US GAAP in Ausnahmefällen als Interpretationshilfe zur Umsatzrealisierung nach IFRS dienen könnten. Restriktionen ergeben sich dadurch, dass teilweise US GAAP Einzelnormen den SFAC widersprechen und damit auch nicht im Einklang mit dem IASB Framework stehen dürften.

2.1.3 HGB

Die handelsrechtliche Rechnungslegung ist im Dritten Buch des HGB verankert. Eine Konkretisierung erfahren die Normen im Wesentlichen durch die Rechtsprechung des Bundesfinanzhofs (BFH). Die Grundsätze ordnungsmäßiger Buchführung (GoB) bilden die Grundlage des Handelsbilanzrechts.[423] Auf Basis des §§ 342, 342a HGB wurde das Deutsche Rechnungslegungs Standards Committee (DRSC) als privatrechtliches Gremium anerkannt, um Grundsätze ordnungsmäßiger Buchführung im Rahmen von Deutschen Rechnungslegungs Standards (DRS) für die Konzernrechnungslegung zu konkretisieren bzw. weiter zu entwickeln. Erst mit ihrer Verlautbarung durch das Bundesministerium der Justiz erlangen die DRS

---

418 Vgl. mit dieser Ansicht, Schön (Auslegung, 2004), S. 766. *Schön* hält eine „einseitige ‚anglo-amerikanische' Interpretation der IAS/IFRS" als für nicht vereinbar mit den IFRS. Dem ist insofern zuzustimmen, als die Grundprinzipien der IFRS eingehalten werden müssen.

419 Vgl. Böcking/Sittmann-Haury (Auswirkungen, 2002), S. 182 weisen ebenfalls darauf hin, dass die EU-Richtlinien an die IFRS angepasst wurden.

420 Vgl. Böcking/Herold/Wiederhold (Modernisierung, 2003), S. 406 zur Interpretation des Handelsrechts durch IFRS.

421 Vgl. Nikolai/Bazley (Accounting, 2003), S. 47. So auch Kieso/Weygandt/Warfield (Accounting, 2001), S. 35: „The IASC has issued a conceptual framework that is broadly consistent with that of the U.S." Vgl. weiterhin Wagenhofer (Internationalisierung, 2002), S. 234; Pellens/Bonse/Fülbier (Rahmen, 1996), S. 271. Vgl. Sutton (Accounting, 2000), S. 178 und Alexander/Nobes (Accounting, 2001), S. 46, die insbesondere Unterschiede zwischen dem IASB Framework und dem Grundkonzept von Ländern feststellen, bei denen die Rechnungslegungsnormen im Gesetz verankert sind. Nach *Hayn* herrscht zwischen den IFRS und US GAAP eine wesentlich stärkere Übereinstimmung als zwischen den IFRS und den Rechnungslegungs-Richtlinien der EU. Vgl. Hayn (Standards, 1994), S. 715.

422 Hier insbesondere das gemeinsam durchgeführte und koordinierte *revenue recognition project*. Siehe hierzu http://www.fasb.org/project/revenue_recognition.shtml.

423 Vgl. ausführlich zu den GoB, Moxter (Bilanzrechtsprechung, 1999), S. 5-9; dazu auch Baetge/Kirsch/Thiele (Bilanzen, 2003), S. 97-102.

verbindlichen Charakter.[424] Verlautbarungen des IDW wie z.B. Stellungnahmen zur Rechnungslegung durch den Hauptfachausschuss (IDW RS HFA) besitzen ähnliche Bindungswirkung wie vom DSR verabschiedete aber noch nicht vom BMJ bekannt gemachte DRS.[425]

Der zunehmende Einfluss des europäischen Rechts auf die deutsche Rechnungslegung ist offenkundig. Seit dem Jahr 1995 vollzieht sich auf EU-Ebene ein Wandel, die Rechnungslegungs-Richtlinien an IFRS anzupassen.[426] Einen gewaltigen Sprung erfuhr diese Entwicklung mit der Verabschiedung der IAS-Verordnung im Jahr 2002 zur verbindlichen Anwendung der den Endorsementprozess durchlaufenen IFRS für an einem geregelten Markt in der EU notierte Unternehmen.[427] Im Jahr darauf erreichte die EU-Rechnungslegung einen weiteren Meilenstein mit der Modernisierungs-Richtlinie und der Anpassung der Rechnungslegungs-Richtlinien an die IFRS.[428] Explizit heißt es dort, dass es „sowohl für die Übernahme der IAS als auch für die *Anwendung* der Richtlinien"[429] wünschenswert ist, die internationale Rechnungslegung widerzuspiegeln. Vor diesem Hintergrund ist der Grundsatz zu sehen, nationale Regelungen, die aus der Umsetzung der EU-Richtlinien stammen, zwingend richtlinienkonform auszulegen.[430] Dies gilt nicht nur für Personengesellschaften i.S.d. § 264a HGB und Kapitalgesellschaften, sondern für alle Kaufleute.[431] Folglich ist für die Auslegung von in nationales Recht umgesetztes Gemeinschaftsrecht in letzter Instanz kein deutsches Gericht, sondern ausschließlich der Europäische Gerichtshof (EuGH) zuständig.[432] So kann der Grundsatz der richtlinienkonformen Auslegung nicht durch nationale Auslegungsgrundsätze eingeschränkt werden.[433] Die Auslegung der nationalen Norm hängt damit „ganz eng von der Auslegung der entsprechenden Vorschrift der Richtlinie"[434] unter Berücksichtigung der mit ihr verfolgten Ziele ab. Das Gemeinschaftsrecht gibt bereits eine ermessensbeschränkende Lösung zur Umsetzung und Auslegung der Normen vor, die national lediglich um die wirtschaftlichen und rechtlichen Rahmenbedingungen zu konkretisieren ist.[435] Im Jahr 1996 hat der EuGH erstmals – und zu einer Frage der Ertragsrealisierung – nach Vorlagebeschluss des

---

424 Vgl. hierzu ausführlich Böcking/Dutzi (Bilanzrecht, 2002), § 342 HGB, Rz. 67-70.

425 Vgl. Böcking/Dutzi (Bilanzrecht, 2002), § 342 HGB, Rz. 62.

426 Vgl. EU-KOM 95(508) vom 11.1995, S. 2 und Böcking/Orth (KonTraG, 1998), S. 364.

427 Vgl. VO (EG) Nr. 1606/2002, Art. 3, Abs. 2.

428 Vgl. EU-RL 2003/51/EG vom 18.6.2003.

429 Vgl. EU-RL 2003/51/EG vom 18.6.2003, S. 16 (im Original ohne Hervorhebungen).

430 Vgl. Zur Thematik der Auslegung des HGB ausführlich Böcking/Herold/Müßig (IFRS, 2004), S. 666-667. Vgl. weiterhin allgemein BFH X R 48/81 vom 20.1.1988, S. 557 und zur Rechnungslegung Beisse (Auslegung, 1990), S. 2011.

431 Zur Begründung siehe Beisse (Auslegung, 1990), S. 2011.

432 Vgl. BGH II ZR 82/93 vom 21.7.1994, S. 1675. A.A. Moxter (EuGH, 1995), S. 1466, der die Konkretisierung der Ansatz- und Bewertungsvorschriften als alleinige Aufgabe der Mitgliedstaaten sieht.

433 Vgl. Walz (Europäisierung, 1998), S. 96.

434 Schulze-Osterloh (EuGH, 1998), S. 173.

435 Vgl. Gelter (Rechnungslegungsnormen, 2001), S. 58.

BGH über die Vereinbarkeit der handelsrechtlichen GoB mit der 4. EU-Richtlinie entschieden.[436]

Den wohl größten Meilenstein seit seiner Rechtsprechung zu den Rechnungslegungsrichtlinien dürfte der EuGH mit seinem Urteil vom 7. Januar 2003 gelegt haben.[437] Er stellt fest, „dass sich die Vierte Richtlinie darauf beschränkt, allgemeine Grundsätze aufzustellen, und nicht versucht, alle denkbaren Anwendungen dieser Grundsätze zu regeln. In Ermangelung solcher Detailregelungen ist diese Bewertung – gegebenenfalls unter Berücksichtigung internationaler Rechnungslegungsstandards (IAS), wie sie zur Zeit der im Ausgangsverfahren maßgebenden Vorgänge galten – nach dem nationalen Recht vorzunehmen, wobei stets die in der Vierten Richtlinie aufgestellten allgemeinen Grundsätze ... uneingeschränkt zu beachten sind“[438]. Damit folgt der EuGH dem von der EU vorgegebenen Rechnungslegungskonzept, die IFRS als EU-Rechnungslegungsstandards endgültig und für alle Unternehmen zu etablieren.[439] Denn der EuGH ist „nicht nur zuständig bei Zweifeln über die richtlinienkonforme Anwendung des nationalen Handelsbilanzrechts für Kapitalgesellschaften ..., sondern auch zuständig, soweit Inhalte der Vierten Richtlinie bei deren Umsetzung ... in das für alle Kaufleute geltende nationale Handelsbilanzrecht übernommen wurden“[440]. Folglich wirken von höchstrichterlicher Rechtsprechung beschlossen, die IFRS unmittelbar auf die handelsrechtliche Rechnungslegung aller Unternehmen.[441] Damit gilt eine Auslegung des Handelsrechts nach IFRS für Einzelkaufleute, Personengesellschaften und Kapitalgesellschaften.[442] So könnte hinterfragt werden, inwiefern die vergangene Rechtsprechung des BFH im Hinblick auf die Umsatzrealisierung künftig Bestand haben sollte. Dann würden die „globalen“ IFRS faktisch die nationale Gesetzgebung zur Rechnungslegung ersetzen.[443]

2.2 Begriffsdefinition, Ausweis und Abgrenzung der Umsatzerlöse

2.2.1 US GAAP

Die US GAAP kennen mit den *revenues*, *gains* und *extraordinary gains* drei Ertragskategorien. Nach SFAC 6.78 werden Umsatzerlöse (*revenues*) definiert als Zuflüsse oder Wertstei-

---

436 Vgl. EuGH C-234/94 vom 27.6.1996 (Fall Tomberger).

437 Vgl. EuGH C-306/99 vom 7.1.2003 nach Vorlage des FG Hamburg II 23/97 vom 22.4.1999.

438 EuGH C-306/99 vom 7.1.2003, Rn. 118.

439 Vgl. Böcking (Modernisierung, 2004), S. 109 zur Anwendung der IFRS für alle Unternehmen.

440 EuGH C-306/99 vom 7.1.2003, Rn. 67. Aus der 4. EU-Richtlinie in das für alle Kaufleute geltenden Recht stammen unter anderem die §§ 238 Abs. 1, 242 Abs. 1, 243 Abs. 1 und 2, 249 Abs. 1 S. 1, 251 S. 1, 252 Abs. 1 Nr. 4, 253 Abs. 1 S. 2, 263 Abs. 7 HGB.

441 Vgl. Böcking/Herold/Müßig (Mittelstand, 2004), S. 22. So auch Scheffler (Bilanzsteuerrecht, 2004), S. 778, „Die Diskussion um die Gültigkeit der IAS/IFRS für die steuerliche Gewinnermittlung ist ... durch das EuGH-Urteil ... dem Grunde nach entschieden: Die IAS/IFRS sind für die Steuerbilanz maßgebend“. Zu dieser „Befürchtung“ und zur Diskussion der Maßgeblichkeit vgl. Herzig (Anmerkung, 1996), S. 1402.

442 Vgl. Kessler (EuGH, 1999), S. 1315.

443 Vgl. Böcking/Herold/Müßig (IFRS, 2004), S. 672. A.A. offenbar Schulze-Osterloh (Reform, 2004), S. 2570.

gerungen von Vermögenswerten oder Verringerungen von Schulden, verursacht durch die Lieferung oder Produktion von Gütern, Dienstleistungen oder durch andere Handlungen, welche die wesentlichen zentralen Tätigkeiten des Unternehmens begründen. Umsatzerlöse repräsentieren gegenwärtige oder erwartete Zahlungsmittelzuflüsse oder deren Äquivalente, die als Resultat der laufenden, das Unternehmen kennzeichnenden Tätigkeiten entstanden sind oder eintreten werden.[444] Durch Erlöse vermehrte Vermögenswerte sind beispielsweise Geld oder Zahlungsmitteläquivalente, Ansprüche gegen Kunden oder Klienten, andere erhaltene Güter oder Dienstleistungen und Wertsteigerungen von Produkten. Die Transaktionen, bei denen Erlöse entstehen, werden abhängig von der Geschäftstätigkeit und deren Realisierung beispielsweise als Lieferungen, Verkäufe, Gebühren, Mieten und Zinsen bezeichnet.[445] Nur jene Bestandteile der Erlöse, die aus der für das Unternehmen charakteristischen Tätigkeit entstehen, stellen Umsatzerlöse dar. Kritik erfährt die Definition der *revenues* dadurch, dass ein Posten, d.h. die *revenues* der Gewinn- und Verlustrechnung (GuV) als Änderung eines Bilanzpostens definiert werden.[446]

Der Ausweis von Erlösen erfolgt in der GuV gem. Reg. § 210.5-03 getrennt nach den Nettoproduktverkäufen (Bruttoverkäufe abzüglich Rabatte, Rücklieferungen oder Rückzahlungen), die regelmäßig als Umsatzerlöse zu bezeichnen sind, nach Mieteinnahmen, nach Erlösen von Dienstleistungen und nach sonstigen Erlösen.[447] Aufgliederungen der Umsatzerlöse finden im Rahmen der Segmentberichterstattung nach SFAS 131.25-27 statt.[448] Ebenfalls fallen unter die Umsatzerlöse sämtliche Beträge, die Dritten in Rechnung gestellt werden und mit dem Umsatzakt in Verbindung stehen. Dies sind z.B. einem Kunden als Versandkosten in Rechnung gestellte Beträge[449] sowie einem Kunden in Rechnung gestellte Auslagen wie beispielsweise Spesen oder Reisekosten.[450] Eine viel diskutierte Frage ist, wann die Umsatzerlöse brutto, d.h. mit dem in Rechnung gestellten Betrag, oder netto mit dem einbehaltenen Betrag (in Rechnung gestellter Betrag abzüglich dem an einen Zulieferer gezahlten Betrag) auszuweisen sind. Zur Beurteilung eines Bruttoausweises dienen Indikatoren wie die Verantwortlichkeit für die Lieferung des Produkts bzw. die Erstellung der Dienstleistung, das wirtschaftliche Risiko über den Untergang des Vorratsvermögens, die Möglichkeiten zur Preisgestaltung, die Veränderungen der Produkte oder die Kreditrisiken.[451] Die Beurteilung des Nettoausweises findet im Wesentlichen durch eine entsprechende Negativabgrenzung statt. Eine weitere Ein-

---

444 Vgl. SFAC 6.79.

445 Vgl. SFAC 6.79.

446 Vgl. Hendriksen/Van Breda (Theory, 1991), S. 356. So auch Arnett (Recognition, 1963), S. 735.

447 Vgl. SEC Regulation S-X Rule 5-03 (b) 1. Regulation S-X regelt „requirements for financial statements under the Securities Act of 1933, and the Securities Exchange Act of 1934".

448 Vgl. z.B. Böcking/Benecke (Segmentberichterstattung, 1998), S. 102.

449 Vgl. EITF 00-10.5.

450 Vgl. EITF 01-14.4.

451 Vgl. EITF 99-19.7-14.

zelregelung betrifft die Behandlung von Kaufanreizen durch den Verkäufer beispielsweise in Form der Hingabe von Coupons, zusätzlicher Produkte oder Geld. Erfolgt die Anreizleistung an den Kunden in Zahlungsmitteln, dann ist diese von den Umsatzerlösen abzusetzen.[452] In allen anderen Fällen erfolgt grundsätzlich kein Abzug von den Umsatzerlösen, sondern eine Erfassung in den Aufwendungen.

Neben der Definition und des Ausweises der Umsatzerlöse besitzt deren Abgrenzung von den sonstigen (betrieblichen) Erträgen und außerordentlichen Erträgen eine wesentliche Bedeutung. Sonstige Erträge (*operating, nonoperating gains*) resultieren nicht aus dem Kerngeschäft des Unternehmens oder treten nur – oftmals jenseits von Beeinflussungsmöglichkeiten des Managements – gelegentlich bzw. beiläufig auf.[453] Sie werden in der Regel netto ausgewiesen. Die SEC schreibt zwingend eine Trennung von operativen und nicht operativen Komponenten in einem *multiple-step income statement* vor.[454] In der Rechnungslegungspraxis wird die SFAC-Definition der *gains* nochmals in *other revenues* und *gains* differenziert, aber regelmäßig in einem Posten ausgewiesen. *Kieso/Weygandt/Warfield* definieren daher den Inhalt des Postens *other revenues and gains* als „a list of the revenues earned or gains incurred, generally net of related expenses, from nonoperating transactions."[455] Unter die *other revenues* fallen demnach Erträge, die nicht mit der eigentlichen Geschäftstätigkeit des Unternehmens zusammenhängen (beispielsweise Zins- oder Dividendenerträge).[456] *Gains* enthalten dagegen wesentliche Erträge, wie z.B. aus Währungsumrechnungen oder Auflösungen von Rückstellungen. Die Abgrenzung der *other revenues* von den *gains* findet über das Schlüsselkriterium der Einnahme von Dritten in Zusammenhang mit einem „*earnings process*" statt.[457] Die Unterscheidung zu den außerordentlichen Erträgen (*extraordinary gains*) erfolgt gem. APB 30.20 durch deren ungewöhnliche Art sowie deren seltenes Auftreten. Eine ungewöhnliche Art liegt vor, wenn der zu Grunde liegende Geschäftsvorfall oder das Ereignis in hohem Maße untypisch ist und eindeutig nicht oder nur zufällig in Zusammenhang mit der gewöhnlichen Geschäftstätigkeit steht.[458] Ungewöhnlichkeit ist nicht schon alleine durch eine fehlende Kontrolle des Managements über bestimmte Ereignisse zu begründen.[459] Die Wiederkehr selten auftretender Ereignisse darf in einer vorhersehbaren Zukunft nach vernünftigen Überle-

---

452 Vgl. EITF 01-09.9.

453 Vgl. SFAC 6.82, 84.

454 Vgl. SEC Regulation S-X Rule 5-03 (b) 7. Ein *single-step income statement* zieht von der Summe aller Umsatzerlöse und Erträge die Summe aller Herstellungskosten und sonstigen Aufwendungen ab, um den Gewinn (*net income*) zu ermitteln.

455 Kieso/Weygandt/Warfield (Accounting, 2001), S. 136.

456 Vgl. KPMG (Rechnungslegung, 2003), S. 136.

457 Vgl. FASB Board Meeting Minutes vom 13.05.2003, S. 2.

458 Vgl. APB 30.20 (a); KPMG (Rechnungslegung, 2003), S. 138; Kieso/Weygandt/Warfield (Accounting, 2001), S. 141.

459 Vgl. APB 30.21.

gungen nicht erwartet werden.[460] Auszuweisen sind die außerordentlichen Erträge separat und nach dem Gewinn aus der gewöhnlichen Geschäftstätigkeit.[461] Hierunter fallen beispielsweise nicht Gewinne aus der Aufgabe von Geschäftsbereichen (SFAS 144.43), Gewinne aus der Veräußerung von Vermögenswerten die im Unternehmen genutzt werden oder Gewinne aus der Währungsumrechnung.[462] Gewinne aus dem Wegfall von Schulden besitzen nur dann außergewöhnlichen Charakter, wenn die allgemeinen Kriterien in APB 30.20 erfüllt werden.[463] Grundsätzlich ist der Ausweis außerordentlicher Posten sehr restriktiv vorzunehmen.[464]

2.2.2 IFRS

Der Ertragsbegriff nach IASB F 74-77 ist in *revenues* und *gains* zu differenzieren. *Revenues* entstehen im Rahmen der gewöhnlichen Geschäftstätigkeit und beinhalten u.a. Warenverkäufe, Gebühren, Zinseinnahmen, Mieteinnahmen und Dividenden. Als Erlös gilt der aus der gewöhnlichen Tätigkeit des Unternehmens in einer Erhöhung des Eigenkapitals resultierende Bruttozufluss wirtschaftlichen Nutzens während der Berichtsperiode. Einzahlungen der Eigenkapitalgeber zählen nicht hierzu.[465]

IAS 1.92 und IAS 1.91 unterscheiden in der GuV-Gliederung zum Umsatzkostenverfahren und Gesamtkostenverfahren zwischen *revenues* und *other operating income*. In der deutschen IFRS-Übersetzung werden die *revenues* uneinheitlich für das Gesamtkostenverfahren als Erlöse und für das Umsatzkostenverfahren als Umsatzerlöse bezeichnet.[466] Sachgerechter wäre es, Bestandteile der *revenues*, die nicht unter die Umsatzerlöse fallen, unter das *other operating income* zu subsumieren, zumal beim Umsatzkostenverfahren den *revenues* lediglich die *cost of good sold* gegenübergestellt werden und obendrein die exemplarische Gliederung der GuV zum Gesamtkostenverfahren im Anhang zu IAS 1 ebenfalls mit der Bezeichnung Umsatzerlöse beginnt. Umsatzerlöse werden daher als aus Kundenbeziehungen resultierende Wa-

---

[460] Vgl. APB 30.20 (b).

[461] Vgl. APB 30.11. Siehe bspw. Libby/Libby/Short (Accounting, 2001), S. 259 zum Aufbau einer GuV mit außerordentlichen Beträgen.

[462] Zu weiteren Beispielen siehe AIN-APB 30.10-17.

[463] Vgl. SFAS 145.6. Siehe hierzu auch Williams (GAAP, 2003), S. 16.06.

[464] Teilweise wird der Posten auf Grund der restriktiven Auslegung auch als „fast inhaltsleer" bezeichnet. Vgl. Dexheimer (Gewinngliederungsgrundsätze, 2002), S. 454.

[465] Vgl. IAS 18.7. Angenommen ein Unternehmen verkauft ein Produkt für 10 GE mit einem Buchwert von ebenfalls 10 GE, dann ergibt sich keine Erhöhung des Eigenkapitals. Da aber auf einen Bruttozufluss abzustellen ist, liegen Umsatzerlöse von 10 GE vor. Vgl. Nobes (Liabilities, 2003), S. 21, der die Definition der *revenues* für mit Redundanzen behaftet hält, da ein Bruttonutzenzufluss stets mit einer Erhöhung des Eigenkapitals einhergeht. Dem ist nur bedingt zuzustimmen, denn ein in einem Vermögenswert resultierender Bruttonutzenzufluss könnte auch mit einer Verbindlichkeit korrespondieren (beispielsweise erhaltene Anzahlungen).

[466] Vgl. International Accounting Standards Board (IAS, 2002), S. 1-27, 28 sowie auch die offizielle Übersetzung im Rahmen des Endorsement-Prozess der IFRS durch die EU. Vgl. VO (EG) Nr. 1725/2003, Anhang IAS 1.80, 1.82.

ren- oder Dienstleistungen der zentralen Geschäftstätigkeit des Unternehmens verstanden.[467] Eine genauere Aufgliederung erfolgt im Rahmen der Segmentberichterstattung nach IAS 14.51.[468] Umsatzerlöse sind grundsätzlich brutto, d.h. ohne Verrechnungen mit Aufwendungen, auszuweisen. Hinsichtlich des Umfangs der Umsatzerlöse gelten ähnliche Regelungen wie in den US GAAP; beispielsweise bei der Behandlung von Vermittlungsleistungen und dem damit zusammenhängenden Nettoausweis.[469] *Gains* resultieren nicht zwingend aus der gewöhnlichen Geschäftstätigkeit und treten oftmals nur gelegentlich oder beiläufig auf.[470] Gewinne aus der Neubewertung oder aus der Veräußerung von Anlagevermögen fallen unter den Begriff der *gains*, deren Ausweis regelmäßig netto erfolgt. Von ihrer Art her, d.h. der Zunahme des wirtschaftlichen Nutzens, unterscheiden sie sich nicht von den *revenues*. Am leichtesten fällt die Definition der *gains* als Negativabgrenzung von den *revenues*. Im Gegensatz zu den US GAAP ist ein Ausweis außerordentlicher Posten nicht länger möglich.[471]

2.2.3 HGB

Gemäß § 277 Abs. 1 HGB sind Umsatzerlöse definiert als Erlöse aus dem Verkauf und der Vermietung oder Verpachtung von für die gewöhnliche Geschäftstätigkeit typischen Erzeugnissen und Waren sowie aus von für die gewöhnliche Geschäftstätigkeit typischen Dienstleistungen nach Abzug von Erlösschmälerungen und der Umsatzsteuer. Zwischen den Umsatzerlösen im Gesamt- und Umsatzkostenverfahren besteht – wie im Übrigen auch bei den IFRS[472] – kein Unterschied. Umsatzerlöse resultieren aus dem typischen Leistungsangebot des Unternehmens, das es regelmäßig gegenüber Mitbewerbern behauptet.[473] Sie setzen Umsatzgeschäfte mit Dritten voraus und hängen mit einer nach außen gerichteten Geschäftstätigkeit zusammen.[474] Was als typisches Erzeugnis oder als typische Leistung anzusehen ist, bestimmt das tatsächliche Erscheinungsbild des Unternehmens, unabhängig von der Höhe der Umsatzerlöse.[475] Preisnachlässe und zurückgewährte Entgelte müssen von den Bruttoumsatzerlösen abgesetzt werden. Gemäß §§ 285 Nr. 4, 314 Abs. 1 Nr. 3 HGB erfolgt grundsätzlich eine Aufgliederung der Umsatzerlöse nach Tätigkeitsbereichen sowie nach geographisch bestimmten Märkten. Eine weitere Aufteilung ist auf Grund der Segmentberichterstattung vorzuneh-

---

467 Vgl. Epstein/Mirza (IAS, 2003), S. 115, die der Meinung sind, dass lediglich aus Kundenbeziehungen resultierende Waren- oder Dienstleistungen der zentralen Geschäftstätigkeit des Unternehmens unter eine erste GuV-Position „*sales or other operating revenues*" fallen. Erträge aus Zinsen oder Dividenden gehören unter den Posten „*other revenues*".

468 Vgl. hierzu auch Böcking/Benecke (Segmentberichterstattung, 1998), S. 102.

469 Vgl. IAS 18.8.

470 Vgl. PriceWaterhouseCoopers (IAS, 2002), Rn. 18.10.

471 Vgl. IAS 1.85.

472 Nach US GAAP ist lediglich das Umsatzkostenverfahren zulässig.

473 Vgl. Förschle (Bilanzkommentar, 2003), § 275 HGB, Rz. 48.

474 Vgl. Beater (Kommentar, 2001), § 277 HGB, Rn. 4.

475 Vgl. Adler/Düring/Schmaltz (Rechnungslegung, 2001), § 277 HGB, Rn. 6.

men (§ 297 Abs. 1 S. 2 HGB i.V.m. DRS 3). Diese geht weit über die Anforderungen der §§ 285 Nr. 4, 314 Abs. 1 Nr. 3 HGB hinaus.[476]

Die sonstigen betrieblichen Erträge i.S.d. § 275 Abs. 2 Nr. 3 und Abs. 3 Nr. 6 HGB umfassen alle Erträge, die nicht in den vorhergehenden Ertragsposten enthalten sind und keine Erträge aus Beteiligungen, Wertpapieren oder Zinsen darstellen. Auch hier kann eine Negativabgrenzung von den anderen Ertragsarten vorgenommen werden. Sonstige betriebliche Erträge entstehen im Rahmen der gewöhnlichen Geschäftstätigkeit, lassen sich aber keinem Einzelposten im GuV-Gliederungsschema zuordnen.[477] Während nach IFRS und US GAAP unter die *other revenues and gains* auch Zins-, Wertpapier- und Beteiligungserträge fallen, differenziert das HGB zwischen diesen Posten.

Unter dem Posten außerordentliche Erträge werden gem. § 277 Abs. 4 S. 1 HGB Erträge ausgewiesen, die außerhalb der gewöhnlichen Geschäftstätigkeit entstehen. Hierunter fallen bedeutende und wesentliche Änderungen der Geschäftstätigkeit wie z.B. die Schließung oder Veräußerung von Unternehmenssparten oder Teilbereichen. *Förschle* fordert die US GAAP Kriterien „ungewöhnlich" und „selten" ebenfalls zur Definition des handelsrechtlichen Begriffs heranziehen.[478]

3 Grundsätze der Umsatzrealisierung nach US GAAP

3.1 Umsatzrealisierung basierend auf Statements of Financial Accounting Concepts

Wann Umsatzerlöse entstehen, ist die zentrale Fragestellung der folgenden Ausführungen. Diesen Entstehensprozess bezeichnet die angloamerikanische Rechnungslegung, insbesondere die US GAAP, als *revenue recognition*. Streng genommen beinhaltet der Begriff *revenue recognition* die Erfassung sämtlicher Erlöse. Unter *recognition* ist in diesem Zusammenhang der Prozess der formellen Aufnahme oder Anerkennung eines Postens als *revenues* in den Abschluss eines Unternehmens zu verstehen.[479] Zu dieser Definition zählt die Darstellung des Postens sowohl mit dessen Bezeichnung als auch mit dem im Abschluss enthaltenen Betrag. Ein Posten und damit verbundene Informationen müssen vier Kriterien erfüllen, um als Umsatzerlöse erfasst zu werden.[480]

---

[476] Vgl. Benecke (Rechnungslegung, 2000), S. 208.

[477] Vgl. Förschle (Bilanzkommentar, 2003), § 275 HGB, Rz. 91.

[478] Vgl. Förschle (Bilanzkommentar, 2003), § 275 HGB, Rz. 219.

[479] Vgl. SFAC 5.6.

[480] Vgl. SFAC 5.63.

(1) *Definitions*: Der Posten erfüllt die Definition als Bestandteil des Abschlusses. Umsatzerlöse als Abschlussbestandteile definiert das *Statement of Financial Accounting Concepts* 6.78.
(2) *Measurability*: Der Posten weist ein einschlägiges Attribut wie z.B. historische Kosten oder Zeitwerte auf, das mit hinreichender Zuverlässigkeit in Geldeinheiten quantifizierbar ist.[481]
(3) *Relevance*: Die Information über diesen Posten kann die Entscheidungen der Informationsinteressenten beeinflussen.[482]
(4) *Reliability*: Als zuverlässig gilt ein Posten dann, wenn die Information hieraus verifizierbar ist, den tatsächlichen Sachverhalt wiedergibt und nicht zu Gunsten einer bestimmten Partei auslegbar ist.[483]

Weitere abstrakte Unterstützung zur Beantwortung der Frage, ob Umsatzerlöse entstanden sind, bietet SFAC 5.83-84 mit der Konkretisierung und Ergänzung der vier genannten Kriterien. Die Höhe der Umsatzerlöse resultiert grundsätzlich aus dem Wert, der im Rahmen einer Transaktion ausgetauschten Vermögenswerte (in Form von Waren bzw. Dienstleistungen) oder Schulden. Ein Ansatz im Abschluss bedingt die teils unterschiedliche Berücksichtigung der Gewichtung zweier zusätzlicher Faktoren. Zur Erfassung müssen Umsatzerlöse bereits realisiert oder realisierbar sein (*realized or realizable*). Als realisiert gelten sie, wenn Güter oder Dienstleistungen gegen Zahlungsmittel oder Ansprüche auf Zahlungsmittel ausgetauscht wurden. Gewöhnlich erfolgt daher die Realisation zum Zeitpunkt des Verkaufs.[484] Bloße Vertragsunterzeichnungen geben keinen Hinweis auf das Vorliegen einer Markttransaktion.[485] Eine Realisierbarkeit ist bei erhaltenen oder gehaltenen Vermögenswerten dann anzunehmen, wenn es möglich ist, diese in bestimmbare Beträge an Zahlungsmitteln oder Ansprüche auf Zahlungsmittel umzuwandeln.[486] Charakteristisch für „bereitstehende Vermögenswerte" ist deren Fungibilität und Marktpreis, d.h. dass sie zeitnah und in der Anzahl, über die das Unternehmen verfügt, vom Markt aufgenommen werden können, ohne den vorherrschenden Preis wesentlich zu beeinflussen.[487] Das Kriterium der Realisierung darf nicht mit dem deutschen Begriff der „Umsatzrealisierung" gleich gesetzt werden.[488] Vielmehr ist „Umsatzrealisierung" gleichbedeutend mit *revenue recognition*. Daneben hat eine *revenue recognition* nur

481 Vgl. SFAC 5.65-72.

482 Zur Relevanz eines Postens vgl. SFAC 2.46-57; SFAC 5.73-74.

483 Vgl. SFAC 2.58-110; SFAC 5.75-77.

484 Vgl. Horngren (Realization, 1965), S. 324, der insbesondere den Zeitpunkt des Verkaufs als Objektivierungs- und Verifizierungszweck in den Mittelpunkt stellt.

485 A.A. Defliese (Concept, 1965), S. 520.

486 Vgl. SFAC 5.83a.

487 Vgl. SFAC 5.83a.

488 Vgl. SFAC 6.143: „REALIZATION and RECOGNITION are not used as synonyms, as they sometimes are in accounting and financial literature". Zur dieser Problematik siehe auch Horngren (Realization, 1965), S. 324.

zu erfolgen, sofern die Umsatzerlöse durch die die zentrale Geschäftstätigkeit begründenden Handlungen wie beispielsweise Lieferungen oder Erstellungen von Produkten und Dienstleistungen, „verdient" (*earned*) wurden. Verdientsein ist dann gegeben, wenn das Unternehmen alle notwendigen, wesentlichen Tätigkeiten vollendet hat, um berechtigt zu sein, hieraus Nutzen zu ziehen, also „wenn die aus dem Geschäft obliegenden Pflichten vollständig oder zumindest weitestgehend erfüllt sind"[489].[490] Während der Begriff der *revenues* über den gesamten *earnings process* definiert ist, d.h. vom Einkauf der Rohstoffe, über die Produktion, den Verkauf, die Lieferung und bis hin zum Geldeingang, knüpft das *earned*-Kriterium an den Abschluss dieses Prozesses an.[491] Erhebliche, noch auf das Unternehmen zukommende Produktionshindernisse oder -stufen, bevor ein den Kunden zufrieden stellendes Produkt erreicht ist, stehen der Erfüllung des *earned*-Kriteriums entgegen.[492] Die Voraussetzungen *realized* und *earned* liegen nach erfolgter Lieferung oder Leistung an den Kunden vor, so dass Umsatzerlöse als entstanden gelten.[493] Geht der Verkauf oder der Erhalt des Geldes einer Lieferung oder Leistung voran, so ist das *earned*-Kriterium erst bei Lieferung bzw. Leistung erfüllt.[494] Sollte ein Vertragsabschluss schon vor der Produktion stattgefunden haben, könnten unter Umständen Umsätze nach dem Grad der Fertigstellung als *earned* gelten und damit realisiert werden.[495] Die Erfassung von Erlösen aus „bereitstehenden Vermögenswerten", deren Preise bestimmbar sind und deren Veräußerung mit geringem Aufwand erfolgen kann, ist schon nach deren abgeschlossener Produktion möglich, ohne dass eine tatsächliche Lieferung erfolgt ist.[496] Entsprechend werden die Vermögenswerte zu erzielbaren Verkaufspreisen (bzw. zum *net realizable value*) bewertet.[497] Es steht die Idee im Vordergrund, dass eine Wahrscheinlichkeit von nahezu 100 % besteht, die Produkte zum Marktpreis veräußern zu können.[498] In diesem Fall wird auf das *realizable* Kriterium abgestellt. Exemplarisch für eine Erfassung der Umsätze nach Produktionsende werden regelmäßig Landwirtschaftsprodukte oder aus Minen geförderte Produkte genannt. Da in diesem Fall kein tatsächlicher Verkauf vorliegt

---

489 Böcking/Benecke (Bewertung, 2000), S. 203.

490 Vgl. SFAC 5.83b.

491 Vgl. Nikolai/Bazley (Accounting, 2003), S. 107; Chasteen/Flaherty/O'Connor (Accounting, 1998), S. 63-64.

492 Vgl. May/Mueller/Williams (Accounting, 1980), S. 84.

493 Vgl. SFAC 5.84a. Vgl. hierzu und ebenso zur historischen Entwicklung des Realisationsgrundsatzes Storey (Revenue, 1959), S. 234.

494 Vgl. SFAC 5.84b führt als Beispiel Zeitschriftenabonnements auf. Dabei kann das Abonnement schon verkauft, aber noch keine Zeitschrift ausgeliefert worden sein. Umsätze entstehen daher erst mit der Auslieferung der Zeitschrift.

495 Vgl. SFAC 5.84c.

496 Vgl. SFAC 5.84e. Kieso/Weygandt/Warfield (Accounting, 2001), S. 45.

497 Vgl. Haller (GAAP, 1990), S. 769.

498 Vgl. AAA (Concept, 1965), S. 315. Die *American Accounting Association* (*AAA*) kritisiert insbesondere das fehlende Vorhandensein einer Markttransaktion. Vielmehr wird eine Verbuchung als *unrealized holding gain* vorgeschlagen. Dieser Auffassung ist zuzustimmen. Ebenso für die Bestätigung am Markt vgl. Horngren (Realization, 1965), S. 325. Im Jahr 1973 rückte die *AAA* von dieser Position ab und hielt eine Markttransaktion nicht länger für zwingend geboten. Vgl. AAA (Report, 1974), S. 212.

(d.h. die Güter wurden noch nicht übergeben und es besteht noch kein Anspruch auf den Erhalt des Kaufpreises) scheidet ein Ausweis unter dem Posten Umsatzerlöse aus.

Samuelson sieht berechtigte Widersprüche zwischen der Definition der Umsatzerlöse und den Realisierungskriterien. Hiernach eröffne die Definition von Umsatzerlösen eine Bewertung zum Verkaufspreis, während die Kriterien zur Umsatzrealisierung auf einen im Wesentlichen abgeschlossenen Verkaufsakt abstellten, der im Fall von bereitstehenden Vermögenswerten noch nicht vollzogen sei.[499] Umsatzerlöse werden in SFAC 6.78 als Veränderung von Vermögenswerten und Schulden definiert, während SFAC 5 nicht auf die Veränderung von Vermögenswerten und Schulden abstellt. Deshalb ist es nicht überraschend, dass zwischen den einzelnen US GAAP-Verlautbarungen Widersprüche auftreten.[500] Kritisch ist ebenfalls die Ungleichbehandlung bestimmter Transaktionen in Abhängigkeit von den zu Grunde liegenden Vermögenswerten zu sehen. Die Art des Vermögenswerts darf grundsätzlich nicht die Art der Umsatzrealisation determinieren.[501] Bestehen Zweifel hinsichtlich des Zahlungserhalts, tritt ein weiterer Realisationszeitpunkt bei Zahlungseingang hinzu.[502] Zusammenfassend kennen die *Financial Accounting Concepts* je nach Sachlage vier verschiedene Zeitpunkte der *revenue recognition*: zum Verkaufszeitpunkt bei erfolgter Lieferung oder Leistung (Grundsatz), während der Produktion, am Ende der Produktion und beim Zugang von Zahlungsmitteln. Unter gemeinsamer Würdigung des *realized* bzw. *realizable* und des *earned* Kriteriums, bezieht sich die Umsatzrealisierung auf das Auftreten eines Ereignisses, das die Unsicherheit über die künftigen Mittelzuflüsse auf ein akzeptables Maß reduzieren soll.[503]

Annahmen, die *critical event theory* würde den SFAC bei der Realisierung von Umsatzerlösen zu Grunde liegen, sind nach der hier vertretenen Auffassung nicht zutreffend.[504] Insbesondere *Pilhofer* vertritt die Auffassung, dass die US GAAP diesem Ansatz folgten.[505] Hiernach würde der Umsatzrealisationszeitpunkt zu dem Zeitpunkt „of making the most critical

---

[499] Vgl. Samuelson (Framework, 1999), S. 637.

[500] Gerade diese Divergenz ist ein Grund für das gemeinsame Projekt des FASB und IASB zur Entwicklung eines Standards betreffend die Umsatzerlöse. Vgl. FASB (Project, 2004) „the realization and earnings approach involves the recognition of deferred debits and deferred credits that do not meet the definitions of assets and liabilities". Vgl. weiterhin SEC (Study, 2003), Gliederungspunkt III, Abschnitt B.

[501] Vgl. Haller/Schloßgangl (Performance, 2003), S. 320 die dieses Argument im Zusammenhang mit den IFRS aufführen.

[502] Vgl. SFAC 5.84g.

[503] Vgl. Chasteen/Flaherty/O'Connor (Accounting, 1998), S. 332.

[504] Vgl. zur *critical event theory* Myers (Critical, 1959), S. 528.

[505] Vgl. Pilhofer (Umsatzrealisierung, 2002), S. 153. Hierzu zitiert er Chasteen/Flaherty/O'Connor (Accounting, 1998), S. 332. Leider jedoch unvollständig und sinnentstellt. Vielmehr heißt es dort „Some accounting theorists have proposed a critical event theory .... Under this theory, revenue should be recognized when the most critical ... event ... has been completed. ...In most cases, application of the critical event theory would yield results similar to those optained by applying the two revenue recognition criteria". Mit den beiden Kriterien ist hier das *earned* und *realized* Kriterium verstanden. Gerade dies sagt aus, dass US GAAP nicht der *critical event theory* folgt.

decision or of performing the most difficult task in the cycle of a complete transaction“[506] stattfinden. Eine auf dieser Regel basierende Vorgehensweise stellt nicht zwingend auf eine Transaktion ab. Vielmehr könnte das kritische Ereignis „a bargain purchase, or a successful bid on a contract, or any other happening that represents the principal rendering of service, or *any change in the market value of any asset held*“[507] sein. Gerade das Finden eines Käufers und der daraus resultierende Vertragsabschluss ist ein wesentlicher und oft der schwierigste Teil der Unternehmensaufgabe,[508] was eine Realisation von Umsatzerlösen zu diesem Zeitpunkt (nach dem kritischsten Ereignis) zur Folge hätte. Die *critical event theory* schließt daher nicht zwingend einen möglichen Verstoß gegen das *realized*-Kriterium aus. Zudem ist der Begriff eines kritischen Ereignisses bei weitem interpretationsbedürftiger als die Aussage, dass alle wesentlichen Lieferungen oder Leistungen vor dem Hintergrund des *earned*-Kriteriums erbracht wurden. Auch wenn der Verkaufsakt in der Regel das kritischste Ereignis während des *earnings process* darstellt,[509] lässt dies keinen Rückschluss auf eine Orientierung der SFAC an der *critical event theory* zu. Sinnvoll kann es lediglich sein, den *critical event* als ein Indiz für das Erreichen des Verdientseins heranzuziehen, nicht jedoch für die Umsatzrealisation an sich.

3.2 Umsatzrealisierung basierend auf der originären US GAAP-Hierarchie

Für die Umsatzrealisierung relevante Normen kommen auf allen Ebenen des *House of GAAP*[510] vor. Sie nehmen Bezug auf unterschiedliche Branchen und Sachverhalte und weisen dabei ebenfalls voneinander abweichende Regelungen zur Behandlung der Sachverhalte auf. Die US GAAP verfügen nicht über einen integrativen, alle Probleme adressierenden Standard zur Umsatzrealisierung. Vielmehr verfolgen sie in einem äußerst wichtigen Bereich der Rechnungslegung einen kasuistischen Ansatz. Die folgende Tabelle zeigt einen Überblick über die wichtigsten, direkt mit der Umsatzrealisierung zusammenhängenden Standards, sowie auszugsweise und nur in den Grundzügen deren Regelungen, wann Umsatzerlöse als realisiert gelten, d.h. wann eine *revenue recognition* zu erfolgen hat. Erträge, die im Regelfall nicht zu Umsatzerlösen führen, werden in der folgenden Tabelle nicht näher behandelt.[511]

---

506 Myers (Critical, 1959), S. 529. Dem folgend kommt es laut der *AAA* darauf an, ob der Verkäufer eine Handlung vollbracht hat, die das entscheidende Ereignis im Prozess der Erlangung von Erlösen darstellt. Vgl. AAA (Concept, 1965), S. 316.

Die *AAA* unterbreitete in ihrem Bericht aus dem Jahr 1973 weitere Vorschläge zum Realisationsgrundsatz. Hierbei wird die Unsicherheit, wann Erlöse mit hinreichender Zuverlässigkeit messbar sind, in den Mittelpunkt der Betrachtung gestellt. Die Umsatzrealisierung erfolgt je nach Alternative auf Basis einer Wahrscheinlichkeitsrechnung. Vgl. AAA (Report, 1974), S. 212, 216.

507 Horngren (Realization, 1965), S. 327. So auch im Wesentlichen Hendriksen/Van Breda (Theory, 1991), S. 360.

508 Vgl. Leffson (GoB, 1987), S. 260.

509 Vgl. Chasteen/Flaherty/O'Connor (Accounting, 1998), S. 64.

510 Vgl. zum *House of GAAP*, Kapitel III.2.1.1, S. 68.

511 Regelungen des Ausweises wurden bereits in Kapitel 2.2.1 behandelt und sind folgend nicht enthalten. Vgl. beispielsweise EITF 00-10, EITF 01-14, EITF 99-19 und EITF 01-09.

Tabelle 3: Umsatzrealisierung im Rahmen der US GAAP-Hierarchie[512]

Norm	Normgehalt
Kategorie „a“	
SFAS 153: Exchanges of Nonmonetary Assets an amendment of APB Opinion No. 29	Eine Gewinnrealisierung zum *fair value* erfolgt nicht, sofern die Tauschtransaktion Produkte des gewöhnlichen Geschäftsverkehrs enthält oder keine wirtschaftliche Substanz aufweist.
SFAS 116: Accounting for Contributions Received and Contributions Made	Spenden werden als Erträge jener Periode behandelt, in der sie erhalten wurden.
SFAS 111.8a (1): Recission of FASB Statement No. 32 and Technical Corrections of Financial Accounting and Reporting	Die *installment method* ist unter bestimmten Umständen nicht zulässig.
SFAS 66: Accounting for Sales of Real Estate	Der Standard sieht neben der *installment method* und *cost recovery method* vier weitere Methoden zur Umsatzrealisierung vor. Umsätze sind grundsätzlich dann zu realisieren, wenn - der Verkauf stattgefunden hat, - der Erhalt des Verkaufspreises hinreichend sicher ist oder der Ausfall bestimmbar ist und - der Verkaufsprozess so gut wie abgeschlossen ist. Unter bestimmten Voraussetzungen ist auch eine Umsatzrealisierung während der Herstellung möglich.
SFAS 63: Financial Reporting by Broadcasters	Tauschgeschäfte sind grundsätzlich nach APB 29.25 mit dem *fair value* zu bewerten. Umsätze hieraus sind zu realisieren.
SFAS 51: Financial Reporting by Cable Television Companies	Einmalige Anschlussgebühren sind abzüglich der direkten Verkaufskosten als Umsatzerlöse auszuweisen und über die voraussichtliche Laufzeit des Abonnenten abzugrenzen.
SFAS 50: Financial Reporting in the Record and Music Industry	Umsätze des Urhebers durch Lizenzen sind dann zu realisieren, wenn - ein nicht kündbarer Vertrag vorliegt, - ein fester Betrag vereinbart wurde, - die Rechte zur freien Verfügung übertragen wurden, - keine weiteren wesentlichen Verpflichtungen bestehen, - der Verkaufsprozess abgeschlossen ist und - der Eingang der Zahlung hinreichend sicher ist. Liegt eine Minimumgarantie des Lizenznehmers vor, die an den Lizenzgeber im voraus zu entrichten ist, dürfen Umsätze anteilig realisiert werden, wenn die Lizenzgebühr „verdient“ wurde.
SFAS 49: Accounting for Product Financing Arrangements	Verkauft ein Unternehmen Waren und verpflichtet sich die Waren zum gleichen Preis zzgl. Transport, etc. zurückzukaufen, so ist die Transaktion als Ausleihung anstatt als Verkauf zu behandeln.
SFAS 48: Revenue Recognition when the Right of Return exists	Umsätze dürfen beim Verkauf erst dann realisiert werden wenn - der Verkaufspreis fest oder bestimmbar ist, - der Käufer bezahlt hat oder dazu verpflichtet ist und zwar unabhängig von der Weiterveräußerung des Produkts, - ein Untergang der Ware den Käufer nicht von der Zahlung entbindet, - der Käufer noch andere Geschäftsbeziehungen aufweist, - der Veräußerer keine wesentlichen Leistungen mit der Weiterveräußerung noch zu erbringen hat und - die Rücklieferungen verlässlich quantifiziert werden können.

512 Vgl. auch zur tabellarischen Darstellung FASB *Staff* (IAS 18, 1999), S. 221-229. Normen bezüglich Versicherungsverträgen werden auf Grund der im Vergleich zu Industrieunternehmen grundsätzlich anderen Branche nicht behandelt. Weiterhin sind in Tabelle 3 lediglich Standards aufgeführt, die in Verbindung mit der Umsatzrealisierung stehen und nicht allgemein mit der Erlösrealisierung. Beispielsweise ist SFAS 114 (Accounting by Creditors for Impairment of A Loan – Income Recognition and Disclosure) und SFAS 118 (Accounting by Creditors for Impairment of A Loan) nicht genannt.

SFAS 45: Accounting for Franchise Fee Revenue	Umsatzerlöse aus Franchise-Zahlungen sind mit einem Abschlag für uneinbringliche Zahlungen anzusetzen, sobald alle wesentlichen Verpflichtungen vom Franchisegeber erfüllt wurden und keine Rückzahlungspflicht besteht. Die Umsätze müssen „verdient" sein. Hohe Anfangszahlungen sind über die Laufzeit abzugrenzen. Werden Vermögenswerte mit dem Franchisevertrag veräußert, ist der hierauf entfallende Umsatz sofort zu realisieren.
SFAS 26: Profit Recognition on Sales-Type Leases of Real Estate – an amendment of FASB Statement No. 13	Siehe SFAS 13.
SFAS 19: Financial Accounting and Reporting by Oil and Gas Producing Companies	Realisierung von Umsätzen, wenn keine wesentlichen Leistungen durch den Veräußerer ausstehen.
SFAS 13: Accounting for Leases	Direct Financing Leases: Realisierung der Zinserträge während der Laufzeit. Operating Leases: Jede erhaltene Rate wird umfänglich als Mieteinnahme qualifiziert. Sales Type Lease: Realisierung der Umsätze (Differenz zwischen Herstellungskosten und Verkaufspreis) sofort. Realisierung der Zinserträge über die Laufzeit. Sale and Lease Back: Bei Veräußerung mit Gewinn, Abgrenzung beim Leasingnehmer über die Laufzeit des Leasingvertrags.
APB Opinion 29.15: Accounting for Nonmonetary Transactions	Bei Tauschgeschäften ist der Wert des hingegebenen bzw. erhaltenen Guts mit dem *fair value* anzusetzen.
APB Opinion 10.12: Omnibus Opinion: 1966 Installment method of accounting	Umsatzerlöse sollten mit einem angemessenen Abschlag für Ausfälle dann realisiert gelten, wenn die Transaktion beendet wurde. In diesen Fällen ist die *installment method* nicht akzeptabel. Nur unter Umständen, bei denen der Grad des Ausfalls nicht zuverlässig messbar ist, darf die *installment method* oder die *cost recovery method* Anwendung finden.
ARB 45: Long-Term Construction-Type Contracts	Umsatzrealisierung während der Fertigstellung (*percentage-of-completion method*) abhängig vom Grad des Produktionsfortschritts (gemessen am Kosten- oder Arbeitsverhältnis). Weiterhin bestehen Regelungen zur Umsatzrealisierung, wenn die Fertigung komplett abgeschlossen ist (*completed-contract method*).
ARB 43.A.1.: Restatement and Revision of Accounting Research Bulletins	Ein Gewinn ist dann als realisiert zu erachten, wenn der Verkauf als abgeschlossen gilt und keine Anzeichen vorliegen, dass der Kaufpreis nicht tatsächlich erzielt wird (Geldeingang). Unrealisierte Gewinne dürfen nicht auf Erlöskonten erfasst werden.
Kategorie „b"	
FTB 90-1: Accounting for Separately Priced Extended Warranty and Product Maintenance Contracts	Umsatzerlöse auf Grund einer in Rechnung gestellten erweiterten Garantie sind grundsätzlich abzugrenzen und über die vertraglich vereinbarte verlängerte Garantiedauer zu realisieren.
SOP 00-2: Accounting by Producers or Distributors of Films	Umsatzerlöse aus Veräußerungen oder Lizenzierungen von Filmrechten sind dann zu realisieren, wenn - ein überzeugender Nachweis, dass eine Vereinbarung existiert vorliegt, - der Film produziert wurde und die Lieferung erfolgte oder jederzeit ohne Bedingungen erfolgen kann, - die Lizenzierungsperiode begonnen hat und der Kunde frei über die Rechte verfügen kann, - der Preis festgelegt oder bestimmbar ist und - der Erhalt des Geldes wahrscheinlich ist. Eine nicht rückzahlbare Minimumgarantie bei bspw. erfolgsabhängigen Lizenzen ist bei Vorliegen der oben genannten Punkte sofort als Umsatz zu realisieren.
SOP 98-9: Software Revenue Recognition, With Respect to Certain Transactions	Umsatzrealisierung durch Residualmethode bei Mehrkomponentenverträgen, wenn von bereits gelieferten Komponenten kein *fair value* vorliegt. Die Umsätze in Höhe des *fair value* der

	nicht gelieferten Komponenten sind abzugrenzen. Gesamtbetrag aller Umsatzerlöse abzüglich der abgegrenzten Umsätze sind zu realisieren.
SOP 97-2: Software Revenue Recognition	Software verlangt wesentliche Modifikationen oder Anpassungen für Benutzer: Anwendung der Regelungen über langfristige Auftragsfertigung. Ansonsten Umsatzrealisation, wenn folgende Kriterien vorliegen: - überzeugender Nachweis, dass eine Vereinbarung (Vertrag) existiert, - Lieferung ist erfolgt, - der Preis ist festgelegt oder bestimmbar und - der Erhalt des Geldes ist wahrscheinlich.
SOP 81-1: Accounting for Performance of Construction-Type and Certain Production-Type Contracts	Im Wesentlichen Konkretisierungen und Ergänzungen zu ARB 45.
Kategorie „c"	
EITF 00-21: Revenue Arrangements with Multiple Deliverables	Regelt die Aufteilung von zu realisierenden Komponenten bei einem Mehrkomponentenvertrag. Das heißt, erst nach Aufspaltung der Komponenten kommen die Regelungen zur Umsatzrealisierung zur Anwendung.
EITF 00-08: Accounting by a Grantee for an Equity Instrument to Be Received in Conjunction with Providing Goods or Services	Umsatzerlöse sind mit dem *fair value* der erhaltenen Eigenkapitaltitel abzüglich potenzieller Ausfälle zu realisieren. Der Zeitpunkt und die Art der Umsatzrealisierung unterscheidet sich nicht von gegen Geld veräußerten Waren oder Dienstleistungen.
EITF 00-03: Application of AICPA SOP 97-2, „Software Revenue Recognition" to Arrangements That Include the Right to Use Software Stored on Another Entity's Hardware	Hosting-Vereinbarungen, die nicht das Recht auf den Besitz der Software gewähren, sind als Dienstleistungsverträge zu behandeln.
EITF 95-04: Revenue Recognition on Equipment Sold and Subsequently Repurchased Subject to an Operating Lease	Sachverhalt: Hersteller verkauft an Händler, Händler an Endkunden. Endkunde finanziert bei Hersteller. Umsatzerlöse sind für Hersteller nur realisierbar, wenn Übergang der Preisgefahr an unabhängigen Händler vorliegt sowie bei Erfüllung weiterer Voraussetzungen.
EITF 95-01: Revenue Recognition on Sales with a Guaranteed Minimum Resale Value	Garantiert der Verkäufer dem Käufer einen bestimmten Weiterveräußerungserlös, darf keine Umsatzrealisierung erfolgen. Vielmehr sind die Regelungen über Leasing (SFAS 13) anzuwenden.
EITF 93-11: Accounting for Barter Transactions Involving Barter Credits	Behandlung erfolgt gemäß APB Opinion No. 29.
EITF 91-09: Revenue and Expense Recognition for Freight Services in Process	Umsatzrealisierung, wenn die Lieferung durch Frachtunternehmen erfolgt ist oder alternativ im Verhältnis der bereits verstrichenen Transitzeit zur Gesamttransitzeit.
EITF 91-06: Revenue Recognition of Long-Term Power Sales Contracts	Umsätze sind mit dem geringeren Betrag, der unter dem Vertrag in Rechnung gestellt werden könnte, oder einem Betrag aus den bereitgestellten Kilowattstunden multipliziert mit dem durchschnittlichen Umsatz pro Kilowattstunde über die Vertragslaufzeit zu realisieren.
EITF 88-18: Sales of Future Revenues	„Verkauf" künftiger Umsätze stellt vielmehr eine Schuld als einen Akt der Umsatzrealisierung dar.
EITF 87-10: Revenue Recognition by Television „Barter" Syndicators	Bei einem Tausch von Filmrechten gegen Werbezeit und der Weiterveräußerung der Werbezeit durch den Filmrechtsveräußernden an einen Dritten dürfen Umsätze erst dann realisiert werden, wenn der Filmrechtsveräußernde mit beiden Parteien Verträge ohne Rücktrittsmöglichkeit abgeschlossen hat. Ist der Vertrag kündbar, müssen die Kriterien nach SFAS 53.6[513] vorliegen und die Werbung gesendet worden sein.

[513] SFAS 53 wurde durch SFAS 139.4 aufgehoben. Bezüglich der neuen Regelungen wird auf SOP 00-2 verwiesen.

EITF 86-07: Recognition by Homebuilders of Profit from Sales of Land and Related Construction Contracts	Verweis auf SFAS 66.5.
EITF 86-06: Antispeculation Clauses in Real Estate Sales Contracts	Ein Grundstücksverkauf, bei dem eine Rückkaufoption besteht falls gegen die vertragliche Nutzung des Grundstücks verstoßen wurde, gilt als Verkauf, wenn ein Vertragsverstoß als nicht nahe liegend gilt.
EITF 85-20: Recognition of Fees for Guaranteeing a Loan	Die Gebühr ist über die Periode der Garantie (z.B. Bürgschaft) abzugrenzen.

Neben der Vielzahl an Normen ist ARB 43 die zentrale Vorschrift, auf der die Grundsätze zur US GAAP-Umsatzrealisierung basieren.[514] Hinzu kommen die in der obigen Tabelle aufgeführten, fallspezifischen Regelungen. Nach ARB 43 ist ein Gewinn dann realisiert, wenn ein Verkaufsgeschäft im gewöhnlichen Geschäftsverlauf abgeschlossen bzw. vollendet wurde.[515] Bei Warenverkäufen ist der Verkaufsakt abgeschlossen, sobald die Waren vom Verkäufer auf den Käufer übergehen, also ein Übergang des Eigentums (*transfer of title*) und des Risikos des zufälligen Untergangs sowie der aus dem Eigentum entstehenden Chancen (*risks and rewards of ownership*) stattgefunden hat.[516] Dienstleistungsumsätze sind analog mit Erbringung der Dienstleistung zu realisieren.[517] Im Mittelpunkt der Betrachtung steht das Entstehen eines rechtlich einklagbaren Anspruchs auf Gegenleistung.[518] Die aus ARB 43 hervorgehenden Anforderungen zur Umsatzrealisierung stehen im Einklang mit den Kriterien *realized* und *earned* der *Statements of Financial Accounting Concepts*.

Trotz vollzogenem Eigentums- und Gefahrenübergang unterbleibt gem. ARB 43 Sec. 1 Ch. A eine Umsatzrealisierung bei nicht hinreichender Gewissheit des Kaufpreiserhalts. Notwendige Bedingung einer Umsatzrealisierung ist die Einbringlichkeit der aus der hingegebenen Lieferung oder Leistung entstandenen Forderung. Für nicht einbringliche Bestandteile der Umsatzerlöse ist eine angemessene Berichtigung, d.h. eine Schmälerung der Umsatzerlöse, vorzunehmen.[519] Lässt die in der Einbringlichkeit liegende Unsicherheit keine endgültige und zuverlässige Abschätzung einer angemessenen Berichtigung bzw. des Grads der Einbringlichkeit zu (der Erhalt des Kaufpreises ist nicht hinreichend sicher), ist vom Verkäufer ausnahmsweise die *installment* oder *cost recovery method* anzuwenden.[520] Wie aus ihrer Bezeichnung bereits hervorgeht, ist die *installment method* in der Regel bei Ratenzahlungsver-

514 Vgl. Siebert (Grundlagen, 1996), S. 202. Im Folgenden wird nicht zwischen Gewinn- und Umsatzrealisierung differenziert, da eine Trennung lediglich eine selten oder „überhaupt nicht anzutreffende theoretische Konzeption darstellt", Pilhofer (Umsatzrealisierung, 2002), S. 55.

515 Vgl. ARB 43 Sec. 1 Ch. A; APB 10.12.

516 Vgl. Libby/Libby/Short (Accounting, 2004), S. 285; Stickney/Weil/Davidson (Accounting, 1991), S. 86; Wells (Timing, 2001), S. 78.

517 Vgl. stellvertretend Harrison/Horngren (Accounting, 2004), S. 115.

518 Vgl. May/Mueller/Williams (Accounting, 1980), S. 84.

519 Vgl. APB 10.12.

520 Vgl. APB 10.12; Delaney/Epstein/Nach *et al.* (GAAP, 2004), S. 267.

einbarungen anwendbar.[521] Dennoch wird auch eine Anwendung bei Verkaufstransaktionen als zulässig erachtet, die keine Ratenvereinbarungen beinhalten.[522] Bei der *installment method* erfolgt die Umsatzrealisierung und die (aufwandswirksame) Herstellungskostenerfassung zum Zeitpunkt des Verkaufs in voller Höhe. Zum Abschlussstichtag findet eine Revidierung der Umsatzerlöse und Umsatzkosten in Höhe der *installment*-Verkäufe mit der Folge statt, dass die Realisierung der Gewinnmarge erst zum Zeitpunkt der jeweiligen Zahlungseingänge im Verhältnis der Gewinnmarge zu den erzielten Umsatzerlösen geschieht.[523] Der auf die Gewinnmarge entfallende Teil der Umsatzerlöse wird folglich abgegrenzt, so dass zum Verkaufszeitpunkt keine Ergebniswirkung eintritt.[524] Um die tatsächlichen Umsatzerlöse über die Totalperiode betrachtet in der Höhe darstellen zu können, die auch bei einer Veräußerung ohne die *installment method* in der Gewinn- und Verlustrechnung ausgewiesen würden, ist der jeweilige Geldeingang vollständig als Umsatz und die entsprechenden Umsatzkosten als Aufwand zu erfassen, so dass als Saldo der aufzulösende Betrag des abgegrenzten Veräußerungsgewinns resultiert.[525] Ein Nettoausweis von ausschließlich der Marge erscheint nicht geboten, wird aber z.T. unter Wesentlichkeitsaspekten als zulässig erachtet. Wirtschaftlich betrachtet bestehen die erhaltenen Zahlungseingänge aus einer kostendeckenden und einer gewinnbeinhaltenden Komponente. Berechtigte konzeptionelle Kritik erfährt die *installment method* vor allem wegen ihrer Durchbrechung des Grundsatzes der Periodenabgrenzung.[526]

Gemäß der *cost recovery method* werden mit den Zahlungseingängen erst die Anschaffungs- bzw. Herstellungskosten des Verkäufers für die erbrachte Lieferung oder Leistung gedeckt, bis der die Kosten übersteigende Teil der Zahlungseingänge als Gewinn realisierbar ist. Anwendung findet die *cost recovery method* dann, wenn die Unsicherheit bezüglich der Einbringlichkeit des Verkaufspreises so hoch ist, dass sogar die *installment method* nicht angemessen erscheint.[527] Ähnlich der *installment method* findet die Erfassung der Umsatzerlöse und der korrespondierenden Kosten bereits zum Zeitpunkt des Verkaufs unter Abgrenzung der Gewinnmarge statt, während zum Abschlussstichtag wieder eine Revidierung der Um-

---

521 Vgl. Kieso/Weygandt/Warfield (Accounting, 2001), S. 1015.

522 Vgl. Nikolai/Bazley (Accounting, 2003), S. 798.

523 Vgl. Delaney/Epstein/Nach *et al.* (GAAP, 2004), S. 270-271; May/Mueller/Williams (Accounting, 1980), S. 306; Dent d'Almuano (Accounting, 1996), S. 92.

524 Zur buchhalterischen Behandlung vgl. detailliert Williams/Carcello (GAAP, 2003), S. 22.03.

525 Vgl. Nikolai/Bazley (Accounting, 2003), S. 801.

526 Vgl. Scott/Scott (Installment, 1979), S. 57-58.

527 Vgl. Delaney/Epstein/Nach *et al.* (GAAP, 2004), S. 273. Als Beispiel für die *cost recovery method* wird ein Verkauf einer notleidenden Unternehmenssparte angeführt, wobei sich der Verkäufer bereit erklärt, dass der Kaufpreis mit aus der verkauften Sparte generierten Mitteln entrichtet wird. Vgl. Nikolai/Bazley (Accounting, 2003), S. 802.

satzerlöse und Umsatzkosten erfolgt.[528] SFAC 5.84g knüpft die Realisierung der Umsatzerlöse bei zweifelhaften Forderungen an den Zahlungseingang. Damit steht die *installment* und *cost recovery method* im Einklang mit dem US GAAP-Grundkonzept. APB 10.12 verdeutlicht, dass beide Methoden nur in bestimmten Ausnahmen zulässig sind.

3.3 Umsatzrealisierung basierend auf Verlautbarungen der SEC

Die Verlautbarungen der SEC zur Umsatzrealisierung finden sich im Wesentlichen in den *Staff Accounting Bulletins* (SAB) 104 „Revenue Recognition, corrected copy“. SAB 101, der durch SAB 104 überarbeitet wurde, ergibt Topic 13[529]: Revenue Recognition bei der Kodifizierung der *Staff Accounting Bulletins*. Eine Anwendung von SAB 104 ist nur für bei der SEC-registrierten Unternehmen quasi-obligatorisch. Gerade weil kein umfassender Standard zur Umsatzrealisierung existiert, besteht trotz der Vielzahl an Normen eine Regelungslücke zwischen den weit gefassten *Statements of Financial Accounting Concepts* und der bisherigen einschlägigen Literatur,[530] so dass es gilt, SAB 104 für alle Unternehmen anzuwenden.[531] Umsatzerlöse sind aus Sicht der SEC dann realisiert bzw. realisierbar und verdient, wenn:[532]

(1) überzeugende Nachweise einer Vereinbarung vorliegen,
(2) die Lieferung oder Leistung bereits erfolgte bzw. erbracht wurde,
(3) der Verkaufspreis gegenüber dem Käufer festgelegt wurde oder bestimmbar ist und
(4) der Erhalt des Kaufpreises hinreichend sicher ist.

Dass die in SAB Topic 13 genannten Kriterien tatsächlich bereits originär in den US GAAP verankert sind, zeigt eine Analyse und Interpretation bestehender Normen. Hauptsächlich spielen dabei SFAC 2.63, SFAC 5.84 sowie SOP 97-2, APB 10 und ARB 43 eine herausragende Rolle. Obwohl SAB 101 damals nicht die gegenwärtig einschlägigen Normen zur Umsatzrealisierung zu ändern beabsichtigte,[533] ergab sich für die Unternehmen ein erheblicher Anpassungsbedarf, da offenbar die Sicht der Unternehmen von jener der SEC divergierte. Eine Untersuchung von 113 an US-amerikanischen Börsen gelisteten Unternehmen führte dazu, dass 92 % der in die Studie einbezogenen Unternehmen ihre Rechnungslegung zur Er-

---

528 Vgl. Kieso/Weygandt/Warfield (Accounting, 2001), S. 1023 „total revenue and cost of goods sold are reported in the period of sale similar to the installment sales method“. Anderer Auffassung ist Pilhofer (Umsatzrealisierung, 2002), S. 272: „Bei der *cost recovery method* werden zum Zeitpunkt der Leistungserbringung weder *sales* noch *costs of goods sold* ergebniswirksam gebucht“. Nach Chasteen/Flaherty/O'Connor (Accounting, 1998), S. 354 sind die Buchungssätze für beide Methoden, bis auf den realisierten jährlichen Gewinn, identisch. Sie widersprechen damit ebenfalls *Pilhofer*.

529 Die SABs der SEC werden bestimmten Themenbereichen zugeordnet und als solche im Rahmen von *Topics* kodifiziert.

530 Vgl. FASB (Project, 2004), S. 9.

531 Vgl. zur US GAAP-Hierarchie Kapitel III.2.1.1, S. 68.

532 Vgl. SAB Topic 13 A.1.

533 Vgl. SAB 101, letzter Absatz.

füllung von SAB 101 modifizieren mussten.[534] Gleichzeitig wurden negative abnormale Marktrenditen bei Unternehmen gemessen, die Änderungen bei der Vorgehensweise im Zusammenhang mit SAB 101 über die Realisierung der Umsatzerlöse veröffentlichten.[535] Offensichtlich bedeutet die Anwendung von SAB 101 in bestimmten Bereichen eine Änderung der bisher allgemein akzeptierten Grundsätze der Umsatzrealisierung und nicht nur eine bloße Klarstellung existierender US GAAP.[536] Mit den oben genannten Kriterien wurde versucht, allgemeine Prinzipien zur Realisierung von Umsatzerlösen durch den SEC *Staff* zu etablieren. Jedoch finden diese grundsätzlichen Regelungen nur insoweit Anwendung, als keine spezielleren und in der US GAAP-Hierarchie höher stehenden Normen im Sinne einer lex specialis einschlägig sind.

Inwiefern SAB Topic 13 tatsächlich bestehende US GAAP-Normen modifizierte, zeigen die folgenden Ausführungen. Zwingende Voraussetzung zur Realisierung von Umsatzerlösen nach SAB Topic 13 ist eine zum Zeitpunkt der Realisation vorliegende, rechtsgültig unterzeichnete Vereinbarung über den Kauf durch den Kunden (siehe Kriterium 1). In Fällen, bei denen ein anderes Geschäftsgebaren herrscht (beispielsweise bei eCommerce) ist eine andere adäquate Dokumentation des Verkaufsvorgangs vorzunehmen.[537] Grundlage bildet die in SFAC 2.62 manifestierte Forderung einer wahrheitsgemäßen Darstellung der wirtschaftlichen Sachverhalte.[538] Die Voraussetzung einer erbrachten Lieferung oder Leistung (Kriterium 2) geht originär aus den Kriterien *realized* und *earned* des SFAC 5.84 sowie aus der Eigentumsübertragung in Verbindung mit der Übernahme der Chancen und Risiken aus der getätigten Transaktion i.S.d. ARB 43 Sec. 1 Ch. A hervor. Weiterhin muss der Kunde die Lieferung oder Leistung akzeptiert haben, um das *earned* Kriterium zu erfüllen.[539] Hierdurch wird, obschon die Lieferung oder Leistung im Wesentlichen erbracht wurde, der Zeitpunkt der Umsatzrealisierung verzögert und das *earned* Kriterium über SFAC 5.83b hinaus verschärft. Dagegen gestattet SAB Topic 13 im Einklang mit SFAC 5.83b die Realisierung von Umsatzerlösen bei nur noch belanglosen bzw. oberflächlich verbleibenden Verpflichtungen.[540] Das dritte

---

[534] Vgl. Moffeit/Eikner (Implementation, 2003), S. 57. Zu fallspezifisch dargestellten Änderungen siehe Phillips/Luehlfing/Daily (Revenue, 2001), S. 42.

[535] Vgl. Rountree (Response, 2003), S. 15. *Rountree* führt die negativen Kursreaktionen jedoch nicht auf aufgedecktes *earnings management* zurück, sondern vielmehr auf höhere künftige Kosten für die Unternehmen. Altamuro/Beatty/Weber (Motives, 2002), S. 17 konnten dagegen nachweisen, dass Unternehmen, die ihre Abschlüsse auf Grund von SAB 101 änderten, in der Vergangenheit häufiger als die Unternehmen in der Kontrollgruppe ihre Gewinnprognosen erreichten, höhere Anreize hatten, *earnings management* zu betreiben und in geringerem Unfang von Abschlussprüfern geprüft wurden. Die Gesamtheit dieser Punkte lässt auf vormalige Einflussnahmen auf die Rechnungslegung schließen.

[536] Vgl. Ameen (Letter, 2000), S. 1.

[537] Vgl. SAB Topic 13.A.2, Question 1. Vgl. insbesondere IDW RS FAIT 2 Tz. 38-47 zur Protokollierung der rechnungslegungsrelevanten Geschäftsvorfälle und zu den Aufbewahrungspflichten der empfangenen und abgesendeten Daten, die als Handelsbriefe i.S.d. § 257 Abs. 1 HGB gelten.

[538] Vgl. SAB Topic 13, Fn. 3.

[539] Vgl. SAB Topic 13.A.3 (b).

[540] Vgl. SAB Topic 13.A.3 (c).

Kriterium des festgelegten oder bestimmbaren Preises ist auf die *realized* Voraussetzung in SFAC 5.83a zurückzuführen. Danach dürfen Umsatzerlöse erst bei einem Austausch von oder bei Anspruch auf einen bekannten Betrag an Zahlungsmitteln realisiert werden. Gerade aus diesem Grund führen Umsatzerlöse aus kündbaren Vereinbarungen mit der Folge von Rückerstattungen des Kaufpreises nicht zu einer Realisierung. In diesen Fällen ist SFAS 48 *Revenue Recognition when the Right of Return exists* zu beachten. Um Umsatzerlöse realisieren zu dürfen, muss der Erhalt des Kaufpreises hinreichend sicher sein (viertes Kriterium). Diese Voraussetzung steht sowohl im Einklang mit dem Grundkonzept SFAC 5.84g sowie mit ARB 43 Sec. 1 Ch. A und APB 10.12.

3.4 Grundsätze der Umsatzrealisierung bei der Erbringung von Dienstleistungen

Bei Dienstleistungen ist zwischen Dienst- und Werkverträgen zu unterscheiden.[541] Dienstleistungen können grundsätzlich definiert werden als „a transaction between a seller and a purchaser in which, for a mutually agreed price, the seller performs, agrees to perform at a later date, or agrees to maintain readiness to perform an act or acts, including permitting others to use enterprise resources that do not alone produce a tangible commodity or product as the principal intended result"[542]. Die US GAAP kennen keinen spezifischen Standard oder keine speziellen Regelungen zur Realisierung von Umsatzerlösen bei der Erbringung von Dienstleistungen. Hinweise ergeben sich aus einem FASB *Invitation to Comment* aus dem Jahr 1978.[543] Im Falle einer gleichzeitigen Erbringung von Dienstleistungen mit der Lieferung von Produkten kommt es darauf an, ob eine Einbeziehung oder Nichtberücksichtigung des Produkts den Preis der Dienstleistung verändern würde. Ist dies nicht der Fall, sind die Regelungen über Dienstleistungen anzuwenden.[544] Gehen mit einem Produktverkauf wesentliche Dienstleistungen einher, oder umgekehrt, mit der Dienstleistung wesentliche Produkte, müssen die Komponenten aufgespalten werden.[545] Einschlägig ist hierzu EITF 00-21 bezüglich Mehrkomponentenverträgen. Zur grundsätzlichen Vorgehensweise der Umsatzrealisierung bei Dienstleistungen schlägt das FASB vier unterschiedliche Methoden vor:[546]

Besteht die Dienstleistung aus nur einer Handlung, erfolgt die Realisierung nach Erbringung der Dienstleistung.[547] Diese Vorgehensweise wird als *specific performace method* bezeichnet. Bei einer aus mehreren Handlungen bestehenden Dienstleistung erfolgt die Realisierung der

541 Zur genauen rechtlichen Differenzierung zwischen Dienst- und Werkvertrag, vgl. Kapitel III.5.2.1.2, S. 104.

542 FASB (Invitation, 1978), S. 10.

543 Nahezu die gesamte Sekundärliteratur zur Umsatzrealisierung bei Dienstleistungen stützt sich auf diesen FASB *Invitation to Comment*. Vgl. statt vieler Delaney/Epstein/Nach *et al.* (GAAP, 2004), S. 264; Nikolai/Bazley (Accounting, 2003), S. 796; Chasteen/Flaherty/O'Connor (Accounting, 1998), S. 345.

544 Vgl. FASB (Invitation, 1978), S. 10.

545 Vgl. FASB (Invitation, 1978), S. 11.

546 Vgl. FASB (Invitation, 1978), S. 11-13.

547 Vgl. FASB (Invitation, 1978), S. 11.

Umsatzerlöse im Verhältnis der durchgeführten Handlungen entsprechend der *proportional performance method*. Hiernach findet die Realisierung in Abhängigkeit von der Art und Anzahl der zu erbringenden Dienstleistungshandlungen statt. Auch wenn die *percentage-of-completion method* formell keine Anwendung findet, erhält mit der *proportional performance method* eine ähnliche Vorgehensweise Eingang in die Umsatzrealisierung bei Dienstleistungen. Folgende Tabelle zeigt den Realisationsmodus in Abhängigkeit der zu erbringenden Dienstleistung:

Tabelle 4: Realisationsmodus der proportional performance method

Typisierung der Dienstleistung	Realisationsmodus
Präzise Anzahl an ähnlichen Dienstleistungshandlungen	Nach jeder Handlung sind Umsatzerlöse in gleicher Höhe zu realisieren.
Präzise Anzahl an definierten, aber nicht ähnlichen Dienstleistungshandlungen	Realisierung der Umsatzerlöse nach jeder Handlung anhand der direkt zurechenbaren Kosten für eine Handlung im Verhältnis zu den für den Auftrag gesamt anfallenden geschätzten Kosten. Ist eine Kostenschätzung nicht möglich oder nicht objektivierbar, erfolgt die Zuordnung auf eine andere, die Leistung darstellende, systematische und vernünftige Weise. Ist auch dies nicht möglich, erfolgt die Zuordnung linear.
Unbestimmte Anzahl an ähnlichen Dienstleistungshandlungen	Realisierung der Umsatzerlöse findet gleichverteilt über den Leistungszeitraum statt. Eine Alternative ist, die Realisierung im Verhältnis der erfolgten zu den geschätzten Handlungen vorzunehmen.

Bei Vorliegen einer unbestimmten Anzahl an definierten, aber nicht ähnlichen Dienstleistungshandlungen bietet die Literatur keine Lösung an. Unter Berücksichtigung von SAB Topic 13.A.3 (f), wäre auch hier eine lineare Realisierung angebracht. Hängt der Erfolg der gesamten, aus mehreren Handlungen bestehenden Dienstleistung entscheidend von einer am Ende noch durchzuführenden Handlung ab, muss eine Umsatzrealisierung so lange zurückgehalten werden, bis die letzte Handlung vollbracht wurde.[548] Gleiches gilt für von der Anzahl her nicht bestimmbare Dienstleistungen, deren Erbringung über einen unbestimmten Zeitraum geplant ist. Die *completed performance method* findet folglich immer dann Anwendung, wenn ein objektivierbares Maß der Leistungsmessung fehlt.

Besteht eine wesentliche Unsicherheit bezüglich des aus der Dienstleistung resultierenden Zahlungseingangs, findet eine Umsatzrealisierung nach Maßgabe der erhaltenen Zahlungen statt.[549] Die hier als *collection method* bezeichnete Methode entspricht im Wesentlichen der *installment* bzw. *cost recovery method*. Umsatzerlöse aus Dienstleistungen dürfen nicht ent-

548 Vgl. FASB (Invitation, 1978), S. 12.

549 Vgl. FASB (Invitation, 1978), S. 12.

sprechend dem Leistungsfortschritt gem. SOP 81-1 realisiert werden (SOP 81-1.11). Es scheiden damit die Regelungen betreffend langfristiger Fertigungsaufträge aus. Neben dem FASB *Invitation to Comment* existiert mit SAB Topic 13 eine grobe Anleitung zur Umsatzrealisierung bei Dienstleistungen. Unter der notwendigen Bedingung, dass alle vier SAB Topic 13 Kriterien erfüllt sind, bestimmt der längere Zeitraum der vertraglich fixierten Laufzeit oder der erwartete Zeitraum, über den die Dienstleistung erbracht wird, den Zeitraum der Umsatzrealisierung.[550] Von der linearen Realisierung ist abzuweichen, wenn nachweisbar die Erfüllung der Dienstleistung mit einer anderen als der linearen Vorgehensweise zu einer sachgerechteren Darstellung führt.

4 Grundsätze der Umsatzrealisierung nach IFRS

4.1 Umsatzrealisierung basierend auf dem IASB Framework

Im Folgenden ist zu untersuchen, wann Umsatzerlöse unter Beachtung der IFRS entstanden sind und Eingang in den Abschluss des Unternehmens finden (*revenue recognition*). Sachverhalte, die im Allgemeinen die Definition eines Abschlusspostens erfüllen und im Speziellen die Definition von Umsatzerlösen, sind zu erfassen, wenn[551]

(1) es wahrscheinlich ist, dass dem Unternehmen ein künftiger wirtschaftlicher Nutzen aus dem zu Grunde liegenden Sachverhalt zufließt und
(2) der Wert des Sachverhalts verlässlich ermittelt werden kann.

Die in der Definition der Umsatzerlöse verankerte Verknüpfung der Erlöse mit dem korrespondierenden Bilanzposten bedingt ein zu Grunde liegendes vergangenes Ereignis, aus dem das Unternehmen künftig erwartete Nutzenzuflüsse generiert.[552] Ein Abstellen auf den Begriff der Wahrscheinlichkeit konkretisiert den Begriff der Erwartung und soll die unsicheren Zugänge künftiger finanzieller Nutzen berücksichtigen.[553] Fehlt es an wahrscheinlichen Zuflüssen, darf ein Posten nicht angesetzt werden.[554] Gleiches gilt für den Fall einer nicht zuverlässigen Schätzbarkeit des Werts künftiger Nutzenzuflüsse.[555] Nutzenzuflüsse bedeuten dabei

---

550 Vgl. SAB Topic 13.A.3 (f) Question 2.

551 Vgl. IASB F 83.

552 Vgl. IASB F 49 (a).

553 Der Begriff der Wahrscheinlichkeit wird nicht näher definiert. IAS 37.23 benutzt im Zusammenhang mit den Rückstellungen einen Wahrscheinlichkeitsbegriff von *more likely than not* (50 % + x), der nicht zwingend auch für andere Standards zu gelten hat. Teilweise werden auch Wahrscheinlichkeiten von 75 % und mehr gefordert. Bei Forderungen, demnach auch bei Umsatzerlösen, wäre die Wahrscheinlichkeit auf Grund von Erfahrungswerten bezüglich der Einbringlichkeit zu ermitteln. Vgl. hierzu Alexander/Archer (IFRS, 2004), S. 2.20.

554 Vgl. IASB F 85. Zur Verlässlichkeit siehe IASB F 31.

555 Vgl. IASB F 86.

direkte oder indirekte Zahlungsmittelzuflüsse zu Gunsten des Unternehmens.[556] Die Vorgehensweise, dass Umsatzerlöse erst realisiert werden dürfen, wenn sie verdient sind (*earned* Kriterium), entspricht dem hier behandelten Erfassungskriterium des IASB Framework; denn erst wenn das Unternehmen alles getan hat, um seine Verpflichtung gegenüber dem Kunden zu erfüllen, kann es mit hieraus resultierenden Zuflüssen rechnen.[557] Hinsichtlich des Zeitpunkts der Realisierung enthält das IASB Framework keine weiteren Hinweise.[558] Formal zu beachten, aber im Ergebnis ohne Auswirkung ist, dass die genannten Erfassungskriterien nicht direkt auf die Umsatzerlöse abstellen, sondern auf die damit in Verbindung stehende Erhöhung der Vermögenswerte.[559]

In Bezug auf die Regelungsdichte enthalten die SFAC der US GAAP im Vergleich zum IASB Rahmenkonzept einen wesentlich höheren Detailliertheitsgrad; die Normhierarchie betrachtend stehen beide Rahmenkonzepte auf einer Ebene. Das IASB Rahmenkonzept unterscheidet nicht zwischen den Kriterien *realized* und *earned*, sondern stellt ausschließlich auf einen wahrscheinlichen Nutzenzufluss, also auf eine Erhöhung der Vermögenswerte ab. Als zentrales Erfassungsmerkmal beider Rechnungslegungssysteme (US GAAP und IFRS) gilt die Forderung nach zuverlässig bestimmbaren Werten. Auf Grund der unpräzisen Angaben des IASB Framework kann es isoliert betrachtet nicht herangezogen werden, um eine verlässliche und zwischen den Unternehmen vergleichbare Umsatzrealisierung zu gewährleisten.[560] Als mögliche Realisationszeitpunkte gelten analog zu den US GAAP der Verkaufszeitpunkt bei erfolgter Lieferung oder Leistung (Grundsatz), der Produktionsfortschritt, das Ende der Produktion und der Zugang von Zahlungsmitteln.

4.2 Umsatzrealisierung basierend auf originären IFRS

4.2.1 Grundsätze der Umsatzrealisierung beim Verkauf von Gütern

IAS 1, als der zentrale Standard zu den Grundlagen der Finanzberichterstattung nach IFRS verweist in IAS 1.26 zur Realisierung von Erträgen auf die Grundsätze des Framework und ist daher als Deduktionsbasis für konkrete Sachverhalte der Umsatzrealisierung auch nicht aussagekräftiger als das IASB Framework selbst.[561] IAS 18 *Revenues* dagegen baut auf den Grundsätzen des Framework auf und erlangt für den Großteil aller durchgeführten umsatzgenerierenden Transaktionen der gewöhnlichen Geschäftstätigkeit Relevanz. IAS 11 findet nur

---

556 Vgl. IASB F 53.

557 Vgl. IASB F 93.

558 Vgl. Pellens/Bonse/Fülbier (Rahmen, 1996), S. 274.

559 Vgl. Adler/Düring/Schmaltz (International, 2002), Abschn. 1, Rn. 192.

560 Beispielsweise bezeichnet *Grau* die Angaben des IASB Framework zum Wahrscheinlichkeitsbegriff als sehr abstrakt und wenig praktikabel. Vgl. Grau (Gewinnrealisierung, 2002), S. 60.

561 Vgl. allgemein zum Verhältnis vom IASB Rahmenkonzept zu IAS 1 Achleitner/Wollmert/van Hulle *et al.* (IAS, 2003), Tz. 1.

für den bestimmten Sachverhalt der (langfristigen) Fertigungsaufträge Anwendung. Umsatzerlöse aus dem Verkauf von Gütern müssen nach IAS 18.14 dann angesetzt werden, wenn die folgend diskutierten Voraussetzungen kumulativ erfüllt sind:

(1) Übertragung der Risiken und Chancen
(2) Hingabe des Verfügungsrechts
(3) Zuverlässige Umsatzmessbarkeit
(4) Gegebene Zuflusswahrscheinlichkeit
(5) Zuverlässige Kostenmessbarkeit

zu (1) *Voraussetzung der übertragenen Risiken und Chancen*
Erst nachdem die maßgeblichen Risiken und Chancen an den Waren vom Verkäufer an den Käufer übertragen wurden, ist eine Umsatzrealisierung möglich. Die IFRS verfolgen demzufolge einen (produkt-)risikoorientierten Realisierungsansatz.[562] Hier besteht kein Unterschied zu den US GAAP. Solange das Risiko des zufälligen Untergangs oder das Preisrisiko beim Verkäufer verbleibt, können keine Umsatzerlöse entstehen. Meist fällt das Preisrisiko und das Risiko des zufälligen Untergangs mit dem Eigentumsübergang oder dem Wechsel des Besitzes zusammen.[563] Beim Verkäufer verbleibende Pflichten, die nicht durch gewöhnliche Garantievereinbarungen abgedeckt werden, verhindern eine Umsatzrealisierung ebenso wie auf Grund von Kommissionsvereinbarungen hingegebene Waren oder vom Verkäufer nicht quantifizierbare Rücktrittsmöglichkeiten des Käufers.[564] Nach der Lieferung verbleibende Kostenrisiken durch Garantievereinbarungen sind in der Regel von geringer Bedeutung und können zuverlässig gemessen werden, so dass eine Umsatzrealisierung gerechtfertigt ist.[565] Die Beurteilung der Übertragung aller Risiken und Chancen erfolgt unter Wesentlichkeitsgesichtpunkten, d.h. unwesentliche noch ausstehende Lieferungen oder Leistungen stehen einer Umsatzrealisierung nicht entgegen.[566] In Ermangelung einer objektiven und quantifizierbaren Chancen- und Risikenübertragung ist zu hinterfragen, wann der Umsatzakt so weit fortgeschritten ist, dass lediglich unmaßgebliche Risiken und Chancen beim liefernden oder leistenden Unternehmen verbleiben. Sinnvoll ist eine an SAB Topic 13.A angelehnte Vorgehensweise, die Maßgeblichkeit verbleibender Risiken aus Sicht des Erwerbenden zu beurteilen.

zu (2) *Voraussetzung des hingegebenen Verfügungsrechts*
Das Unternehmen darf weder ein verbleibendes Verfügungsrecht, wie es gewöhnlich mit dem Eigentum verbunden ist, noch eine wirksame Verfügungsmacht bzw. Kontrolle über die ver-

562 Vgl. Institute of Chartered Accountants (Revenue, 2000), S. 8.
563 Vgl. IAS 18.15.
564 Vgl. IAS 18.16.
565 Vgl. Sutton (Accounting, 2000), S. 94.
566 Vgl. IAS 18.17; Pilhofer (Umsatzrealisierung, 2002), S. 162.

kauften Waren und Erzeugnisse besitzen. Unmaßgebliche Eigentumsrisiken wie Eigentumsvorbehalte stehen einer Umsatzrealisation nicht entgegen.[567] Eng in Verbindung mit diesem Kriterium steht die Voraussetzung der übertragenen Risiken und Chancen. Ein hingegebenes Verfügungsrecht ist gekennzeichnet durch einen Besitzübergang und die Intention des Verkäufers, alle wesentlichen Verfügungs- und Kontrollrechte nach wirtschaftlicher Betrachtung abzugeben.[568] *Grau* kritisiert die Voraussetzung des hinzugebenden Verfügungsrechts als bezeichnend „durch seine ausgeprägte Unbestimmtheit sowie durch seinen äußerst geringen Beitrag zur tatsächlichen Konkretisierung des Ertragsrealisierungszeitpunktes“[569]. In Bezug auf die Unbestimmtheit mag dem zuzustimmen sein. Gerade diese Regelung dient aber als elementarer Baustein zur Verhinderung sachverhaltsgestaltender Maßnahmen im Abschluss und kann daher auch als Auffangtatbestand der wirtschaftlichen Betrachtungsweise angesehen werden. Eine Beschränkung der Kriterien zur Umsatzrealisierung auf die Voraussetzung der übertragenen Risiken und Chancen ist vor dem Hintergrund rechnungslegungspolitischer Maßnahmen wie z.B. Rückkaufvereinbarungen nicht empfehlenswert.[570]

zu (3) *Voraussetzung der zuverlässigen Umsatzmessbarkeit*

Das Kriterium der zuverlässigen Messbarkeit nimmt eine Doppelrolle bei der Realisierung von Umsatzerlösen ein. Zum einen ist es Grundvoraussetzung des Ansatzes dem Grunde nach,[571] zum anderen notwendige Voraussetzung einer Bewertung, d.h. dem Ansatz der Höhe nach. Die eine Voraussetzung kann ohne die andere nicht vorliegen; d.h. ein Ansatz von Umsatzerlösen ohne eine gleichzeitige zuverlässige Wertbestimmung muss unterbleiben. Bereits das IASB F 83 (b) fordert eine zuverlässige Messbarkeit beim Ansatz von Posten im Abschluss, so dass IAS 18 im Einklang mit dem Rahmenkonzept steht. Unterschiede zu US GAAP treten nicht auf.[572] Als Bewertungsmaßstab dient der *fair value* der empfangenen oder zu empfangenden Gegenleistung.[573] Gewöhnliche Warenverkäufe oder erbrachte Dienstleistungen lassen in der Regel eine einfache und eindeutige Bestimmung des *fair value* zu.[574]

zu (4) *Voraussetzung der Zuflusswahrscheinlichkeit*

Erst wenn es wahrscheinlich ist, dass der wirtschaftliche Nutzen aus dem Verkauf dem Unternehmen zufließt, darf eine Erfassung von Umsatzerlösen stattfinden. Als wirtschaftlicher Nut-

567 Vgl. IAS 18.17.

568 Vgl. Alexander/Nobes (Accounting, 2001), S. 182; Ordelheide/Böckem (IAS, 2003), Tz. 23, 24.

569 Grau (Gewinnrealisierung, 2002), S. 93.

570 A.A. Plock (Ertragsrealisation, 2004), S. 83, der die Beschränkung auf den Übergang der Risiken und Chancen für ausreichend hält.

571 Vgl. IAS 18.14 (c).

572 Vgl. SFAC 5.65 und SAB Topic 13 A.1.

573 Vgl. IAS 18.9. Der *fair value* ist nach IAS 18.7 „the amount for which an asset could be exchanged, or a liability settled, between knowledgeable, willing parties in an arm's length transaction.“

574 Vgl. PriceWaterhouseCoopers (IAS, 2002), S. 118, Tz. 18.12.

zenzufluss gelten regelmäßig Zuflüsse von Zahlungsmitteln.[575] Bei Zweifeln hinsichtlich des Erhalts einer Gegenleistung für die hingegebene Ware hat eine Umsatzrealisierung zu unterbleiben.[576] Um eine Objektivierung herbeizuführen, sollte die (Zufluss-)Wahrscheinlichkeit analog zur Ausfallwahrscheinlichkeit aus Erfahrungswerten abgeleitet werden. Bei vorhandenen Vergangenheitswerten erscheint dies unkritisch. Probleme der Wahrscheinlichkeitsschätzung treten in der Regel bei selten auftretenden Ereignissen auf.[577] Dort finden regelmäßig Intuitionen und Erwartungsgefühle des Managers Eingang in die Beurteilung, so dass ein „Objektivierungsgehäuse"[578] erhebliche Ausmaße annimmt. Warenverkäufe als singuläres Ereignis eines Unternehmens zu betrachten, ist in den meisten Fällen zu verwerfen. Dennoch bleibt die Frage der Ansatzwahrscheinlichkeitshürde offen. Eine Antwort bietet möglicherweise IAS 37 *Provisions, Contingent Liabilities and Contingent Assets*. Hiernach erfolgt der Ansatz eines Vermögenswerts „when the realisation of income is virtually certain"[579]. Vor dem Hintergrund, dass der Ursprung bestimmter Bilanzposten, insbesondere von Forderungen aus Lieferungen und Leistungen zwingend auf in der Periode generierte Umsatzerlöse zurückzuführen ist,[580] erscheint folgende Schlussfolgerung unausweichlich: Eine Umsatzrealisierung ist erst dann angemessen, sofern der Zufluss wirtschaftlichen Nutzens so gut wie sicher ist. Die geläufige Wahrscheinlichkeitsformel *more likely than not* trifft nicht auf die Realisierung von Umsatzerlösen zu.[581] Für den Zufluss von zukünftigem wirtschaftlichem Nutzen setzen die IFRS eine höhere Eintrittswahrscheinlichkeit voraus, als für einen Nutzenabfluss.[582] Zur Lösung der Frage, mit wie viel Prozent Wahrscheinlichkeit ein Nutzenzufluss so gut wie sicher gelten kann, lassen sich unter anderem empirische Untersuchungen heranziehen, die bestimmten Personengruppen Wahrscheinlichkeitsbegriffe vorgeben und deren Quantifizierung abfragen. Dem Begriff „*virtually certain*" bzw. „so gut wie sicher" wird im Durchschnitt eine Wahrscheinlichkeit von ca. 92 % beigemessen.[583] Eine andere Studie weist dem gleichen

---

575 Vgl. IASB F 53.

576 Vgl. IAS 18.18.

577 Vgl. Lüdenbach/Hoffmann (Wahrscheinlichkeit, 2003), S. 11. Demnach ist die verallgemeinernde Aussage von *Grau* zu relativieren. Die Messung einer Wahrscheinlichkeit entzieht sich grundsätzlich keineswegs einer Objektivierung. So aber Grau (Gewinnrealisierung, 2002), S. 61- 62.

578 Hoffmann (Wertaufhellung, 1996), S. 1163.

579 IAS 37.33. IAS 37.33 nimmt an dieser Stelle Bezug auf Eventualforderungen. Wenn also die Gewinnrealisation so gut wie sicher ist, dann liegt nicht länger eine Eventualforderung sondern ein anzusetzender Vermögenswert vor.

580 Eine enge Verbindung des Realisationsprinzips mit der Definition eines Vermögenswerts nach IFRS sieht auch die *Gesellschaft für Finanzwirtschaft in der Unternehmensführung e.V.* Vgl. Gesellschaft für Finanzwirtschaft in der Unternehmensführung e.V. (IASC, 1995), S. 1140.

581 A.A. Pilhofer (Umsatzrealisierung, 2002), S. 265. Er spricht sich ab einer Wahrscheinlichkeit von 50 % für die Umsatzrealisierung aus.

582 Vgl. Lüdenbach/Hoffmann (Wahrscheinlichkeit, 2003), S. 10.

583 Vgl. Doupnik/Richter (Uncertainty, 2003), S. 26. Die Einschätzung der genannten Wahrscheinlichkeit bezieht sich sowohl auf die Aussagen deutscher als auch ausländischer Abschlussprüfer. *Doupnik/Richter* untersuchen die Abweichungen der Wahrscheinlichkeitszuordnung, die durch die Übersetzung englischer Wahrscheinlichkeitsbegriffe in die deutsche Sprache auftreten.

Begriff eine Wahrscheinlichkeit von ca. 89 % zu.[584] Auf die Umsatzrealisierung bezogen ist demnach eine Wahrscheinlichkeit eines zufließenden Nutzens von ca. 90 % anzunehmen. Unter Berücksichtigung der hohen Relevanz der Umsatzerlöse für die Adressaten müssen an die Zuverlässigkeit der Informationen besonders hohe Anforderungen gestellt werden, so dass eine Ansatzschwelle von 90 % unter dem Gesichtspunkt der IFRS Grundsätze mehr als gerechtfertigt erscheint.[585] Zu einem ähnlichen Ergebnis gelangen *Ordelheide/Böckem* nach Analyse des Konkretisierungsgrads verschiedener in IAS 18 behandelter Sachverhalte. Sie legen IAS 18.14 (d) ein Quasi-Sicherheitserfordernis zu Grunde.[586]

zu (5) *Voraussetzung der zuverlässigen Kostenmessbarkeit*
Gemäß IASB F 95 werden Aufwendungen auf der Grundlage der angefallenen Kosten mit den in Zusammenhang stehenden Umsatzerlösen erfasst (*matching principle*).[587] Die Erfassung von Umsatzerlösen und Aufwendungen aus einem Geschäftsvorfall erfolgt unmittelbar und gemeinsam. Eine einseitige Realisierung von Umsatzerlösen würde – z.B. bei nicht zuverlässiger Messbarkeit der Aufwendungen – zu einem Verstoß des in den IFRS durchgängig verankerten *matching principle* führen und eine Umsatzrealisierung gem. IAS 18.14 (e) verhindern. Praktisch treten diese Fälle auf, wenn Aufwendungen aus Garantieleistungen oder aus sonstigen Kosten nach der Warenlieferung nicht zuverlässig messbar sind.[588] Vorgelagert wird der Realisationszeitpunkt bei den internationalen Rechnungslegungsgrundsätzen indes nach IAS 18 durch das *matching principle* nicht;[589] vielmehr begrenzt es unter sonst vollständig erfüllten Realisierungskriterien den Ansatz von Umsatzerlösen bei nicht zuverlässiger Kostenmessbarkeit. An die Zuverlässigkeit der zu messenden Kosten sind die gleichen Anforderungen wie an die zuverlässige Messbarkeit der Umsatzerlöse zu stellen.

Festzuhalten bleibt: Während die US-amerikanische Rechnungslegung bei Ungewissheit über die Einbringlichkeit der Forderung die *installment* und *cost recovery method* kennt, geben die IFRS keine explizite Regelung vor. Teilweise wird auch hier empfohlen, Umsatzerlöse proportional zum entsprechenden Zahlungseingang zu realisieren.[590] Gegen eine sofortige voll-

---

[584] Vgl. Davidson/Chrisman (Uncertainty, 1993), S. 9. In der Studie wird die Auffassung englischsprachiger und französischsprachiger Studenten hinsichtlich der Quantifizierung von Wahrscheinlichkeitsbegriffen abgefragt. Zu den unterschiedlichen Unsicherheitsbegriffen siehe auch Laswad/Mak (Comparison, 1994), S. 8-15.

[585] Zur Relevanz vgl. IASB F 26-28 und zur Zuverlässigkeit IASB F 31-38. Die Relevanz der Umsatzerlöse wurde in Kapitel III.1, S. 63 behandelt.

[586] Vgl. Ordelheide/Böckem (IAS, 2003), Tz. 29. Auch Plock (Ertragsrealisation, 2004), S. 109 spricht von „einem sehr hohen Wahrscheinlichkeitsgrad".

[587] Ebenso IAS 1.26 und IAS 18.19. Vgl. allgemein zum *matching principle* nach IFRS, Strobl (Matching, 1994), S. 415-417.

[588] Vgl. Epstein/Mirza (IAS, 2003), S. 239.

[589] A.A. Wiedmann (Matching, 1994), S. 112. *Wiedmann* ist der Auffassung, das *matching principle* würde zu einer Vorverlagerung des Realisationszeitpunkts führen.

[590] Vgl. PriceWaterhouseCoopers (IAS, 2002), S. 117, Tz. 18.04.

umfängliche Realisation spricht der unsichere Zufluss künftigen wirtschaftlichen Nutzens nach IAS 18.14 (d). Explizit geht IAS 18.18 von einem Fall aus, bei dem ein wahrscheinlicher Nutzenzufluss erst mit dem Erhalt des Kaufpreises stattfindet und unterstützt damit die Anwendbarkeit einer proportionalen Umsatzrealisierung. Analog zu den Dienstleistungen gem. IAS 18.26 könnte vorgeschlagen werden, Umsatzerlöse in Höhe der angefallenen (Herstellungs-)Kosten sofort zu realisieren. Dies scheitert aber daran, dass IAS 18.28 eine Umsatzrealisierung untersagt, wenn eine Einbringlichkeit der angefallenen Kosten nicht wahrscheinlich ist. Nach IFRS sind daher die *installment method* und die *cost recovery method* zulässig.[591]

Konnte basierend auf den Ausführungen zum IASB Framework noch kein Urteil darüber gebildet werden, ob die IFRS bei der Umsatzrealisierung der *critical event theory* folgen, so lässt IAS 18 keinen Zweifel daran, dass ebenso wie in den US GAAP, ein Abstellen auf das kritische Ereignis keinen Eingang gefunden hat.[592] Vielmehr kommt es auch hier auf die akzeptable Verringerung der Unsicherheiten bezüglich des künftig erwarteten Nutzenzuflusses an.

4.2.2 Grundsätze der Umsatzrealisierung bei der Erbringung von Dienstleistungen

Im Gegensatz zu den US GAAP enthalten die IFRS verbindliche, separate und explizite Regeln für die Realisation von Dienstleistungsumsätzen. Das Erbringen von Dienstleistungen umfasst typischerweise die Ausführung vertraglich vereinbarter Aufgaben über einen vereinbarten Zeitraum durch das Unternehmen.[593] Transaktionen, die Dienstleistungen umfassen und deren Ergebnis zuverlässig schätzbar ist, werden nach Maßgabe des Fertigstellungsgrads zum Zeitpunkt des Abschlussstichtags erfasst (*percentage-of-completion method*).[594] Eine zuverlässige Ergebnisschätzbarkeit liegt bei Erfüllung der folgenden Kriterien vor. Die beiden im Zusammenhang mit dem Verkauf von Gütern erörterten Voraussetzungen der zuverlässigen Messbarkeit der Umsatzerlöse und des wahrscheinlichen wirtschaftlichen Nutzenzuflusses gelten inhaltsgleich auch für Dienstleistungsumsätze.[595] Während nach IAS 18.14 für den Verkauf von Gütern die zuverlässige Messbarkeit der Umsatzerlöse nicht konkretisiert ist, geht IAS 18.23 für Dienstleistungen von einer zuverlässigen Schätzbarkeit aus, nachdem das Unternehmen mit dem Vertragspartner durchsetzbare Rechte und Pflichten vereinbart hat und Einigkeit über die Vergütung sowie über die Abwicklungsmodalitäten besteht. Auf Grund der

---

591 *Pilhofer* hält die *installment method* und die *cost recovery method* für unzulässig; vgl. Pilhofer (Umsatzrealisierung, 2002), S. 166. Er ist jedoch der Auffassung, dass die Anwendung der *cost recovery method* „nach ... IFRS nicht gegen bestehende Rechnungslegungsnormen verstößt"; Pilhofer (Umsatzrealisierung, 2002), S. 277.

592 Vgl. hierzu die Ausführungen zu den US GAAP in Kapitel III.3.1, S. 78. A.A. Pilhofer (Umsatzrealisierung, 2002), S. 161.

593 Vgl. IAS 18.4.

594 Vgl. IAS 18.20.

595 Vgl. IAS 18.20 (a), (b).

zentralen Stellung des Fertigstellungsgrads nimmt dessen zuverlässige Messbarkeit eine wichtige Rolle ein. IAS 18.21 verweist zur Konkretisierung sämtlicher Realisationskriterien auf IAS 11 *Construction Contracts*, hierbei insbesondere auf die Realisation von Dienstleistungsumsätzen und damit korrespondierenden Aufwendungen (IAS 11.22-35).[596] Es fällt auf, dass die an dieser Stelle erörterten und in IAS 18.20 aufgeführten Kriterien im Wesentlichen deckungsgleich mit IAS 11.23 sind. Ebenfalls weisen die möglichen Methoden zur Bestimmung des Fertigstellungsgrads nach IAS 18.24 große Gemeinsamkeiten mit IAS 11.30 auf, wobei stets die speziellere Regelung, hier also IAS 18, Vorrang einnimmt. Ein weiteres notwendiges Kriterium zur Realisation von Umsatzerlösen ist, analog zu Warenumsatzerlösen, die zuverlässige Messbarkeit der bisher angefallenen und noch anfallenden Kosten, um dem *matching principle* gerecht werden zu können.[597] Leistungen, deren Erbringung über eine abgegrenzte Zeit erfolgt und deren Leistungseinheiten unbestimmt sind, dürfen gem. IAS 18.25 aus Vereinfachungsgründen linear realisiert werden.

Im Falle, dass das aus der Dienstleistung resultierende Ergebnis keiner zuverlässigen Messbarkeit unterliegt, sind Umsatzerlöse nur zu dem Grad realisierbar, wie bereits Aufwendungen hierfür getätigt wurden und wiedererlangt werden können.[598] Es liegt demnach keine ergebniswirksame Behandlung vor. Nicht zu verwechseln ist diese Vorgehensweise mit der *cost recovery method* nach US GAAP, denn es wird nicht nur der gesamte Gewinn abgegrenzt, sondern die Umsatzrealisierung per se unterbunden.[599] Tritt neben eine ausbleibend zuverlässige Schätzbarkeit noch eine ausbleibende Wahrscheinlichkeit der Kostenwiedererlangung, erfolgt keine Realisation von Umsatzerlösen.[600]

5 Grundsätze der Umsatzrealisierung nach HGB

5.1 Konkretisierung des handelsrechtlichen Realisationsprinzips

Ähnlich wie die US GAAP und die IFRS den Begriff „*recognition*" verstehen, regelt das handelsrechtliche Realisationsprinzip allgemein ausgedrückt, wie die Unternehmensleistung in der Bilanz anzusetzen und ab wann diese Leistung als Ertrag zu behandeln ist.[601] Im Gegensatz zu den international verwendeten Rechnungslegungsstandards kennt das HGB nur eine sehr allgemeine Regelung zur Gewinn- respektive Umsatzrealisation. Grundsätzlich kann die

---

596 Vgl. Lüdenbach (IAS, 2003), § 25, Tz. 13, der der Auffassung ist, dass bei formaler Betrachtung Dienstleistungen nicht in den Anwendungsbereich von IAS 11 fielen. Diese Aussage steht in Widerspruch zu IAS 18.21.

597 Vgl. IAS 18.20 (d) und Ordelheide/Böckem (IAS, 2003), Tz. 64.

598 Vgl. IAS 18.26.

599 Zur *cost recovery method* siehe die Ausführungen in Kapitel III.3.2, S. 82.

600 Vgl. IAS 18.28.

601 Vgl. Leffson (GoB, 1987), S. 247.

Gewinnrealisierung nicht unabhängig von der Umsatzrealisierung betrachtet werden.[602] Eine Konkretisierung des Realisationsprinzips erfolgt im Wesentlichen durch Entscheidungen der Finanzgerichte auf Grund der Maßgeblichkeit des Handelsrechts für die steuerliche Gewinnermittlung (§ 5 Abs. 1 S. 1 EStG). Verankert ist das Realisationsprinzip als Ausfluss des Vorsichtsprinzips in § 252 Abs. 1 Nr. 4 HGB. Gewinne sind demnach nur zu berücksichtigen, wenn sie am Abschlussstichtag als realisiert gelten, d.h., „wenn sie durch den Umsatzprozess in Erscheinung getreten sind“[603]. Ferner gibt das Realisationsprinzip darüber Auskunft, wann „im Verlauf des sich über mehrere Stufen hinziehenden ‚Umsatzprozesses' der Gewinn verwirklicht ist“[604] und bestimmt somit den Realisationszeitpunkt.[605] Das Realisationsprinzip bindet den Gewinn auch an die vertragsgemäße Leistung des Bilanzierenden.[606] Dies bedeutet nichts anderes als einen im Rechtssinne durch Lieferung oder Leistungen konkretisierten Umsatzakt.[607] Wertsteigerungen von Aktiven und Wertminderungen von Passiven dürfen folglich erst mit dem Umsatz Berücksichtigung finden (Anschaffungswertprinzip).[608] Nicht die Mehrung des Reinvermögenszuwachses definiert den Gewinnbegriff, sondern der realisierte Gewinn als ein am Umsatz verdienter Überschuss.[609] Ein Vermögenszuwachs bedingt eine zuvor eingetretene Konkretisierung durch Umsätze.[610] Folglich verliert ein Vertrag dann seinen Charakter als schwebendes Geschäft, wenn „der zur Sach- oder Dienstleistung Verpflichtete alle von ihm geschuldeten Erfüllungshandlungen in einer Weise erbracht hat, daß ihm die Forderung auf Gegenleistung ... so gut wie sicher ist“[611], also eine Quasisicherheit des Gewinns besteht.[612] Diesem Forderungszugang dürfen nicht andere Risiken entgegenstehen, die von der eigenen Leistungserbringung unabhängig sind.[613] Aus den genannten Aspekten ist zu schließen, dass der Risikoabbau eine zentrale und notwendige Voraussetzung der Umsatzrealisierung bildet.[614] Der Risikoabbau bzw. die Quasisicherheit des Gewinns nimmt Bezug auf die Umsatzrealisierung dem Grunde, nicht jedoch der Höhe nach; Unsicherheiten der Höhe

---

602 Vgl. Euler (Gewinnrealisierung, 1989), S. 119-120. *Euler* lehnt eine Trennung zwischen der Gewinn- und Umsatzrealisierung aus Informationsnebenzwecken des Jahresabschlusses ab und vertritt mit seiner Auffassung die herrschende Meinung. Ebenfalls ablehnend, Woerner (Gewinnrealisierung, 1988), S. 771. A.A. Gelhausen (Realisationsprinzip, 1985), S. 394.

603 BFH IV R 181/71 vom 29.11.1973, S. 204.

604 BFH IV R 181/71 vom 29.11.1973, S. 204.

605 Der Begriff des Umsatzprozesses ist identisch mit dem zuvor bei den US GAAP und IFRS behandelten *earnings process*.

606 Vgl. Mellwig (Realisationsprinzip, 1995), S. 404.

607 Vgl. Hommel (Rückstellung, 2003), S. 749. Hierbei wird im Grundsatz allein auf die entstandene Forderung des zur Leistung Verpflichteten abgestellt. Vgl. Mellwig/Sabel (Nichtbilanzierung, 2005), S. 363.

608 Vgl. Moxter (Realisationsprinzip, 1984), S. 1783.

609 Vgl. Moxter (Betrachtungsweise, 1989), S. 233.

610 Vgl. Moxter (Gewinnermittlung, 1982), S. 158.

611 BFH I B 49/85 vom 11.12.1985, S. 595.

612 Zum Begriff der Quasisicherheit des Gewinnanspruchs, vgl. Moxter (Bilanzrechtsprechung, 1999), S. 49.

613 Vgl. Moxter (Grundsätze, 2003), S. 43.

614 Vgl. Moxter/Wesner (Gewinnrealisierungsprobleme, 2001), S. 649.

nach wird durch eine vorsichtige Bewertung Rechnung getragen.[615] Der Umstand, dass Forderungen zum Bilanzstichtag in ihrer Höhe nur geschätzt werden können, steht einer Aktivierung und damit einer Realisierung von Erträgen nicht entgegen.[616] Ist die Gegenleistung unbestimmt und fehlen Schätzungsmöglichkeiten, muss eine Gewinnrealisierung versagt werden.[617] Wie auch die US GAAP und die IFRS nicht der *critical event theory* folgen, stellt das handelsrechtliche Realisationsprinzip ebenso wenig darauf ab. Anstatt auf dem kritischsten Ereignis im Umsatzprozess zu beruhen, steht die Forderung der Quasisicherheit des Gewinns im Vordergrund.

5.2 Diskussion potenzieller handelsrechtlicher Realisationszeitpunkte

5.2.1 Umsatzrealisierung bei erbrachter Lieferung oder Dienstleistung

5.2.1.1 Grundsätze der Umsatzrealisierung bei Lieferung oder Dienstleistung

Eine wesentliche Voraussetzung für die Realisierung von Umsatzerlösen ist die Erfüllung des Vertrags, d.h. die Erbringung der vereinbarten Leistung (Lieferung oder Dienstleistung).[618] Im Falle einer Nichterfüllung des Vertrags kann der Schuldner gem. § 320 Abs. 1 S. 1 BGB die Einrede eines nicht erfüllten Vertrags geltend machen und die Gegenleistung verweigern.[619] So ist eine potenzielle Quasisicherheit des Gewinns vor Leistungserbringung noch mit weiteren prohibitiven zivilrechtlichen Risiken behaftet.[620] Nicht verkannt werden darf, dass auch nach Erfüllung des Vertrags die Sicherheit des Gewinns zumindest der Höhe nach bestimmten Risiken unterliegt.[621] Andererseits führt die erbrachte Leistung zu der Vermutung, die Gegenleistung sei so gut wie sicher. Im Mittelpunkt steht, ob und wann eine „realisierungswürdige" Leistung erbracht wurde. Dabei kommt es nicht auf die rechtliche Erfüllung der Leistung

615 Vgl. Moxter (Bilanzrechtsprechung, 1999), S. 49.

616 Vgl. BFH I R 107/68 vom 15.4.1970, S. 518 sowie Luik (Gewinnrealisierung, 1981), S. 102.

617 Vgl. Mellwig/Hastedt (Gewinnrealisation, 1992), S. 1591. Kurz erwähnt sei, dass der DSR am 13. Mai 2002 einen Standardentwurf (E-DRS 17) zur Erfassung und Bewertung von Erlösen veröffentlichte (http://www.standardsetter.de/drsc/docs/drafts/17). E-DRS 17 war derartig fundamentaler Kritik ausgesetzt, dass der DSR das Projekt nicht weiter als über einen Standardentwurf hinaus verfolgte. Zur Kritik siehe bspw. Böckem/Schurbohm-Ebneth (E-DRS-17, 2002), S. 1471-1475; Schmidbauer (E-DRS 17, 2002), S. 2051-2056; Siegler (Erlöse, 2002), S. 1513-1517; sowie weitere Stellungnahmen auf der Homepage des DRSC unter http://www.standardsetter.de/ drsc/comments.php. Daher wird auch im Rahmen dieser Arbeit nicht weiter auf diesen Entwurf eingegangen.

618 Vgl. Luik (Gewinnrealisierung, 1981), S. 103. So auch BFH IV 335/59 S vom 17.1.1963, S. 257, „entscheidende Bedeutung für den Ausweis in der Bilanz mißt die Rechtsprechung erst dem Zeitpunkt der Vertragserfüllung des einen Vertragsteils in Verbindung mit der Abnahme von dessen Leistung durch den anderen Vertragsteil bei".

619 Vgl. Döllerer (Bilanzierung, 1974), S. 1543. Kritisch zu diesem Argument Gelhausen (Realisationsprinzip, 1985), S. 152-153 und Euler (Gewinnrealisierung, 1989), S. 74-75, da die Einrede des nichterfüllten Vertrags endet, wenn die Gegenleistung erbracht wird, und nicht, wenn sie bewirkt ist.

620 Vgl. Döllerer (Aktivierungswelle, 1980), S. 1335.

621 Vgl. Euler (Gewinnrealisierung, 1989), S. 75.

gem. § 362 Abs. 1 BGB (Eintritt des Leistungserfolgs[622]), sondern auf die wirtschaftliche Erfüllung durch den Leistenden, also auf die (abgeschlossene) Leistungshandlung an.[623] In seiner Funktion bindet das Realisationsprinzip die Gewinnentstehung an den Umsatz, also „an die erfüllte Lieferung oder sonstige Leistung im Rechtssinne“[624]. Es muss daher alles getan sein, um den Leistungserfolg herbeizuführen. Der Kaufvertrag ist wirtschaftlich erfüllt, „wenn der Verkäufer die verkaufte Sache dem Käufer mit den Rechtsfolgen des *Gefahren- und Lastenübergangs i.S.d.* [Anm. d. Verf.] § 446 Abs. 1 BGB [nunmehr § 446 S. 1 BGB, Anm. d. Verf.] übergeben hat und wenn er zugleich dem Käufer die verkaufte Sache auch, zumindest aufschiebend bedingt, übereignet hat. Mit der Verwirklichung dieses Sachverhalts hat der Verkäufer ‚geliefert'; seine Preisgefahr reduziert sich auf Gewährleistungsansprüche und Zahlungsunfähigkeit des Käufers“[625]. Wenn Besitz, Nutzen und Lasten auf den Erwerber übergegangen sind, entsteht dem Umsatzakt folgend eine Kaufpreisforderung.[626] Hieraus resultiert die Unerheblichkeit des Eigentumsvorbehalts für den Realisationsakt. Mit der Übernahme der Gefahr des zufälligen Untergangs und einer zufälligen Verschlechterung durch den Käufer, d.h. mit Übernahme der Preisgefahr, ist die aus der Leistungshandlung resultierende Forderung auf Gegenleistung so gut wie sicher.[627] Unklar im Sinne einer bisher ausgebliebenen höchstrichterlichen Entscheidung bleibt, ob eine Gewinnrealisierung bei Kaufverträgen generell eine (reale) Übergabe, d.h. den Übergang von Besitz, Nutzen und Lasten an den Käufer voraussetzt, oder ob der Übergang der Preisgefahr bereits hinreichend ist.[628] In jedem Fall muss, um einen Übergang der Preisgefahr herbeizuführen, ein rechtsgültig abgeschlossener Kaufvertrag vorliegen.

Den Übergang der Preisgefahr als alleiniges Realisierungskriterium heranzuziehen, stößt auf weiträumige und berechtigte Kritik. Insbesondere vertragliche Gestaltungen wie ein Verkauf mit Rücktrittsrechten, Werkverträge mit Abnahmeerfordernissen, Leasingverträge, Grundstücksveräußerungen und Annahmeverzuge können beim Kriterium des Übergangs der Preisgefahr zu Gewinn- bzw. Umsatzrealisierungen führen, obwohl eine Quasisicherheit des Ge-

---

622 Vgl. BFH I B 49/85 vom 11.12.1985, S. 595. Ein Leistungserfolg tritt beispielsweise bei einem Kaufvertrag gem. § 433 Abs. 1 S. 1 BGB mit dem Verschaffen des Besitzes und des Eigentums ein.

623 Vgl. BFH I R 17/02 vom 18.12.2002, S. 234; BFH I R 192/82 vom 29.4.1987, S. 797; BFH VIII R 53/81 vom 14.12.1982, S. 303; BFH I B 49/85 vom 11.12.1985, S. 595. So auch Crezelius (Geschäft, 1988), S. 87 und Kleindiek (Bilanzrecht, 2002), § 252 HGB, Rn. 28.

624 Moxter (Bilanzlehre, 1986), S. 39.

625 BFH IV R 52/83 vom 27.2.1986, S. 552. Zur Voraussetzung der erbrachten Lieferung und Leistung siehe auch BFH I R 198/80 vom 22.8.1984, S. 126. Zur notwendigen Übergabe der Kaufsache gem. § 446 Abs. 1 BGB siehe ergänzend BFH I R 121/74 vom 5.5.1976, S. 541.

626 Vgl. BFH VIII R 77/96 vom 28.3.2000, S. 227.

627 Vgl. Knobbe-Keuk (Bilanzrecht, 1993), S. 246-247; BFH III R 70/87 vom 2.3.1990, S. 733; FG Düsseldorf 10 K 2408/00 G vom 20.2.2003, S. 764. Den Übergang der Preisgefahr als Realisationszeitpunkt ebenfalls befürwortend, Woerner (Gewinnrealisierung, 1988), S. 775.

628 Vgl. Moxter (Bilanzrechtsprechung, 1999), S. 50 sowie Kohl (Gewinnrealisierung, 1994), S. 118.

winns noch nicht unbedingt vorliegt.[629] Hinzu kommt die Gefahr der Überobjektivierung zur gesetzesadäquaten Operationalisierung des quasisichern Anspruchs durch das ausschließliche Beharren auf dem Kriterium der Preisgefahr.[630] Daher bedarf es der weiteren Klärung, „ob die trotz des Preisgefahrenübergangs verbleibenden Restrisiken aus wirtschaftlicher Sicht einem Gewinnausweis im Sinne des quasisicheren Anspruchs entgegenstehen"[631]. Nur eine wirtschaftliche Betrachtungsweise als Gegensatz zu einer rechtsformalistischen kann einen Wirklichkeitsbezug des Abschlusses, insbesondere im Hinblick auf die Quasisicherheit der Gewinne herbeiführen und steht als „juristische Denkform" gerade nicht im Gegensatz zur rechtlichen Betrachtungsweise.[632] Die reine Zivilrechtstruktur mag als Anhaltspunkt für eine bilanzrechtliche Wertung gelten, muss aber vor dem Hintergrund von Sinn und Zweck der Bilanz im Rechtssinne, d.h. einer vorsichtigen Ermittlung eines verteilungsfähigen und ausschüttbaren Gewinns, zurücktreten.[633] Der Erwerb des wirtschaftlichen Eigentums ist daher als *subsidiäres Realisationskriterium*[634] unerlässlich, sofern die rein rechtliche Betrachtung der Preisgefahr einen vermeintlich hinreichenden Risikoabbau suggeriert. Ein wirtschaftlicher Anteilseigner übt die tatsächliche Sachherrschaft über das Wirtschaftsgut so aus, „daß dadurch der nach bürgerlichem Recht Berechtigte von einer Einwirkung darauf ausgeschlossen ist"[635]. Ein Wirtschaftsgut ist demzufolge nur dann nicht dem zivilrechtlichen Anteilseigner zuzuordnen, wenn ein anderer die wirtschaftliche Herrschaft bzw. Verfügungsmacht ausübt.[636] Entscheidend zur Beurteilung ist das Gesamtbild der Verhältnisse.[637] Hierbei spielt, wie die Ausführungen zeigen, die Zivilrechtstruktur im Risikoabbau dennoch eine entscheidende, aber stets kritisch zu hinterfragende Rolle.[638] Der BFH setzt die Erlangung des rechtlichen oder zumindest des wirtschaftlichen Eigentums als notwendige Bedingung zur Gewinn- bzw. Umsatzrealisierung voraus und betont damit ebenfalls das Abstellen auf den tatsächlichen Sachgehalt der Transaktion.[639] So lange der Veräußernde noch eine fortbestehende Verfügungsbefugnis über die veräußerten Gegenstände innehat, sind diese, ungeachtet einer übergegangenen

[629] Vgl. Euler (Gewinnrealisierung, 1989), S. 88-102.

[630] Vgl. Hommel (Grundsätze, 1992), S. 95.

[631] Hommel (Grundsätze, 1992), S. 105. A.A. Lüders (Gewinnrealisierung, 1987), S. 72-83. *Lüders* lehnt die wirtschaftliche Betrachtungsweise – demnach die herrschende Meinung – ab, da sie keine Legitimation zur Rechtsfindung böte. Der Übergang der Preisgefahr sei das einzig richtige Realisationskriterium. Auch Gelhausen (Realisationsprinzip, 1985), S. 186 hält den Übergang der Preisgefahr als „regelmäßiges Realisationsereignis".

[632] Vgl. Beisse (Bilanzrecht, 1984), S. 12 und Beisse (Gewinnrealisierung, 1981), S. 21.

[633] Vgl. Böcking (Gewinnrealisierung, 1989), S. 507-508. A.A. Lüders (Realisationszeitpunkt, 1986), S. 1946. *Lüders* spricht sich gegen die Korrektur formaljuristischer Rechtsverhältnisse aus und wertet stattdessen die wirtschaftliche Betrachtungsweise allein als Normauslegungsprinzip.

[634] Vgl. Euler (Gewinnrealisierung, 1989), S. 102. A.A. Mayr (Gewinnrealisierung, 2001), S. 47.

[635] BFH IV R 144/66 vom 26.1.1970, S. 264. Vgl. ebenso BFH I 51/61 S vom 2.11.1965, S. 61.

[636] Vgl. BFH VIII R 193/83 vom 27.9.1988, S. 414.

[637] Vgl. Förschle/Kroner (Bilanzkommentar, 2003), § 246 HGB, Rn. 6.

[638] Vgl. Moxter (Grundsätze, 2003), S. 43.

[639] Vgl. BFH I R 192/82 vom 29.4.1987, S. 797. So auch Körner (Bilanzierungsfähigkeit, 1974), S. 511.

Preisgefahr, weiterhin und ohne Realisierung von Gewinnen beim Verkäufer zu aktivieren.[640] Das heißt nicht, dass die Realisierung so lange auszubleiben hat, bis der veräußerte Gegenstand wirtschaftliches Eigentum des Erwerbenden wird, sondern bis die Verfügungsmacht bzw. das wirtschaftliche Eigentum des Veräußernden erlischt.[641] Ob das veräußerte Gut in einer Bilanz erfasst ist, spielt keine Rolle, da sich die Ware „bereits ... vom betrieblichen Geschehen gelöst"[642] hat.

Zusammenfassend beurteilt liegt der Zeitpunkt der Gewinnrealisierung bei dem Übergang der Preisgefahr unter besonderer Berücksichtigung des Verlusts des wirtschaftlichen Eigentums durch den Veräußerer, so dass ein quasisicherer Gewinn vorliegt, da über den Übergang der Preisgefahr ein rechtlich durchsetzbarer Anspruch entstanden und über den Verlust des wirtschaftlichen Eigentums ein weiterer Einfluss des Veräußernden ausgeschlossen ist. Der Zeitpunkt der Erlangung des wirtschaftlichen Eigentums durch den Käufer darf in diesem Zusammenhang nur insofern eine Rolle spielen, als der Veräußerer alles Notwendige getan hat, um dem Erwerber das wirtschaftliche Eigentum zu verschaffen.

5.2.1.2 Besonderheiten der Umsatzrealisierung bei Dienstleistungen und Abgrenzung zum Werkvertrag

Ein Dienstvertrag i.S.d. § 611 BGB regelt die Erbringung der versprochenen Leistung sowie die damit verbundene Vergütung. Der Dienstgeber übernimmt regelmäßig keine Gewähr für einen aus seiner Handlung resultierenden Erfolg.[643] Anspruch auf Vergütung entsteht nach Leistung der Dienste (§ 614 BGB). Bei einer Bemessung der Vergütung nach Zeitabschnitten wird die Vergütung nach Ablauf eines jeden Abschnitts fällig. Da die Fälligkeit der Vergütung nicht über den Realisationszeitpunkt entscheiden kann, müssen andere Maßstäbe zur Bestimmung des Zeitpunkts herangezogen werden. Ein Übergang der Preisgefahr und ein Übergang wirtschaftlichen Eigentums dienen nicht als handhabbare Kriterien bei Dienstleistungen. Auf einen hinreichenden Risikoabbau hinsichtlich eines quasisicheren Gewinns abstellend, ist nur der Schluss zulässig, den Realisationszeitpunkt – unabhängig des Abrechnungsmodus – in der Erbringung der versprochenen Leistung zu sehen.

---

640 Vgl. BFH I R 157/84 vom 3.8.1988, S. 21.

641 A.A. Nieskens (Geschäfte, 1989), S. 540. *Nieskens* interpretiert das BFH Urteil in der Form, dass der Realisierungszeitpunkt mit der gleichzeitigen Einbuchung des Vermögensgegenstands beim Erwerber und der Ausbuchung beim Leistenden einhergehen muss.

642 Vgl. Woerner (Gewinnrealisierung, 1988), S. 773.

643 Vgl. Edenfeld (Erman, 2004), § 611 BGB, Rn. 1.

Werkverträge regeln die Herstellung oder Veränderung einer Sache sowie andere durch Arbeit oder Dienstleistung herbeizuführende Erfolge (§ 631 Abs. 1 BGB).[644] Der Werkunternehmer steht im Gegensatz zu einem Dienstvertrag für die Herbeiführung des Erfolgs seiner Tätigkeit ein.[645] Alle über einen Werkvertrag abgeschlossenen Tätigkeiten können auch Gegenstand eines Dienstvertrags sein.[646] Im allgemeinen Sprachgebrauch dürfte der Begriff Dienstleistung regelmäßig mit einem Werkvertrag assoziiert werden und nicht mit einem Dienstvertrag. Der Übergang der Preisgefahr bei einem Werkvertrag findet grundsätzlich nach Abnahme des Werks statt.[647] Eine Einrede des nichterfüllten Vertrags ist fortan nicht mehr möglich und der Anspruch auf Vergütung ist so gut wie sicher.[648] Im gleichen Zuge geht bei nicht beweglichen Vermögensgegenständen auch das wirtschaftliche Eigentum des erstellten Werks auf den Besteller über.[649] Umsatzerlöse sind zum Zeitpunkt der Abnahme unter der Voraussetzung des übergegangenen wirtschaftlichen Eigentums zu realisieren.[650] Nicht körperliche Gegenstände fallen ebenfalls unter das Werkvertragsrecht.[651] Genannte Reglungen zur Umsatzrealisierung finden hier Anwendung. Eine Ausnahme stellen Leistungen der freien Berufe dar. Da die Abnahme eines Werks lediglich die Anerkennung des Werks bedeutet und den Vergütungsanspruch nicht berührt, findet die Umsatzrealisierung mit erbrachter Leistung statt.[652]

Hat der Werkvertrag die Lieferung beweglicher vertretbarer und nicht vertretbarer Sachen zum Gegenstand, finden die Vorschriften über den Kauf Anwendung. An die Stelle der Abnahme als Zeitpunkt des Übergangs der Preisgefahr tritt mit § 446 BGB die Übergabe der Sache an den Käufer bzw. für den Versendungskauf mit § 447 BGB die Übergabe an die zur Versendung bestimmte Person.[653] Zu beachten ist, dass das Kaufrecht nur auf bewegliche

---

644 Unter das Werksvertragsrecht fallen z.B. die Herstellung von Bauwerken sowie Arbeiten an Anlagen des Bestellers. Geistige Werke sind ausnahmslos nach Werkvertragsrecht zu behandeln. Vgl. Meub (Schuldrechtsreform, 2002), S. 134.

645 Vgl. Teichmann (Werkvertragsrecht, 2002), S. 417.

646 Vgl. Edenfeld (Erman, 2004), § 611 BGB, Rn. 14.

647 Vgl. § 644 Abs. 1 S. 1 BGB.

648 Vgl. BFH VIII R 134/80 vom 25.2.1986, S. 788.

649 Vgl. Fischer/Neubeck (Umsatzrealisationszeitpunkt, 2004), S. 657 und Euler (Gewinnrealisierung, 1989), S. 112.

650 Vgl. BFH VIII R 391/83 vom 13.11.1985, S. 531; Kriebel (Gewinnrealisierung, 2000), S. 220.

651 Beispielsweise ist die Abschlussprüfung durch einen Wirtschaftsprüfer regelmäßig als Werkvertrag zu qualifizieren. Vgl. Schlechtriem (Schuldrecht, 2003), S. 167.

652 Vgl. BFH IV 226/58 S vom 28.1.1960, S. 291. Ist nach der Beschaffenheit des Werks die Abnahme ausgeschlossen, tritt an Stelle der Abnahme die Vollendung des Werks gem. § 646 BGB. Vgl. hierzu auch BFH VIII R 391/83 vom 13.11.1985, S. 531.

653 Vgl. § 651 BGB.

körperliche Gegenstände Anwendung findet.[654] Damit gelten die in Kapitel III.5.2.1.1 getätigten Aussagen zum Übergang der Preisgefahr und des wirtschaftlichen Eigentums.[655]

5.2.2 Umsatzrealisierung während der Produktion

Unter einer Umsatzrealisierung während der Produktion können sowohl die Herstellung bzw. Anschaffung einzelner Güter, aber auch langfristige Auftragsfertigungen verstanden werden. Obwohl der Ausgangspunkt des Umsatzprozesses im Beginn der Leistungserbringung liegt, wurde noch kein Umsatzakt vollzogen. Eine Bewertung über die Anschaffungs- bzw. Herstellungskosten hinaus verstößt gegen das Anschaffungskostenprinzip gem. § 253 Abs. 1 S. 1 HGB. Weiterhin sind die im vorherigen Kapitel III.5.2.1[656] notwendigen Kriterien der übergegangenen Preisgefahr und der Verlust des wirtschaftlichen Eigentums nicht erfüllt. Die Verfügungsmacht über die noch nicht vollständig hergestellten Vermögensgegenstände liegt zu diesem Zeitpunkt noch beim Veräußernden. Trotz eines sich während der Herstellung stetig vergrößernden Risikoabbaus kann von einem so gut wie sicheren Gewinn im Produktionszeitraum nicht die Rede sein, da unter anderem der abgeschlossene Vertrag noch nicht erfüllt wurde – und zwar weder rechtlich noch wirtschaftlich.[657] Einem hinreichenden Risikoabbau stehen während der Produktion noch Beschaffungs-, Finanzierungs- und Produktionsrisiken entgegen.[658] Liegt kein Vertrag vor, verhindert schon die Ungewissheit eines möglichen Vertragsabschlusses sowie die noch vorzunehmenden Tätigkeiten zur Vertragsanbahnung eine Umsatzrealisierung.[659] Andere Überlegungen mögen für Gewinnrealisierungen abrechnungsfähiger und auch vertraglich so fixierter Teilprojekte im Rahmen der langfristigen Auftragsfertigung gelten.[660] Bei Erfüllung bestimmter Kriterien wird eine Gewinnrealisierung während der Produktion bei langfristiger Fertigung als zulässig erachtet.[661] Um jedoch eine Kohärenz des handelsrechtlichen Realisationsprinzips beizubehalten, d.h. eine Ungleichbehandlung verschiedener Produktverkäufe auszuschließen, ist auch bei der langfristigen Auftragsfertigung der Übergang der Preisgefahr und des wirtschaftlichen Eigentums für jede realisierte, einzeln vergütete Teilleistung zu fordern.[662] Nach der Rechtsprechung des BFH kommt eine Realisie-

---

[654] Vgl. Schlechtriem (Schuldrecht, 2003), S. 9. Beispielsweise fällt angefertigte Individualsoftware nicht unter das Kaufrecht, sondern unter das Werkvertragsrecht.

[655] Zu beachten ist, dass vor der Schuldrechtsreform auch bei beweglichen nicht vertretbaren Sachen die Abnahme eine notwendige Bedingung für den Übergang der Preisgefahr war.

[656] Siehe S. 101.

[657] Vgl. Lüders (Gewinnrealisierung, 1987), S. 27; *Lüders* sieht ebenfalls viele innerbetriebliche Unwägbarkeiten während des Leistungserstellungsprozesses.

[658] Vgl. Ballwieser (Kommentar, 2001), § 252 HGB, Rn. 76.

[659] Vgl. Selchert (Auftragsfertigung, 1990), S. 799.

[660] Zur Diskussion vgl. statt vieler Freidank (Erfolgsrealisierung, 1989), S. 1204; Schindler (Fertigung, 1984), S. 577.

[661] Vgl. Adler/Düring/Schmaltz (Rechnungslegung, 2001), § 252 HGB, Rn. 88 sowie Selchert (Auftragsfertigung, 1990), S. 801.

[662] Vgl. Knobbe-Keuk (Bilanzrecht, 1993), S. 250 zur Forderung der einzeln vergüteten Teilleistung.

rung dann in Frage, „wenn endgültige Teilabrechnungen getätigt oder abgrenzbare und bereits abgenommene Teilbauten hergestellt worden sind“[663]. Festzuhalten bleibt, dass im Gegensatz dazu eine Umsatzrealisierung bei sich in der Herstellung befindenden Vermögensgegenständen außerhalb der Regelungen über die Umsatzrealisierung bei erbrachten Lieferungen oder Dienstleistungen handelsrechtlich nicht zulässig ist.[664] Bei der langfristigen Auftragsfertigung mögen andere Gründe für eine Umsatzrealisierung sprechen, die dem strengen Grundsatz des Übergangs der Preisgefahr und dem Wegfall des wirtschaftlichen Eigentums berechtigt entgegenstehen.

5.2.3 Umsatzrealisierung am Ende der Produktion

Unter Vermögensgegenständen am Ende der Produktion sind solche Vermögensgegenstände zu verstehen, bei denen das Stadium der Verkaufsbereitschaft gegeben ist, d.h. die verkaufsbereit lagernd zur Verfügung stehen. Weiterhin kann differenziert werden, ob bereits ein Vertrag über deren Veräußerung abgeschlossen wurde oder nicht. Ungeachtet eines vorliegenden Vertrags fehlt es regelmäßig am Übergang der Preisgefahr sowie des wirtschaftlichen Eigentums.[665] Damit hat eine Umsatzrealisierung zu unterbleiben. Gegen eine Realisierung sprechen weiterhin der unzureichende Risikoabbau in Form des Lieferrisikos und der schwer ermittelbare und objektivierbare Zeitpunkt der Verkaufsbereitschaft.[666]

5.2.4 Umsatzrealisierung bei Zahlungseingang

Ein weiterer Realisationszeitpunkt könnte im Zeitpunkt des Zahlungseingangs liegen (Barrealisationsprinzip). Sofern es sich nicht um eine Vorauszahlung bzw. Anzahlung handelt, kann regelmäßig davon ausgegangen werden, dass der Leistungsempfangende erst den Kaufpreis entrichtet, wenn die Preisgefahr und das wirtschaftliche Eigentum auf ihn übergegangen ist. Nach herrschender Meinung begründet eine Anzahlung oder Vorauszahlung ohne bereits erbrachte Leistung keinesfalls einen Realisationstatbestand.[667] Der Zahlungseingang ist ein Zeitpunkt, zu dem der Risikoabbau nahezu maximal und der Gewinn so gut wie sicher ist und zu dem das Forderungsausfallrisiko vollständig eliminiert wurde.[668] Deswegen fordern ein-

---

663 BFH I R 121/74 vom 5.5.1976, S. 541. Vgl. auch BFH I 84/56 U vom 18.12.1956, S. 27.

664 Zu den Regelungen über erbrachte Lieferungen oder Dienstleistungen, siehe Kapitel III.5.2.1, S. 101. Auch Gelhausen (Realisationsprinzip, 1985), S. 86 spricht sich gegen eine Akkumulation von Gewinnen während des Produktionsvorgangs aus und verweist dabei insbesondere auf die noch nicht exakte Aufwandmessbarkeit.

665 Zum Ausnahmefall der noch nicht erfolgten Lieferung, aber des Übergangs der Preisgefahr durch Verzug oder Besitzkonstitut siehe Kapitel III.7.2.3, S. 113 zu „*bill and hold*“-Vereinbarungen.

666 Zusammenfassend zur Diskussion vgl. Lüders (Gewinnrealisierung, 1987), S. 28.

667 Stellvertretend für die herrschende Meinung, vgl. BFH I 84/56 U vom 18.12.1956, S. 27.

668 Vgl. Leffson (GoB, 1987), S. 258 sowie Mayr (Gewinnrealisierung, 2001), S. 21.

zelne Vertreter, einen Gewinn erst mit Eingang der Zahlung auszuweisen.[669] Diese Forderungen sind abzulehnen. Nach Handelsrecht sind „Erträge des Geschäftsjahres ... unabhängig von den Zeitpunkten der entsprechenden Zahlungen im Jahresabschluss zu berücksichtigen" (§ 252 Abs. 1 Nr. 5 HGB). Ein Abwarten auf den Zahlungseingang stellt einen Verstoß gegen die Grundsätze ordnungsmäßiger Buchführung dar. Auch die höchstrichterliche Rechtsprechung erkennt einen Gewinn nicht erst bei Eingang des Gegenwerts als realisiert an, sondern schon bei vollzogener Leistung.[670] Dies gilt auch im Fall von Umsatzerlösen aus zweifelhaften Forderungen; sie sind in jedem Fall anzusetzen, wenn auch nur mit ihrem wahrscheinlichen Wert.[671] Eine Vorgehensweise analog zur *installment method* bzw. *cost recovery method*, Umsatzerlöse erst im Zusammenhang mit dem Geldeingang zu realisieren, lehnt das Handelsrecht als unzulässig ab.[672] Weiterhin sprechen Objektivierungsgründe gegen eine Barrealisation. So könnte quasi der Zeitpunkt der Umsatzrealisierung beliebig von den Vertragsparteien gesteuert werden.[673]

6 Diskussion der wesentlichen Unterschiede bei den Grundsätzen der Umsatzrealisierung

Nach US GAAP und IFRS ist die Begriffsdefinition der *revenues* weit ausgelegt. Wünschenswert wäre für beide Rechnungslegungssysteme eine Definition, die Umsatzerlöse als separates Jahresabschlusselement aufführt, die die explizite Beziehung des Unternehmens mit dem Kunden herausstellt und die Ansatzkriterien im Einklang mit dem entsprechenden Realisationsprinzip festlegt.[674] Zwischen Vermögensmehrung und Umsatzausweis herrschen unterschiedliche Kausalitäten in den einzelnen Rahmenkonzepten. Während die US GAAP (in sich selbst widersprüchlich) bzw. die IFRS als Voraussetzung zur Entstehung von Umsatzerlösen Zuflüsse oder Wertsteigerungen von Vermögenswerten bzw. Bruttozuflüsse zum Eigenkapital sehen, definiert nach HGB nicht der Vermögenszuwachs den Gewinnbegriff, sondern der durch einen Umsatzakt entstandene Gewinn definiert den Vermögenszuwachs. Folglich er-

---

669 Vgl. Schneider (Gewinnermittlung, 1971), S. 379; Schneider (Gewinn, 1971), S. 609; Schneider (Thesen, 1970), S. 1702 insbesondere zur Gleichmäßigkeit der Besteuerung und zur Bemessung des ausschüttungsfähigen Betrags.

670 Vgl. BFH IV 123/63 vom 23.11.1967, S. 176.

671 Vgl. BFH I R 49/02 vom 20.8.2003, S. 2573.

672 Zur *installment method* und *cost recovery method* siehe detailliert Kapitel III.3.2, S. 82.

673 Vgl. Luik (Gewinnrealisierung, 1981), S. 102.

674 Vgl. Nobes (Liabilities, 2003), S. 21, der folgende Definition von *revenues* vorschlägt: „Revenue is the gross inflow of cash or other net assets ... arising as a result of trading transactions with customers, including the provision of services. Revenue is not itself income but may give rise to the recognition of income". An dieser Stelle ist zu kritisieren, dass *Nobes* bewusst den Terminus der gewöhnlichen Geschäftstätigkeit nicht mit aufführt. So auch *Schipper* in einem FASB Board Meeting im Rahmen eines gemeinsam mit dem IASB durchgeführten Projekts: „revenues [should; Anm. d. Verf.] be defined as arising from transactions with counterparties that meet the definition of a customer". FASB (April Meeting, 2004), S. 3. Sowie *Bruns* „revenues ... should be recognized for the inflows and outflows ... resulting from production." FASB (April Meeting, 2004), S. 5-6.

lauben international verwendete Rechnungslegungssysteme aus dieser Definition heraus Erträge auch ohne zwingenden Umsatzakt zu realisieren.

Grundsätzlich sind nach US GAAP Umsatzerlöse realisiert, wenn sie *realized* oder *realizable* und *earned* sind. Eine (Dritt-)Umsatzbindung wie das HGB es fordert, ist nicht zwingend vorgesehen. Die weit gefassten Definitionen des IASB Framework lassen hier kein Urteil zu. Jedoch fordern sowohl die US GAAP als auch die IFRS im Gegensatz zum Handelsrecht eine zuverlässige Messbarkeit der Umsatzerlöse als Ansatzkriterium. Auf den Umfang der einzelnen Normen abstellend, kristallisieren sich die US GAAP als durch Einzelfallregelungen dominiert heraus, wobei durch SAB Topic 13 ein (gescheiterter) Versuch der Verallgemeinerung vorgenommen wurde. Trotz der vielen Einzelfallregelungen existiert kein Standard bezüglich der Umsatzrealisierung aus Dienstleistungen. Die IFRS zur Umsatzrealisierung bauen hingegen auf Grundsätzen auf. Abweichungen von den Grundsätzen in IAS 18 mögen sich durch IAS 11 oder durch einzelne IFRIC ergeben. Handelsrechtlich erfolgt die Umsatzrealisierung stets nach Übergang der Preisgefahr und des wirtschaftlichen Eigentums. Daraus resultiert auch, dass die US GAAP und IFRS mit der bewirkten Lieferung oder Leistung, während der Produktion, dem Bereitstehen der Vermögenswerte oder Zahlungseingang vier verschiedene Realisationszeitpunkte kennen, während das HGB lediglich jenen der bewirkten Lieferung oder Leistung zulässt. Im Hinblick auf den mit Quasisicherheit erwarteten Gewinn stellt das Handelsrecht primär auf die Leistung des erbringenden Unternehmens ab, während US GAAP und IFRS auf quasisicher zufließende Zahlungen vom Leistungsempfangenden abstellen. Materielle Unterschiede sind im Ergebnis hieraus nicht zu erwarten, da ein Zahlungszufluss wohl erst zu erwarten ist, wenn die Leistung erbracht wurde, d.h. wenn der Gewinn quasisicher ist. Den IFRS liegen in ihrem Tenor mit den zu übertragenen Risiken und Chancen sowie der Aufgabe des hingegebenen Verfügungsrechts ähnliche Voraussetzungen wie im HGB zu Grunde. Die zuverlässige Umsatzmessbarkeit und Zuflusswahrscheinlichkeit als weitere IFRS Kriterien zum Ansatz stellen handelsrechtlich ein Problem der Bewertung, aber nicht des Ansatzes dar. Eine über das Handelsbilanzrecht hinausgehende Beschränkung ist die Voraussetzung der zuverlässigen Kostenmessbarkeit, die in der Regel aber gegeben sein dürfte. Da die US GAAP eine Vielzahl an Einzelnormen aufweisen, wird zu diesem Vergleich das allgemein in der SEC und mittlerweile auch in der Industrie anerkannte SAB Topic 13 herangezogen. SAB Topic 13 weicht insofern von IAS 18 und vom HGB ab, als es explizit einen überzeugenden Nachweis einer (Verkaufs-)Vereinbarung fordert. Diese Voraussetzung ist auch implizit bei IAS 18 und im HGB enthalten, da Risiken und Chancen mit der Preisgefahr übergehen und dieser Übergang nur bei Vorliegen eines abgeschlossenen Vertrags möglich ist. Ausgehend von den fünf Realisationskriterien nach IAS 18 bedarf es im Grunde keiner weiteren Beispiele, während die in SAB Topic 13 verankerten vier Grundsätze erheblichen Interpretationen bedürfen.[675] Anders als im Handelsrecht müssen bei unsicheren Zahlungserwartungen Umsatzerlöse nach US GAAP und IFRS ratierlich realisiert werden. Langfristige Fertigungsaufträge werden bei den international verwendeten Rechnungslegungssystemen im Regelfall nach der *percentage-of-completion method* abgebildet, während handelsrechtlich eine Teilgewinnrealisierung nur bei selbständig abrechnungsfähigen Teilprojekten in Ausnahmefällen in Frage kommt.

Bei der Realisierung von Dienstleistungsumsatzerlösen ergeben sich erhebliche Abweichungen zwischen US GAAP und IFRS. Während die US GAAP keine expliziten Regeln kennen, sondern abhängig von der Bestimmbarkeit der Anzahl der erbrachten Leistungen und dem Leistungszeitraum einen Realisationsmodus auf einer sehr niedrigen US GAAP Hierarchieebene anbieten, verweisen die IFRS im Wesentlichen auf die *percentage-of-completion method* analog zur Langfristfertigung. Die US GAAP versagen hingegen die Anwendung dieser Regelung. Handelsrechtlich erfolgt die Umsatzrealisierung dann, wenn die Leistung erbracht wurde.

Sowohl die US GAAP, die IFRS als auch das HGB stellen zur Beurteilung der Umsatzrealisierung auf die zivilrechtlichen Regelungen unter Berücksichtung der wirtschaftlichen Betrachtungsweise ab. Unterschiede ergeben sich vor allem bei der Anknüpfung der Regelungen an das Zivilrecht, bei zusätzlichen Anforderungen und bei unterschiedlichen Auffassungen bezüglich der Bedeutung der wirtschaftlichen Betrachtungsweise. Insbesondere das Handelsrecht verschärft durch das Heranziehen der wirtschaftlichen Betrachtungsweise (Übergang des wirtschaftlichen Eigentums) das eigentliche Kriterium des Übergangs der Preisgefahr, während die US GAAP und IFRS durch die wirtschaftliche Betrachtungsweise z.B. bei der *percentage-of-completion method* Umsatzerlöse bisweilen vor den Übergang der Preisgefahr verlagern.

7 Ausgewählte Einzelfragen und Gestaltungsspielräume

7.1 Abgrenzung und Definition des Untersuchungsgegenstands

Im Mittelpunkt der folgenden Untersuchung stehen Regelungen zur Realisierung von Umsatzerlösen in Abhängigkeit bestimmter Transaktionen, bei denen häufig Einflussnahmen auf die Rechnungslegung zu verzeichnen sind.[676] Vordergründig ergeben sich bei der Bilanzierung des Verkaufs von Produkten zwischen den Rechnungslegungssystemen geringe Unterschiede. Weichen die Vereinbarungen vom Standardfall der gelieferten Ware ab, beispiels-

[675] Beispielsweise würden die Kriterien ohne beigefügte Beispiele Umsätze aus Kommissionsgeschäften als realisiert erachten oder *bill and hold*-Umsatzerlöse grundsätzlich versagen.

[676] Grundlage hierzu bilden die SEC *litigation releases* zwischen den Jahren 2002 und 2005. Vgl. auch Giroux (Detecting, 2004), S. 115-117.

weise durch *bill and hold*[677]-Geschäfte oder Rückgabemöglichkeiten, so treten zum Teil erhebliche Unterschiede auf. Diese gilt es genauer zu analysieren. Hinzu kommt, dass „die ‚wirtschaftliche' Beurteilung der Gewinnrealisierung ... zwangsläufig zu einer erheblichen Kasuistik"[678] führt. Gerade die Abweichungen vom Standardfall durch Zusatzvereinbarungen oder spezielle vertragliche Gestaltungen fördern viele Einflussnahmen auf die Rechnungslegung und führten vor allem bei den US GAAP zu zahlreichen (lückenfüllenden) Regelungen durch die normgebenden Institutionen. Zugleich findet eine Untersuchung statt, inwiefern die Einzelfallregelungen mit den entsprechenden fundamentalen Realisationsgrundsätzen in Einklang stehen.

7.2 Umsatzrealisierung bei bill and hold Transaktionen

7.2.1 Behandlung nach US GAAP

Wie aus der Bezeichnung *bill and hold* hervorgeht, beinhalten die Transaktionen bereits an den Käufer in Rechnung gestellte Waren, obwohl eine Lieferung an diesen noch nicht erfolgt ist. Vielmehr befinden sich die Waren noch im Verfügungsbereich des Verkäufers. Die US GAAP kennen keinen expliziten Standard, der dieses Problem regelt, sondern greifen auf SAB Topic 13 zurück. Hiernach dürfen derartige Umsatzerlöse grundsätzlich nicht realisiert werden, da die Risiken und Chancen sowie das Eigentum noch nicht übergegangen sind.[679] Dennoch hat die SEC folgende, kumuliert zu erfüllende Kriterien entwickelt, die eine Realisierung aus *bill and hold*-Transaktionen gestatten:[680]

(1) Die Preisgefahr ist übergegangen.
(2) Es liegt eine feste Kaufvereinbarung vor.
(3) Der Käufer hat die *bill and hold*-Transaktion unter der Voraussetzung wirtschaftlicher Gründe seinerseits initiiert.[681]
(4) Es gibt einen festgelegten Ablauf bezüglich der Lieferung, der auch im Einklang mit den wirtschaftlichen Zwecken des Käufers steht.
(5) Sämtliche diese Produkte betreffenden Leistungen sind abgeschlossen.
(6) Die Waren stehen räumlich abgegrenzt von den sonstigen Waren.
(7) Die Waren stehen vollständig und zum Versand bereit.

---

677 Zur Definition vgl. Kapitel III.7.2, S. 111.

678 Mathiak (Rechtsprechung, 1987), S. 55.

679 Vgl. SAB Topic 13.A.3 (a).

680 Vgl. SAB Topic 13.A.3 (a).

681 *Bill and hold* Transaktionen treten häufig in der Spielzeug-, Textil- und Elektronikbranche auf, um Mengenrabatte zu erhalten. Meist sind jedoch die Kundenlagerkapazitäten nicht ausreichend um die gesamte Menge abnehmen zu können. Auch im Auftrag gefertigte Maschinen verbleiben bisweilen beim Verkäufer, wenn der Käufer noch nicht die Voraussetzung zur Installation geschaffen hat. Vgl. West (Industries, 1998), S. 1040.

Des Weiteren gibt es noch ergänzende Kriterien, die für die Beurteilung einer zulässigen Realisierung von Umsatzerlösen heranzuziehen sind wie beispielsweise die Zahlungserwartungen, die Erfahrungen der Vergangenheit mit solchen Transaktionen, das Tragen von Marktpreisrisiken oder die Versicherung der gelagerten Waren. Eine *bill and hold*-Umsatzrealisierung spricht grundsätzlich nicht gegen das US GAAP-Rahmenkonzept, wirft aber erhebliche Fragen bezüglich einer wirtschaftlichen Betrachtungsweise auf.[682] Nach den oben genannten Kriterien ist die *earned*-Voraussetzung erfüllt, da alle Anforderungen des Käufers berücksichtigt wurden.[683] Zwar hat noch keine Transaktion am Markt stattgefunden, jedoch genügt nach SFAC 5.83 (a) auch schon die Möglichkeit dazu (*realizable*). Ebenfalls steht APB 10.12 mit der Forderung des Eigentumsübergangs und dem Übergang der Risiken und Chancen einer Realisierung nicht im Wege. Sowohl die Anforderungen des Rahmenkonzepts als auch jene der Einzelnorm (APB 10.12) sind bereits aus konzeptioneller Sicht mit den oben genannten Kriterien (1), (2), (5) und (7) erfüllt. Die zusätzlichen Restriktionen dienen dazu, Einflussnahmen des Veräußernden auf die Rechnungslegung zu vermeiden. Beispielsweise ist eine Anforderung des Kunden, die Lieferung zu verzögern, nicht ausreichend, vielmehr müssen hierzu Hintergrundinformationen zur wirtschaftlichen Betrachtung vorliegen.[684] Kritisch zu sehen ist insbesondere der Widerspruch von SAB Topic 13 in sich selbst. Die verallgemeinerten Kriterien fordern explizit eine bereits erfolgte Lieferung.[685] Bezüglich *bill and hold*-Vereinbarungen gilt dies jedoch nicht.

7.2.2 Behandlung nach IFRS

Die IFRS verweisen im Anhang A zu IAS 18 auf Gestaltungen mit dem Charakter einer *bill and hold*-Transaktion. Eine Umsatzrealisierung kommt nur unter der Erfüllung folgend dargestellter Kriterien in Betracht:[686]

(1) Der Käufer erwirbt das Eigentum an der Kaufsache.
(2) Es ist wahrscheinlich, dass eine Lieferung erfolgen wird.
(3) Die Ware ist verfügbar, kenntlich gemacht und steht zur Lieferung bereit. Eine bloße Absicht des Verkäufers, die Waren noch zu beschaffen oder herzustellen, ist nicht hinreichend zur Erfüllung dieses Kriteriums.
(4) Der Käufer bestätigt explizit die verzögerten Lieferbedingungen.[687]

---

682 Vgl. Carmichael (Accounting, 1999), S. 59, der ebenfalls bemerkt, dass eine Umsatzrealisierung auf Grund einer *bill and hold*-Transaktion an sich keine Verletzung der Rechnungslegungsregelungen darstellt.

683 Vgl. SFAC 5.83 (b).

684 Vgl. Martin (Revenue, 2002), S. 32.

685 Vgl. SAB Topic 13.A.1.

686 Vgl. IAS 18 App. A.1.

687 Im Original heißt es: „the buyer specifically acknowledges the deferred delivery instructions". Die deutsche Übersetzung von IAS 18 App. A.1 (c) lautet: „der Käufer gibt gesondert Weisung über den verzögerten Lieferzeitpunkt".

(5) Es finden die gewöhnlichen Zahlungsbedingungen Anwendung.

Die Beispiele im Appendix zu IAS 18 gehen weder dem Standard vor, noch ändern sie ihn. Daher bleibt zu fragen, wie die oben genannten Kriterien mit den Grundsätzen des IAS 18.14 vereinbar sind. Anstatt als bloße Checkliste abgearbeitet zu werden, dienen sie vielmehr als Indikatoren für die Erfüllung von IAS 18.14, dessen Anforderungen primär erfüllt sein müssen. Insbesondere kritisch ist die Voraussetzung des hingegebenen Verfügungsrechts zu beurteilen. Demnach darf der Verkäufer weder anhaltend ein bestehendes Verfügungsrecht noch eine wirksame Verfügungsmacht über die Kaufsache besitzen. Ist die Beurteilung des Übergangs der Preisgefahr bzw. des Eigentumserwerbs noch auf rechtliche Gegebenheiten zu stützen und eine Frage des Zivilrechts, steht hier eine wirtschaftliche Betrachtungsweise im Vordergrund. Wirtschaftlich betrachtet entscheidet der Verkäufer noch über die Kaufsache. Er könnte beispielsweise Teile der Waren entnehmen und anderweitig veräußern und vor der Lieferung an den Kunden den entnommenen Bestand wieder auffüllen. Dennoch ist eine Umsatzrealisierung möglich, da der Verkäufer keine nachhaltige Verfügungsmacht über die Kaufsache aufweist. Auch bei IFRS muss die Ausgestaltung der Transaktion vom Käufer vorgeschlagen worden sein. IAS 18 App. A.1 und IAS 18.14 stehen somit im Einklang. Unterschiede zu US GAAP treten insbesondere im Kriterium des Eigentumsübergangs auf. So ist nach US GAAP zwingende Voraussetzung, dass die *risks of owenership* übergehen, während nach IFRS ein Eigentumsübergang (*takes title*) notwendig ist.

7.2.3 Behandlung nach HGB

Handelsrechtlich gelten Umsatzerlöse grundsätzlich bei Übergang der Preisgefahr und dem Verlust des wirtschaftlichen Eigentums als realisiert.[688] Vor diesem Hintergrund hat der BFH betreffend *bill and hold*-Transaktionen entschieden. Dabei ging es um veräußerte Waren, die am Bilanzstichtag noch nicht ausgeliefert waren, aber auf Gefahr des Käufers lagerten. Neben der Strittigkeit, dass die Preisgefahr im vorliegenden Fall noch nicht übergegangen war, nannte der BFH mit dem Verbleib der Waren im tatsächlichen Herrschaftsbereich des Verkäufers einen weiteren Hinderungsgrund zur Umsatzrealisierung.[689] Ein Preisgefahrenübergang gem. § 446 S. 1 BGB sowie § 644 BGB ist auch ohne physische Lieferung denkbar.[690] Denn der Übergabe steht ein Annahmeverzug gleich (§ 446 S. 3 BGB, § 300 Abs. 2 HGB). Zudem kann der Verkäufer durch Besitzkonstitut des § 930 BGB dem Käufer mittelbaren Besitz gewähren. Somit scheitert eine *bill and hold*-Umsatzrealisierung nicht am Kriterium des Gefahrenübergangs, sondern am Risiko eines vom Verkäufer zu vertretenden Verlusts des Kaufpreisanspruchs durch Vernichtung oder Beschädigung der Kaufsache und damit an der „wirt-

[688] Vgl. Kapitel 5.2.1.1.

[689] Vgl. BFH IV R 52/83 vom 27.2.1986, S. 552.

[690] Vgl. Wassermeyer (Anmerkung, 1986), S. 486.

schaftlichen Erfüllung“ des Kaufvertrags.[691] So lange das wirtschaftliche Eigentum noch beim Veräußerer liegt, ist der Vertrag wirtschaftlich nicht erfüllt.[692] *Lüders* stimmt zwar der Tatsache zu, dass für die Gefahr des zufälligen Untergangs verstärkt Anlass bestünde, wenn die Waren noch beim Verkäufer lagerten, dies aber eine Frage der Bewertung und nicht des Ansatzes sei.[693] Dem ist nicht zuzustimmen, denn mit durch den Verkäufer verschuldetem Untergang existiert kein Anspruch auf Zahlung und damit auch kein quasisicherer Gewinn.[694] Eine Umsatzrealisierung kommt daher nicht vor dem Ausgang der Ware und dem Verlust des wirtschaftlichen Eigentums in Betracht.[695] So lange die Ware beim Verkäufer lagert, hat der Käufer keine unmittelbare Zugriffsmöglichkeit und Ausschlussmöglichkeit auf die Waren. Zudem würde eine auf Besitzkonstitut oder Annahmeverzug basierende Umsatzrealisierung zu einer erheblichen Entobjektivierung führen, da die Zeitpunkte nahezu und fern der tatsächlichen Lieferung beliebig festzulegen sind. Eine differenzierte Gewinnrealisierung durch Besitzkonstitut oder Annahmeverzug scheint nicht geboten, da in beiden Fällen bereits die Preisgefahr übergegangen ist. *Euler* ist insofern nicht zuzustimmen, als er eine Umsatzrealisierung durch Besitzkonstitut zulässt, aber durch Annahmeverzug versagt.[696] Der Risikoabbau ist in beiden Fällen identisch. Zweifel hinsichtlich der Erbringung der Gegenleistung bei Annahmeverzug sind eine Frage der Bewertung, die ebenfalls auch bei einer Gewinnrealisierung mit Besitzkonstitut auftreten können.[697] Auch wenn im Gegensatz zum HGB die US GAAP und IFRS eine Umsatzrealisierung unter bestimmten Voraussetzungen erlauben, erlangen auch hier zur Bestimmung des Übergangs der Preisgefahr oder des Eigentums die jeweiligen Normen des BGB Relevanz.

7.3 Umsatzrealisierung bei Rücknahme der verkauften Waren und bei Kommissionsgeschäften

7.3.1 Behandlung nach US GAAP

7.3.1.1 Einordnung der Rückgaberechte

Rückgaberechte der Kunden können sowohl aus Rücknahmepflichten sowie Rückkaufpflichten des Veräußernden bestehen. Auf der anderen Seite können dem Kunden Waren bereits mit

691 Vgl. BFH IV R 52/83 vom 27.2.1986, S. 552. A.A. Adler/Düring/Schmaltz (Rechnungslegung, 2001), § 252 HGB, Rn. 82, die der Auffassung sind, die Übergabe des Vermögensgegenstands könne durch Vereinbarung eines Besitzkonstituts ersetzt werden.

692 Vgl. BFH VIII R 53/81 vom 14.12.1982, S. 303; Döllerer (Bundesfinanzhof, 1987), S. 444; Döllerer (Bundesfinanzhof, 1984), S. 635.

693 Vgl. Lüders (Realisationszeitpunkt, 1986), S. 1945.

694 Insbesondere hat der Schuldner während des Gläubigerverzugs Vorsatz und grobe Fahrlässigkeit zu vertreten (§ 300 Abs. 1 BGB).

695 Vgl. Mathiak (Rechtsprechung, 1987), S. 54; Mathiak (Rechtsprechung, 1988), S. 81.

696 Vgl. Euler (Gewinnrealisierung, 1989), S. 87, 101.

697 *Euler* argumentiert vor allem mit der unsicheren Gegenleistung beim Annahmeverzug. Vgl. Euler (Gewinnrealisierung, 1989), S. 101 sowie Grau (Gewinnrealisierung, 2002), S. 108.

dem Recht einer Rückgabe übergeben worden sein, ohne dass ein Eigentumsübergang stattgefunden hat. Zivilrechtlich ist die Ausgestaltung der Rückgaberechte vielseitig.[698] Bei einem aufschiebend bedingten Kauf gem. § 158 Abs. 1 BGB wird der Kaufvertrag erst mit der Erklärung des Käufers wirksam, die Ware behalten zu wollen.[699] Folglich finden die allgemeinen Realisationskriterien Anwendung. Mit einem auflösend bedingten Kaufvertrag nach § 158 Abs. 2 BGB hat ein Verkauf bereits stattgefunden, so dass SFAS 48 oder SFAS 49 einschlägig ist.[700] Neben der rechtlichen Beurteilung, ob eine Transaktion ein Kommissionsgeschäft, ein Finanzierungsgeschäft, ein regulärer Kauf mit Rücknahmepflicht oder eine sonstige Gestaltung darstellt, bedarf es insbesondere einer wirtschaftlichen Betrachtungsweise und eines Verständnisses der Intention der Vertragsparteien.[701] Die folgende Abbildung 5 zeigt mögliche Fallunterscheidungen.

Abbildung 5: Kauf mit Rückgaberecht

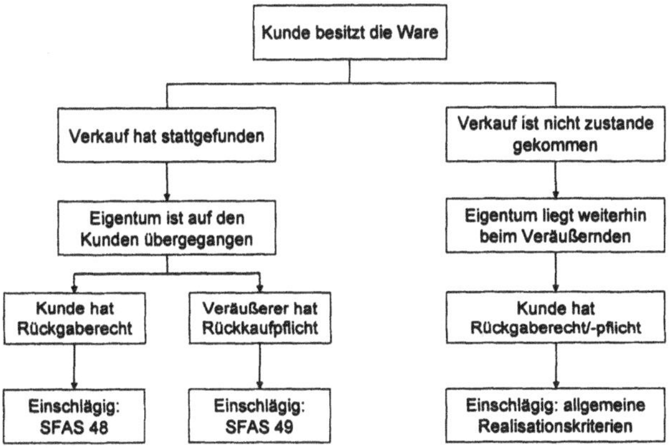

7.3.1.2 Umsatzrealisierung bei Rücknahmepflicht nach SFAS 48

SFAS 48 *Revenue Recognition When Right of Return Exists* ist einschlägig für alle potenziellen Rückgaben von Produkten durch Kunden oder Weiterverkäufer auf Grund von vertraglichen Vereinbarungen, gesetzlichen Pflichten oder dem üblichen Geschäftsgebaren.[702] Alle im Handel gebräuchlichen Rückgaberechte zwischen dem Verbraucher und dem Lieferanten fal-

698 Vgl. Piltz (Rückgaberecht, 1985), S. 1369.

699 Gleiches gilt auch für einen Kauf auf Probe gem. § 454 Abs. 1 BGB. Die Billigung des Kaufgegenstands steht im Belieben des Käufers.

700 Bei einem Rücktrittsrecht gem. § 346 Abs. 1 BGB wird ebenfalls vorerst ein bindender Kaufvertrag abgeschlossen, so dass SFAS 48, 49 zur Anwendung gelangen.

701 Vgl. SAB Topic 13.A.2, Question 1.

702 Vgl. SFAS 48.3.

len regelmäßig unter SFAS 48.[703] Die Art der Rückvergütung des Kaufpreises ist irrelevant. Gewährleistungs- bzw. Garantieverpflichtungen fallen nicht unter diesen Standard.[704] Gewährt das veräußernde Unternehmen ein Recht, die Produkte zurückzugeben, dürfen Umsatzerlöse zum Zeitpunkt des Verkaufs nur bei Erfüllung jeder der folgenden sechs Kriterien in Höhe der geschätzten künftig nicht zurückgegebenen Produkte realisiert werden:[705]

(1) Zum Verkaufszeitpunkt ist der Preis im Wesentlichen festgelegt oder bestimmbar.
(2) Der Käufer hat den Kaufpreis entrichtet oder eine Verpflichtung hierzu. Die Gegenleistung des Käufers darf nicht vom Wiederverkauf des Produkts abhängen.
(3) Die Verpflichtung des Käufers gegenüber dem Verkäufer darf sich im Fall einer Beschädigung oder Zerstörung, d.h. des Untergangs des Produkts, nicht ändern.
(4) Der Käufer verfügt über eine wirtschaftliche Substanz, die über den bloßen Erhalt der Produktlieferungen des Verkäufers hinausgeht.
(5) Der Verkäufer hat keine wesentlichen Pflichten zur Herbeiführung eines Wiederverkaufs der Produkte durch den Käufer.
(6) Der Betrag künftig zurückgegebener Waren ist verlässlich ermittelbar.[706]

Während der Rückgabefrist sind die Risiken und Chancen aus der Transaktion noch nicht nachhaltig auf den Käufer übergegangen.[707] Ist eines der Kriterien nicht erfüllt, kann von einem derart hohen Risiko eines nicht nachhaltigen Gefahrenübergangs gesprochen werden, dass ein Erfassen von Umsatzerlösen nicht gerechtfertigt erscheint.[708] Auf Grund der genannten Kriterien wird deutlich, dass als Voraussetzung für die Umsatzrealisierung ein gültiger Kaufvertrag vorzuliegen hat und die Warenlieferung erfolgte. In seinem Anwendungsbereich weist der Standard explizit auf die Notwendigkeit eines Veräußerungsgeschäfts hin.[709] Es gelten folglich die allgemeinen Kriterien zur Umsatzrealisierung. In Punkt (1) tritt jedoch eine Abweichung zu den Voraussetzungen in SAB Topic 13 auf. SFAS 48.6 fordert einen im Wesentlichen bestimmten Kaufpreis, während SAB Topic 13 auf einen sicher bestimmbaren Preis abstellt. Wie insbesondere aus (2) hervorgeht, findet SFAS 48 ebenfalls Anwendung auf Gestaltungen, die nach wirtschaftlicher Auslegung einem Kommissionsgeschäft gleichen.

---

703 Beispielsweise räumt das Fernabsatzgesetz i.V.m § 355 BGB ein zweiwöchiges Rückgaberecht ein.

704 Vgl. SFAS 48.4. So auch SAB Topic 13.A.3 (b), Question 1. Demnach finden für defekte oder nicht die Spezifikationen erfüllende Produkte die Regelungen des SFAS 5 zu den Rückstellungen Anwendung.

705 Vgl. SFAS 48.6.

706 Vgl. SFAS 48.8 zu den Kriterien, wann eine zuverlässige Schätzung künftiger Rücklieferungen angenommenen werden kann. Ein Umtausch eines Gegenstands gegen einen ähnlichen in gleicher Qualität und mit gleichem Wert gilt nicht als Rückgabe i.S.d. SFAS 48. Vertreibt das Unternehmen Waren über Verkaufskanäle, ist eine verlässliche Ermittlung nur möglich, wenn genaue und adäquate Angaben über die Vertriebskanäle bezüglich der darin befindlichen Waren und gegenwärtigen Verkäufen vorliegen. Vgl. Turner (Speech, 2001).

707 Vgl. Williams/Carcello (GAAP, 2003), S. 42.03.

708 Vgl. Chasteen/Flaherty/O'Connor (Accounting, 1998), S. 335.

709 Vgl. SFAS 48.3.

Punkt (3) stellt einen vollzogenen Übergang der Preisgefahr, also einen Übergang der Risiken und Chancen sicher. Voraussetzung (4) dient vor allem der Vermeidung von Umsatzerlösen mit (fiktiven) Kunden, die nur zum Zwecke einer Herbeiführung der Umsatzrealisierung vom Verkäufer eingerichtet wurden.[710] Wieder einmal zeigt sich die Ausrichtung der US GAAP auf eine Vermeidung von Umgehungstatbeständen innerhalb der Rechnungslegungsnormen. Bei Nichterfüllung der Kriterien findet eine Umsatzrealisierung frühestens dann statt, wenn entweder die Rückgabefrist abgelaufen ist oder die oben genannten Kriterien im Zeitablauf noch erfüllt werden.

SFAS 48 konkretisiert die grundsätzlichen Voraussetzungen des Rahmenkonzepts (*realized* und *earned*). Eine vorhandene Markttransaktion und die Erfüllung sämtlicher Verpflichtungen ist zumindest aus Sicht des Verkäufers mit der Übergabe der Waren trotz des Rückgaberechts vollzogen. Aus Sicht des Käufers stellt eine gewährte Rücknahme der Waren eine noch ausstehende Verpflichtung des Verkäufers dar, so dass fraglich ist, ob das *earned*-Kriterium als erfüllt gelten kann. SFAS 48 steht weiter – unter Beachtung der Abweichung in Punkt (1) – im Einklang mit den allgemeinen Realisationskriterien in SAB Topic 13, setzt jedoch weitere Anforderungen an die Realisierung von Umsatzerlösen bei Rückgaberechten.[711] Vor allem das Kriterium des hinreichend sicheren Zahlungseingangs verknüpft SAB Topic 13 mit SFAS 48. Liegen die Kriterien des SFAS 48.6 nicht vor, ist auch nicht mit einem quasisicheren Zahlungseingang zu rechnen.

7.3.1.3 Umsatzrealisierung bei Rückkaufpflicht/-recht nach SFAS 49

Werden Produkte veräußert, für die sich das Unternehmen in einer damit zusammenhängenden Transaktion zum Rückkauf verpflichtet, so findet SFAS 49 *Accounting for Product Financing Arrangements* Anwendung.[712] Die Produktfinanzierungsvereinbarungen haben dabei die folgenden zwei kurz umrissenen Voraussetzungen zu erfüllen:

(1) Mit der Vereinbarung wird das ursprünglich veräußernde Unternehmen verpflichtet, die Waren zu unveränderten Preisen zurückzukaufen. Zu entrichtende Finanzierungs- und Aufbewahrungskosten führen dabei nicht zu Preisänderungen im genannten Sinne.

---

710 Vgl. SFAS 48.6 (d) Fn. 2.

711 Vgl. SAB Topic 13.A.1.

712 Vgl. SFAS 49.3 (a). Es muss sich dabei nicht um die gleichen Produkte, sondern lediglich um im Wesentlichen gleiche Produkte handeln. Im Gegensatz hierzu umfasst der Umtausch nach SFAS 48 Fn. 2 nur identische Produkte.

(2) Mit der Rückkaufvereinbarung werden die Zahlungen zum Rückkauf sowie – falls notwendig – deren Anpassung im Zusammenhang mit Kauf- und Aufbewahrungskosten geregelt.[713]

Es ist zu klären, ob die bereits vorhandenen, beim Kunden lagernden Produkte als Vermögenswert beim veräußernden Unternehmen zu verbuchen sind und eine Verpflichtung der Rückkaufbeträge zu passivieren ist.[714] Liegen beide Voraussetzungen vor, handelt es sich nicht um ein Verkaufsgeschäft, sondern um ein Finanzierungsgeschäft, bei dem keine Umsätze zu realisieren und die Waren nicht aus dem Vorratsvermögen auszubuchen sind.[715] Vielmehr ist eine Verpflichtung in Höhe der von der Finanzierungsvereinbarung umfassten Produkte zu erfassen. SFAS 49 steht im Einklang mit dem Rahmenkonzept der US GAAP. Eine Umsatzrealisierung würde am *realized*- und am *earned*-Kriterium scheitern. Als *realized* gelten die Umsatzerlöse, wenn Güter gegen einen Anspruch auf Zahlungsmittel ausgetauscht wurden. Bei einer isolierten Betrachtung der Veräußerung ist dem zuzustimmen. Nach wirtschaftlicher Betrachtungsweise müssen aber die Gesamtumstände des Verkaufs Berücksichtigung finden – und damit die Verpflichtung des Rückkaufs, also die Rückzahlung des ursprünglich erhaltenen Kaufpreises. Das *earned*-Kriterium ist in dem Sinne noch nicht erfüllt, als noch wesentliche, aus dem Geschäft obliegende Pflichten in Form des Rückkaufs ausstehen. Zwar erfolgte bereits ein Übergang des Eigentums, die Risiken und Chancen aus den Waren liegen jedoch immer noch beim Veräußerer, der auf Grund der Rückkaufpflicht weiterhin wirtschaftliche Übernahmelasten (ökonomische Preisrisiken) trägt.[716] Nach den allgemeinen Kriterien des SAB Topic 13 dient das Argument einer fehlenden vertraglichen (Kauf-) Vereinbarung hinsichtlich eines abschließenden Kaufs als Grundlage zur Ablehnung einer Umsatzrealisierung.[717] Besteht eine Rückkaufpflicht, ist die Absicht eines nachhaltigen Verkaufs und einer hierzu vorliegenden Vereinbarung in Zweifel zu ziehen.

7.3.1.4 Umsatzrealisierung bei Rücknahmepflicht auf Grund der allgemeinen Realisierungskriterien und bei Verkaufskommissionen

Liegt kein bindender Kaufvertrag vor, scheitert eine Realisierung von Umsatzerlösen bereits daran, dass weder ein Übergang der Chancen und Risiken noch des Eigentums vorliegt.[718] So begründen Produkthingaben zu Test- oder Probezwecken keine Umsatzrealisierung mangels

---

713 Indikatoren für eine Anpassung im genannten Sinne sind Finanzierungen des Käufers durch den Verkäufer unter den sonst am Markt üblichen Bedingungen oder gar zinsfreie Finanzierungen sowie die Übernahme von Zinsaufwendungen zu Gunsten des Käufers. Vgl. SAB Topic 13.A.2. Question 2.

714 Vgl. SFAS 49 App. B.22.

715 Vgl. SFAS 49.8 (a).

716 ARB 43 Sec. 1 Ch. A und APB 10.12 fordern sowohl einen Übergang der Risiken und Chancen als auch des Eigentums.

717 Vgl. SAB Topic 13.A.2, Question 2.

718 Vgl. ARB 43 Sec. 1 Ch. A und APB 10.12.

Eigentums- und Gefahrenübergang, da der Kunde einem Kauf noch nicht zugestimmt hat.[719] Ähnlich verhält es sich bei Kommissionsgeschäften. Bei einem herkömmlichen Kommissionsgeschäft verkauft der Kommissionär Waren im eigenen Namen, aber auf fremde Rechnung an einen Dritten.[720] Die Waren befinden sich bei einer Verkaufskommission weiterhin im rechtlichen Eigentum des Kommittenten, aber möglicherweise im Besitz des Kommissionärs. SFAS 48 kann mangels eines Verkaufsgeschäfts zwischen dem Kommittenten und dem Kommissionär keine Anwendung finden. Eine Umsatzrealisierung scheitert daher schon auf Grund des fehlenden Übergangs von Risiken und Chancen sowie des Eigentumsübergangs.[721] Erst zum Zeitpunkt der Weiterveräußerung durch den Kommissionär, d.h. den Geschäftsverlauf betrachtend, mit der Übermittlung der Verkaufsnotiz an den Kommittenten, erfolgt bei diesem die Umsatzrealisierung.[722] Das Eigentum geht dabei direkt vom Kommittenten an den Endabnehmer über.

7.3.2 Behandlung nach IFRS

7.3.2.1 Umsatzrealisierung bei Rücknahmepflicht des Verkäufers

Besitzt der Kunde ein Rückgaberecht bereits gelieferter Ware, werden die hiermit verbundenen und verbleibenden Eigentumsrisiken des Verkäufers als unbedeutend erachtet, wenn eine zuverlässige Schätzung künftiger Rücklieferungen möglich ist und der Veräußerer aus Erfahrungswerten eine korrespondierende Verpflichtung erfasst.[723] Im umgekehrten Fall einer nicht zuverlässigen Schätzbarkeit verbleiben die wesentlichen Eigentumsrisiken beim Veräußerer, da sie auf ihn unvorhersehbar zurückfallen können.[724] Gleiches gilt bei einer Abhängigkeit des künftigen Nutzenzuflusses von der Weiterveräußerung der Produkte durch den Käufer.[725] Folglich besteht Ungewissheit über den Umfang der Rücklieferungen, und die Realisierung hat entweder bis zur formellen Anerkennung durch den Käufer oder bis zum Ablauf der Rückgabefrist, zu unterbleiben.[726] IAS 18 differenziert dabei nicht zwischen aufschiebenden und auflösenden Bedingungen in Kaufverträgen. Das IASB Framework fordert in den Grundsätzen zur Umsatzrealisierung einen wahrscheinlichen Nutzenzufluss und eine verlässliche Wertermittlung.[727] Fehlt es an einer zuverlässigen Wahrscheinlichkeitsbeurteilung der

---

719 Vgl. SAB Topic 13.A.3 (b), Question 1.

720 Verankert sind die Regelungen zum Kommissionsgeschäft in §§ 383-406 HGB.

721 Vgl. ARB 43 Sec. 1 Ch. A sowie SAB Topic 13.A.2, Question 2 sowie Nikolai/Bazley (Accounting, 2003), S. 810.

722 Vgl. Kieso/Weygandt/Warfield (Accounting, 2001), S. 1031. Der Kommissionär ist gem. § 384 Abs. 2 HGB verpflichtet, von der Ausführung der Kommission unverzüglich Anzeige zu machen.

723 Vgl. IAS 18.17.

724 Vgl. IAS 18.16 (d) und Ordelheide/Böckem (IAS, 2003), Tz. 36.

725 Vgl. IAS 18.16 (b).

726 Vgl. IAS 18 App. A.2 (b). Wie bei *bill and hold* Transaktionen konkretisieren die IFRS die Realisierung von Umsatzerlösen bei Rückgaberechten im Anhang zu IAS 18.

727 Vgl. IASB F 83.

Rückgaben, kann weder ein wahrscheinlicher Nutzenzufluss angenommen, noch der Wert verlässlich ermittelt werden. Weiterhin fordern die allgemeinen Realisationskriterien des IAS 18.14 eine zuverlässige Messbarkeit der Umsatzerlöse sowie einen wahrscheinlichen Zufluss wirtschaftlichen Nutzens, die in Ermangelung einer Schätzgenauigkeit ebenfalls nicht erfüllt sind. Diese Argumente als Ablehnung einer Umsatzrealisierung heranzuziehen, liegt näher, als auf einen fehlenden Übergang von Chancen und Risiken durch Rückfall der Eigentumsrisiken abzustellen. Denn gerade das Hauptargument gegen eine Realisierung basiert auch bei der Argumentation mit dem Rückfall der Eigentumsrisiken auf einer unzureichenden Schätzbarkeit zurückgelieferter Ware.

Im Vergleich zu US GAAP beinhalten die IFRS geringere Anforderungen an die Realisierung von Umsatzerlösen bei Rückgaberechten. Insbesondere stellen sie nicht explizit auf den Fall des Untergangs der Waren beim Käufer, auf die wirtschaftliche Substanz des Käufers oder auf die Pflichten zur Unterstützung des Wiederverkaufs ab. Die US GAAP verfolgen damit eine noch umfangreichere wirtschaftliche Betrachtungsweise unter stärkerem Einbezug einer Kundenbetrachtung als die IFRS. Zwar fordern die IFRS eine Beurteilung unter Zugrundelegung aller Begleitumstände der Transaktion, gehen aber mit ihren speziellen Ausschlusskriterien nicht so weit wie die US GAAP.

7.3.2.2 Umsatzrealisierung bei Rückkaufpflicht/-recht

Kauf- und Rückkaufvereinbarungen sind Transaktionen, bei denen der Verkäufer verpflichtet ist, die gleichen Waren zu einem späteren Zeitpunkt zurückzukaufen oder der Verkäufer eine Call-Option (Rückkaufrecht) bzw. der Käufer eine Put-Option (Rückkaufpflicht aus Sicht des Verkäufers) für den Rückkauf besitzt.[728] Der Anwendungsbereich entspricht im Bereich der Umsatzrealisierung jenem des SFAS 49 der US GAAP. Um festzustellen, ob alle Risiken und Chancen auf den Käufer übergegangen sind und infolgedessen eine Umsatzrealisierung zu erfolgen hat, ist die Ausgestaltung der Transaktion vor dem Hintergrund einer wirtschaftlichen Betrachtungsweise besonders zu beachten. Liegen die Risiken und Chancen weiterhin beim Veräußerer, weist die Vereinbarung den Charakter einer Finanzierung auf. In diesem Fall dürfen keine Umsatzerlöse realisiert werden.[729] Unerlässlich für die Beurteilung des Übergangs der Risiken und Chancen ist die Höhe des Rückkaufpreises, der jedoch innerhalb der IFRS unberücksichtigt bleibt. Hat der Verkäufer das Recht, einen Call auszuüben, besitzt er quasi die Kontrolle über die Waren. Die allgemeinen Kriterien versagen dann eine Umsatzrealisierung.[730] Übt der Käufer eine Put-Option aus, fallen – wie auch schon beim Rückgaberecht – die Risiken und Chancen mit dem Produkt wieder auf den Verkäufer zurück, so dass

[728] Vgl. IAS 18 App. A.5. Ähnlich auch SFAS 49.5 (2), (3).

[729] Vgl. IAS 18 App. A.5.

[730] Vgl. IAS 18.14 (b). Hier insbesondere das Kriterium des hingegebenen Verfügungsrechts.

weder der Umsatz hinreichend messbar noch ein künftiger Nutzenzufluss wahrscheinlich ist. Ausnahmsweise dürfte eine Umsatzrealisierung bei einer hinreichend zuverlässigen Messbarkeit der Optionsausübungen in Frage kommen. Ein Rückfall der Risiken und Chancen auf den ursprünglichen Veräußerer kann nur dann vorausgesetzt werden, wenn ein dem ursprünglichen Verkaufspreis ähnlicher oder ein höherer Rückkaufpreis vereinbart wurde.[731] Liegt der Preis unter dem Ursprünglichen, fallen die Risiken und Chancen nur in Höhe dieses Preises zurück, so dass für den Differenzbetrag eine Realisierung von Umsatzerlösen gerechtfertigt erscheint. Im Gegensatz zu den US GAAP beinhalten die IFRS wesentlich ungenauere Regelungen und weniger Anhaltspunkte zur Behandlung von Finanzierungstransaktionen. Im Ergebnis treten jedoch, wie gezeigt werden konnte, kaum Unterschiede auf.

7.3.2.3 Umsatzrealisierung bei Rücknahmepflicht auf Grund der allgemeinen Realisierungskriterien und bei Verkaufskommissionen

In allen Fällen, bei denen kein Kaufvertrag abgeschlossen bzw. in Kraft getreten ist, gelten die allgemeinen Voraussetzungen zur Umsatzrealisierung.[732] Regelmäßig scheitert eine Umsatzrealisierung am fehlenden Übergang der Risiken und Chancen der gelieferten Waren.[733] Zudem ist der Betrag der Umsatzerlöse nicht zuverlässig messbar und ein künftiger Nutzenzufluss äußerst fraglich.[734] Die US GAAP führen zu keinem anderen Ergebnis. Auch bei Kommissionsgeschäften erfolgt eine identische Behandlung. Umsatzerlöse dürfen erst bei Weiterverkauf der Waren realisiert werden, ungeachtet dessen, ob zwischen dem Kommissionär und dem Kommittenten ein Vertrag über den Kauf von Waren abgeschlossen wurde oder nicht.[735]

7.3.3 Behandlung nach HGB

7.3.3.1 Umsatzrealisierung bei Rücknahmepflicht

Handelsrechtlich erfolgt die Umsatzrealisierung grundsätzlich nach dem Übergang der Preisgefahr und Hingabe des wirtschaftlichen Eigentums.[736] Findet ein Verkauf mit eingeräumtem Rückgaberecht statt, hängt der Übergang der Preisgefahr davon ab, ob es sich um einen Kauf mit auflösender oder aufschiebender Bedingung handelt. Vor diesem Hintergrund ist ein erfolgter Übergang des wirtschaftlichen Eigentums zu sehen. Zudem hängt mit dem Rückgaberecht die Frage des Risikoabbaus für einen quasisicheren Gewinn zusammen.

---

[731] Das setzt auch SFAS 49.5 (a) voraus.

[732] Vgl. IAS 18.14. Siehe auch Kapitel III.7.3.1.4, S. 118.

[733] Vgl. IAS 18.14 (a).

[734] Vgl. IAS 18.14 (c), (d).

[735] Vgl. IAS 18 App. A.2 (c).

[736] Vgl. Kapitel 5.2.1.1.

Teilweise wird die Meinung vertreten, die Art der Vertragsgestaltung sei für die Realisierung der Umsatzerlöse entscheidend.[737] Eine aufschiebende Bedingung verhindert zivilrechtlich regelmäßig den Übergang der Preisgefahr nach § 446 BGB.[738] Daran scheitere eine Umsatzrealisierung.[739] Weiterhin hinge ein quasisicherer Gewinn noch von der Abnahme bzw. Genehmigung der Ware durch den Käufer ab.[740] Im Gegensatz zum aufschiebend bedingten Kauf hat ein Preisgefahrenübergang beim auflösend bedingten Kauf stattgefunden. Die Leistung wurde dabei voll erbracht und die Ware abgenommen. Nach *Luik* sollte zu diesem Zeitpunkt eine Umsatzrealisierung erfolgen, wobei eine Rückstellung für die wahrscheinlich zurückgegebenen Waren zu bilden sei.[741] Eine unterschiedliche Behandlung auflösend und aufschiebend bedingter Käufe ist nicht sachgerecht. Vielmehr handelt es sich um „zwei verschiedene rechtliche Konstruktionsmöglichkeiten, die sich in ihrem Einfluß auf die Gewinnsicherheit nicht unterscheiden“[742]. Für den Käufer ist es unerheblich, wie die rechtliche Ausgestaltung der Rückgabe erfolgte. Für ihn ist von Interesse, dass er ein Recht hat, die Waren zurückzugeben und nicht an den Kaufvertrag gebunden ist.[743] Gegen eine Umsatzrealisierung bei auflösender Bedingung wird argumentiert, es handele sich um eine Wollensbestimmung in den Verträgen, die Zweifel an deren voller Wirksamkeit weckten.[744] Wesentlich stichhaltiger und auch hier zur Ablehnung einer Umsatzrealisierung vertreten, ist die fragliche Quasisicherheit des Gewinns bei wahrscheinlicher Ausübung des Rücktrittsrechts.[745] Ist mit einer Rückgabe nicht zu rechnen, steht einer Realisierung grundsätzlich nichts im Wege.[746]

Adler/Düring/Schmaltz verneinen eine Realisierung von Gewinnen bei auflösend bedingten Kaufverträgen, sprechen sich jedoch für eine Aktivierung auflösend bedingter Forderungen aus.[747] Die Eliminierung der Gewinnrealisierung erfolgt hierbei über die Bewertung. Eine statistische Ermittlung der Rückgabequote lehnen sie unter Verweis auf den Grundsatz der Einzelbewertung des § 252 Abs. 1 Nr. 3 HGB ab.[748] Demnach solle die Frage, ob ein Gewinn

---

[737] Vgl. exemplarisch Luik (Gewinnrealisierung, 1981), S. 105-107 und Mayr (Gewinnrealisierung, 2001), S. 51.

[738] Der Übergang der Preisgefahr setzt „mit der Übergabe auf den Käufer einen wirksam zustande gekommenen Kaufvertrag und einen ursprünglich rechtswirksamen Kaufpreisanspruch des Verkäufers“ voraus. BGH VIII ZR 175/73 vom 19.2.1975, S. 394.

[739] Vgl. Lüders (Gewinnrealisierung, 1987), S. 121.

[740] Vgl. Luik (Gewinnrealisierung, 1981), S. 106; Mayr (Gewinnrealisierung, 2001), S. 48.

[741] Vgl. Luik (Gewinnrealisierung, 1981), S. 107-108.

[742] Gelhausen (Realisationsprinzip, 1985), S. 202.

[743] Vgl. Piltz (Rückgaberecht, 1985), S. 1370.

[744] Vgl. Lüders (Gewinnrealisierung, 1987), S. 123-124. Lüders erwähnt ebenfalls haftungsrechtliche Bedenken, die gegen eine Umsatzrealisierung bei einem Kauf unter auflösender Bedingung sprechen.

[745] Vgl. Euler (Gewinnrealisierung, 1989), S. 93; Hommel (Grundsätze, 1992), S. 95.

[746] Vgl. Knobbe-Keuk (Bilanzrecht, 1993), S. 249. A.A. Adler/Düring/Schmaltz (Rechnungslegung, 2001), § 246 HGB, Rn. 55.

[747] Vgl. Adler/Düring/Schmaltz (Rechnungslegung, 2001), § 246 HGB, Rn. 54, 57.

[748] Vgl. Adler/Düring/Schmaltz (Rechnungslegung, 2001), § 246 HGB, Rn. 55.

zu realisieren sei, für jedes einzelne Geschäft isoliert betrachtet werden.[749] Ebenso wie bei einer Garantierückstellung unklar ist, wem gegenüber ein Ersatz zu leisten ist, besteht im umgekehrten Fall die Frage, bei welchem Kunden ein Gewinn entsteht. Dass aber entweder Ersatz zu leisten ist oder ein Gewinn entsteht, gilt als unstrittig. Somit erscheint das Argument der Einzelbewertung nicht stichhaltig. Die Rechtfertigung mit einer imparitätischen Behandlung gem. § 252 Abs. 1 Nr. 4 HGB würde scheitern, da durch die Veräußerung mit Übergang der Preisgefahr und des wirtschaftlichen Eigentums bereits eine Realisierung erfolgte. Sollen an einen aufschiebend oder auflösend bedingten Kauf keine unterschiedlichen bilanziellen Konsequenzen knüpfen, tritt vor allem ein Problem der Umsatzrealisierung bei aufschiebender Bedingung auf. Trotz fehlendem Übergang der Preisgefahr müsste demnach eine Realisierung stattfinden. Andererseits könnte auch eine Realisierung bei auflösender Bedingung versagt werden. Vorzuziehen ist hier die erste Alternative. Der Verkäufer hat alles Notwendige getan, um den Übergang der Preisgefahr auf den Käufer herbeizuführen. Mit dem Verlust des wirtschaftlichen Eigentums des Verkäufers besitzt dieser keinerlei Verfügungsgewalt über die hingegebenen Waren. Bei einer aufschiebenden Bedingung ist die Rückgabequote ebenfalls genauso zuverlässig schätzbar wie bei einer auflösenden Bedingung und folglich auch die Quasisicherheit des Gewinns. Selbstverständlich gelten diese Ausführungen nur für Vertragsgestaltungen mit aufschiebenden Bedingungen, die den Charakter eines üblichen Rückgaberechts aufweisen. Unerheblich für die Wahrscheinlichkeitsschätzung der Inanspruchnahme des Rückgaberechts muss die Art der Sache sein. Zwar werden Rückgabewahrscheinlichkeiten vertretbarer Sachen leichter ermittelbar sein als nicht vertretbarer Sachen, was jedoch nicht immer der Fall sein muss.[750] Damit der Gewinn jedoch quasisicher messbar ist, bedarf es einer Quasisicherheit der Rücktrittswahrscheinlichkeitsermittlung. Ob das gelingt, hängt entscheidend von der Geschäftstätigkeit und der Fähigkeit des ermittelnden Unternehmens ab und darf wohl in vielen Fällen bezweifelt werden. Eine Umsatzrealisierung bei aufschiebend und auflösend bedingten Kaufverträgen zuzulassen, folgt weiterhin aus einer weniger rechtlichen, sondern wirtschaftlichen Maßgeblichkeit der einzelnen Gesichtspunkte.[751]

Für den Fall eines Verkaufs mit Rücktrittsrecht des Käufers nach § 346 BGB sowie übergegangener Preisgefahr und Übertragung des wirtschaftlichen Eigentums, hat der BFH eine Gewinnrealisierung angenommen. Ein Rücktritt erlangt seine Bedeutung erst nach dessen tatsächlicher Ausübung.[752] Ob eine auflösende oder aufschiebende Bedingung vereinbart wurde, kann dahingestellt beleiben.[753] So steht eine spätere Vertragsauflösung „unabhängig davon, auf welchen Gründen sie beruht, der Gewinnrealisierung grundsätzlich nicht entge-

749 Vgl. Piltz (Rückgaberecht, 1985), S. 1371.

750 A.A. Knobbe-Keuk (Bilanzrecht, 1993), S. 249.

751 Vgl. Weber-Grellet (Realisationsprinzip, 1996), S. 897 zur Maßgeblichkeit wirtschaftlicher Gesichtspunkte.

752 Vgl. BFH IV R 114/94 vom 25.1.1996, S. 382.

753 Vgl. FG Münster I 213/71 F vom 21.10.1971, S. 173. A.A. OFD Münster vom 12.6.1989. Hiernach sei der Gewinn bei aufschiebender Bedingung erst mit Ablauf der Rückgabefrist verwirklicht.

gen“[754]. Besteht eine überwiegende Wahrscheinlichkeit für die Ausübung des Rücktrittrechts, hat eine Neutralisierung des Gewinns durch Bildung einer Rückstellung zu erfolgen.[755] Anstatt Gewinne bzw. Umsätze zu realisieren und mit einer Rückstellung wieder zu neutralisieren, sollte in Höhe der wahrscheinlich zurückgelieferten Waren auf eine Realisierung mangels quasisicheren Gewinns verzichtet werden.[756]

7.3.3.2 Umsatzrealisierung bei Rückkaufpflicht/-recht

Rückkäufe gelten, sofern sie wesentlich sind, stets als für den Abschlussprüfer berichtspflichtige Ereignisse.[757] Bei einer – in der Literatur nur wenig behandelten – Rückkaufpflicht bzw. einem -recht hat zuvor ein Verkauf von Waren mit übertragenem wirtschaftlichen Eigentum und Übergang der Preisgefahr stattgefunden. Nach *Lüders* ist bereits mit Übergabe der Sache ein Gewinn zu realisieren.[758] Diese Betrachtungsweise ist zu undifferenziert. Vertraglich vorbehaltene Rückerwerbsrechte hindern im Regelfall nicht den Übergang des wirtschaftlichen Eigentums, wenn die uneingeschränkte Verfügungsgewalt über die Vermögensgegenstände übergegangen ist.[759] Hierzu verlangt der BFH, dass „die Rückübertragung vom Eintritt eines künftigen Ereignisses und von der Ausübung eines sodann bestehenden Rechts abhängt“[760] d.h. durch eine Option des Käufers oder Verkäufers, aus der keine faktische Verpflichtung hervorgeht.[761] Eine Option versetzt den Verkäufer nicht in die Lage, den Erwerber von der tatsächlichen Einwirkung auf den Vermögensgegenstand auszuschließen.[762] Folglich findet handelsrechtlich eine Umsatzrealisierung statt, wenn entweder der Käufer oder Verkäufer eine Option zum Rückerwerb der verkauften Ware besitzt. Nur wenn nahezu mit Sicherheit mit einer Ausübung der Option zur Rücknahme der Sache gerechnet werden kann, hat eine Realisierung von Erträgen zu unterbleiben.[763]

Die Behandlung der Gewinnrealisierung bei bestehender und fixierter Rückkaufverpflichtung wirft weitere Fragen auf. Der Rückkauf hängt damit nicht länger von einem künftigen, sondern bereits von einem zum Vertragsabschluss feststehenden Ereignis ab. Allein maßgeblich

---

754 BFH VIII R 77/96 vom 28.3.2000, S. 227.

755 Vgl. BFH IV R 114/94 vom 25.1.1996, S. 382 sowie BFH VIII R 77/96 vom 28.3.2000, S. 227.

756 Vgl. Hoffmann (Realisationsverhinderer, 1996), S. 1822, der Rückstellungen als Realisationsverhinderer ebenfalls kritisiert.

757 Vgl. IDW ERS HFA 13.3.

758 Vgl. Lüders (Gewinnrealisierung, 1987), S. 124.

759 Vgl. BFH XI R 6/93 vom 25.8.1993, S. 23: „Die Vereinbarung eines Optionsrechts reicht zur Begründung wirtschaftlichen Eigentums des Optionsberechtigten an veräußerten Wirtschaftsgütern grundsätzlich nicht aus“.

760 BFH X R 38/98 vom 28.7.1999, S. 653 und IDW (Stellungnahme BFA 2/82, 1982), S. 548.

761 Vgl. zur Rückkaufoption BFH XI R 55/97 vom 17.6.1998, S. 9 sowie IDW (Stellungnahme BFA 2/82, 1982), S. 548.

762 Vgl. BFH III R 18/85 vom 10.6.1988, S. 348.

763 Vgl. IDW ERS HFA 13.24. Das könnte beispielsweise bei gegenläufigen Optionen der Fall sein.

zur Beurteilung ist, ob der Erwerber die Position eines wirtschaftlichen Anteilseigners erhält.[764] Wird demzufolge der Käufer ungeachtet einer Rückkaufverpflichtung in die Lage versetzt, die erworbenen Vermögensgegenstände für eine längere Zeit im Eigenbesitz zu belassen, sie weiterzuveräußern oder anderweitig beliebig zu nutzen, geht das wirtschaftliche Eigentum auf ihn über.[765] Auf einen dauerhaften Ausschluss des Veräußernden kommt es offensichtlich nicht an. Allerdings bezog sich die Rückkaufverpflichtung im BFH-Urteil auf junge Aktien, die mit den hingegebenen Altaktien nicht identisch waren. „Zu einer Verlagerung von rechtlichem zu wirtschaftlichem Eigentum kann es aber nur im Hinblick auf ein und dasselbe Wirtschaftsgut kommen"[766]. Der Verkauf der Waren und der Rückkauf artgleicher Waren sind folglich als zwei voneinander getrennte Geschäfte zu behandeln. Als Zwischenergebnis ist festzuhalten, dass trotz vorheriger Rückkaufvereinbarung und freier Verfügbarkeit der Waren durch den Veräußerer das wirtschaftliche Eigentum zumindest temporär auf den Erwerber übergeht, sofern es sich dabei um artgleiche Waren handelt.[767] Es erfolgt eine Umsatzrealisierung, da ebenfalls ein Übergang der Preisgefahr stattfindet.[768] Müssen aber die identischen Waren zurückgegeben werden, kann der Erwerber insoweit über sie verfügen, als sie anderweitig von ihm am Markt wieder beschafft werden können. Ob tatsächlich Veräußerungen stattfinden oder nicht, darf keine Rolle spielen. Vielmehr genügt die Tatsache, dass hierdurch eine freie Verfügbarkeit der Waren eintritt. Im Falle des Rückerwerbs identischer und nicht anderweitig beschaffbarer Vermögensgegenstände muss von einem Finanzierungsgeschäft ausgegangen werden, da faktisch die freie Verfügbarkeit eingeschränkt ist. Den hingegebenen Vermögensgegenständen steht am Ende eine Sachforderung gegenüber. Der Darlehensgeber beabsichtigt mit Hingabe einer Nutzungsüberlassung kein Ausscheiden der verkauften Waren aus seinem Vermögen.[769] Unterschiede des Verkaufpreises vom Rückkaufpreis dürfen bei eingeräumten Optionen und Rückkaufverpflichtungen frei verfügbarer Waren keine Rolle spielen. Der Verkauf und der Rückkauf müssen nämlich als zwei unterschiedliche Transaktionen behandelt werden. Liegt bei einer als Finanzierungsgeschäft gewürdigten Transaktion der Rückkaufpreis unter dem Verkaufpreis, steht einer Umsatzrealisierung in Höhe des Differenzbetrags nichts entgegen.

---

764 Vgl. BFH I R 29/97 vom 15.12.1999, S. 527.

765 Vgl. BFH I R 29/97 vom 15.12.1999, S. 527. Der BFH entschied in diesem Fall über ein Wertpapierpensionsgeschäft. Dazu kommt, dass die übertragenen Waren Pfändungs- und Konkursrisiken ausgesetzt sind. Auch nach IDW ERS HFA 13.12 kann eine Gewinnrealisierung erfolgen, wenn zwischen Verkauf und Rückkauf kein enger sachlicher und zeitlicher Zusammenhang besteht. Daher sei zu verlangen, dass die Verkauf- und Rückkaufpreise aktuelle Marktwerte widerspiegeln und der Erwerber wenigstens temporär ein Wertänderungsrisiko übernimmt.

766 BFH I R 29/97 vom 15.12.1999, S. 527.

767 Vgl. Rau (Eigentum, 2000), S. 2341.

768 A.A. Meyer-Sievers (Gewinnrealisierung, 1988), S. 296.

769 Vgl. Häuselmann (Darlehen, 2000), S. 496.

Der Bankenfachausschuss des IDW spricht sich bei im voraus vereinbarten Rücknahmeverpflichtungen gegen eine Realisierung von Gewinnen bei im voraus bestimmten Preisen aus, lässt jedoch eine Umsatzrealisierung in Höhe der Anschaffungskosten zu. Insbesondere wird argumentiert, dass der festgelegte Preis keine Objektivierung am Markt erfahre, da der Käufer auf Grund der Rücknahmeverpflichtung des Verkäufers ohne ein Risiko einzugehen, einen überhöhten Preis akzeptieren könnte.[770] Eine Differenzierung von Gewinn- und Umsatzrealisierung, wie vom IDW vorgeschlagen, muss abgelehnt werden. Durch die unterschiedlichen Folgen gilt es zwischen Rückgabe- und Rückkaufvereinbarungen streng zu differenzieren.[771] Nicht relevant zur Beurteilung ist der Rückfall der Preisgefahr auf den Veräußerer. Vielmehr kommt es darauf an, dass zum Zeitpunkt des Verkaufs die Preisgefahr übergegangen und der Gewinn quasisicher ist. Bei Rückkaufvereinbarungen treten – wie gezeigt wurde – erhebliche Unterschiede zwischen HGB, IFRS und US GAAP auf.

7.3.3.3 Umsatzrealisierung bei Rücknahmepflicht auf Grund der allgemeinen Realisierungskriterien und bei Verkaufskommissionen

Werden Produkte ausschließlich zu Probezwecken oder ähnlichen Gebräuchen hingegeben, besteht zwischen der hingebenden und der entgegennehmenden Partei kein Kaufvertrag. Ein Übergang der Preisgefahr erfolgt zu keiner Zeit. Auch das wirtschaftliche Eigentum verbleibt beim Hingebenden. Unterschiede zu US GAAP und IFRS treten nicht auf. Gleiches gilt für die Behandlung von Kommissionsgeschäften. Grundsätzlich ist nach dem Verkauf der Waren an einen Dritten und mit Absendung der Ausführungsanzeige der Umsatz zu realisieren.[772] Die Übergabe der Waren selbst an den Kommittenten durch den Kommissionär begründet mangels Kaufvertrag und damit mangels Übergang der Preisgefahr und fehlenden wirtschaftlichen Eigentums keine Realisierung von Erträgen.

7.4 Umsatzrealisierung bei Tauschgeschäften (*Barter Transactions*)

7.4.1 Behandlung nach US GAAP

In allgemeiner Form kann der Tausch als „als Wechsel im Besitz [und Eigentum; Anm. d. Verf.] von Gegenständen ..., ohne dass eine effektive Geldzahlung erfolgt"[773] definiert werden. Die Behandlung von Tauschgeschäften regelt grundsätzlich APB 29 *Accounting for Nonmonetary Transactions* sowie SFAS 153 *Exchanges of Nonmonetary Assets an amendment of APB Opinion No. 29*[774] und nimmt Bezug auf den Austausch nichtmonetärer Vermö-

---

770 Vgl. IDW (Stellungnahme BFA 2/1982, 1982), S. 548. Der Bankenfachausschuss behandelt die Frage im Zusammenhang mit echten und unechten Pensionsgeschäften.

771 A.A. Piltz (Rückgaberecht, 1985), S. 1369.

772 Vgl. Ellrott/Ring (Bilanzkommentar, 2003), § 247 HGB, Rn. 89.

773 Sonnenberg (Bartering, 1997), S. 20.

774 Ziel des neuen SFAS 153 ist eine Annährung der US GAAP in Richtung IFRS im Rahmen des gemeinsamen Projekts des FASB und IASB, qualitativ hochwertige Rechnungslegungsnormen zu verlautbaren.

genswerte oder Schulden sowie auf die Hingabe nichtmonetärer Vermögenswerte jeweils mit Dritten oder mit Anteilseignern.[775] Nichtmonetäre Transaktionen beinhalten Tauschhandlungen von zum Verkauf bestimmten Produkten gegen hiervon verschiedene oder ähnliche Produkte.[776] US GAAP fordert, dass die Tauschparteien gegenseitig keinen nachhaltigen Einfluss besitzen, wie z.B. Risiken und Chancen der getauschten Güter nach Vollendung der Transaktion.[777] Grundsätzlich erfolgt die Wertbestimmung anhand des *fair value*, so dass die Anschaffungskosten des erhaltenen Vermögenswerts durch den *fair value* des hingegebenen Vermögenswerts bestimmt werden.[778] Realisierbar ist ein Gewinn (*gain*) als Differenz zwischen dem höheren *fair value* und dem Buchwert des hingegebenen Vermögenswerts.[779] Da nur die Marge realisiert wird und darüber hinaus nur von *gains* die Rede ist, tritt die Frage auf, ob überhaupt der Posten Umsatzerlöse angesprochen werden darf.

Eine Gewinnrealisierung erfolgt bei einem nicht bestimmbaren *fair value* (d.h. weder der *fair value* des hingegebenen noch des empfangenen Guts ist bestimmbar), bei einem Tausch von zum Verkauf bestimmten Produkten, die zur gewöhnlichen Geschäftstätigkeit des Unternehmens zählen, sowie bei einem Mangel an wirtschaftlicher Substanz, lediglich in Höhe des Buchwerts des hingegebenen Vermögenswerts.[780] Eine vorhandene wirtschaftliche Substanz wird gem. APB 29.21[781] dann angenommen, wenn die künftigen *cash flows* des Unternehmens auf Grund der Transaktion wesentlich verändert werden. Dies ist dann der Fall, wenn sich die Zusammensetzung der *cash flows* hinsichtlich Risiko, Zeit und Betrag durch den Austausch der Vermögenswerte signifikant ändert oder wenn sich der unternehmensspezifische Wert des erhaltenen von dem hingegebenen Vermögenswert erheblich unterscheidet.

Ein Austausch unterschiedlicher Vermögenswerte gilt als Vollendung eines *earnings process* und qualifiziert die Transaktion als realisationswürdig.[782] Bei einem Austausch von ähnlichen

---

[775] Vgl. APB 29.1. Zu weiteren Erläuterungen von APB 29 siehe EITF 01-02 *Interpretations of APB Opinion No. 29*, insbesondere zu *productive assets* und *monetary considerations*. Weiterhin siehe auch EITF 98-3 *Determining Whether a Nonmonetary Transaction Involves Receipt of Productive Assets or of a Business* und EITF 84-39 *Transfers of Monetary and Nonmonetary Assets Among Individuals and Entities under Common Control*, EITF 91-05 *Nonmonetary Exchange of Cost-Method Investments* sowie EITF 99-17 *Accounting for Advertising Barter Transactions*.

[776] Vgl. APB 29.7. Der Austausch von Produktivvermögen wie z.B. Maschinen wird zwar im Standard behandelt, ist jedoch nicht Gegenstand der Untersuchung, da in dieser Arbeit ausschließlich eine Betrachtung von Umsatzerlösen erfolgt. Ebenfalls hier nicht behandelt werden Kapitaltransfers im Zusammenhang mit den Unternehmenseignern.

[777] Vgl. APB 29.3(c) i.d.F des SFAS 153. Dies entspricht den grundlegenden Voraussetzungen des IAS 18.

[778] Vgl. APB 29.18. Der *fair value* des erhaltenen Vermögenswerts ist nur dann heranzuziehen, wenn dieser eindeutiger bestimmbar ist. Bei Unmöglichkeit der Bestimmung des *fair value* erlangt der Buchwert Relevanz (APB 29.26).

[779] Vgl. APB 29.18. Vgl. zu Beispielen Williams/Carcello (GAAP, 2003), S. 32.05; Delaney/Epstein/Nach *et al.* (GAAP, 2004), S. 329.

[780] Vgl. APB 29.20 i.d.F des SFAS 153.

[781] I.d.F des SFAS 153.

[782] Vgl. Delaney/Epstein/Nach *et al.* (GAAP, 2004), S. 329.

Vermögenswerten darf eine Gewinnrealisierung nach einem bestimmten Modus ausnahmsweise vorgenommen werden, wenn zusätzlich – ungeachtet von welcher Partei – ein Betrag in Geld (in diesem Fall als *boot* bezeichnet) entrichtet wird.[783] Der zu realisierende Betrag ergibt sich aus folgender Formel:[784]

$$\text{zu realisierender Gewinn} = \frac{boot}{x} \cdot (\text{x - Buchwert des hingegebenen Vermögenswerts})$$

wobei x = *boot* + *fair value* des erhaltenen Vermögenswerts ist. Beträgt der Wert der monetären Vergütung zumindest 25 % des *fair value* der Transaktion, ist diese in ihrer Gesamtheit als monetäre Transaktion zu behandeln und entsprechend dem *fair value* anzusetzen.[785] Hinter der anteiligen Realisierung steht der Gedanke, dass zu dem geldlich entrichteten Betrag ein Kauf stattgefunden hat, der normalerweise nicht unter APB 29 fallen würde und zu einem hoch liquiden Vermögenswert (Geld) führt.[786] Es ist zu begrüßen, dass APB 29 die Realisierung von Umsatzerlösen bei einem Tausch von ähnlichen Produkten erheblich einschränkt, da wirtschaftlich betrachtet keine Veränderung in der Stellung des Unternehmens zu dessen Produkten eintritt. Vor allem gegen das Framework-Kriterium *realized* lassen sich Einwendungen bei ähnlichen Produkten finden.[787] Zwar liegt eine Markttransaktion vor, jedoch nur mit einem ähnlichen Gut, so dass keine Ansprüche auf Zahlungsmittel entstehen. Bei Zugrundelegung fiktiver Zahlungen würde das Unternehmen ein Gut hingeben, eine Zahlung erhalten und im gleichen Moment das gleiche Gut zum gleichen Preis wiederbeschaffen. Ein Tausch unterschiedlicher Produkte lässt sich als Hingabe eines Guts gegen (fiktive) Zahlungsmittel interpretieren, für die das Unternehmen schlussendlich eine aus dessen Sicht sinnvolle Investition (das erhaltene Tauschobjekt) in Form eines fiktiven Erwerbs tätigt. Wirtschaftlich betrachtet handelt es sich um einen verkürzten Zahlungsweg. Daher sollte nicht nur der Differenzbetrag, also ein Nettoausweis, sondern vielmehr ein Bruttoausweis der Transaktion erfolgen.

Auf Grund der zunehmenden Verbreitung des Internets bzw. Internetunternehmen, traten vermehrt Tauschgeschäfte von internetbasierten Werbeleistungen mit der Folge auf, dass die *Emerging Issues Task Force* hierzu eigens einen EITF veröffentlichte.[788] Umsatzerlöse aus Werbetauschgeschäften dürfen nur dann in Höhe des *fair value* realisiert werden, wenn dieser auf Grundlage historischer Daten, wie z.B. Geldeingänge von einer dritten unabhängigen Par-

783 Vgl. APB 29.22.

784 In Anlehnung an Williams/Carcello (GAAP, 2003), S. 32.06.

785 Vgl. EITF 01-02.19.

786 Vgl. Kieso/Weygandt/Warfield (Accounting, 2001), S. 516.

787 Zum *realized*-Kriterium vgl. SFAC 5.83a.

788 Das sog. EITF 99-17 *Accounting for Advertising Barter Transactions*. EITF 99-17 ist für sämtliche Werbetauschgeschäfte – auch in anderen Branchen – anzuwenden. Für Beispiele siehe DeMark/Dell'Aera (Barter, 2002), S. 56.

tei für ähnliche Werbeleistungen, bestimmbar ist.[789] Besteht keine Möglichkeit einer solchen *fair value*-Bestimmung, wird der Buchwert der hingegebenen Werbeleistung herangezogen. Dieser beläuft sich dann auf null.[790] Da der Buchwert der hingegeben Werbeleistung gleich null ist, findet bei Erfüllung sämtlicher Kriterien regelmäßig eine Realisierung von Umsatzerlösen in voller Höhe des *fair value* statt und nicht nur wie bei Produkttauschgeschäften in Höhe des Gewinns.[791] Darüber hinaus bestimmt der Umfang der entgeltlich veräußerten Werbeleistungen den maximalen Umfang der durch Tauschgeschäfte realisierbaren Umsatzerlöse aus Werbeleistungen.[792] Obwohl ABP 29.21 (a) eindeutig eine Realisierung von Umsatzerlösen bei Tauschgeschäften ähnlicher Vermögenswerte untersagt, gestattet EITF 99-17 dagegen einen Tausch identischer Werbeformen.

7.4.2 Behandlung nach IFRS

Die Grundsätze zu Tauschtransaktionen regelt IAS 18.12. Bei einem Tausch gleichartiger und gleichwertiger Güter erfolgt keine Umsatzrealisierung.[793] Werden im Zusammenhang mit einer Transaktion vermeintlich gleichartiger und gleichwertiger Güter Zahlungen geleistet, so könnte dies ein Indiz zur Widerlegung der Gleichwertigkeit der Güter darstellen.[794] Ein Tausch gleichartiger Güter zuzüglich eines Geldbetrags kann nicht dazu führen, dass anteilsmäßig ein Umsatz in Höhe des Geldbetrags zu realisieren ist.[795] Entweder hat die Transaktion als gleichwertig zu gelten oder nicht. Tauschhandlungen unterschiedlicher Güter oder Dienstleistungen führen demnach zu einer Realisierung von Umsatzerlösen. Dabei bemisst sich die Höhe der Umsatzerlöse nach dem *fair value* der erhaltenen Güter unter Berücksichtigung von zusätzlich geleisteten Zahlungsmitteln.[796] Aus praktischen Überlegungen zur einfacheren Ermittlung des *fair value* sieht *Cairns* die Bemessung nach dem hingegebenen Gut als legitim an.[797] Diese Vorgehensweise ist abzulehnen, da sie nicht den Grundsätzen des Standards entspricht und da – wie auch bei Transaktionen gegen Zahlungsmittel – der Betrag der erhaltenen

---

789 Vgl. EITF 99-17.4. Die Historie der herangezogenen Daten soll innerhalb eines sechsmonatigen Zeitraums liegen (EITF 99-17.5). Als ähnlich gilt die Werbeleistung bei einer Schaltung im gleichen Medium und innerhalb des gleichen Werbeträgers (EITF 99-17.6).

790 Vgl. EITF 99-17.4.

791 Denn unabhängig davon, ob ein *fair value* ermittelt werden kann, beträgt der Buchwert null.

792 Vgl. EITF 99-17.7. Tauschumsätze dürfen nur in der Höhe realisiert werden, wie das entsprechende Produkt tatsächlich auch gegen Zahlungsmittel veräußert wurde.

793 Vgl. IAS 18.12. Ein Tausch ähnlicher Vermögenswerte in unterschiedlichen Lagerorten zwischen Unternehmen hat oftmals den Zweck, die zeitnahe Nachfrage nach Produkten an bestimmten Orten zu befriedigen.

794 Vgl. IAS 16.22.

795 A.A. Ordelheide/Böckem (IAS, 2003), Tz. 52.

796 Vgl. IAS 18.12. Nur wenn die Höhe des *fair value* der erhaltenen Güter nicht bestimmbar ist, wird der *fair value* der hingegebenen Güter herangezogen.

797 Vgl. Cairns (IAS, 2003), S. 720. Begründet wird dies damit, dass der Hingebende den Verkaufspreis seiner Güter kennt und diesen bei der Abwägung der Tauschvereinbarung zur Wertermittlung der erhaltenen Güter sorgfältig mit einbezogen hat.

Gegenleistung für die Höhe der Umsatzerlöse maßgeblich sein muss.[798] Differenzen zu APB 29 treten insoweit auf, als IAS 18.12 den *fair value* nach Maßgabe des empfangenen Gutes anstatt wie US GAAP nach Maßgabe des hingegebenen Gutes ermittelt. Bei der Behandlung von Tauschtransaktionen gleichartiger Güter treten nur Unterschiede auf, sofern zusätzlich Zahlungen geleistet werden.[799] Weiterhin gestatten die IFRS, den vollen Betrag des erhaltenen Guts umsatzwirksam zu realisieren, während nach US GAAP nur den Gewinn als Differenzbetrag zwischen Buchwert und *fair value* realisiert werden kann.[800]

Ebenso wie die US GAAP, kennen auch die IFRS eine spezielle Norm für Umsatzerlöse aus dem Tausch von Werbeleistungen (SIC-31). SIC-31 ist im Gegensatz zu EITF 99-17 nur für Tauschgeschäfte unterschiedlicher Werbeleistungen anzuwenden. Ein Tausch gleichartiger Werbeleistungen führt nicht zu Umsatzerlösen, sondern ist vielmehr gem. IAS 18.12 zu behandeln.[801] Grundsätzlich verneint SIC-31.5 eine zuverlässige Messbarkeit eines *fair value* anhand der erhaltenen Werbeleistung. Die hingegebene Werbeleistung dient dann als zuverlässiger Maßstab, wenn Werbetransaktionen, die keine Tauschgeschäfte sind, einen adäquaten Referenzpunkt darstellen. Hierzu müssen die entgeltlich durchgeführten Referenztransaktionen, vergleichbar zu US GAAP, von ihrer Leistung her ähnlich sein, regelmäßig auftreten, hinsichtlich ihrer Anzahl im Vergleich zu allen Werbetransaktionen überwiegen, einen zuverlässig messbaren *fair value* beinhalten und nicht mit der Tauschpartei durchgeführt worden sein.[802] SIC-31 steht damit im Einklang mit den Prinzipien des IAS 18.

7.4.3 Behandlung nach HGB

Handelsrechtlich werden drei Vorgehensweisen zur Behandlung von Tauschgeschäften als zulässig erachtet.[803] Bei der Buchwertfortführung ist der eingetauschte Gegenstand mit höchstens dem Buchwert des hingegebenen Gegenstands zu bilanzieren. Als zweites lässt die ergebnisneutrale Behandlung eine höhere Bewertung als den Buchwert nur zu, um die mit dem Tausch eventuell verbundene Ertragsteuerbelastung zu kompensieren. Eine dritte Möglichkeit ist die vollumfängliche Gewinnverwirklichung. Da für jede der drei Alternativen gute Gründe sprechen, liegt die Annahme einer Gesetzeslücke nahe.[804] Allerdings ist die Ausfüllung der Gesetzeslücke nicht in das freie Ermessen des Kaufmanns zu stellen, vielmehr sollte hier ein

---

798 Vgl. Alexander/Archer (IFRS, 2004), S. 29.06 zu den Grundsätzen des IAS 18.12.

799 Nach US GAAP wird in diesem Fall die anteilige Realisierung gem. der *boot*-Formel angewendet. Vgl. Kapitel III.7.4.1.

800 Vgl. IAS 18.12 „the revenue is measured at the fair value of the goods ... received".

801 Vgl. SIC-31.3 i.V.m. IAS 18.12.

802 Vgl. SIC-31.5. (a)-(e).

803 Vgl. stellvertretend Adler/Düring/Schmaltz (Rechnungslegung, 2001), § 255 HGB, Rn. 90 und Ellrott/Schmidt-Wendt (Bilanzkommentar, 2003), § 255 HGB, Rn. 131.

804 Vgl. Wassermeyer (Tausch, 1984), S. 177.

Rückgriff auf die IFRS vorgenommen und eine verbindliche Gewinnrealisierung angenommen werden.[805]

Im Folgenden konzentrieren sich die Ausführungen auf die Behandlung des Tauschs mit Gewinnrealisierung.[806] Steuerrechtlich und nach der höchstrichterlichen Rechtsprechung besteht ein Zwang zur Aufdeckung der stillen Reserven und damit zur Gewinnrealisierung.[807] Als (steuerlicher) Wertmaßstab dient der gemeine Wert des hingetauschten Guts.[808] Der Zeitpunkt der Gewinnrealisierung richtet sich nach den allgemeinen handelsrechtlichen Grundsätzen, nämlich dem Übergang der Preisgefahr und dem Verlust des wirtschaftlichen Eigentums des hingegebenen Gegenstands, so dass eine Gewinnverwirklichung mit Quasisicherheit nach wirtschaftlicher Vertragserfüllung anzunehmen ist.[809] In diesem Sinne ist ein Tausch ein Umsatzgeschäft. Sowohl die Charakteristik des Tauschgeschäfts als Absatz- und Beschaffungsgeschäft als auch die bürgerlich-rechtliche Gleichstellung des Tauschs mit dem Kauf gem. § 480 BGB lässt keinen anderen Schluss zu.[810] So sieht auch *Döllerer* keinen Grund, „den direkten oder naturalen Tausch anders zu behandeln als den indirekten oder monetären Tausch“[811]. Auf den Willen des Kaufmanns, einen Gewinn erzielen zu wollen, kommt es bei der Beurteilung zur Gewinnrealisierung nicht an.[812] Besteht jedoch keine hinreichend objektivierte Bewertbarkeit des zugehenden Vermögensgegenstands, muss eine Gewinnrealisierung unterbleiben.[813] *Euler* lehnt auf Grund des Ansatzverbots selbsterstellter immaterieller Vermögensgegenstände nach § 248 Abs. 2 HGB eine Gewinnrealisierung aus dem Tausch immaterieller Vermögensgegenstände kategorisch ab.[814] Dieser Ansicht ist nicht zuzustimmen.[815] Wie bereits erörtert wurde, handelt es sich um einen Verkauf, der bei Erfüllung der Realisierungskriterien unweigerlich zu einem Umsatz- und Gewinnausweis führt. Auf die Art der getauschten Vermögensgegenstände kommt es für die bilanzielle Behandlung des Tauschs nicht an.[816] Vor dem Hintergrund, dass der Tausch einem Kauf gleichsteht, ist zu untersuchen, ob tatsächlich

---

805 Vgl. EuGH C-306/99 vom 7.1.2003, Rn. 118 zur Relevanz der IFRS hinsichtlich der Auslegung der 4. EU-Richtlinie. Vgl. auch Kapitel III.2.1.3.

806 Diese Annahme scheint insbesondere vor dem Hintergrund des gewinnerhöhenden *earnings management* geboten.

807 Vgl. BFH VIII 15/65 vom 13.6.1971, S. 731. A.A. Lüders (Gewinnrealisierung, 1987), S. 127, der eine Gewinnrealisierung wegen der Gewinnneutralität des Anschaffungswertprinzips ablehnt.

808 Vgl. BFH IV R 222/69 vom 27.5.1970, S. 743 und BFH VI 318/65 vom 14.6.1967, S. 574.

809 Vgl. BFH VIII R 53/81 vom 14.12.1982, S. 303.

810 Vgl. Kronner (Tauschgeschäfte, 1995), S. 122.

811 Döllerer (Anschaffungskosten, 1966), S. 1406.

812 Vgl. BFH I D 1/57 S vom 16.12.1958, S. 30 (Tauschgutachten).

813 Vgl. Euler (Gewinnrealisierung, 1989), S. 127.

814 Vgl. Euler (Gewinnrealisierung, 1989), S. 129.

815 Vgl. BFH IV R 222/69 vom 27.5.1970, S. 743 zum Tausch des immateriellen Vermögensgegenstands der Fernverkehrsgenehmigung. Eine Bestätigung am Markt ist nicht dadurch abzulehnen, dass der eingetauschte Vermögensgegenstand immaterieller Natur ist. So im Wesentlichen auch Kronner (Tauschgeschäfte, 1995), S. 220, der das Problem der Objektivierbarkeit der Werte in den Vordergrund stellt.

816 Vgl. BFH VI R 99/67 vom 18.12.1970, S. 237.

die Bewertung zum gemeinen Wert des hingegebenen Guts oder des empfangenen Guts relevant ist.[817] Bei einem Verkauf von Gütern gegen Geld kommt es nicht auf den gemeinen Wert der hingegebenen Güter, sondern auf die Höhe der erhaltenen Gegenleistung an. Für ein unterschiedliches Realisationsprinzip bei Tausch oder Kauf gibt es daher keine Rechtfertigung.[818] Vielmehr bedingt das Realisationsprinzip, umsatzbedingte Zugänge statt mit den Anschaffungskosten mit den von ihnen verkörperten Einnahmeüberschüssen anzusetzen.[819] Eine derartige Behandlung führt zum (notwendigen) Einklang mit den IFRS.[820] Leistet der Erwerber zusätzlich zum Tauschgegenstand noch eine Zuzahlung, so bemessen sich die Anschaffungskosten beim Veräußerer aus dem gemeinen Wert des hingegebenen Guts abzüglich der Zuzahlung. Hierbei steht der Gedanke im Vordergrund, dass das vom Veräußerer erworbene Gut ohne den Geldbetrag nicht den Wert des hingegebenen Guts erreicht.[821]

Nachdem die Grundsätze der Behandlung von Tauschgeschäften erörtert sind, bedarf es der Klärung, ob ein Tausch art-, funktions- oder wertgleicher Vermögensgegenstände ebenfalls einen Umsatzakt darstellt. Streng genommen und den Tausch als Kauf behandelnd ist eine Veräußerung nicht in Abrede zu stellen, insbesondere dann nicht, wenn die Hingabe eines Vermögensgegenstands zum Zweck des Erwerbs eines anderen erfolgt.[822] Ein Verkauf eines Vermögensgegenstands und ein Rückkauf desselben führt zum gleichen (gewinnrealisierenden) Ergebnis.[823] In beiden Fällen verlässt ein Gut das Unternehmen für ein neues Gut. Auch findet „eine im Regelfall zu einem Gewinn führende und vom Wert des anderen Tauschobjekts völlig unabhängige Auflösung der stillen Reserven statt“[824]. Auf die Beurteilung, ob ein rational handelnder Kaufmann einen Tausch identischer Vermögensgegenstände vollziehen würde, kann es für die Frage der bilanziellen Beurteilung nicht ankommen. Das Argument eines erhöhten Missbrauchpotenzials in Form einer Umgehung der Gewinnrealisierung zur Ablehnung der erfolgsneutralen Behandlung verkennt die heutigen Entwicklungen und würde vielmehr gerade für eine erfolgsneutrale Behandlung sprechen.[825] Für den Tausch identischer Anteile an Kapitalgesellschaften lehnt der BFH explizit eine Gewinnrealisierung ab und verweigert zugleich die Allgemeingültigkeit dieser Beurteilung für andere Tauschvorgänge.[826]

---

[817] Vgl. zur Diskussion Groh (Erfolgsmaßstab, 1988), S. 157 der sich für den gemeinen Wert des hingegebenen Vermögensgegenstands ausspricht.

[818] Vgl. Lang (Rezension, 1980), S. 63.

[819] Vgl. Moxter (GoB, 1993), S. 540.

[820] Vgl. IAS 18.12.

[821] Vgl. BFH X B 235/96 vom 19.12.1997.

[822] Vgl. Wassermeyer (Tausch, 1984), S. 190-191 bezeichnet dies als „do, ut des“-Verhältnis.

[823] Vgl. auch Kapitel 7.3.3.2.

[824] Kronner (Tauschgeschäfte, 1995), S. 185.

[825] Vgl. Kronner (Tauschgeschäfte, 1995), S. 185.

[826] Vgl. BFH I D 1/57 S vom 16.12.1958, S. 30 (Tauschgutachten). Vgl. auch zur Unanwendbarkeit der Ausnahme für andere Fälle statt vieler BFH IV R 1/75 vom 29.3.1979, S. 413 sowie BFH XI R 51/89 vom 8.7.1992, S. 946.

Weiterhin könnte gegen eine Realisierung beim Tausch identischer Güter sprechen, dass das Unternehmen nach dem Tausch vermögensmäßig wie vor dem Tausch dasteht.[827] Zu entgegnen ist auch hier die Irrelevanz der erhaltenen Leistungsart zur Beurteilung einer Gewinnrealisation. Eine weitere Möglichkeit sei, die Gewinnrealisierung beim Tausch von „Produktionsverfahren" zu untersagen, da keine Realisierung am Absatzmarkt vorläge, sondern der Tausch vielmehr einem Beschaffungsgeschäft gleiche, wohingegen der Tausch von „Absatzgütern" von einem Verkauf mit anschließender Wiederbeschaffung nicht zu unterscheiden sei und die Güter einer endgültigen Verwertung am Absatzmarkt zugeführt würden.[828] Diese Vorgehensweise erscheint ebenfalls als nicht gerechtfertigt, denn einem Umsatz, d.h. einer Bestätigung am Markt, genügt sowohl der Absatzmarkt als auch der Beschaffungsmarkt. Vor dem Hintergrund des sich vollziehenden Wandels des HGB in Richtung IFRS und zur Vermeidung von Einflussnahmen auf die Rechnungslegung könnte daher ein Wandel der Gewinnrealisierung bei identischen Gütern in Richtung IFRS vollzogen werden.

7.5 Umsatzrealisierung bei langfristiger Auftragsfertigung

7.5.1 Behandlung nach US GAAP

Die Untersuchung der Bilanzierung langfristiger Fertigungsaufträge ist Gegenstand einer Vielzahl von Beiträgen.[829] Die Behandlung der langfristigen Auftragsfertigung ergibt sich aus ARB 45 *Long-Term Construction-Type Contracts* sowie aus SOP 81-1 *Accounting for Performance of Construction-Type and Certain Production-Type Contracts*, der vorwiegend zur Ergänzung und Erläuterung des in der US GAAP-Hierarchie höherstehenden ARB 45 dient.[830] Voraussetzung zur Anwendung von SOP 81-1 ist das Vorliegen einklagbarer Verträge bei denen der Verkäufer – in der Regel über einen längeren Zeitraum – gegen Entgelt eine Leistung nach den Spezifikationen des Käufers erbringt.[831] Zur Vorgehensweise bei der Umsatzrealisierung kommen zwei Methoden in Betracht. Bei der *percentage-of-completion method* erfolgt die Realisierung nach Maßgabe des Produktionsfortschritts.[832] Ihr Vorteil liegt insbesondere in der kontinuierlichen Realisation von Umsatzerlösen und der Darstellung des tatsächlichen Projektstatus. Die *percentage-of-completion method* verhindert große Umsatzverwerfungen zwischen den Perioden und ermöglicht daher einen besseren Einblick in die Vermögens- und Ertragslage des Unternehmens, der mit einer Erhöhung des Informations-

[827] Vgl. Ordelheide (Anschaffungskosten, 1999), B 162, Rn. 145-184.

[828] Vgl. Schäfer (Forderungen, 1971), S. 57.

[829] Vgl. Richter (Gewinnrealisierung, 2000), S. 148-150 m.w.N.

[830] Vgl. Delaney/Epstein/Nach *et al.* (GAAP, 2004), S. 250.

[831] Vgl. SOP 81-1.12. Leistungen bestehen im Entwerfen, Konstruieren oder Herstellen von materiellen Vermögenswerten.

[832] Vgl. ARB 45.4. Zur Berechnung siehe Jennings/McCosh (Construction, 1967), S. 598; Jensen/Craig (Construction, 1998), S. 308 und detailliert AICPA (Construction, 2003), App. C, D.

werts für die Rechnungslegungsadressaten einhergeht.[833] Voraussetzung zu deren Anwendung ist die hinreichend zuverlässige Schätzbarkeit des Fertigungsfortschritts sowie die Schätzbarkeit der aus dem Vertrag resultierenden Erlöse und der Kosten zur Erfüllung des Vertrags, was gleichzeitig auch den größten Nachteil dieser Methode darstellt.[834] Darüber hinaus muss erwartet werden, dass jede Partei ihren Verpflichtungen aus einem klar definierten Vertrag nachkommen wird.[835] Eine Messung des Produktionsfortschritts kann entweder über Input- (z.B. angefallene Kosten, geleistete Arbeit) oder Outputgrößen (z.B. Werterhöhung des Auftragsgegenstands, produzierte und gelieferte Einheiten, Meilensteine) stattfinden.[836] Der Nachteil bei Input-Größen liegt insbesondere in einer nicht zwingenden Kausalität zwischen der Input-Größe und der Produktivität auf Grund von Ineffizienzen.[837] So unterstellt die *cost-to-cost*-Methode[838], dass die Anhäufung von Kosten in Umsatzerlösen mündet.[839] Materialien, die einen großen Teil der Gesamtkosten darstellen und zu Projektbeginn geliefert werden, führen beispielsweise zu einem vorzeitigen Ergebnisausweis (*front end loading*).[840] Output-orientierte Größen weisen den Nachteil auf, dass die jeweiligen Projekte nicht beliebig in Outputeinheiten teilbar, die erbrachten Leistungen nicht zwingend einem Fertigstellungsgrad zuordenbar und die einzelnen Outputgrößen nicht zwingend vergleichbar sind.[841] Unter Beachtung des sich strikt durch die Umsatzrealisierung ziehenden Leistungsgedankens, insbesondere aus der Betrachtungsweise des Kunden, gilt der Vorzug den outputorientierten Verfahren.[842] Die *completed-contract method* ist auch für Anwender der *percentage-of-completion method* verbindlich, wenn vernünftige Schätzungen auf Grund der inhärenten Risiken des Auftrags zweifelhaft erscheinen.[843] Sofern die Gesamtabwicklung keinen Verlust vermuten lässt, präferieren die US GAAP eine Anwendung der *percentage-of-completion method* auf Basis einer Gewinnmarge von null (*zero profit margin approach*).[844] Führt die *completed-contract method* im Vergleich zur *percentage-of-completion method* nur zu unwe-

---

833 Vgl. Rudolf/Suter (Fertigung, 1999), S. 532.

834 Vgl. SOP 81-1.23. Die zuverlässige Schätzbarkeit des Produktionsfortschritts, der Erlöse und der Kosten wird regelmäßig für Unternehmen angenommen, deren Hauptgeschäft in der langfristigen Auftragsfertigung liegt (SOP 81-1.24).

835 Vgl. SOP 81-1.23.

836 Vgl. zum Grundsatz ARB 45.4 und detailliert SOP 81-1.44-51.

837 Vgl. SOP 81-1.47.

838 Die *cost-to-cost*-Methode ermittelt den Fertigstellungsgrad anhand des Verhältnisses der bisher angefallenen Kosten zu der Summe der gesamt erwarteten Kosten. Die Multiplikation des Fertigstellungsgrads mit den erwarteten gesamten Umsatzerlösen, berichtigt um die bereits erfassten Umsatzerlöse, ergibt die Umsatzerlöse der entsprechenden Periode.

839 Vgl. Hylton (Revenue, 1965), S. 826 sowie Heilman (Income, 1929), S. 84.

840 Vgl. Chasteen/Flaherty/O'Connor (Accounting, 1998), S. 338; KPMG (Rechnungslegung, 2003), S. 51.

841 Vgl. Wenk (Fertigung, 1997), S. 129 und Brandt (Fertigstellungsgrad, 2001), S. 172.

842 Vgl. AKEU (Vereinbarkeit, 1999), S. 85.

843 Vgl. SOP 81-1.25 und ARB 45.15.

844 Vgl. SOP 81-1.33.

sentlichen Abweichungen, gilt sie ebenfalls als zulässig.[845] Ein Wahlrecht zwischen den beiden Methoden besteht indes nicht.[846] Umsatzerlöse fallen folglich bei der *completed-contract method* nicht nach Maßgabe des Produktionsfortschritts an, sondern erst bei vollständiger Erfüllung aller bzw. der wesentlichen (aus dem Vertrag hervorgehenden) Verpflichtungen.[847] Zu diesem Zeitpunkt verbleiben betragsmäßig unwesentliche Kosten und potenzielle Risiken, so dass ein quasisicherer Gewinn ausgewiesen wird.[848] Um diese Beurteilung durchführen zu können, sollten die Regelungen in SAB 104 zur Kundenakzeptanz und zu noch ausstehenden Leistungen analog angewendet werden.[849] Nachteilig bei der Anwendung der *completed-contract method* ist hingegen die Verschleierung der tatsächlich erbrachten Unternehmensleistung und damit zusammenhängend die mangelnde Eignung dieser Abbildung als interne Steuerungsgröße vor dem Hintergrund der Harmonisierung des internen und externen Rechnungswesens.[850]

Trotz der Verwendung von Schätzgrößen wird die *percentage-of-completion method* nach US GAAP als Informationsinstrument für den Kapitalmarkt mit dem Argument besserer Prognoseeigenschaften und als Kontrollinstrument der Kapitalgeber mit dem Argument der Nachvollziehbarkeit der Managementhandlungen eindeutig bevorzugt.[851] Die wirtschaftliche Betrachtungsweise tritt hier deutlich vor die rechtliche Betrachtungsweise, nämlich der Abnahme des Werks durch den Käufer.[852] Eine anteilige Umsatzrealisierung steht zudem ausdrücklich im Einklang mit dem US GAAP-Rahmenkonzept.[853] Durch das Erlangen gegenseitig durchsetzbarer vertraglicher Rechte wie die Erbringung der vereinbarten Leistung, den Eigentumsanspruch auf die bisher erbrachte Leistung (*work in progress*) oder den Erhalt von Abschlagzahlungen, wird das Ende des *earnings process* nicht in der Abnahme des Werks gesehen, sondern fortlaufend als kontinuierliches Veräußerungsgeschäft mit kontinuierlicher Erfüllung des *earned*-Kriteriums.[854] Mit der Erbringung der (Teil-)Leistungen findet eine Markttransaktion und damit die Erfüllung des *realized*-Kriteriums statt.[855] Ein Ausweis von

---

845 Vgl. SOP 81-1.31. Das ist insbesondere dann der Fall, wenn das Unternehmen vorwiegend Aufträge mit kürzeren Laufzeiten bearbeitet.

846 Vgl. statt vieler AICPA (Construction, 2003), Tz. 2.04 und Spiceland/Sepe/Tomassini (Accounting, 2004), S. 235. A.A. Wagenhofer (IAS, 2003), S. 280, der die *completed-contract method* „generell als Alternative" für zulässig erachtet.

847 Vgl. ARB 45.9 und SOP 81-1.30.

848 Vgl. SOP 81-1.52.

849 Vgl. SAB Topic 13.A.3 (b), (c).

850 Vgl. Bischof (Anwendbarkeit, 1998), S. 8.

851 Vgl. Kümpel (Gewinnrealisierung, 2002), S. 1013, 1019.

852 Vgl. Nikolai/Bazley (Accounting, 2003), S. 786.

853 Vgl. SFAC 5.84 (c).

854 Vgl. SOP 81-1.22; Nikolai/Bazley (Accounting, 2003), S. 786; Delaney/Epstein/Nach *et al.* (GAAP, 2004), S. 251; Kieso/Weygandt/Warfield (Accounting, 2001), S. 1005.

855 Vgl. Defliese (Concept, 1965), S. 520.

Umsatzerlösen erfolgt daher jeweils in der Periode der Tätigkeitsausübung.[856] Obwohl eine Vereinbarkeit mit dem Rahmenkonzept der US GAAP gegeben ist, verstößt die Behandlung der langfristigen Auftragsfertigung gegen die in der höchsten Hierarchieebene der US GAAP etablierten allgemeinen Grundsätze von Warenverkäufen, gemäß denen ein Gewinn nach Vollendung eines Verkaufsgeschäfts, also nach Übergang des Eigentums und der Risiken und Chancen, als realisiert gilt.[857]

Allerdings dürfen die auftretenden Probleme im Zusammenhang mit der *percentage-of-completion method* nicht unerwähnt bleiben. Schätzprobleme und Ermessensspielräume ziehen sich durch sämtliche Determinanten der Umsatzerlösermittlung.[858] Auf Seiten der Auftragserlöse führen Variablen wie Preisklauseln, Pönalen, bezahlte Zusatzleistungen, verspätete Bestellleistungen des Kunden oder monetäre Anreize bei vorzeitiger Fertigstellung des Werks zu einer inhärenten Unsicherheit in Bezug auf die Umsatzhöhe.[859] Schon die Wahl zwischen beiden Arten zur Ermittlung des Projektfortschritts steht im Ermessen des Managements. Bei den Input- oder Outputgrößen treten weitere Probleme auf. Beispielsweise dürfte es zu Beginn des Projekts äußerst schwer fallen, die Gesamtkosten zuverlässig zu ermitteln. Weitere Spielräume treten zum einen bei der Bewertung und der Zurechnung der angefallenen Kosten oder der Aussonderung von Unwirtschaftlichkeiten auf. Beispielsweise dürfen gelieferte, aber noch nicht verwertete Materialien keinen Einfluss auf die Berechnung haben, da sie zum Stichtag noch nicht zur Leistungserstellung beigetragen haben.[860] Von einem quasisicheren Gewinn zum Zeitpunkt des jeweiligen Ausweises kann folglich für jede Periode isoliert betrachtet nicht gesprochen werden.[861] Dies gilt unabhängig davon, ob eine Fakturierung nach einem *fixed-price*, *cost-type*, *time-and-material* oder *unit-price* Vertrag erfolgt.[862] Bemerkenswert ist die Zwiespältigkeit der US GAAP hinsichtlich der Umsatzrealisierung. Auf der einen Seite, d.h. bei der Lieferung von Produkten oder bei Dienstleistungen, werden äußerst strenge und restriktive Regeln ohne wesentliche Ermessensspielräume zur Umsatzrealisierung implementiert, während auf der anderen Seite die US GAAP eine Umsatzrealisierung bei langfristigen Fertigungsaufträgen, die zwar objektivierbar, aber äußerst schätz- und ermessensabhängig ist, erlauben. Das ARB misst den durch die *percentage-of-completion method* vermittelten Informationen auch vor dem Hintergrund der intertemporalen Vergleichbarkeit trotz der damit verbundenen Unsicherheiten eine höhere Relevanz bei, als eine Behandlung

---

856 Vgl. IAS 11.26 und Bischof (Anwendbarkeit, 1998), S. 9.

857 Vgl. ARB 43 sowie SAB Topic 13.

858 Die *percentage-of-completion method* wird daher auch als Schätzmethode bezeichnet. Vgl. Brief/Owen (Estimation, 1973), S. 5.

859 Vgl. Backhaus (Gewinnrealisierung, 1996), S. 35.

860 Vgl. Brandt (Fertigstellungsgrad, 2001), S. 171.

861 Vgl. Taggart (Construction, 1926), S. 27. „If a set fee is to be received the amount of the fee already earned can be determined on the basis of percentage of completion. It must be pointed out, however, that even in this case the amount of profit is by no means as certain as it might seem".

862 Vgl. zu den Vertragsarten SOP 81-1.93 (Appendix B).

nach der *completed-contract method* und wertet daher die inhärenten Unsicherheiten geringer als den in seiner Gesamtheit betrachteten Informationsnutzen.

7.5.2 Behandlung nach IFRS

IAS 11 *Construction Contracts* regelt die Bilanzierung bei langfristigen Fertigungsaufträgen. Unterschiede zu US GAAP ergeben sich im Anwendungsbereich der Standards zur langfristigen Auftragsfertigung nur in Randbereichen.[863] Sofern das aus dem Fertigungsvertrag hervorgehende Ergebnis zuverlässig messbar ist, findet die Realisierung der Umsatzerlöse entsprechend dem Leistungsfortschritt am Bilanzstichtag (*percentage-of-completion*[864]) statt.[865] Auf eine Auslieferung oder Abnahme von Teilleistungen durch den Kunden kommt es nicht an.[866] Die Ergebnisschätzung ist abhängig von der Qualität der Erlösermittlung sowie vom wahrscheinlichen zukünftigen Nutzenzufluss.[867] Auf der Kostenseite bedarf es einer klaren Identifizierung der dem Vertrag zurechenbaren Kosten sowie deren zuverlässigen Messbarkeit.[868] Dies gilt sowohl für die bereits angefallenen als auch für die insgesamt erwarteten Kosten.[869] *Cost-plus*-Verträge erleichtern die Ermittlung der Umsatzerlöse insoweit, als die Schätzung der gesamten Auftragskosten keine Rolle spielt.[870] Zuverlässige Schätzungen hängen von der vertraglichen Vereinbarung durchsetzbarer Rechte, Vergütungen und den Abwicklungsmodalitäten ab.[871] Im Falle einer Unmöglichkeit der Vornahme zuverlässiger Schätzungen, erfolgt die Umsatzrealisierung maximal in Höhe der bisher angefallenen Kosten.[872] Zur Ermittlung des Produktionsfortschritts kommen nicht abschließend geregelte Methoden wie z.B. das Verhältnis der angefallenen Kosten zu den Gesamtkosten, Erhebungen der erbrachten Leistungen oder der fertig gestellte Anteil am vereinbarten Produkt in Betracht.[873] Während sich die Anwendungsvoraussetzungen der *percentage-of-completion method* zwischen US GAAP und IFRS kaum unterscheiden, ist die Anwendung der *completed-contract method* innerhalb der IFRS nicht zulässig.[874] Eine Umsatzrealisierung nach dem Fertigungsfortschritt steht im Einklang mit dem IASB Framework, aber nicht mit den in IAS 18.14 festgelegten Konventio-

---

863 Vgl. Adler/Düring/Schmaltz (International, 2002), Abschn. 16, Rn. 21.

864 Vgl. IAS 11.25, 26.

865 Vgl. IAS 11.22.

866 Vgl. Seeberg (IAS, 2003), Tz. 12.

867 Vgl. IAS 11.23 (a), (b).

868 Vgl. IAS 11.23 (d).

869 Vgl. IAS 11.23 (c).

870 Vgl. IAS 11.24. *Cost-plus*-Verträge beinhalten eine Vergütung in Abhängigkeit der angefallenen Kosten, wohingegen bei *fixed-price*-Verträgen eine fest vereinbarte Vergütung vorgesehen ist. Vgl. zu den Definitionen IAS 11.3 sowie Selchert/Lorchheim (Teilgewinnrealisierung, 1998), S. 85.

871 Vgl. IAS 11.29.

872 Vgl. IAS 11.32.

873 Vgl. IAS 11.30.

874 Vgl. Epstein/Mirza (IAS, 2003), S. 245; PriceWaterhouseCoopers (IAS, 2002), Rn. 11.31; Adler/Düring/Schmaltz (International, 2002), Abschn. 16, Rn. 54.

nen zur Umsatzrealisierung.[875] Im Vergleich zu US GAAP treten in den grundlegenden Vorgehensweisen und Regelungen der IFRS kaum Unterschiede auf.[876] Aber so weit zu gehen, die IFRS und US GAAP nicht unterschiedlich anzusehen, ist objektiv nicht richtig.[877] Die US GAAP beinhalten mit ihren wesentlich detaillierteren Regelungen strengere Voraussetzungen zur Realisierung von Umsatzerlösen als die IFRS.[878] Unterschiede treten beispielsweise bei der Realisierung von *claims* oder *change-order revenues* auf.[879] Diese größeren, über die bereits genannten Freiheitsgrade der IFRS hinausgehenden Spielräume führen zwangsläufig zu vermehrten Ermessensentscheidungen des Managements, so dass Analogieschlüsse aus US GAAP zur Behandlung von Regelungslücken empfehlenswert erscheinen.[880]

7.5.3 Behandlung nach HGB

Handelsrechtlich erfolgt die Umsatzrealisierung regelmäßig bei Übergang der Preisgefahr und Wegfall des wirtschaftlichen Eigentums, so dass der aus dem Geschäft resultierende Gewinn als quasisicher gilt. Auf langfristige Fertigungsaufträge übertragen, bedeutet dies eine Umsatzrealisierung nicht vor Übergabe an bzw. Abnahme durch den Käufer nach Abschluss des Projekts, also nach Erfüllung der aus dem Vertrag hervorgehenden Verpflichtung.[881] Diese Vorgehensweise entspricht im Grunde der *completed-contract method*.[882] Bei Unternehmen, deren wesentliche Tätigkeiten in der langfristigen Auftragsfertigung liegen, können durch die übertragenen Grundsätze der Umsatzrealisierung erhebliche Verwerfungen in der Vermögens- und Ertragslage auftreten.[883] Dieser Problematik begegnend, werden unterschiedliche Auffassungen hinsichtlich zulässiger Realisationszeitpunkte vertreten.

Eine Auffassung unter Beibehaltung der restriktiven Regelungen des Realisationsprinzips ist die Teilgewinnrealisierung nach Teilabnahme.[884] Als Teilgewinnrealisierung wird die Realisierung von Umsatzerlösen bzw. das Überschreiten der handelsrechtlich maximal zulässigen Bewertungsobergrenze der Herstellungskosten nach § 255 Abs. 2 HGB verstanden.[885] Hiernach wird die Gesamtleistung in verschiedene Realisationszeitpunkte so aufgespalten, dass

---

875 Vgl. Alexander/Archer (IFRS, 2004), S. 9.01 sowie IASB F 83, wonach ein wahrscheinlicher künftiger Nutzenzufluss und eine verlässliche Wertermittlung zentrale Voraussetzungen der Umsatzrealisierung sind.

876 Vgl. Coenenberg (Jahresabschluss, 2003), S. 237.

877 So aber der AKEU (Vereinbarkeit, 1999), S. 86.

878 Vgl. Scheuerell (IAS 11, 1999), S. 127.

879 Vgl. Scheuerell (IAS 11, 1999), S. 132.

880 Vgl. Epstein/Mirza (IAS, 2003), S. 258-260 zu *Joint Ventures*, *Change Orders*, *Contract Options* und *Claims*.

881 Vgl. Schmid/Walter (Teilgewinnrealisierung, 1994), S. 2353 und Freidank (Erfolgsrealisierung, 1989), S. 1197.

882 Vgl. Jung (Erfolgsrealisation, 1990), S. 36.

883 Vgl. Selchert (Auftragsfertigung, 1990), S. 803.

884 Vgl. Kohl (Gewinnrealisierung, 1994), S. 132.

885 Vgl. Ellrott/Schmidt-Wendt (Bilanzkommentar, 2003), § 255 HGB, Rn. 458.

eine verbindliche und zuvor vertraglich fixierte Teilabnahme durch den Kunden erfolgt, dadurch eine Forderung entsteht und mit der Verwirklichung des Gewinns nach Abschluss des Gesamtprojekts zu rechnen ist.[886] Dies impliziert, dass die Teilleistungen abgrenzbar und hinsichtlich einer möglichen Verlustentstehung unter Berücksichtigung des Gesamtfunktionsrisikos zu beurteilen sind.[887] Endgültige Teilabrechnungen nach Teilabnahme führen in diesem Fall zu einer gewissen Objektivierung eines quasisicheren Gewinns, sofern der Fertigungsabschluss und der Übergang der Teilleistung in einer Periode liegen.[888] *Lüders* sieht beispielsweise die Teilgewinnrealisierung mit Teilabnahme als grundsätzlich unzulässig an. Vielmehr fordert er für jeden abzurechnenden Bestandteil eine einzelvertragliche Regelung die nicht in ihrer Gesamtheit auf eine Gesamtfunktionsgarantie schließen lässt.[889] Da aber gerade die langfristige Auftragsfertigung auf die Fertigstellung eines Projekts abzielt, scheidet nach *Lüders* faktisch eine Teilgewinnrealisierung in jedem Fall aus. Ähnlich restriktiv ist die Sichtweise, eine Umsatzrealisierung bei Teilleistungen mit unteilbaren technischen und wirtschaftlichen Risiken zu versagen.[890] Nach herrschender Meinung und der hier vertretenen Auffassung wird die Realisierung von abgenommenen Teilleistungen als unproblematisch erachtet.[891] Sie „fügt sich problemgerecht in den übergeordneten Rahmen und widerspricht dem Realisationsprinzip kaum bzw. gar nicht“[892].

Weiterhin wird eine von der Teilabnahme unabhängige Teilgewinnrealisierung mit unterschiedlichen Varianten diskutiert. Eine Auffassung besteht darin, alle bisher angefallenen aufwandsgleichen Selbstkosten inklusive Verwaltungs- und Vertriebskosten entgegen § 255 Abs. 2 HGB und ohne Gewinnbestandteile zu aktivieren, um insbesondere Zwischenverluste während der Auftragsfertigung zu vermeiden.[893] Die Bearbeitung des Auftrags ist folglich so lange erfolgsneutral, wie kein Gesamtverlust zu erwarten ist.[894] Dabei ist ein Verstoß gegen das Realisationsprinzip gem. § 252 Abs. 1 Nr. 4 HGB unvermeidbar.[895] Eine noch weitere Auslegung des Realisationsprinzips in Anlehnung an die Idee der *percentage-of-*

---

886 Vgl. Döll (Fertigung, 1984), S. 226.

887 Vgl. Wenk (Fertigung, 1997), S. 122, 123.

888 Vgl. Freidank (Erfolgsrealisierung, 1989), S. 119.

889 Vgl. Lüders (Gewinnrealisierung, 1987), S. 101-103.

890 Vgl. Bodarwé (Bewertung, 1971), S. 1975. Wirtschaftliche Risiken wären beispielsweise mögliche Vertragsstrafen, die an die Gesamtheit der zu liefernden Einheiten anknüpfen, obwohl die Einheiten technisch voneinander isolierbar sind (z.B. Lieferung mehrerer Flugzeuge). Technische Risiken bedingen die Abhängigkeit der Projektgesamtheit von der Funktionsfähigkeit der einzelnen Einheiten (z.B. Lieferung eines Kraftwerks mit Generator und Kühltürmen).

891 Vgl. Moxter (Bilanzrechtsprechung, 1999), S. 59.

892 Stewing (Auftragsfertigung, 1990), S. 104. Coenenberg (Jahresabschluss, 2003), S. 234 spricht allenfalls nur von einer Erweiterung des Realisationsprinzips und hält diese Vorgehensweise damit ebenfalls als zulässig.

893 Vgl. Kohl (Gewinnrealisierung, 1994), S. 130-131 sowie Ellrott/Schmidt-Wendt (Bilanzkommentar, 2003), § 255 HGB, Rn. 459. Döllerer (Bilanzierung, 1982), S. 778 befürwortet zur Vermeidung der Zwischenverluste die Etablierung von Bilanzierungshilfen. Ebenso Lüders (Gewinnrealisierung, 1987), S. 105.

894 Vgl. Jung (Erfolgsrealisation, 1990), S. 60.

895 A.A. Döll (Fertigung, 1984), S. 210, die hierin keinen Verstoß gegen das Realisationsprinzip erkennt.

completion method gestattet unter den folgenden Kriterien die Realisierung von Gewinnbestandteilen.[896] Hiernach müsste die langfristige Fertigung einen wesentlichen Teil der Geschäftstätigkeit begründen, die Ertragslage ohne eine Teilgewinnrealisierung erheblich beeinträchtigt werden, der Gewinn sicher ermittelbar sein, eine Berücksichtigung künftiger (Garantie-)Leistungen erfolgen und eine kalkulatorische Abgrenzbarkeit der Teilleistungen vorliegen. Als Rechtfertigung für die (fragliche) Durchbrechung des Realisationsprinzips wird regelmäßig auf § 252 Abs. 2 HGB zurückgegriffen, wonach nur in begründeten Ausnahmefällen eine Abweichung vom Realisationsprinzip gestattet ist.[897] Ob mit der langfristigen Fertigung ein Ausnahmefall vorliegt, ist indes äußerst fraglich. Insbesondere bei Unternehmen, deren Geschäftstätigkeit auf der langfristigen Fertigung aufbaut, stellt der Ausnahmefall die Regel dar.[898] Näher liegt die Ansicht, die Teilgewinnrealisierung als die „vom Typus der Auftragsfertigung entsprechende Ausprägung des Realisationsprinzips“[899] anzusehen. Als gewichtige Argumente gegen diese Vorgehensweise der Teilgewinnrealisierung sprechen vor allem die Unsicherheit in Zusammenhang mit dem erzielten Gewinn und die Vermischung von Gewinnen unterschiedlicher Risikoklassen.[900] Zudem erfolgt die Ablehnung unter dem Hinweis einer Durchbrechung des streng verstandenen Realisationsprinzips.[901] Das Heranziehen des Gläubigerschutzes zur Ablehnung der *percentage-of-completion method* scheitert zum einen daran, dass der Gläubigerschutz in den Funktionen des handelsrechtlichen Jahresabschlusses nicht über der Informationsfunktion steht und zum anderen darin, dass eben gerade diese Informationen auch für die Belange der Gläubiger relevant sind.[902] Eine Teilgewinnrealisierung unter gleichzeitiger Bildung einer Rücklage, die erst bei der endgültigen Abnahme und Abrechnung aufgelöst wird, könnte als Kompromissvorschlag zur Angleichung der unterschiedlichen Positionen dienen.[903]

Als Voraussetzung zur Gewinnrealisierung bei der langfristigen Auftragsfertigung fordert der BFH eine abgrenzbare und fertige Teilleistung, die von dem Vertragspartner abgenommen worden oder wirtschaftlich als abgenommen anzusehen ist.[904] Die Leistung ist folglich wirtschaftlich teilbar und ihr ist ein über bloße Abschlagszahlungen hinausgehendes Entgelt zuzu-

---

[896] Vgl. Adler/Düring/Schmaltz (Rechnungslegung, 2001), § 252 HGB, Rn. 88; Schmid/Walter (Teilgewinnrealisierung, 1994), S. 2356; Ellrott/Schmidt-Wendt (Bilanzkommentar, 2003), § 255 HGB, Rn. 460, die jedoch keine eindeutige Stellung beziehen; Stewing (Auftragsfertigung, 1990), S. 106.

[897] Statt vieler Freidank (Erfolgsrealisierung, 1989), S. 1199, der § 252 Abs. 2 HGB als Rechtfertigung zur Durchbrechung des Realisationsprinzips ansieht.

[898] Vgl. Selchert (Auftragsfertigung, 1990), S. 804 und Marx/Löffler (Auftragsfertigung, 2000), Rz. 82-83.

[899] Selchert (Auftragsfertigung, 1990), S. 805. A.A. Moxter (Verhältnis, 1995), S. 422, der dieser Argumentation insbesondere mit Döllerer (Bilanzierung, 1982), S. 778 entgegnet, dass die Gewinne noch nicht verdient seien.

[900] Vgl. Backhaus (Gewinnrealisation, 1980), S. 348 und Kohl (Gewinnrealisierung, 1994), S. 157.

[901] Vgl. Marx/Löffler (Auftragsfertigung, 2000), Rz. 80.

[902] Vgl. Wenk (Fertigung, 1997), S. 143.

[903] Vgl. Schindler (Fertigung, 1984), S. 577.

[904] Vgl. BFH I 84/56 U vom 18.12.1956, S. 27 und BFH I R 121/74 vom 5.5.1976, S. 541.

rechnen.[905] Ob eine Teilleistung vorliegt, ergibt sich aus der jeweiligen Vertragsgestaltung der Parteien. Nach Auffassung des BFH steht eine Verteilung der Gewinnrealisierung zur Vermeidung einer Verzerrung des Jahresergebnisses nicht im Einklang mit den Grundsätzen ordnungsmäßiger Buchführung.[906] Weiterhin äußert der BFH erhebliche Bedenken gegen eine Abweichung vom „strengen Realisationsprinzip" nach § 252 Abs. 2 HGB.[907]

Zusammenfassend sei festgehalten, dass es zur Behandlung der Umsatzrealisierung bei langfristigen Auftragsfertigungen eine Vielzahl an kontroversen Meinungen gibt. Diese Problematik wurde auch von den Gerichten nicht abschließend beurteilt. Jedenfalls resultiert aus der Methodenwahl zur Abbildung der langfristigen Auftragsfertigung ein erheblicher Spielraum für den Abschlussersteller. Gleiches gilt für sachverhaltsgestaltende, vertragliche Ausgestaltungen bei der Festlegung von abzurechnenden Teilabschnitten. Zur endgültigen Lösung der schon Jahrzehnte währenden Unsicherheit der Umsatzrealisierung bei langfristiger Auftragsfertigung könnte IAS 11 ebenfalls auch als handelsrechtlich einschlägige Norm herangezogen werden. Besonders vor dem Hintergrund der Auslegung der Bilanzrichtlinien und der handelsrechtlichen Rechnungslegung im Kontext der IFRS erscheint dies nicht abwegig, sondern geboten. Wird unterstellt, dass die von *Adler/Düring/Schmaltz* vorausgesetzten und sachlich begründeten Kriterien[908] zur Umsatzrealisierung im Einklang mit den handelsrechtlichen Grundsätzen ordnungsmäßiger Buchführung stehen und diese Kriterien ebenfalls in IAS 11 verankert wurden, dann sollten auch bei den größten Kritikern allmählich die Zweifel an der anteiligen Gewinnrealisierung bei langfristigen Fertigungsaufträgen schwinden.[909]

7.6 Umsatzrealisierung bei Dauerschuldverhältnissen

7.6.1 Behandlung nach US GAAP

Unter Dauerschuldverhältnisse „sind sämtliche Rechtsgeschäfte zu subsumieren, die sich über einen längeren Zeitraum erstrecken und ein dauerndes Verhalten (Tun, Dulden oder Überlassen) bzw. wiederkehrende Einzelleistungen zum Inhalt haben"[910]. Im Rahmen der Umsatzrealisierung handelt es sich hierbei um Dauerabsatzgeschäfte.[911] Zwischen der Leistungshandlung und dem Zeitraum der Erbringung besteht ein untrennbarer Zusammenhang.[912] Die Besonderheit in der Beurteilung des Zeitpunkts der Gewinnrealisierung liegt darin, dass nicht ein

---

905 Vgl. BFH IV R 69/74 vom 13.12.1979, S. 241.

906 Vgl. BFH I R 121/74 vom 5.5.1976, S. 541.

907 Vgl. BFH I R 121/74 vom 5.5.1976, S. 541.

908 Vgl. zu den Kriterien Adler/Düring/Schmaltz (Rechnungslegung, 2001), § 252 HGB, Rn. 88.

909 Vgl. Selchert/Lorchheim (Teilgewinnrealisierung, 1998), S. 152 die im Wesentlichen keinen Widerspruch zwischen den Kriterien nach *Adler/Düring/Schmaltz* und IAS 11 sehen.

910 Vgl. Glaubig (Dauerrechtsverhältnisse, 1993), S. 5; Lüders (Gewinnrealisierung, 1987), S. 109.

911 Vgl. Herzig (Dauerrechtsverhältnisse, 1988), S. 212.

912 Vgl. Hommel (Grundsätze, 1992), S. 49.

bestimmter Zeitpunkt den Übergang der Preisgefahr und den Verlust des wirtschaftlichen Eigentums determiniert, sondern vielmehr eine Zeitraumbetrachtung im Mittelpunkt steht. Im Folgenden gilt es weniger Dauerschuldverhältnisse in Form von Darlehen, Mieten oder Pacht zu behandeln, sondern vielmehr bei Leistungen wie z.B. Lizenzvergaben, Nutzungsrechte, Mitgliedschaften, Abonnements oder Hosting von Webseiten, die eine regelmäßigere Qualifikation als Umsatzerlöse zulassen dürften.[913] Mit dem FASB *Invitation to Comment* und SAB Topic 13 bieten die US GAAP lediglich fallweise Regelungen zur Behandlung von Dauerschuldverhältnissen an. Daher fällt die Ableitung allgemeingültiger Grundsätze nicht leicht.

Ein zentraler Gedanke liegt sämtlichen Beurteilungen zu Grunde: Umsatzerlöse dürfen frühestens dann realisiert werden, wenn aus Sicht des Leistungsempfängers vom Leistenden die beabsichtigte Leistungshandlung vereinbarungsgemäß erbracht wurde. So gelten beispielsweise Lizenzgebühren nicht schon mit der physischen Lieferung der Lizenz als realisiert, sondern erst mit Laufzeitbeginn und Nutzungsmöglichkeit der Lizenz.[914] Probleme bereiten insbesondere nicht zurückzuerstattende, im voraus erhaltene Gebühren (sog. *up-front fees*) bei der Beurteilung, ob eine Leistung bereits vollständig erbracht wurde oder weiterhin noch zu erbringen ist. SAB Topic 13 nennt eine Vielzahl von Beispielen, wie den Erwerb einer lebenslangen Mitgliedschaft in Organisationen, von Rechten, bestimmte Technologien zu nutzen, von Telekommunikationsleistungen mit Aktivierungsgebühren oder von Datenbankzugriffen über das Internet.[915] In allen genannten Fällen dürfen – ungeachtet dessen, ob noch weitere Gebühren anfallen – die zu Beginn der Leistung entrichteten Zahlungen nicht vollumfänglich als Umsatzerlöse verbucht werden. Anstatt die Eingangsleistung, wie z.B. eine Freischaltung, als eigenständigen Verkaufsakt anzusehen, ist dem Gedanken zu folgen, dass der Erwerber in Abwesenheit weiterer Leistungen des Verkäufers den Leistungen in Zusammenhang mit der *up-front fee* keinen oder nur einen äußerst geringen Wert zubilligen würde.[916] So wäre ein Kunde beispielsweise nicht bereit, Geld für die Anschlussgebühr eines Telefons zu entrichten, wenn er nicht im Folgenden die Leistungen des Telefonanbieters nutzen könnte. Es findet vielmehr ein Erwerb laufender Rechte mit anhaltender Beteiligung des Leistenden statt.[917] Somit rechtfertigen auch zu Beginn anfallende Kosten keine Umsatzrealisierung in entsprechender Höhe. Eine Vorgehensweise nach der *proportional performance method*[918] gem. des FASB *Invitation to Comment* verstößt daher bei der Erbringung unterschiedlicher Dienstleis-

913 Dass Mieterträge oder Pachten für bestimmte Unternehmen auch Umsatzerlöse darstellen können, sei an dieser Stelle vernachlässigt.

914 Vgl. SAB Topic 13 A.3 (d).

915 Vgl. SAB Topic 13 A.3 (f), Question 1.

916 Vgl. SAB Topic 13 A.3 (f), Question 1.

917 Vgl. SAB Topic 13 A.3 (f), Question 1.

918 Vgl. FASB (Invitation, 1978), S. 11.

tungen nach Auffassung der SEC gegen US GAAP.[919] Grundsätzlich sind die erhaltenen Zahlungen linear über die Vertragslaufzeit oder, falls länger, über den tatsächlichen Zeitraum der Leistungserbringung abzugrenzen.[920] Bei der Behandlung von Dauerschuldverhältnissen rückt der Gedanke einer (fiktiven) Schuld des Leistungserbringenden immer weiter in den Vordergrund, deren Tilgung im Rahmen der Leistungserbringung mit der Folge einer Umsatzrealisierung einhergeht. Das *realized*-Kriterium tritt meist schon bei geleisteter Vorauszahlung ein, das *earned*-Kriterium dagegen erst in Verbindung mit der Leistungserbringung. In diesem Sinne stellen die aufgeführten Regeln einen konsequenten Ausfluss aus dem Rahmenkonzept der US GAAP dar.

7.6.2 Behandlung nach IFRS

Für die Realisierung von Umsatzerlösen in Zusammenhang mit Dauerschuldverhältnissen finden für die im vorherigen Kapitel genannten Fälle die Regelungen des IAS 18.20 über die Erbringung von Dienstleistungen Anwendung.[921] Grundsätzlich erfolgt die Umsatzrealisierung im Verhältnis der erbrachten Leistung oder unter Vereinfachungsgründen gleichverteilt über die Leistungsperiode.[922] Die in IAS 18.20 aufgeführten Kriterien dienen mit ihrem Verweis auf den Fertigungsfortschritt zur Beurteilung der Umsatzrealisierung bei Dauerschuldverhältnissen nur unzureichend, so dass auf ergänzende Erläuterungen im Anhang zu IAS 18 abzustellen ist. Werden im Rahmen eines Dauerschuldverhältnisses (z.B. bei einem Abonnement) materielle Güter ähnlicher Werte geliefert, findet die Umsatzrealisierung linear über den Lieferungszeitraum statt. Weisen die Güter unterschiedliche Werte auf, ermitteln sich die Umsatzerlöse anteilig aus dem Wert der erbrachten Lieferung zum Gesamtlieferungswert.[923] Gleiches gilt bei im voraus entrichteten Eintrittsgeldern für mehrere Veranstaltungen. Hiernach werden die Umsatzerlöse nach Maßgabe der durch die jeweilige Veranstaltung erbrachten Leistung realisiert.[924] Die Behandlung von Aktivierungs- oder Zugangsgebühren sowie von Mitgliedschaftsbeiträgen hängt mit der damit zusammenhängenden Dienstleistung ab. Muss neben einer bloßen Mitgliedschaftsgebühr für sämtliche Leistungen oder Produkte bezahlt werden, darf die Gebühr bei Entstehen umsatzwirksam und ungeachtet dessen erfasst werden, ob der Leistende weitere (separat abzurechnende) Leistungen in mittelbarem oder

---

919 Unterschiedliche Dienstleistungen wären beispielsweise die Erstellung einer Homepage und das (gleichzeitige) Hosten der Homepage. SAB Topic 13 A.3 (f), Question 1 versagt in diesem Fall eine Umsatzrealisierung für die Erstellungsleistung und fordert auch hier eine Abgrenzung – und zwar ungeachtet dessen, ob die Folgekosten des Webhosting vernachlässigbar sind. Ebenfalls dazu SAB Topic 13 A.3 (f), Question 2 mit der Argumentation, dass die im Vertrag festgehaltenen Verpflichtungen erst während der Laufzeit erfüllt würden.

920 Vgl. SAB Topic 13 A.3 (f), Question 2.

921 Vgl. Cairns (IAS, 2003), S. 730.

922 Vgl. IAS 18.25. Dies gilt jedoch nur bei einer Unbestimmbarkeit der Anzahl der zu erbringenden Leistungsakte.

923 Vgl. IAS 18 App. A.7.

924 Vgl. IAS 18 App. A.15.

unmittelbarem Zusammenhang erbringt.[925] Entscheidend ist, dass mit der im voraus geleisteten Zahlung kein Vorteil für die Folgeleistung entstanden ist.[926] Nach US GAAP ist diese Behandlung unzulässig.[927] Daher ist der Aussage, die „US-amerikanische Abbildung von Geschäftstransaktionen mit *up-front fees* in Anlehnung an SAB 101“ verstoße nicht gegen IFRS, nicht zuzustimmen.[928] Auch aus Sicht der IFRS erfolgt die Leistungserbringung, nämlich die Eröffnung der Möglichkeit zum Bezug von Leistungen, über die Dauer der Mitgliedschaft und müsste deshalb richtigerweise in einer Abgrenzung der erhaltenen Zahlungen münden. Weiterhin würde – wie auch schon in SAB Topic 13 aufgeführt – kein Erwerber für Mitgliedschaften isoliert betrachtet bezahlen, wenn damit kein zeitraumbezogener Nutzen verbunden wäre. Anders verhält es sich bei Gebühren, die zum Erhalt von Leistungen oder zum Bezug von verbilligten Produkten während der Mitgliedschaft berechtigen. In diesen Fällen bestimmen der Anfall, die Art und der Wert der Leistungen den Realisationsmodus.[929] Unterschiede zu US GAAP treten in diesem Fall nicht auf.

Für Lizenzerträge enthalten die IFRS im Gegensatz zu US GAAP eigenständige Regelungen. Unter der Voraussetzung, dass dem Unternehmen ein künftiger wirtschaftlicher Nutzen zufließt und der Betrag der Umsatzerlöse verlässlich ermittelbar ist, sind Lizenzentgelte nach Maßgabe der zu Grunde liegenden Vereinbarung periodengerecht zu erfassen.[930] Nach wirtschaftlicher Betrachtungsweise hat die auf der Vereinbarung basierende Umsatzrealisation unter Umständen einer angemesseneren, systematischeren und sinnvolleren Vorgehensweise zu weichen.[931] Bestehen für den Lizenzgeber keine weiteren oder verbleibenden Verpflichtungen mit der Hingabe von Rechten für einen festgelegten Betrag oder eine nicht zurückzuerstattende Gebühr, so ist die Transaktion als Verkaufsgeschäft zu würdigen.[932] Beispielsweise gilt die Vergabe von Filmrechten als Verkauf, wenn der Lizenzgeber keinen weiteren Einfluss auf den Lizenznehmer hinsichtlich des lizenzierten Produkts hat. Abweichungen zu US GAAP treten in diesen Fällen im Allgemeinen und im Besonderen bei Filmrechten nicht auf.[933] Als frühester Zeitpunkt der Umsatzrealisierung kommt bei Lizenzverkäufen ebenfalls wie nach US GAAP der Laufzeitbeginn in Frage, da explizit nach IAS 18 die freie Ausbeu-

---

925 Vgl. IAS 18 App. A.17.

926 Vgl. Lüdenbach/Janßen (Erlösrealisierung, 2004), S. 31.

927 Die einmalige Anschlussgebühr für einen Telefonanschluss ist beispielsweise nach SAB Topic 13 A.3 (f), Question 1 abzugrenzen, während nach IFRS eine sofortige Realisierung geboten ist, da für alle weiteren Leistungen wie Grundgebühren und Telefoneinheiten separate Abrechnungen erfolgen.

928 So aber Pilhofer (Umsatzrealisierung, 2002), S. 260.

929 Vgl. IAS 18 App. A.17.

930 Vgl. IAS 18.29 (a), (b); IAS 18.30 (b).

931 Vgl. IAS 18.33.

932 Vgl. IAS 18 App. A.20.

933 Ist die „up-front fee … in exchange for products delivered or services performed that represent the culmination of a separate earnings process“, dann erfolgt auch nach SAB Topic 13 A.3 (f), Question 1 die Umsatzrealisierung nach den allgemeinen Grundsätzen. Vgl. zu Filmrechten SOP 00-2.11-15. Vgl. hierzu ausführlich Küting/Zwirner (Medienunternehmen, 2001), S. 14.

tung der Rechte gefordert wird und dies nur nach Laufzeitbeginn möglich ist.[934] Zusammenfassend sei festgestellt, dass die IFRS die Blickrichtung stärker darauf legen, welche Leistungen vom Leistungserbringenden noch ausstehen, anstatt wie die US GAAP auf die Sicht des Leistungsempfangenden hinsichtlich der noch ausstehenden Leistungen abzustellen. Dabei ist es unerheblich, welchen Umfang oder Aufwand der Leistungserbringende zur erwarteten Leistungserfüllung benötigt. Die Vorgehensweise nach US GAAP vermeidet die Möglichkeit einer Vorverlagerung von Umsatzerlösen durch hohe Vorabgebühren zu Lasten künftiger Umsatzerlöse auf Grund geringerer laufender Zahlungen auf eine objektivierbarere Art und Weise, als dies nach IFRS der Fall ist.

7.6.3 Behandlung nach HGB

Die Erfassung von Umsatzerlösen aus Dauerschuldverhältnissen hat nach den allgemeinen Grundsätzen zur Umsatzrealisierung zu erfolgen, d.h. nach Übergang der Preisgefahr und Wegfall des wirtschaftlichen Eigentums vor dem Hintergrund der Entstehung eines quasisicheren Gewinns. Für die genannten Fälle von Lizenzentgelten oder Beiträgen unterschiedlicher Art erscheinen diese allgemeinen, in der Regel auf Grund von Warenlieferungen entwickelten Kriterien, mangels eines Erfüllungszeitpunkts nicht ohne weiteres übertragbar zu sein. Hier rückt das notwendige Kriterium der wirtschaftlichen Erfüllung der geschuldeten Erfüllungshandlung unter Berücksichtigung eines so gut wie sicheren Gewinns in den Vordergrund.[935] Anstatt einen bestimmten Leistungszeitpunkt zu bestimmen, finden kontinuierlich erbrachte Leistungen statt. Eine Umsatzrealisierung nach Erfüllung sämtlicher Leistungen scheidet auf Grund einer unzulässigen Nachverlagerung von Erträgen und einer nicht den tatsächlichen Verhältnissen entsprechenden Darstellung der Ertragslage aus.[936] Die kontinuierliche Leistungserbringung ist vielmehr als die Erbringung zeitraumbezogener bzw. eigenständiger Teilleistungen zu werten.[937] Mit Erbringung der Teilleistung geht die laufzeitabhängige Gewinnrealisation als Ausdruck des sich im Zeitablauf vollziehenden Preisgefahrenübergangs einher.[938] Damit bleibt die Gewinnentstehung an die Umsatzentstehung gebunden.[939] Noch nicht erbrachte zeitraumabhängige Leistungen sind schwebende Geschäfte und nicht bilanzierungsfähig.[940] Nach dem Urteil des BFH „ist hinsichtlich der Gewinnrealisierung ... zu unterscheiden, ob die Dauerhaftigkeit der Leistung selbst anhaftet oder nur den zeitlichen Rahmen für einzelne Leistungen bildet. Im letztgenannten Fall ... tritt die Realisie-

---

934 Vgl. IAS 18 App. A.20.

935 Vgl. BFH XI R 1/93 vom 12.5.1993, S. 786.

936 Vgl. Euler (Gewinnrealisierung, 1989), S. 76, der eine derartige Vorgehensweise als „völlig abwegig" bezeichnet.

937 Vgl. Glaubig (Dauerrechtsverhältnisse, 1993), S. 22.

938 Vgl. Hommel (Grundsätze, 1992), S. 138.

939 Vgl. Böcking (Gewinnrealisierung, 1989), S. 515.

940 Vgl. Knobbe-Keuk (Bilanzrecht, 1993), S. 253.

rung bei Erfüllung jeder einzelnen Leistung ein“[941]. Ist die geschuldete Leistung selbst zeitraumbezogen, führt dies „zu einer zeitanteiligen Gewinnrealisierung, wenn für den gesamten Zeitraum eine qualitativ gleich bleibende Dauerverpflichtung besteht“[942]. Der Leistende befindet sich in diesem Fall in einer „ununterbrochenen Pflichtenlage“[943]. Die in der Vergangenheit erbrachte Leistung wird daher als Umsatz realisiert.[944] Theoretisch wäre eine pro rata temporis Realisierung nach jeder logischen Sekunde der Leistungserbringung sachgerecht, wobei aus Vereinfachungsgründen eine angemessene Bildung von Abrechnungszeiträumen als zulässig erachtet wird.[945] Im Fall einer im voraus entrichteten Pauschalvergütung für Steuerberatungsleistungen entschied das FG Berlin über das Vorliegen eines zeitraumbezogenen Vertrags mit selbständigen Einzelleistungen, da die Steuerberatergebührenverordnung (StBGebV) für jede Teilleistung eine gesonderte Gebührenabrechnung vorsehe.[946] Zuzustimmen ist der Auffassung, dass „nicht erst am Ende des Leistungszeitraums, sondern bereits nach Erfüllung jeder einzelnen Leistung“[947] ein der Leistung entsprechender Anteil des Pauschalhonorars verdient ist. Eine Umsatzrealisierung nach Maßgabe der StBGebV, so wie das Gericht wohl in Übereinstimmung mit dem BFH entschied, ist bei Unsicherheit über den gesamten Umfang aller zu erbringenden Leistungen abzulehnen. In diesem Fall könnten je nach Umfang der vorangegangenen Steuerberatungsleistungen bei fortgeschrittener Zeitdauer weiterhin Leistungen zu erbringen sein, denen kein Honorar gegenübersteht. Auf der anderen Seite bestünde die Möglichkeit eines noch nicht abgerechneten verbleibenden Pauschalbetrags nach dem vereinbarten Leistungszeitraum. Daher kann als Lösung bei Unsicherheit über die insgesamt zu erbringenden Leistungen nur eine nicht an die einzelne Leistung anknüpfende zeitraumabhängige lineare und die wirtschaftliche Betrachtungsweise würdigende Realisierung erfolgen.[948]

Bisher ist in der Literatur die handelsrechtliche Behandlung bei so genannten *up-front fees* verbunden mit separat abzurechnenden Folgeleistungen noch nicht ausreichend aufgegriffen worden. Es sei an dieser Stelle nochmals an das Beispiel der Homepage-Installation mit gleichzeitigem Hosting erinnert. Dem Hosting haftet zweifelsfrei die Dauerhaftigkeit der Leistung selbst an. Indes ist zweifelhaft, ob diese Annahme auch für die Erstellungsleistung anzunehmen ist. Dem Urteil des FG Berlin analog folgend und jede Teilleistung einzeln reali-

---

941 BFH IV R 80/96 vom 10.9.1998, S. 21.

942 BFH IV R 80/96 vom 10.9.1998, S. 21. Hierzu zählen z.B. Lizenzentgelte, Mieten oder Pachten.

943 BFH X R 49/89 vom 20.5.1992, S. 904.

944 Vgl. BFH X R 49/89 vom 20.5.1992, S. 904.

945 Vgl. Crezelius (Geschäft, 1988), S. 85; Euler (Gewinnrealisierung, 1989), S. 77. Zur pro rata temporis-Realisierung vgl. Gelhausen (Realisationsprinzip, 1985), S. 379. Vgl. auch FG Baden-Württemberg 3 K 392/87 vom 27.2.1992 zur fortlaufenden Realisierung von Gewinnen bei Pachtverhältnissen.

946 Vgl. FG Berlin 8 K 8572/99 vom 24.3.2003, S. 965.

947 Vgl. FG Berlin 8 K 8572/99 vom 24.3.2003, S. 965.

948 Vgl. Hommel (Grundsätze, 1992), S. 233 mit ähnlichem Tenor zur Linearisierung von Leasingraten.

sierend, ist die Installation der Homepage als eigenständige realisierungswürdige Leistung im Zusammenhang mit einem quasisicheren Gewinn zu sehen, das Hosting dagegen als kontinuierlich zu erbringende Leistung.[949] Vor dem Hintergrund der handelsrechtlich bevorzugten Abgrenzung nach der Leistungserbringung stehen die US GAAP mit der Tendenz zur umfänglichen Rechnungsabgrenzung anders lautend gegenüber. Eine Anwendung von SAB Topic 13 mag vielleicht bequem sein, ist jedoch in diesem Zusammenhang nicht grundsätzlich mit dem HGB vereinbar.[950] Wirtschaftlich betrachtet führt das HGB zu einer möglicherweise sogar sachgerechteren Darstellung der Ertragslage, wobei nicht zu vernachlässigen ist, dass diese Vorgehensweise mit erheblichen Umsatzverlagerungsmöglichkeiten einhergeht. Freilich ist dabei stets der Grundsatz zu beachten, Einnahmen, denen künftige Umsätze gegenüberstehen, zu passivieren.[951]

---

[949] Vgl. FG Berlin 8 K 8572/99 vom 24.3.2003, S. 965.

[950] A.A. Pilhofer (Umsatzrealisierung, 2002), S. 260.

[951] Vgl. Hommel (Rechnungsabgrenzungsposten, 2002), Sp. 1972.

IV. Kapitel: Ökonomische Analyse des Rechts

1 Einschränkung der Einflussnahmen auf die Umsatzrealisierung

1.1 Einschränkung der Anreize zur Einflussnahme auf die Umsatzrealisierung

Im ersten Kapitel dieser Arbeit wurden die Anreize als ein entscheidendes Moment für die Einflussnahme auf die Rechnungslegung identifiziert. Als Grundvoraussetzung diente das der Agency-Theorie inhärente opportunistische Verhalten des Managements und das teilweise fehlende moralische Handeln.[952] Anreize können sowohl in der Maximierung des finanziellen Nutzes und des nicht finanziellen Nutzens liegen. Das Vorliegen und die Vielschichtigkeit derartiger Anreize wird mit den SEC *litigation releases* zur Umsatzrealisierung nachdrücklich belegt. Zentrale Anreize liegen im finanziellen Nutzen und damit auch in der begünstigenden Vergütungsstruktur des Managements. Beispielsweise hat die „compensation structure fostered this preference, because compensation of sales and pre-sales personnel was largely based on the amount of revenue recognized“[953]. Unter anderem wurden weitere Einflussnahmen vorgenommen, um bonusvergütete Verkaufsziele zu erreichen oder Aktienoptionen gewinnbringend auszuüben.[954] Anreize im Bereich möglicher Nutzenkohärenzen mit Anteilseignern liegen in der Verschleierung von schlechten Unternehmensleistungen, in der Erwartungserfüllung von Analysten oder im Verkauf von Unternehmensanteilen.[955]

Teilweise wird angenommen, an Kapitalmarktinstrumente orientierte Vergütungssysteme böten gerade den entscheidenden Anreiz, manipulative Handlungen zu begehen und die Vornahme derartiger Handlungen könne stets als wahrscheinlich gelten.[956] Daher könnte in Erwägung gezogen werden, die Vergütungssysteme frei von Kapitalmarktinformationen zu gestalten. Eine manipulationsfreie Umsatzrealisierung anstrebend, müssten Vergütungssysteme entwickelt werden, die unabhängig vom Posten der Umsatzerlöse sind, aber im Einklang mit den Interessen der Anteilseigner stehen. Unstrittig ist, dass ein Ausweichen auf andere rechnungslegungsabhängige Größen ebenfalls zu deren Manipulation führen kann und diese auf Grund einer mittelstrengen Informationseffizienz zwangsläufig den Kapitalmarkt tangiert. Vielleicht wird in Zukunft ein Vergütungssystem entwickelt, das einen optimalen Anreiz zum Handeln der Manager im Interesse der Anteilseigner unter der Prämisse der Verlässlichkeit der vom Management berichteten Zahlen gewährleistet. Es darf allerdings nicht verkannt

952 Die Kombination von Anreizen zur Einflussnahme, geringer moralischer Maßstäbe und die Möglichkeiten zur Einflussnahme auf die Rechnungslegung, bilden das sog. Fraud-Triangle. Vgl. u.a. Knabe/Mika/Müller *et al.* (Fraud, 2004), S. 1059.

953 SEC Litigation Release No. 18741 vom 09.06.2004.

954 Vgl. statt vieler SEC Litigation Release No. 18199 vom 20.06.2003; SEC Litigation Release No. 18327 vom 08.09.2003; SEC Litigation Release No. 18536 vom 09.01.2004.

955 Vgl. SEC Litigation Release No. 18605 vom 02.03.2004; SEC Litigation Release No. 18355 vom 18.09.2003; SEC Litigation Release No. 18104 vom 24.04.2003.

956 Vgl. Zimmermann (Incentives, 2002), S. 541.

werden, dass Einflussnahmen von bestimmten Adressatengruppen unterstützt werden könnten. So lange diese Risiken allgegenwärtig sind, müssen die (potenziellen) Anreize zur Einflussnahme auf die Rechnungslegung als exogen gegeben hingenommen werden. Daher liegt im Folgenden der Schwerpunkt auf der Begrenzung der Möglichkeiten zur Einflussnahme auf die Umsatzrealisierung, insbesondere vor dem Hintergrund der Normausgestaltung und einer transparenten Kommunikation für die Adressaten. Denn „wenn ... die Wahrscheinlichkeit der Existenz von Möglichkeiten für Fraud gering ist, dann ist auch das Fraud-Risiko insgesamt gering“[957].

1.2 Einschränkung der Möglichkeiten zur Einflussnahme auf die Umsatzrealisierung

Möglichkeiten der Einflussnahme resultieren aus *hidden action* und *hidden information* des Managers, d.h. aus den Informationsasymmetrien zwischen dem Management und den anderen Adressaten der Rechnungslegung. Sie konkretisieren sich in der Rechnungslegung entweder abhängig oder unabhängig vom angewendeten Rechnungslegungssystem. Einflussnahmen erfolgen durch rechnungslegungspolitische Maßnahmen oder Manipulationen.[958] Daher ist zu untersuchen, ob die Einflussmöglichkeiten auf die Umsatzrealisierung abhängig von der Art des angewendeten Rechnungslegungssystems (US GAAP, IFRS oder HGB) sind. Um die Ergebnisse verallgemeinern zu können, werden die Rechnungslegungssysteme in tendenziell regelungsbasierte und prinzipienbasierte Systeme eingeordnet. Hierzu ist eine Verknüpfung der jeweiligen Ansätze zu den innewohnenden Möglichkeiten von Sachverhaltsabbildungen und Sachverhaltsgestaltungen im Rahmen der Umsatzrealisierung herzustellen. Weiterhin bedarf es normativen Überlegungen, inwiefern zusätzliche und geprüfte Angaben in der Rechnungslegung die Möglichkeiten zur Einflussnahme auf die Umsatzrealisierung vermindern oder im Falle tatsächlicher Vorkommnisse leichter für die Adressaten erkennbar machen. Einen nicht weniger wichtigen Bestandteil zur Vermeidung von Einflussnahmen auf die Rechnungslegung – sei es durch aufdeckende oder präventive Maßnahmen – stellen Institutionen wie der Aufsichtsrat bzw. der Prüfungsausschuss, der Abschlussprüfer oder die Enforcement-Einrichtungen dar.

2 Einschränkung der Einflussnahmen auf die Umsatzrealisierung durch einen principles only, principles based oder rules based approach

2.1 Abgrenzung der Ansätze und Einordnung der Rechnungslegungssysteme

Ausschließlich aus Prinzipien bestehende Normen (*principles only*) werden mitunter als *high-level standards* bezeichnet.[959] Sie enthalten, wenn überhaupt, nur geringe originäre operative Leitlinien zu deren Anwendung und Interpretation. Die handelsrechtliche Rechnungslegung

957 Knabe/Mika/Müller *et al.* (Fraud, 2004), S. 1059

958 Vgl. Kapitel II.2, S. 28.

959 Vgl. SEC (Study, 2003), Gliederungspunkt I, Abschnitt C.

kann als *principles only approach* bezeichnet werden. So regelt das Handelsrecht mit § 252 Abs. 1 Nr. 4 HGB die vollständige Thematik der Umsatzrealisierung mit nur einem Halbsatz: „Gewinne sind nur zu berücksichtigen, wenn sie am Abschlussstichtag realisiert sind". Gerade dieser allgemeine Wortlaut und die geringe Regelungstiefe stellen ein quasi idealtypisches Beispiel von ausschließlich auf Prinzipien beruhenden Normen dar.[960] Auch die Allgemeingültigkeit des Realisationsprinzips als Regelung für den Zeitpunkt der Realisation von Erträgen und gleichzeitig als Anschaffungskosten- und Herstellungskostenprinzip lässt eine eindeutige Einordnung als prinzipiengebunden zu.[961] Das Realisationsprinzip wird als grundlegendes Aktivierungs- und Passivierungsprinzip angesehen.[962]

Neben den aus Prinzipien bestehenden Normen, existieren regelungsbasierte Normgefüge (*rules based approach*). Sie enthalten präzise Formulierungen und stellen klare Anforderungen an die Abschlussersteller.[963] Der ihnen zu Grunde liegende Gedanke ist, für nahezu jedes denkbare Szenario die entsprechende bilanzielle Abbildung herbeizuführen.[964] Folglich geben die einzelnen kasuistischen Regelungen klare (Trennungs-)Linien vor, beinhalten oftmals Ausnahmen, weisen einen hohen Detailliertheitsgrad auf und gelten zuweilen untereinander – vor dem Hintergrund der hohen Regelungsdichte – als inkonsistent.[965] Regelungsbasierte Normen werden auch als mikroorientiert bezeichnet und spiegeln Geschäftspraktiken und Expertenmeinungen wider.[966] Nach diesem Verständnis wären die US GAAP per se und im Besonderen die Regelungen zur Umsatzrealisierung mikroorientiert.[967] Sie konstituieren daher einen *rules based approach*.[968] Die Anzahl der Regelungen der US GAAP – ohne die Verlautbarungen der SEC zu berücksichtigen – beträgt ca. 40 Normen, die unmittelbar mit der Umsatzrealisierung in Verbindung stehen.[969] Zur gesamten Thematik der Erlösrealisierung weisen die US GAAP weitaus mehr als 75 Einzelregelungen auf.[970] Diese beinhalten zum einen Regelungen verschiedener Institutionen in unterschiedlichen US GAAP-Hierarchieebenen wie beispielsweise FASB Statements, EITF Issues, Accounting Research Bulletins oder APB Opinions. Zum anderen ist ihr Inhalt grundsätzlicher Natur, aber auch

---

960 Vgl. Psaros/Trotman (Accounting, 2004), S. 76 allgemein zur geringen Regelungstiefe von Normen.

961 Vgl. zu den Komponenten des Realisationsprinzips Baetge/Kirsch/Thiele (Bilanzen, 2003), S. 119.

962 Vgl. Moxter (Realisationsprinzip, 1984), S. 1784.

963 Vgl. Psaros/Trotman (Accounting, 2004), S. 76.

964 Vgl. SEC (Study, 2003), Gliederungspunkt I, Abschnitt C.

965 Vgl. SEC (Study, 2003), Gliederungspunkt I, Abschnitt C und Wagenhofer (Internationalisierung, 2002), S. 234.

966 Vgl. Alexander/Archer (Myth, 2000), S. 541.

967 Vgl. Nobes (Practices, 1983), S. 7. *Nobes* hat eine statistische Klassifikation der Rechnungslegungsstandards unterschiedlicher Länder vorgenommen. Zur Einordnung wurden u.a. unterschiedliche Faktoren wie Abschlussadressaten, Präzision der Normen, Einfluss der Steuergesetzgebung und die Möglichkeit von Gewinnglättungen herangezogen.

968 Vgl. Alexander/Archer (Response, 2003), S. 504.

969 Siehe insbesondere Kapitel III dieser Arbeit.

970 Vgl. FASB Staff (IAS 18, 1999), S. 210.

branchen- und transaktionsspezifisch. Alleine die Tatsache, dass die US GAAP zur Umsatzrealisierung auf einem Rahmenkonzept aufbauen, lässt sie in der Gesamtheit nicht als prinzipienbasierten Ansatz erscheinen.[971] Insbesondere deshalb nicht, weil das Rahmenkonzept mehrere Zeitpunkte der Umsatzrealisierung gestattet und eine Konkretisierung erst durch eine Vielzahl von Einzelregelungen vorgenommen wird sowie in sich selbst und im Verhältnis zu den Einzelregelungen widersprüchlich ist.

Neben den aus Prinzipien bestehenden Normen und einer Regelungsbasierung von Normen ist nach der auch hier gefolgten SEC-Auffassung mit den prinzipienbasierten Normen (*principles based approach*) bzw. den an Zielsetzungen orientierten Normen (*objectives oriented*[972]) eine dritte, weitere Kategorie ableitbar.[973] Prinzipienbasierte Normen verfügen über eine klare Aussage der ordnungsmäßigen Behandlung von Sachverhalten unter Berücksichtigung der zuvor festgelegten Zielsetzung der Norm. Sie stehen im Einklang mit einem in sich schlüssigen Rahmenkonzept und vermeiden Ausnahmen von den festgelegten Grundsätzen. Zudem bestehen sie aus weitaus weniger (detaillierten) Regelungen als ein regelungsbasierter Ansatz.[974] Auf der anderen Seite beinhalten sie wesentlich detaillierte Vorschriften als bloße Prinzipien. Mit IAS 18 (*Revenue*), IAS 11 (*Construction Contracts*) sowie SIC-27 (*Evaluating the Substance of Transactions Involving the Legal Form of a Lease*) und SIC-31 (*Revenue – Barter Transactions Involving Advertising Services*) weisen die IFRS im Gegensatz zu der Vielzahl der US GAAP-Regelungen ausschließlich vier relevante Verlautbarungen zur Umsatzrealisierung auf. Die IFRS können auf die Umsatzrealisierung bezogen und von der gesamten Charakteristik her als prinzipienbasiert angesehen werden.[975] Dies ist auch die Selbsteinschätzung des IASB hinsichtlich dessen Verlautbarungen.[976] Der prinzipienbasierte Ansatz steht damit von der Regelungstiefe zwischen bloßen Prinzipien und einer vollkommenen Regelungsbasierung. Als zentrale Voraussetzung bleibt jedoch stets die Kohärenz zu einem übergeordneten Rahmenkonzept und zu den danebenstehenden Normen. Dieser Ansatz wird im Wesentlichen bei den Regelungen zur Umsatzrealisierung von den IFRS erfüllt.

---

971 A.A. Schipper (Principles-Based, 2003), S. 71. *Schipper* ist der Auffassung, die US GAAP seien grundsätzlich auf einem Rahmenkonzept aufbauend. Lediglich Ausnahmeregelungen und Anwendungsleitlinien ließen die US GAAP als regelungsbasiert erscheinen.

972 Hier als Synonym zur Prinzipienbasierung verstanden.

973 Vgl. SEC (Study, 2003), Gliederungspunkt I, Abschnitt C.

974 Vgl. Psaros/Trotman (Accounting, 2004), S. 77.

975 Vgl. dazu unter anderem die Ausführungen von Wagenhofer (Internationalisierung, 2002), S. 234 und Preißler (Prinzipienbasierung, 2002), S. 2394. Kritisch zur Einordnung der IFRS als prinzipienbasiert vor dem Hintergrund erheblicher Regelungslücken vgl. Kuhner (Prinzipienbasierung, 2004), S. 270 sowie Sunder (Rethinking, 2003), S. 8.

976 Vgl. Tweedie (Statement, 2002), S. 4.

2.2 Vor- und Nachteile der Ansätze

2.2.1 Grundlagen der ökonomischen Analyse des Rechts

Die ökonomische Analyse des Rechts „widmet sich dem Verständnis und der Würdigung eines historischen, gegenwärtigen oder geplanten Rechtsbereiches unter Berücksichtigung ökonomischer Sprache und Modelle und darauf basierender Hypothesen und empirischer Ergebnisse“[977]. Sie hat nicht zwingend auf formalen Agency-Modellen zu beruhen, sondern beinhaltet auch Überlegungen zur Plausibilisierung ökonomischer Wirkungen bestimmter (Bilanzierungs-)Regeln.[978] Sie umfasst demnach sowohl positive als auch normative Aspekte.[979] Die ökonomische Analyse des Rechts prüft, wie Individuen als Adressaten einer Norm, hier insbesondere zur Vermeidung von *earnings management*, auf verschiedene Normalternativen reagieren.[980] Ein Bestandteil der ökonomischen Analyse des Rechts ist die Festlegung des optimalen Detailliertheitsgrads von Normen.[981] Regeln und Prinzipien sind danach zu differenzieren, ob sie einer Rechtsvorschrift ex ante durch eine hohe Genauigkeit oder ex post durch die Rechtsprechung Inhalt verleihen.[982] Grundsätzlich legen Regeln ex ante das gewünschte Ergebnis fest und müssen daher im Vorhinein alle erdenklichen Ausprägungen erfassen, was folglich zu einem höheren Detailliertheitsgrad führen muss. Der Vorteil des Rechtsanwenders von Regeln liegt in geringeren Aufwendungen, die rechtlichen Folgen abzusehen, sowie in der klaren Beurteilung von Verletzungen durch die Rechtsprechung oder Exekutivorgane. Aus diesem Grund verursachen Regeln ein stärker mit dem klaren Regelungsbereich im Einklang stehendes Verhalten, als dies bei Prinzipien der Fall ist, da die Anwender größeres Vertrauen darauf haben können, nicht rechtlich belangt zu werden.[983] Tendenziell ist Regeln dann der Vorzug zu geben, wenn bestimmte Sachverhalte oder gerichtliche Entscheidungen darüber häufig auftreten.[984] Starre Regeln münden oftmals in einer unzureichenden Kongruenz zwischen deren Wortlaut und dem zu regelnden Sachverhalt.[985] Variiert das Verhalten in dem Sinne, dass das Auftreten einzelner Ausprägungen relativ selten ist, wären Prinzipien zu bevorzugen.[986] Das gilt insbesondere für Rechtsgebiete, bei denen wirtschaftliche und gesellschaftliche Gegebenheiten regelmäßig Veränderungen unterliegen.[987]

---

977 Ballwieser (Analyse, 1996), S. 503.

978 Vgl. Ballwieser (Analyse, 1996), S. 524.

979 Vgl. Posner (Analysis, 1986), S. 21.

980 Vgl. Kirstein (Analyse, 2004), S. 5.

981 Vgl. Kaplow/Shavell (Analysis, 1999), S. 62. Auf die Wahl zwischen Regeln und Standards soll insofern nicht eingegangen werden, als sie mit ihrem relativen Umfang unterschiedliche Kosten für den Gesetzgeber, den Normanwender und das Enforcement herbeiführen. Vgl. Schäfer (Rules, 2002), S. 1.

982 Vgl. Kaplow (Rules, 1999), S. 509.

983 Vgl. Kaplow (Rules, 1999), S. 510.

984 Vgl. Schäfer (Rules, 2002), S. 2.

985 Vgl. Fon/Parisi (Specificity, 2004), S. 4.

986 Vgl. Kaplow (Rules, 1999), S. 510.

987 Vgl. Schäfer (Rules, 2002), S. 2.

Eine höhere Detaillierung durch Regeln ist wegen der leichteren Umgehungsmöglichkeiten der Normen problematisch. Möglicherweise könnte es daher wünschenswert sein, bewusst Unsicherheiten bei der Normauslegung einzuräumen, um den Anwendern eine Vorhersage der rechtlichen Konsequenzen von Umgehungsversuchen zu erschweren.[988] Denn „a general consequence of uncertainty over the assessment of true levels of care is that parties will tend to be led to take more than due care"[989]. Die hier getroffenen Aussagen der ökonomischen Analyse des Rechts sollten als Kooperationsmodell verstanden werden, mit dem ökonomischer und juristischer Sachverstand verbunden werden kann.[990]

2.2.2 Ökonomische Analyse des Rechts im Hinblick auf die Vermeidung von earnings management

Sowohl der *principles only approach* als auch der *rules based approach* und der *principles based approach* weisen in Bezug auf die Rechnungslegung und auf damit in Verbindung stehende Institutionen Vor- und Nachteile auf, die im Folgenden skizziert werden und die im Wesentlichen mit dem Detailliertheitsgrad des Normgefüges in Verbindung stehen. Die Vor- und Nachteile der Ansätze können vor dem Hintergrund der Vermeidung von Einflussnahmen auf die Rechnungslegung sowie vor dem Hintergrund der im Vorhinein beabsichtigten ordnungsmäßigen Anwendung zur Vermittlung eines den tatsächlichen Verhältnissen entsprechenden Bilds derVermögens-, Finanz- und Ertragslage diskutiert werden.

Der *principles only approach* bedingt durch seine weit gefassten Prinzipien große Beurteilungsspielräume hinsichtlich der Auslegung und Interpretation der einzelnen Norm.[991] Damit ist das Management stets in der Lage, gewählte Bilanzierungsmethoden argumentativ zu untermauern. Zugleich wird ein Enforcement erschwert und erhöht damit nochmals den Freiheitsgrad des Managements hinsichtlich der Einflussnahmen auf die Rechnungslegung. Denn ohne Leitlinien eines Standardisierungsgremiums oder Gesetzgebers „zur gewünschten Vorgehensweise lassen sich die von den Unternehmen gewählten Verfahren zur Ermittlung dieser [tatsächlichen; Anm. d. Verfassers] Lage zumindest anfänglich nicht als unzulässig oder ungeeignet ablehnen"[992]. Ebenfalls schwierig scheint der Stand des Abschlussprüfers und Prüfungsausschusses bei dem Versuch der Einschränkung des Managerermessens zu sein.[993] Zudem ergeben sich für den nicht an einer zielgerichteten Einflussnahme interessierten Abschlussersteller Unsicherheiten hinsichtlich der korrekten Normanwendung auf Grund der unzureichenden Detailregelungen, der uneinheitlichen Anwendung der Prinzipien durch die

[988] Vgl. Kaplow (Rules, 1999), S. 514.

[989] Shavell (Analysis, 1987), S. 80 im Zusammenhang mit Gerichtsentscheiden.

[990] Böcking/Löcke (Abschlussprüfung, 1997), S. 462.

[991] Beispielsweise nimmt nach Peemöller (Rechnungslegung, 2004), S. 561 „die Unschärfe einer Rechnungslegung ... mit steigender Anzahl von allgemeinen Normen erheblich zu".

[992] Schildbach (Prinzipienorientierung, 2003), S. 252.

[993] Vgl. Preißler (Prinzipienbasierung, 2002), S. 2394.

Unternehmen und damit der daraus folgenden mangelnden Vergleichsmöglichkeiten zwischen einzelnen Unternehmen. Im Extremfall können diese Unsicherheiten in einem erhöhten Risiko verklagt und verurteilt zu werden resultieren, da aus einem großen Portfolio an Bilanzierungsalternativen nur eine einzige aus Sicht der Jurisprudenz als richtig eingestuft wird.[994] Ein *principles only approach* erhöht möglicherweise durch die weiten Auslegungsspielräume die Informationsasymmetrien zwischen dem Management und den Adressaten. Vorteile können diesem Ansatz vor allem in der Reaktion auf aktuelle Entwicklungen und der Einbettung der Normen in ein in sich konsistentes System zugeschrieben werden. Insbesondere die Möglichkeit der Anpassung an die tatsächlichen Verhältnisse der Vermögens-, Finanz- und Ertragslage stellt einen erheblichen Vorteil dar.

Regelungsbasierte Ansätze versuchen die Beurteilungsnotwendigkeit zu minimieren und müssten daher vordergründig das Optimum für Enforcement-Institutionen und Abschlussprüfer darstellen, denn das Management wird kaum in der Lage sein, sich klaren Vorgaben argumentativ zu widersetzen. Dennoch fordern die US GAAP trotz eines *rules based appoach* erhebliche Ermessensnotwendigkeiten, so dass diese Aussage nur für Teilbereiche der Rechnungslegung Geltung erlangt.[995] Regelungsbasierte Normen haben weiterhin den Nachteil einer Begünstigung des *„financial engineering“*[996], wonach Manager z.B. durch gezielte Vertragsgestaltungen die hohe Regelungsdichte zur Umschiffung restriktiver Vorschriften nutzen, um das gewünschte Ergebnis herbeizuführen und damit die eigentliche Intention der Regelungsbasierung aushebeln.[997] Problematisch ist dabei insbesondere, dass auf diese Weise handelnde Personen schwer zur Rechenschaft zu ziehen sind, da die einschlägigen Normen (formal) eingehalten wurden.[998] Verantwortlich für die Vielzahl an Detailregelungen könnte daher die von Abschlusserstellern, Abschlussprüfern und Enforcement-Institutionen induzierte Nachfrage nach einer detaillierten Anleitung sein.[999] Die hohe Regelungsdichte begünstigt jedoch Widersprüche zwischen den einzelnen Normen.[1000] Mit über 150 FASB Statements und einer Vielzahl weiterer schwer verständlicher und umständlich zu implementierender Verlautbarungen verschiedener Institutionen ist sogar von einem *„standards overload“* der

---

994 Vgl. SEC (Study, 2003), Gliederungspunkt I, Abschnitt C.

995 Vgl. Mason/Gibbins (Standards, 1991), S. 22.

996 Vgl. SEC (Study, 2003), Gliederungspunkt I, Abschnitt C.

997 Vgl. Shortridge/Myring (Defining, 2004), S. 36 insbesondere im Hinblick auf Leasing-Transaktionen.

998 Vgl. Nelson (Evidence, 2003), S. 101, der regelungsbasierte Standards als „sichere Häfen“ für sachverhaltsgestaltende Maßnahmen ansieht.

999 Vgl. Herz (Challenge, 2003), S. 251; Smith/Kivi/Wagner (Standards, 2004), S. 11; Bratton (Rules, 2003), S. 1045. Vgl. auch Knapp (Conflict, 1985), S. 208, der auf Basis einer empirischen Studie feststellt, dass Abschlussprüfer detailliertere Normen bevorzugen. Weiterhin ergab eine Befragung von 93 kanadischen Prüfungsgesellschaften durch Gibbins/Salterio/Webb (Negotiation, 2001), S. 552 eine erhebliche Relevanz der Art der Rechnungslegungsstandards bei Verhandlungen des Abschlussprüfers mit dem Management über Bilanzierungssachverhalte.

1000 Nobes (Standards, 2005), S. 25 ist der hier nicht gefolgten Auffassung, dass der Grund für die Implementierung von Regelungen in der Inkonsistenz der Prinzipien mit dem Rahmenkonzept zu sehen ist.

US GAAP die Rede.[1001] Durch die vielen Ausnahmen und Interpretationen fällt es schwer, noch nicht kodifizierte Sachverhaltsbehandlungen folgerichtig und in der Intention des Standardisierungsgremiums abzuleiten. Hinzu kommt eine oftmals ausführliche Abhandlung von (heute) unwichtigen Sachverhalten in regelbasierten Normen.[1002] Ob dies zu einer besseren Vergleichbarkeit der Abschlüsse als bei einem *principles only approach* beiträgt, kann bezweifelt werden.[1003] Folglich bedürfen neue Umstände zwingend neue zeitnah erlassene Normen, was faktisch aber auf Grund des Normsetzungsprozesses schwer möglich ist.[1004] Ein *rules based approach* liegt daher im Zeitbezug immer einen Schritt hinter der gegenwärtigen Rechnungslegungspraxis.[1005] Probleme hinsichtlich der Behandlung von Sachverhalten resultieren aus dem bloßen Fokus zur Einhaltung der jeweiligen Anforderung anstatt auf den tatsächlichen Gehalt und die wirtschaftlichen Verhältnisse abzustellen.[1006] Die mit einer Regelungsbasierung aufkommende Checklisten-Mentalität erschwert eine Abschlusserstellung nach den tatsächlichen Gegebenheiten des Unternehmens und ist ebenfalls nicht in der Lage, komplexe Transaktionen adäquat beurteilen und abbilden zu können, sondern spielt vielmehr eine Genauigkeit vor, die in Wirklichkeit längst nicht in diesem Umfang Einzug erhalten hat. Anstatt einer Rechnungslegung gemäß *substance over form* findet eine Rechnungslegung entsprechend einer *form over substance* statt.[1007] Eine Abkehr vom reinen regelungsbasierten Ansatz hin zu einem – wenn auch lange noch nicht in sich konsistenten – prinzipienbasierten Ansatz, war die Implementierung von SAB 101 im Zusammenhang mit der Umsatzrealisierung. Es konnte gezeigt werden, dass von SAB 101 betroffene Firmen in den Perioden vor der SAB 101 Implementierung statistisch signifikant mit einer höheren Wahrscheinlichkeit geringe positive Gewinne ausweisen, als geringe Verluste. Diese Diskontinuität in den ausgewiesenen Gewinnen sinkt dagegen in den Perioden nach Implementierung von SAB 101.[1008] Ebenso wurden vor Implementierung von SAB 101 mehr geringe positive Gewinnveränderungen und weniger negative Gewinnveränderungen als in den Perioden nach Implementierung von SAB 101 festgestellt.[1009] Zumindest können diese Erkenntnisse ein Indiz dafür darstellen, dass die Hinkehr zu prinzipienbasierten Normen *earnings management* verringert.

[1001] Vgl. so bereits im Jahr 1985 Knutson/Wichmann (Overload, 1985), S. 388; Delaney/Epstein/Nach *et. al.* (GAAP, 2004), S. 11.

[1002] Vgl. Sterling (Patch, 2003), S. iii am Beispiel von Grundstücksveräußerungen.

[1003] Vgl. zur Kritik an Spielräumen in Bezug auf die Vergleichbarkeit Hommel/Hermann (Accounting, 2003), S. 2506.

[1004] Vgl. Ruhnke/Nerlich (Regelungslücken, 2004), S. 389, die auch davon ausgehen, dass bei einem regelorientierten Ansatz der Abschlussersteller nicht in der Lage ist, Regelungslücken zu schließen.

[1005] Vgl. Smith/Kivi/Wagner (Standards, 2004), S. 11.

[1006] Vgl. Lev (Facts, 2003), S. 45.

[1007] Vgl. Herz (Challenge, 2003), S. 251.

[1008] Vgl. Altamuro/Beatty/Weber (Evidence, 2005), S. 386. Die Ermittlung der Diskontinuitäten in den ausgewiesenen Gewinnen erfolgte nach der in Kapitel 2.1.2 beschriebenen Vorgehensweise von Burgstahler/Dichev (Earnings, 1997).

[1009] Vgl. Altamuro/Beatty/Weber (Evidence, 2005), S. 386.

Prinzipienbasierte Standards kombinieren die Stärken und Schwächen beider zuvor erörterten Ansätze. Ihnen sollte ein in sich schlüssiges Rahmenkonzept zu Grunde liegen, das innerhalb der Zielsetzung der einzelnen Standards auch mittels Einzelfallregelungen konkretisiert wird. Die Anwendung prinzipienbasierter Standards bedarf insbesondere der Ausübung sachverständiger Beurteilung.[1010] Anstatt nur einen kleinen Ausschnitt des Sachverhalts zu prüfen, fördern prinzipienbasierte Normen die Blickrichtung auf das „große Ganze".[1011] Kombiniert mit der Anleitung aus den fallweisen Regelungen kann mittels prinzipienbasierter Normen der tatsächliche wirtschaftliche Gehalt der Transaktionen wesentlich deutlicher, als durch die anderen beiden Ansätze dargestellt werden.[1012] Da ein *principles based approach* klarer als der *principle only approach* formuliert ist und mit weniger Ausnahmen als ein *rules based approach* auskommt, werden ähnliche Transaktionen auch ähnlich abgebildet. Folglich trägt die Regelungsbasierung zur Erhöhung der Vergleichbarkeit und auch verstärkt zur Komplexitätsreduktion des Regelwerks bei.[1013] Änderungen in den wirtschaftlichen Gegebenheiten bedürfen nicht umgehend neuer Normen; vielmehr genügt es, durch Analogieschlüsse vom bisherigen Regelwerk unter Zugrundelegung der Zielsetzung des Standards und den darin formulierten Prinzipien eine sachgerechte Beurteilung herzuleiten. Damit verbunden ist der erhebliche Vorteil einer Hinfälligkeit ausufernder und sich widersprechender Kommentarliteratur. Im Ergebnis verbleibt über die Summe der Normen betrachtet sowohl dem Management als auch dem Abschlussprüfer ein geringerer Ermessensspielraum als bei den anderen Ansätzen. Dies führt vor allem dazu, dass prinzipienbasierte Standards im Rahmen des Enforcement besser durchzusetzen sind. Prinzipienbasierte Standards stellen im Ergebnis nicht lediglich eine Mischung aus Prinzipien und Regeln dar, sondern gründen auf einem Prinzip, das wohlverstanden durch Regeln konkretisiert wird. Prinzipienbasierte Standards sind im Hinblick auf die sachverständige Beurteilung jedoch auch Kritik ausgesetzt. Ein prinzipienbasierter Ansatz entfaltet seine positive Wirkung nur dann, wenn der Anwender für seine Beurteilungen zur Rechenschaft zu ziehen ist.[1014] Die Beurteilung von Rechnungslegungsstandards ist daher nur in Verbindung mit dem institutionellen Umfeld vorzunehmen. In dem hier genannten Fall wäre es eine zentrale Aufgabe der Enforcement-Institution, die getroffenen Beurteilungen des Managements und die entsprechende Stellungnahme des Abschlussprüfers kritisch zu hinterfragen. Vor dem Hintergrund der genannten Argumente und einem vorhandenen Enforcement-System ist den prinzipienbasierten Standards grundsätzlich der Vorzug zu geben. Den von der SEC vorgeschlagenen *objectives based approach* als reines Politikum zu bezeichnen,

---

[1010] Vgl. AICPA (Proposal, 2002), S. 1.

[1011] Vgl. Smith/Kivi/Wagner (Standards, 2004), S. 12.

[1012] Vgl. SEC (Study, 2003), Gliederungspunkt I, Abschnitt C.

[1013] Vgl. FASB (Proposal, 2003), S. 7. Ähnlich auch AAA (Commentary, 2003), S. 163: „Given the importance of professional judgment under a principles-based standard, implementation guidance and sufficient disclosure are critical. The standard must provide general examples so that preparers can apply it in good faith as consistently as possible across time and entities".

[1014] Vgl. Bratton (Rules, 2003), S. 1037.

stellt eine Verkennung der ökonomischen Zusammenhänge dar.[1015] Dass ein Enforcement grundsätzlich zu detaillierteren Rechnungslegungsvorschriften führt, ist kein Widerspruch.[1016] Denn im Rahmen eines prinzipienbasierten Ansatzes dürfen – oder müssen sogar – die zu Grunde liegenden Prinzipien durch Regelungen konkretisiert werden.

2.3 Beurteilung der Ansätze auf Grund empirischer Studien

Erste Untersuchungen der zielgerichteten Einflussnahme auf die Rechnungslegung durch die Interpretation vage formulierter Standards wurden von *Cuccia/Hackenbrack/Nelson* in einer experimentellen Studie vorgenommen. Im Rahmen einer Befragung von 138 Steuerberatern der vormals „Big 6"-Gesellschaften führten die Autoren zwei Experimente durch. Das erste Experiment beinhaltet einen vage formulierten Standard und die Vorgabe, zum einen aggressiv und zum anderen konservativ zu berichten. Das zweite Experiment basiert auf einem klar bzw. eindeutig formulierten Standard. Als Untersuchungsgegenstand galt es, Wahrscheinlichkeiten zu quantifizieren, wobei die Befragten eine geringere Wahrscheinlichkeit als vorteilhaft empfinden. Tatsächlich wurde der Begriff *„reasonable likelyhood"* von den aggressiv Berichtenden signifikant geringer eingeschätzt als von der konservativen Gruppe. Folglich nutzen die einflussnehmenden Abschlussersteller vage Formulierungen der Standards großzügiger aus.[1017] Experiment zwei testete, ob klarer formulierte Standards (unter Angabe von numerisch vorgegebenen Wahrscheinlichkeiten) den Einflussnahmen auf die Rechnungslegung besser Einhalt gebieten können. Auch im zweiten Experiment führen die Anreize zur Beeinflussung der Rechnungslegung, ohne dass eine Interpretation des Standards an sich in Frage käme.[1018] Vielmehr ergeben sich im Vergleich zu den vage formulierten Standards signifikante Abweichungen in der Interpretation der Sachverhalte zur Untermauerung einer Einflussnahme auf die Rechnungslegung.[1019] Das heißt, je unklarer (deutlicher) ein Standard formuliert ist, desto eher erfolgt die Einflussnahme auf die Rechnungslegung durch die Auslegung des Standards (durch die Auslegung des Sachverhalts). Obwohl diese experimentelle Studie auf einem steuerlichen Sachverhalt basiert, gibt sie interessante Aufschlüsse und Anhaltspunkte über die Vorgehensweise der Rechnungslegungsbeeinflussung in Abhängigkeit der Standardansätze.

In einer anderen experimentellen Studie von *Nelson/Elliot/Tarpley* wurden 253 Fragebögen[1020] an Partner und Manager der vormals „Big 5"-Gesellschaften hinsichtlich ihren Erfah-

---

1015 So aber Lüdenbach/Hoffmann (Principle-based, 2003), S. 398.

1016 Vgl. Böcking (Enforcement, 2004), S. 274.

1017 Vgl. Cuccia/Hackenbrack/Nelson (Reporting, 1995), S. 236.

1018 Eine Interpretation des Standards kommt in diesem Fall nicht in Frage, da fixe Wahrscheinlichkeiten vorgegeben wurden (55 % und 60 %).

1019 Vgl. Cuccia/Hackenbrack/Nelson (Reporting, 1995), S. 241.

1020 Angefragt wurden 532 Personen nach zufälliger Auswahl; vgl. Nelson/Elliott/Tarpley (Decisions, 2002), S. 183.

rungen mit *earnings management* ausgewertet. Der Schwerpunkt dieser Untersuchung lag auf der Identifizierung von sachverhaltsgestaltenden Maßnahmen sowie der Interpretation des Managements hinsichtlich der Standardauslegung als auch der Sachverhaltsauslegung. Zwischen der Durchführung von sachverhaltsgestaltenden Maßnahmen und der Genauigkeit des einschlägigen Standards besteht insofern eine klare Abhängigkeit, als das Management bei präzisen Standards vorwiegend *earnings management* durch Sachverhaltsgestaltungen betreibt.[1021] Standards, die vage Formulierungen beinhalten, führen offenbar zu Einflussnahmen auf die Rechnungslegung, die nicht auf sachverhaltsgestaltenden, sondern -abbildenden Maßnahmen basieren.[1022] Hinzu kommt, dass Abschlussprüfer das Management zur Berichtigung des *earnings management* nur selten veranlassen, wenn die Rechnungslegungsstandards eine hohe Präzision aufweisen und sachverhaltsgestaltende Maßnahmen vorgenommen worden sind.[1023]

Eine weitere experimentelle Studie führten *Psaros/Trotman* mit Rechnungslegungsverantwortlichen bei börsennotierten Unternehmen durch.[1024] Das erste durchgeführte Experiment beinhaltet eine Frage der Einbeziehung eines Unternehmens in den Konsolidierungskreis vor dem Hintergrund eines prinzipienbasierten Standards. Experiment 1 untersucht insbesondere die Beziehung einer Konsolidierungsentscheidung in Abhängigkeit von der fallspezifischen und standardspezifischen Beurteilung durch den Abschlussersteller mit dem Ziel, eine Konsolidierung zu vermeiden. Abgefragt wurde jeweils die Entscheidung, ob zu konsolidieren ist oder nicht, die Mindestwahrscheinlichkeit, ab wann die Fähigkeit einer Kontrollausübung im Sinne des Standards vorliegt, und ab wieviel Prozent das Unternehmen tatsächlich in der Lage ist, Kontrolle auszuüben. Da die Interpretation der Mindestwahrscheinlichkeit sowohl bei der Konsolidierungsentscheidung als auch bei der Nichtkonsolidierungsentscheidung nahezu gleich ausfällt, werden prinzipienbasierte Rechnungslegungsstandards unabhängig von der Entscheidung zur Einflussnahme gleich ausgelegt. Dagegen wurde der Sachverhalt, d.h. ob eine tatsächliche Kontrollausübung vorliegt, von den einflussnehmenden Unternehmen zu Gunsten der Nichtkonsolidierungsentscheidung interpretiert.[1025] *Psaros/Trotman* untersuchten im zweiten Experiment die Konsolidierungsentscheidung anhand eines präzise formulierten und mit eindeutigen Prozentwerten (51 % sowie 70 %)[1026] versehenen Standards mit jeweils einer Gruppe von Befragten, die Anreize für eine Konsolidierung besitzen, und einer zweiten

1021 Vgl. Nelson/Elliott/Tarpley (Decisions, 2002), S. 192, wonach 69 % der sachverhaltsgestaltenden Maßnahmen auf präzise Standards entfallen.

1022 Vgl. Nelson/Elliott/Tarpley (Decisions, 2002), S. 192, wonach 65 % der sachverhaltsabbildenden Maßnahmen auf unpräzise Standards entfallen.

1023 Vgl. Nelson/Elliott/Tarpley (Decisions, 2002), S. 194.

1024 Befragt wurden 1.278 Unternehmen, die an der australischen Börse notiert waren; 195 Fragebögen wurden beantwortet; vgl. Psaros/Trotman (Accounting, 2004), S. 80.

1025 Vgl. zu den Ergebnissen Psaros/Trotman (Accounting, 2004), S. 83.

1026 Es wurden den Gruppen zwei unterschiedliche Standards zugänglich gemacht.

Gruppe, deren Anreiz die Vermeidung einer Konsolidierung ist. Zum einen wurde das Ergebnis der Konsolidierungsentscheidung abgefragt, zum anderen die Beurteilung der fallspezifischen Informationen, d.h. mit welcher Wahrscheinlichkeit das Unternehmen tatsächlich Kontrolle über das (potenziell) zu konsolidierende Unternehmen ausübt. Als Ergebnis kann festgestellt werden, dass die im Standard hinterlegten Prozentwerte einer Konsolidierung bzw. Kontrollausübung keinen Einfluss auf die Konsolidierungsentscheidung hat.[1027] Das hier am wichtigsten herausgestellte Ergebnis ist, dass sich bei einem Vergleich von Experiment 1 und Experiment 2 bei dem regelungsbasierten Ansatz mit 64,3 % signifikant mehr Personen gegen eine Konsolidierung als bei dem prinzipienbasierten Ansatz mit 56,9 %.[1028] Das heißt, regelungsbasierte Ansätze tragen in diesen Fall weniger zur Vermeidung von Einflussnahmen auf die Rechnungslegung bei als prinzipienbasierte Ansätze und führen zu fehlgeleiteten Sachverhaltsinterpretationen.

2.4 Dilemma der gegenseitig die Einflussnahmen vermeidend begünstigenden Ansätze

Zusammenfassend sei – die theoretischen Überlegungen unterstützend – festgehalten, dass regelungsbasierte Ansätze bei Einflussnahmen auf die Rechnungslegung sachverhaltsgestaltende Maßnahmen oder zumindest zielgerichtete Interpretationen der zu Grunde gelegten Sachverhalte begünstigen. Bei Umgehung der Einzelfallregelungen durch die Strukturierung von Geschäftsvorfällen erhält das Management einerseits eine hohe Rechtssicherheit (da vereinbar mit den Normen); andererseits versetzt es den Abschlussprüfer sowie die Enforcement-Institutionen in eine schlechte Handlungsposition. Sachverhaltsabbildende Maßnahmen führen hingegen zu einer Einflussnahme auf die Rechnungslegung unter Rechtfertigung auf Basis der Norm, also durch Interpretation. Bei hohen Sanktionen für *earnings management* bilanzieren die Abschlussersteller auf Grund der Unsicherheit über die Norminterpretation durch die Kontrollinstitutionen eher vorsichtig.[1029] Zu bedenken ist, dass die durch experimentelle Verhaltensstudien gewonnenen Erkenntnisse nicht generalisierbar und zwingend auf alle Rechtskreise übertragbar sein müssen. Grundsätzlich jedoch gelten experimentelle Studien im Rahmen der Rechnungslegung zu den anerkannten empirisch wissenschaftlichen Belegen.[1030] Ob eine prinzipienbasierte Rechnungslegung tatsächlich sachverhaltsgestaltenden Maßnahmen entgegenwirkt, ist allein aus den experimentellen Studien nicht eindeutig abzuleiten. Vielmehr könnte ein Anreiz des Managements darin bestehen, grundsätzlich sachverhaltsgestaltende Maßnahmen zu vermeiden, da sie die tatsächlichen Abläufe des Unternehmens unter

---

1027 Vgl. Psaros/Trotman (Accounting, 2004), S. 89. Bei der 51 % Hürde sprachen sich 35,7 % für eine Konsolidierung aus, bei der 70 % Hürde 38,7 % der Befragten. Da die Urteile hinsichtlich der tatsächlichen Kontrollausübung bei von der konsolidierungsvermeidenden und konsolidierungsbefürwortenden Gruppe jeweils zu deren Gunsten voneinander abeichen, kann daraus auf eine bewusste Einflussnahme auf die Sachverhaltsbeurteilung geschlossen werden. Vgl. Psaros/ Trotman (Accounting, 2004), S. 89.

1028 Vgl. Psaros/Trotman (Accounting, 2004), S. 89.

1029 Vgl. Nelson (Evidence, 2003), S. 99.

1030 Vgl. Libby/Bloomfield/Nelson (Research, 2002), S. 776.

Inkaufnahme von Ineffizienzen beeinflussen.[1031] Folglich würden die geringeren Sachverhaltsgestaltungen bei prinzipienbasierten Normen nicht auf fehlende Möglichkeiten, sondern auf fehlende Anreize zurückzuführen sein, da das gewünschte Ergebnis allein auf Grund der Norminterpretation ohne die Beeinflussung tatsächlicher wirtschaftlicher Sachverhalte stattfinden kann.

Abbildung 6: Auswirkungen des Detailliertheitsgrads der Norm

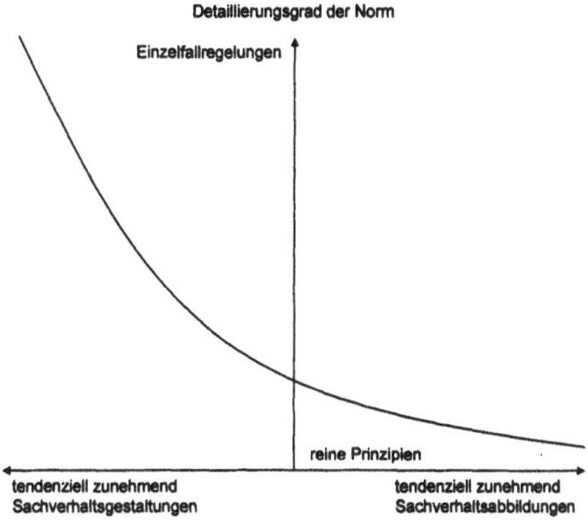

Wie die obige Abbildung 6 zeigt, werden sachverhaltsgestaltende Maßnahmen unzureichend durch regelungsbasierte Ansätze verhindert, da nicht jede Transaktion als Einzelnorm kodifizierbar ist. Tendenziell wirken ihnen an Prinzipien orientierte Ansätze besser entgegen. Prinzipienorientierte Ansätze weisen dagegen Schwächen in der Vermeidung von sachverhaltsabbildenden Maßnahmen auf, denen aber durch regelungsbasierte Ansätze Einhalt geboten werden kann. Diese Beziehungen bilden ein Dilemma der vermeidend begünstigenden Ansätze. Bestätigt wird dieses Dilemma durch die ökonomische Analyse des Rechts, die Überlegungen zu den Ansätzen in Verbindung mit der Rechnungslegung und den empirischen Untersuchungen.

Wie die Abbildung 6 zeigt, nehmen mit rückläufigem Detailliertheitsgrad die Sachverhaltsabbildungen tendenziell exponentiell zu. In einer Infinitesimalbetrachtung des Detailliertheitsgrads der Norm besteht überhaupt keine Regelung, so dass sämtliche Interpretationsmöglichkeiten sachgerecht sein könnten. Bei einem theoretisch unendlich hohen Detailliertheitsgrad besteht dagegen für jede Gestaltung eine Norm so dass keinerlei Sachverhaltsgestaltungen bzw. Sachverhaltsabbildungen auftreten. Die obige Funktion trägt dem insofern Rechnung, als mit Zunahme des Detailliertheitsgrads die Zunahmen der Sachverhaltsgestaltungen ab-

[1031] Vgl. Ewert/Wagenhofer (Effects, 2005), S. 2.

nehmen und mit einer Abnahme des Detailliertheitsgrads die Zunahmen der Sachverhaltsabbildungen ansteigen. Gemäß Abbildung 6 liegt zwischen Sachverhaltsgestaltungen und Sachverhaltsabbildungen tendenziell ein Austauschverhältnis in Abhängigkeit des Detailliertheitsgrads der Norm vor.[1032] So wird aus den vorherigen Ergebnissen abgeleitet, dass eine Kombination aus Prinzipien und Regeln zu einer Minimierung an Einflussnahmen auf die Rechnungslegung führt. Entscheidendes Kriterium ist hierbei neben einer unmissverständlichen Formulierung die Kohärenz der Regeln mit den Prinzipien. Ob und in welcher Form eine Kombination von Regeln und Prinzipien für die Umsatzrealisierung adäquat ist, wird im Rahmen der folgenden Untersuchung der den US GAAP, IFRS und dem HGB inhärenten Einflussmöglichkeiten diskutiert. Rechnungslegungsstandards unter der primären Zielsetzung der Minimierung der Einflussmöglichkeiten aufzubauen, mag kritisiert werden. Vor dem Hintergrund der Relevanz des Postens „Umsatzerlöse" und der Schutzfunktion des Abschlusses darf dessen Inhalt indes nicht in umfänglichem Ermessen des Abschlusserstellers bzw. des Managements stehen. Die Gewichtung zwischen Abschlusszweck und Objektivierungsmaß ist originär wertende Aufgabe des Gesetzgebers und der Rechtsprechung in Bezug auf die realisierbare Schutzwirkung.[1033] Inwiefern die normsetzenden und -interpretierenden Institutionen diese Gewichtung im Rahmen der Umsatzrealisation getroffen haben, ist ebenfalls Inhalt der folgenden Abschnitte. Die Untersuchung basiert auf den Ergebnissen aus Kapitel III.

3 Anfälligkeit der Rechnungslegungssysteme auf sachverhaltsgestaltende und -abbildende Maßnahmen unter Bezugnahme auf die Normcharakteristik

3.1 Einflussmöglichkeiten innerhalb der Begriffsdefinition und des Brutto-/ Nettoausweises der Umsatzerlöse

Die Begriffsdefinition der Umsatzerlöse nach US GAAP ist in den einzelnen Verlautbarungen nur in der auch Zins- und Mieterträge beinhaltenden weiten Form der *revenues* geregelt.[1034] Vor allem die SEC Regelungen konkretisieren den Begriff der Umsatzerlöse (*net sales*).[1035] Den IFRS fehlt es an einer derart klaren Definition von Umsatzerlösen. Neben den Produktverkäufen aus der gewöhnlichen Geschäftstätigkeit beinhalten die Umsatzerlöse darüber hinaus Erträge aus Zinsen und Dividenden.[1036] Dagegen regelt § 277 Abs. 1 HGB klar den Begriff der Umsatzerlöse. Eine Abgrenzung zu den sonstigen betrieblichen Erträgen und außerordentlichen Erträgen ist in allen Systemen relativ unkritisch.[1037] Während US GAAP mit EITF 99-19 einen separaten Standard mit Indikatoren für einen Netto- oder Bruttoausweis

---

1032 Über den Umfang des *earnings management* gibt Abbildung 6 keine Auskunft.

1033 Vgl. Moxter (Grundsätze, 2003), S. 16 zum Objektivierungsprinzip.

1034 Vgl. SFAC 6.79.

1035 Vgl. SEC Regulation S-X Rule 5-03 (b) 1.

1036 Vgl. IAS 18.29. Erst die Betrachtung der Gliederung des Umsatzkostenverfahrens durch die Gegenüberstellung der *cost of sales* deutet auf eine präzisere Definition der *revenues* als Umsatzerlöse nach IFRS hin.

1037 Seit dem *Improvement Project* des IASB ist der Ausweis außerordentlicher Posten untersagt.

beinhaltet, genügt den IFRS mit IAS 18.8 ein Absatz, der allgemeiner gehalten, bei weitem aber keine Vieldeutigkeiten hinsichtlich des Zutreffens unterschiedlicher pro- und contra-Indikatoren für einen Sachverhalt wie EITF 99-19 umfasst. In beiden Rechnungslegungssystemen treten zuweilen erhebliche Ermessensspielräume im Rahmen des Umsatzausweises auf. Handelsrechtlich ist nach Meinung der (unverbindlichen) Kommentarliteratur ebenfalls bei Vermittlungsgeschäften und Kommissionsgeschäften ein Nettoausweis geboten.[1038] Gerade dies eröffnet die Möglichkeit sachverhaltsabbildender Maßnahmen durch Standardinterpretation. Vom Grundgedanken des Begriffs der Umsatzerlöse unterscheiden sich die Rechnungslegungssysteme kaum.

3.2 Einflussmöglichkeiten innerhalb der Grundsätze der Umsatzrealisierung

3.2.1 Warenlieferungen

Basierend auf den Kriterien *realized* oder *realizable* und *earned* der SFACs legt vor allem ARB 43 mit den Voraussetzungen des Eigentumübergangs und dem Übergang der Risiken und Chancen die grundlegenden Prinzipien der Umsatzrealisierung nach US GAAP fest.[1039] SAB Topic 13 konkretisiert die Anforderungen entsprechend. Die IFRS sehen als notwendiges Kriterium sowohl die Übertragung von Risiken und Chancen als auch den Übergang der Preisgefahr. Weitere Voraussetzungen sind die Hingabe des Verfügungsrechts, die zuverlässige Umsatzmessbarkeit und die Zuflusswahrscheinlichkeit wie auch die Kostenmessbarkeit.[1040] Im deutschen Handelsrecht werden Umsatzerlöse nach der Rechtsprechung des Bundesfinanzhofs dann realisiert, wenn die Preisgefahr unter Verlust des wirtschaftlichen Eigentums übergegangen ist, so dass ein quasisicherer Gewinn vorliegt. Den Wortlaut und Zweck der einzelnen Normen zu Grunde gelegt, geht eindeutig die Idee aller Normsetzer hervor, keine Ermessensspielräume im Zusammenhang mit dem Verkauf von Waren zuzulassen. Für den einfachsten Fall eines Verkaufs von Waren ohne ergänzende vertragliche Bedingungen, erfüllen die US GAAP, IFRS und das HGB diesen Gedanken durch einen prinzipienbasierten Ansatz.

3.2.2 Dienstleistungen

Da der Realisationsmodus nach US GAAP davon abhängt, ob die Erbringung der Dienstleistung aus nur einer Handlung oder mehreren Handlungen besteht, ob deren Anzahl bestimmbar ist und ob die Handlungen von ihrer Art her ähnlich sind und die Beurteilung jedes dieser Elemente erheblichem Ermessen unterliegt, besteht eine hohe Anfälligkeit für sachverhaltsabbildende Maßnahmen.[1041] Dienstleistungsumsätze nach IFRS werden grundsätzlich analog zu

---

[1038] Vgl. Adler/Düring/Schmaltz (Rechnungslegung, 2001), § 277 HGB, Rn. 27.

[1039] Vgl. SFAC 5.83; ARB 43 Sec. 1 Ch. A; SAB Topic 13.

[1040] Vgl. zu den einzelnen Kriterien IAS 18.14.

[1041] Vgl. FASB (Invitation, 1978), S. 11.

den Umsätzen der langfristigen Auftragsfertigung nach IAS 11 behandelt und folgen damit klaren Vorgaben, die zwar ebenfalls, aber nicht in einem derartigen Ausmaß, ermessensbehaftet sind.[1042] Das Handelsrecht kennt keine expliziten Regelungen hinsichtlich der Umsatzrealisierung bei Dienstleistungen, die grundsätzlich unter der Voraussetzung eines quasisicheren Gewinns nach Erbringung erfolgt. Das Kriterium des Übergangs der Preisgefahr und des Verlusts des wirtschaftlichen Eigentums läuft ins Leere.

3.3 Einflussmöglichkeiten bei bill and hold-Transaktionen

3.3.1 Analyse der zu Grunde liegenden Normen

Bei Erfüllung gewisser Kriterien ist eine Umsatzrealisierung nach US GAAP vor Lieferung der Waren zulässig.[1043] In der Beurteilung der gestalteten Sachverhalte existieren erhebliche Ermessensspielräume.[1044] Die Regelungen zu *bill and hold*-Geschäften verstoßen gegen den Realisierungsgrundsatz der Warenlieferungen. Unter sonst ähnlichen Bedingungen genügt den IFRS eine Kenntnisnahme und Zustimmung zur *bill and hold* Gestaltung, während nach US GAAP eine deutliche Initiative vom Käufer auszugehen hat.[1045] Der Unterschied ist, dass der Verkäufer nach US GAAP nicht in die Lage versetzt werden soll, von sich aus *earnings management* zu betreiben. Im Gegensatz zu US GAAP verstößt IFRS dabei nicht gegen die eigenen Grundsätze zur Umsatzrealisierung von Warenlieferungen. Handelsrechtlich scheitert gemäß dem konkretisierten Realisationsprinzip eine vorzeitige Umsatzrealisierung im Sinne von *bill and hold*-Geschäften.

3.3.2 Analyse ausgewählter Sachverhalte anhand von SEC litigation releases

Qwest Communications International Inc.[1046] schloss einen Vertrag über die Implementierung von Computernetzwerken ab.[1047] Der Vertrag beinhaltete sowohl die Erbringung der hierfür notwendigen Dienstleistungen als auch die Lieferung der notwendigen Ausstattung. Um frühzeitig Umsatzerlöse i.H.v. $ 33 Mio ausweisen zu können, separierte *Qwest* unzulässigerweise die Ausstattungslieferungen von den zu erbringenden Dienstleistungen und ordnete das Ausstattungsgeschäft als *bill and hold*-Transaktion ein, obwohl keine der Voraussetzungen nach US GAAP erfüllt war. In diesem Zuge wurden falsche Unterlagen wie beispielsweise Liefer-

---

1042 Vgl. IAS 18.20. Ausnahmsweise erfolgt aus Vereinfachungsgründen eine lineare Realisierung, wenn die Leistungseinheiten nicht bestimmbar sind. Vgl. IAS 18.25.

1043 Vgl. SAB Topic 13.A.3 (a).

1044 Z.B. in der Beurteilung der wirtschaftlichen Gründe des Käufers.

1045 Vgl. IAS 18 App. A.1.

1046 Zur Darstellung der Sachverhalte werden die jeweiligen Unternehmen genannt, in deren Namen die Transaktionen erfolgten. Es sei an dieser Stelle klargestellt, dass nicht die Unternehmen an sich, sondern einige (wenige) dahinterstehende Personen für die missbräuchliche Anwendung der Rechnungslegungsnormen verantwortlich waren.

1047 Vgl. zu den Vorkommnissen bei *Qwest*, SEC Complaint No. 17996 vom 25.2.2003 sowie SEC LR-17996 vom 25.2.2003.

pläne erarbeitet, um den Abschlussprüfer von der Zulässigkeit der Transaktion zu überzeugen. Da für die Umsatzrealisierung nach US GAAP die (verkauften) Ausrüstungsgegenstände bereits bei *Qwest* vorliegen mussten, wies *Qwest* ihren Zulieferer an, alle ihm verfügbaren Ausrüstungsgegenstände zu liefern. Da hiervon nicht genügend auf Lager waren, wurde der Zulieferer gebeten, auch nicht für das Projekt notwendige Gegenstände zu liefern, die dann später wieder gegen die richtigen umgetauscht würden.

Ebenfalls als Verstoß gegen die US GAAP gilt die Vorgehensweise von *Symbol Technologies Inc.*[1048] Bestellungen, die in der nächsten Periode zu liefern waren, wurden stets als Umsatz im Rahmen einer gefälschten *bill and hold*-Vereinbarung i.H.v. $ 24 Mio realisiert. Auch *Lucent Technologies Inc.* verbuchte nicht existierende Umsatzerlöse von $ 55 Mio.[1049] *Lucent* initiierte die Transaktion als *bill and hold*, obwohl für den Käufer keine wirtschaftliche Notwendigkeit hierfür vorlag. In Ermangelung tatsächlicher Bestellungen fälschte *American Tissue Inc.* sowohl Bestell- und Rechnungsdokumente sowie die notwendigen Vereinbarungen zur Realisierung von Umsatzerlösen.[1050] Eine andere Vorgehensweise wählte *Sunbeam Corporation.*[1051] Das Unternehmen begann, seinen Kunden Anreize wie Preisnachlässe oder erweiterte Zahlungsziele anzubieten, um Bestellungen aufzugeben, bevor die Ware tatsächlich benötigt wurde. Da die Kunden aber bereits volle Lagerhäuser hatten, bot *Sunbeam* ein *bill and hold*-Geschäft an.

Zweifelsohne eröffnen die Regelungen nach US GAAP und IFRS im Fall der *bill and hold*-Geschäfte manipulative Handlungen. Die US GAAP und IFRS stellen zwar hohe Anforderungen an die Umsatzrealisierung bei *bill and hold*-Vereinbarungen, können aber auf Grund ausbleibender Warenbewegungen für Manipulationsversuche zugänglicher sein. Denn die Umsatzrealisierung ist in diesem Zusammenhang primär eine Frage der Dokumentation.

3.4 Einflussmöglichkeiten bei Rücknahmepflichten

3.4.1 Analyse der zu Grunde liegenden Normen

Eine Umsatzrealisierung nach US GAAP bei Rücknahmepflichten bedingt, dass zuvor ein Verkauf von Waren stattgefunden hat. Zur Vermeidung von Sachverhaltsgestaltungen dient insbesondere die Voraussetzung, dass der Erhalt des Kaufpreises nicht vom Wiederverkauf beim Käufer abhängen darf, der Verkäufer nicht mit Pflichten zur Unterstützung des Wiederverkaufs belegt ist und der Käufer über eine selbständige wirtschaftliche Substanz verfügt.[1052]

[1048] Vgl. SEC Complaint No. 18734 vom 3.6.2004.

[1049] Vgl. SEC Complaint No. 18715 vom 17.5.2004.

[1050] Vgl. SEC Complaint No. 18022 vom 10.3.2003.

[1051] Vgl. SEC AAER No. 1393 vom 15.5.2001.

[1052] Vgl. SFAS 48.6.

Möglichkeiten der Sachverhaltsabbildung durch erhebliche Ermessensspielräume treten im Rahmen einer „verlässlichen" Beurteilung künftig zurückgegebener Waren auf. Die IFRS stellen im Wesentlichen auf einen erfolgten Verkauf von Waren und die geschätzten künftigen Rücklieferungen ab, so dass beim Unternehmen nachhaltig nur unwesentliche Eigentumsrisiken verbleiben.[1053] Sachverhaltsabbildende Maßnahmen können hinsichtlich der Auslegung des Begriffs „unwesentlicher Eigentumsrisiken" und bei Ermittlung der Rücklaufquote auftreten. Sachverhaltsgestaltenden Maßnahmen steht diese weite Definition indes tendenziell entgegen. Handelsrechtlich verhindern Rücktrittsrechte die Realisierung von Umsatzerlösen, sofern eine überwiegende Wahrscheinlichkeit für die Ausübung des Rücktrittsrechts spricht. Auf Grund verschiedener Auffassungen und Spielräume in der Bemessung der Rücklaufquote, weist das HGB wesentlich höhere Anfälligkeiten bezüglich sachverhaltsabbildenden Maßnahmen auf als die US GAAP und IFRS. Hinsichtlich der Verhinderung von Sachverhaltsgestaltungen schränkt das HGB Umgehungsmöglichkeiten ebenfalls kaum ein, da das Kriterium des Übergangs der Preisgefahr und der Hingabe des wirtschaftlichen Eigentums unter der Bedingung eines quasisichern Gewinns in diesem Fall eine derartige Eindeutigkeit aufweist, dass von einer klaren Erfüllung dieser Kriterien auszugehen sein mag und damit der handelsrechtliche Grundsatz im Rahmen der Transaktionsgestaltung umgehbar wird.

3.4.2 Analyse ausgewählter Sachverhalte anhand von SEC litigation releases

Network Associates Inc. vereinbarte mit Vertriebsunternehmen (d.h. mit Dritten) die Rückgabe nicht verkaufter Waren.[1054] Allerdings nahm nicht *Network Associates* selbst, sondern ein eigens dafür gegründetes Tochterunternehmen die Abwicklung der Rückgabe vor. Als Umsatzerlöse wurden bei *Network Associates* auf diese Weise trotz zurückgegebener Produkte $ 80 Mio realisiert. Nach SFAS 48.6 (e) darf der Verkäufer im Wesentlichen nicht verpflichtet sein, den Wiederverkauf des Käufers zu unterstützen. Gerade das ist hier der Fall, da *Network Associates* hierfür ein Tochterunternehmen bereitstellt und dem Käufer dadurch den Rückverkauf ermöglicht. Weder IAS 18 noch das HGB bieten die Möglichkeit, eine Umsatzrealisierung bei diesem Sachverhalt adäquat zu versagen.

Verstöße gegen SFAS 48 traten ebenso bei *Axeda Systems Inc.* auf.[1055] *Axeda* veräußerte Produkte an einen Händler und realisierte Umsatzerlöse. Der Händler war nur zur Zahlung verpflichtet, wenn er die Waren weiterveräußert; dies geschah nicht. Hiermit liegt ein Verstoß gegen SFAS 48.6 (b) vor.[1056] IAS 18.16 (d) kommt zum gleichen Ergebnis. Handelsrechtlich ist die Preisgefahr und das wirtschaftliche Eigentum übergegangen, da nicht originär ein Kommissionsgeschäft vorlag. Abhängig von der Vereinbarung eines Rücktritts- oder eines

[1053] Vgl. IAS 18.17.

[1054] Vgl. SEC Complaint No. 18748 vom 16.6.2004.

[1055] Vgl. SEC AAER No. 1913 vom 14.11.2003.

[1056] SFAS 48.6 (b) fordert, dass die Gegenleistung des Käufers nicht vom Wiederverkauf abhängt.

Rückkaufrechts, könnte die Realisierung von Umsatzerlösen erfolgen. Ein weiterer Fall betrifft die Vorgehensweise von *CAIS Internet Inc.*[1057] *CAIS* versprach eine Investition in einen Kunden, wenn dieser eine bestimmte Menge von Produkten erwerbe. Dabei wurde dem Kunden ein Rückgaberecht eingeräumt, falls die Investition unterbleibt. Nachdem der Kunde den Erwerb tätigte, Umsätze realisiert wurden und das Quartal beendet war, trat *CAIS* von der Investitionszusage zurück. Ein Verstoß gegen SFAS 48.6 (b) ergibt sich daraus, dass der Käufer zu keinem Zeitpunkt zur Zahlung verpflichtet war (vom Ergebnis auch IAS 18.16 (d)). Handelsrechtlich ist in diesem Fall eine Umsatzrealisierung nicht vermeidbar.

3.5 Einflussmöglichkeiten bei Rückkaufpflichten

3.5.1 Analyse der zu Grunde liegenden Normen

Transaktionen mit Waren gelten nach US GAAP als Finanzierungsvereinbarung, wenn der Rückkauf der Waren zu im Wesentlichen unveränderten Preisen erfolgt.[1058] Eine Umgehung der von SFAS 49 durch bloße Vertragsgestaltungen hinsichtlich des Kaufpreises führt zu einer Nichtanwendbarkeit und damit zu einer Wertung als ergebniswirksamer Verkauf. Anstatt auf derartig „harte“ Kriterien abzustellen, betonen die IFRS den nachhaltigen Übergang der Risiken und Chancen, auch wenn das Eigentum übergegangen sein mag.[1059] Zweifelsfrei steht fest, dass SFAS 49 durch die Gestaltung von Transaktionen weitgehend umgangen werden kann und IAS 18 im Grunde ein äußerst effektives Instrument zur Vermeidung von Sachverhaltsgestaltungen darstellt, jedoch hinsichtlich sachverhaltsabbildender Einflussnahmen im Gegensatz zu US GAAP erhöht Anfälligkeiten aufweist. Das Handelsrecht eröffnet damit sowohl für sachverhaltsabbildende als auch für sachverhaltsgestaltende Maßnahmen einen nahezu uneingeschränkten Spielraum.

3.5.2 Analyse ausgewählter Sachverhalte anhand von SEC litigation releases

Transaktionen mit Rückkauf- bzw. Produktfinanzierungsvereinbarungen nehmen oftmals sehr komplexe Formen an. Hier sei der Fall *Telxo Corp.* dargestellt, bei dem Umsatzerlöse entgegen US GAAP in Höhe von $ 14 Mio realisiert wurden.[1060] Abbildung 7 zeigt die sachverhaltsgestaltenden Maßnahmen auf. Um Umsatzerlöse zu steigern, trat *Telxo* an das von ihr regelmäßig genutzte Vertriebsunternehmen (VU) heran und bat, umgehend eine Warenlieferung und Zahlung in Höhe von $ 14 Mio abzuwickeln. Das VU verwies *Telxo* daraufhin an das Finanzierungsunternehmen (FU). Dieses erwarb die Produkte von *Telxo*, wobei die Warenbewegung direkt an das VU erfolgte und überwies den Kaufpreis. *Telxo* zahlte für die vom VU nicht abgesetzten Produkte an das FU Finanzierungs- und Lagergebühren. FU hatte unter

[1057] Vgl. SEC AAER No. 1861 vom 11.9.2003.
[1058] Vgl. SFAS 49.3.
[1059] Vgl. IAS 18 App. A.5.
[1060] Vgl. SEC AAER No. 1511 vom 5.3.2002.

der Kommissionsvereinbarung das Recht, die Waren vom VU zurückzufordern und gegen eine Kaufpreisrückerstattung an *Telxo* zurückzugeben.

Abbildung 7: Der Fall *Telxo Corp.*

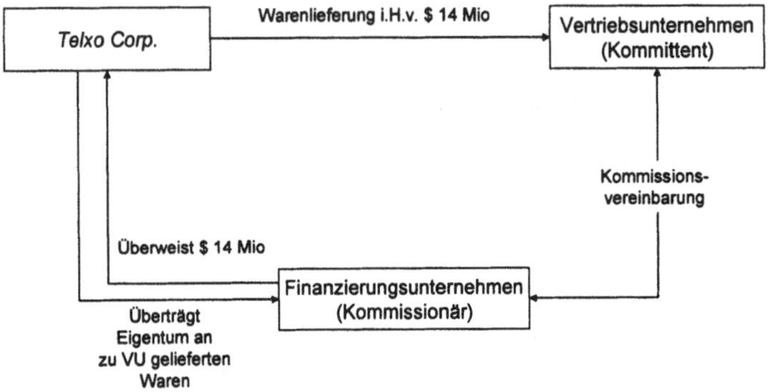

Da *Telxo* nach SFAS 49.5 (a) und (b) die Produkte zu unveränderten Preisen und unter Anpassung von Finanzierungskosten auf Verlangen zurückerwerben musste, handelt es sich eindeutig um ein Finanzierungsgeschäft und nicht um einen Verkauf.[1061] Nach IAS 18.14 (a) i.V.m. IAS 18 App. A.5 folgt das gleiche Ergebnis. Handelsrechtlich sind grundsätzlich Umsatzerlöse zu realisieren.

3.6 Einflussmöglichkeiten bei Tauschgeschäften

3.6.1 Analyse der zu Grunde liegenden Normen

Tauschgeschäfte nach US GAAP führen regelmäßig beim Tausch unterschiedlicher Vermögenswerte sowie beim Tausch ähnlicher Vermögenswerte unter zusätzlichen monetären Vergütungen zu Umsatzerlösen.[1062] Sachverhaltsabbildende Maßnahmen resultieren aus der Definition „ähnlicher" Vermögenswerte. Sachverhaltsgestaltende Möglichkeiten treten bei Vereinbarungen zusätzlicher monetärer Vergütungen auf.[1063] Erheblich gegen Einflussnahmen auf die Rechnungslegung trägt die Neufassung des APB 29 mit SFAS 153 bei, wonach die vorhandene wirtschaftliche Substanz in den Mittelpunkt der Beurteilung der Transaktion gerückt wird. IAS 18 versagt ebenfalls eine Umsatzrealisierung beim Tausch von der Art und dem Wert ähnlicher Vermögenswerte.[1064] Anfälligkeiten für Sachverhaltsabbildungen treten auch hier in der Interpretation der unterschiedlichen Art- und Werteigenschaften der Vermö-

1061 Zur Rechtsfolge siehe SFAS 49.8 (a). Ergänzend begründet die SEC, dass im Wesentlichen alle Risiken und Chancen bei *Telxo* verblieben, VU keinerlei Risiken hatte und FU weder an einem Gebrauch oder Verkauf der Produkte interessiert war. Vgl. SEC AAER No. 1511 vom 5.3.2002.

1062 Vgl. APB 29.18.

1063 So ist beispielsweise lediglich ein Prozentsatz an monetärer Vergütung von 25 % des *fair value* der Transaktion notwendig, um den vollständigen *fair value* realisieren zu können.

1064 Vgl. IAS 18.12.

genswerte auf. Die Meinung zur Behandlung von Tauschgeschäften nach Handelsrecht gehen äußerst weit auseinander. Im Ergebnis kann daher eine Vielzahl von Abbildung gerechtfertigt werden. Sachverhaltsgestaltenden Maßnahmen kann auf Grund faktisch nicht vorhandener Regelungen kaum entgegengewirkt werden.

3.6.2 Analyse ausgewählter Sachverhalte anhand von SEC litigation releases

Tauschgeschäfte stellten ein beliebtes Instrument sachverhaltsgestaltender Maßnahmen des Managements dar. Beispielsweise verkaufte *i2 Technologies Inc.* Softwarelizenzen gegen das Versprechen, künftig einen vergleichbaren Betrag an Produkten oder Dienstleistungen zu erwerben.[1065] Als *i2* Umsatzerlöse i.H.v. $ 44 Mio realisierte, war der *fair value* der ausgetauschten Leistungen noch nicht zuverlässig bestimmbar. Eine Umsatzrealisierung hätte gem. APB 29.18 unter den US GAAP und gem. IAS 18.12 nach den IFRS zu unterbleiben. Auch handelsrechtlich ist bei nicht hinreichender Bestimmbarkeit der Gegenleistung eine Umsatzrealisierung zu versagen.[1066]

Ein weiterer Fall betrifft *MaxWorldwide Inc.* (früher bekannt unter *L90 Inc.*).[1067] In vielen Fällen schloss *L90* eine Vereinbarung mit Dritten (*Online Game Co.*) über den gegenseitigen Erwerb von gleichartigen Werbeleistungen auf den jeweiligen Homepages ab. Um die Transaktion wie einen gewöhnlichen Kauf aussehen zu lassen, wurden gleichlautende Schecks zwischen *L90* und *Online Game Co.* ausgetauscht.

Abbildung 8: Der Fall *MaxWorldwidw Inc.*

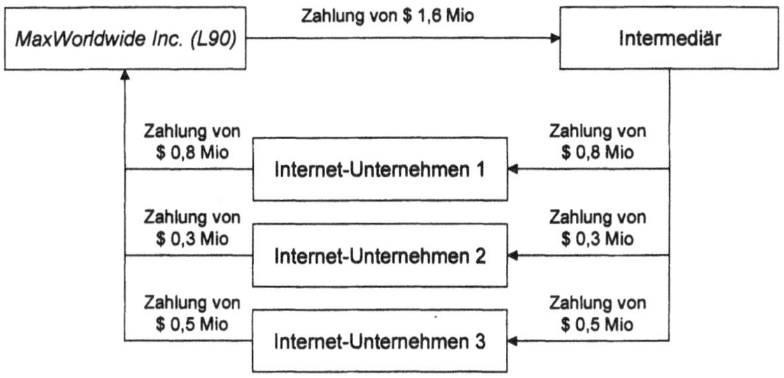

1065 Vgl. SEC AAER No. 2033 vom 9.6.2004.

1066 Vgl. Mellwig/Hastedt (Gewinnrealisation, 1992), S. 1591.

1067 Vgl. SEC AAER No. 1760 vom 23.4.2003.

Den Höhepunkt fanden die Umsatzmanipulationen in einer Zirkeltransaktion (*Round-Trip*)[1068] zur Verdeckung der tatsächlichen Tauschgeschäfte, wie obige Abbildung zeigt. Gemäß den Tauschvereinbarungen zwischen *L90* und den Internet-Unternehmen 1 bis 3 betreffend Email-Werbung, stellte *L90* Rechnungen über die erbrachten Leistungen aus und realisierte Umsatzerlöse von $ 1,6 Mio.[1069] Ebenfalls wurden von den Internetunternehmen 1 bis 3 Rechnungen ausgestellt, deren Abwicklung allerdings über einen Intermediär erfolgte, um die Zirkelbeziehung zwischen *L90* und den Internetunternehmen zu verschleiern. Wirtschaftlich betrachtet, bezahlt *L90* für Werbeleistungen und erbringt gleichzeitig Werbeleistungen, so dass nach US GAAP gem. EITF 99-17 mangels eines hinreichenden *fair value*-Nachweises eine Umsatzrealisierung hätte unterbleiben müssen.[1070] Nach IFRS sprechen insbesondere zwei Gründe zur Ablehnung einer Umsatzrealisierung. Zum einen untersagt SIC-31 eine Realisierung bei gleichartigen Tauschleistungen, zum anderen genügt ein Tausch von Zahlungsmitteln nicht der *fair value*-Ermittlung.[1071] Fraglich könnte höchstens sein, ob eine derartige Transaktion nach IFRS überhaupt als Tausch und nicht als Verkauf zu werten wäre. Nur das Abstellen auf die wirtschaftliche Betrachtungsweise führt zur sachgerechten Behandlung. Handelsrechtlich bestehen kaum Zweifel, dass Umsatzerlöse entstanden sind.

Ähnlich verhält sich der Fall *Homestore Inc.*[1072] Hier wies das Unternehmen ca. $ 46 Mio an nicht realisierbaren Umsatzerlösen durch Zirkeltransaktionen aus, deren Behandlung als Tausch zwischen zwei Parteien adäquat wäre und deren Ziel gerade dies – durch das Vorspielen eines Geldflusses und einer Illusion voneinander unabhängiger Transaktionen – zu vermeiden war. So kaufte *Homestore* Onlinewerbung von Lieferanten mit der Auflage, dass diese ihre Leistung wiederum von einem bestimmten Medienunternehmen beziehen. Jenes Medienunternehmen erwarb Onlinewerbung von *Homestore* zu Gunsten der Lieferanten, für die es quasi als Medieneinkäufer diente.

3.7 Einflussmöglichkeiten bei langfristiger Fertigung

3.7.1 Analyse der zu Grunde liegenden Normen

Nach US GAAP erfolgt die Umsatzrealisierung bei langfristigen Fertigungsaufträgen grundsätzlich nach Maßgabe des Produktionsfortschritts.[1073] Sachverhaltsabbildungen sind in dem Sinne möglich, als die Beurteilung einer verlässlichen Erlös- und Kostenschätzung quasi im

---

1068 Vgl. hierzu insbesondere Kapitel IV.3.9, S. 173.

1069 Bezogen auf sämtliche Manipulationen im Rahmen von Tauschgeschäften durch *MaxWorldwide* bzw. *L90* wurden insgesamt $ 4,9 Mio nicht existierende Umsatzerlöse realisiert.

1070 Vgl. EITF 99-17. Hiernach ist explizit der Tausch von Schecks bzw. Zahlungsmitteln kein Nachweis eines *fair value*.

1071 Vgl. SIC-31.3 bzw. SIC-31.5 (d).

1072 Vgl. SEC Complaint No. 17745 vom 24.11.2002.

1073 Vgl. ARB 45.4; SOP 81-1.23.

alleinigen Ermessen des Managements liegt, das folglich relativ frei über die Anwendung der *percentage-of-completion* oder der *completed-contract method* entscheiden kann. Sachverhaltsgestaltungen führen im Wesentlichen zu Kostenvorverlagerungen, die wiederum in höheren Umsatzerlösen münden. Nach IFRS treten die gleichen, einer kontinuierlichen Umsatzrealisierung inhärenten, Einflussmöglichkeiten auf.[1074] Handelsrechtlich eröffnet die Abbildung der langfristigen Auftragsfertigung die größten Spielräume. De facto besteht die Möglichkeit, jegliches Vorgehen der Abbildung argumentativ zu untermauern.[1075]

3.7.2 Analyse ausgewählter Sachverhalte anhand von SEC litigation releases

Auch im Rahmen der langfristigen Auftragsfertigung treten unzulässige Einflussnahmen auf die Rechnungslegung auf. *Analytical Surveys Inc.* passte beispielsweise die Berechnung der Umsatzerlöse nicht an die aufgetretenen Gesamtkostensteigerungen an, so dass nach SOP 81-1 die anteilsmäßig nach der *cost-to-cost* Methode realisierten Umsatzerlöse überhöht ausgewiesen wurden.[1076] Bei *Paragon Construction International Inc.* traten unzulässig realisierte Umsatzerlöse i.H.v. $ 25,5 Mio auf.[1077] Insbesondere wurden die gesamten Auftragskosten bewusst zu niedrig angesetzt, Verluste aus Verträgen nicht erfasst und der Fertigstellungsgrad zur Umsatzberechnung bei der *percentage-of-completion* Methode manipuliert. Eine Abweichung von der *cost-to-cost* Methode zu einem outputorientierten Verfahren gab dem Management die Möglichkeit, auf Grund fehlender Objektivierungen nicht den tatsächlichen Verhältnissen entsprechende Fertigstellungsgrade zu nutzen. Auf der anderen Seite führten überhöhte Schätzungen der Auftragserlöse zu einer nicht sachgerechten Umsatzrealisierung. Dabei rechnete *Paragon* Erlöse aus noch nicht abgeschlossenen Folgeaufträgen späterer Phasen in die laufenden Projekte mit ein. *TenFold Corporation* verwendete nicht zuverlässig ermittelbare Berechnungsgrundlagen des Fertigstellungsgrads.[1078] Die herangezogenen Termine zur Fertigstellung der Projekte waren entweder schon abgelaufen oder die Fertigstellung der Projekte war objektiv nicht zum vereinbarten Stichtag durchführbar.

3.8 Einflussmöglichkeiten bei Dauerschuldverhältnissen

3.8.1 Analyse der zu Grunde liegenden Normen

Die Umsatzrealisierung bei Dauerschuldverhältnissen regelt US GAAP umfänglich mit SAB Topic 13. Durch eine Verschiebung der Betrachtung auf den Leistungsempfangenden als Grundprinzip, das implizit aus den fallweisen und klar formulierten Regelungen erkennbar ist,

---

1074 Vgl. z.B. IAS 11.30.

1075 Vgl. Adler/Düring/Schmaltz (Rechnungslegung, 2001), § 252 HGB, Rn. 88 sowie zu einer unterschiedlichen Auffassung BFH I 84/56 U vom 18.12.1956.

1076 Vgl. SEC Complaint No. 18387 vom 30.9.2003.

1077 Vgl. SEC Complaint No. 17648 vom 8.1.2002.

1078 Vgl. SEC Complaint No. 17852 vom 8.11.2002.

wird sachverhaltsabbildenden Maßnahmen ebenso effektiv entgegengewirkt wie sachverhaltsgestaltenden Maßnahmen.[1079] Die IFRS hingegen stellen nicht konsequent auf den Blickpunkt des Leistungsempfangenden ab.[1080] Dies eröffnet insbesondere Anfälligkeiten im Zusammenhang mit sachverhaltsgestaltenden Transaktionen. Die handelsrechtliche Umsatzrealisierung bei Dauerschuldverhältnissen hängt davon ab, ob die Dauerhaftigkeit der Leistung selbst anhaftet oder nur den zeitlichen Rahmen für die Leistung bildet.[1081] Diese Einordnung mag mitunter sachverhaltsabbildenden Argumenten offen stehen. Zudem fehlen klare Regelungen bei Kombinationen vorausgezahlter Beträge und nachfolgend in Rechnung gestellter Leistungen, wodurch ebenfalls Sachverhaltsabbildungen und -gestaltungen begünstigt werden.

3.8.2 Analyse ausgewählter Sachverhalte anhand von SEC litigation releases

Qwest Communications International Inc. realisierte Umsatzerlöse von $ 26,6 Mio aus Transaktionen mit der für eine bestimmte Zeit unwiderruflichen Hingabe von Rechten zur Nutzung vorhandener Glasfaserbandbreiten, anstatt die Umsatzerlöse über die Laufzeit des hingegebenen Nutzungsrechts der Glasfaserkapazitäten zu erfassen.[1082] Unzulässig wäre diese Vorgehensweise ebenso nach IFRS und HGB. Ähnlich falsch bilanzierte auch *MicroStrategy Inc.* Das Unternehmen veräußerte Zugangsrechte zu eigenentwickelter Software, die ausschließlich in den firmeneigenen Netzwerken von *MicroStrategy* betrieben wurde. Die insgesamt erhaltenen Zugangsgebühren von $ 6 Mio wurden nicht über den Zeitraum der erworbenen Zugangsrechte abgegrenzt, sondern unzulässigerweise als Verkauf von Softwarelizenzen gewertet und sofort umsatzwirksam realisiert.[1083] Die IFRS und das HGB würden diese Behandlung ebenfalls als Verstoß gegen Rechnungslegungsnormen werten. *Informix Corporation* realisierte Umsatzerlöse von $ 11,2 Mio aus zahlreichen Softwarewartungsverträgen fälschlich unter dem Deckmantel der Veräußerung von Softwarelizenzen.[1084] Dabei handelt es sich bei Wartungsverträgen um zweifelsfrei zeitraumabhängig zu erbringende Leistungen. Auf Grund ihrer Verhandlungsstärke konnte *Sunbeam Corporation* von ihren Zulieferern eine Vorauszahlung von Rabatten i.H.v. $ 2,75 Mio erreichen. Zum einen wurden die Rabatte anstatt von den Anschaffungskosten abzusetzen als Umsatzerlöse gebucht, zum anderen erfolgte die Realisierung mit Erhalt der Zahlung und nicht verteilt über die erwartete Bezugsdauer der Produkte.[1085] Sachgerecht für US GAAP, IFRS und HGB wäre in jedem Fall eine Realisierung im Zeitablauf.

[1079] Vgl. SAB Topic 13 A.3.
[1080] Vgl. IAS 18 App. A.17.
[1081] Vgl. BFH IV R 80/96 vom 10.9.1998, S. 21.
[1082] Vgl. SEC AAER No. 1879 vom 29.9.2003.
[1083] Vgl. SEC AAER No. 1350 vom 14.12.2000.
[1084] Vgl. SEC AAER No. 1215 vom 11.1.2000.
[1085] Vgl. SEC AAER No. 1393 vom 15.5.2001.

3.9 Einflussmöglichkeiten durch *round-trip* Transaktionen

3.9.1 Analyse der zu Grunde liegenden Normen

Round-trip-Transaktionen oder auch Zirkeltransaktionen sind originär sachverhaltsgestaltende Maßnahmen, die im Ergebnis dazu führen, dass das ursprünglich die Waren veräußernde Unternehmen Umsatzerlöse realisiert und zu einem späteren Zeitpunkt die Waren (erfolgsneutral) zurückerwirbt. Wie die folgenden Beispiele zeigen, wirken Rechnungslegungsstandards nach US GAAP, IFRS und HGB diesen Gestaltungsmöglichkeiten mangels Normen nicht adäquat entgegen.

3.9.2 Analyse ausgewählter Sachverhalte anhand von SEC litigation releases

Stellvertretend für eine Vielzahl anderer Verstöße können die Vorgänge bei *Suprema Specialties Inc.* in ihrer einfachsten Ausprägung herangezogen werden.[1086] Zwischen den Jahren 1998 und 2002 berichtete *Suprema* über $ 700 Mio an nicht existierenden Umsatzerlösen. Die Abbildung 9 fasst die Vorgänge zusammen.[1087]

Abbildung 9: Der Fall *Suprema Specialties Inc.*

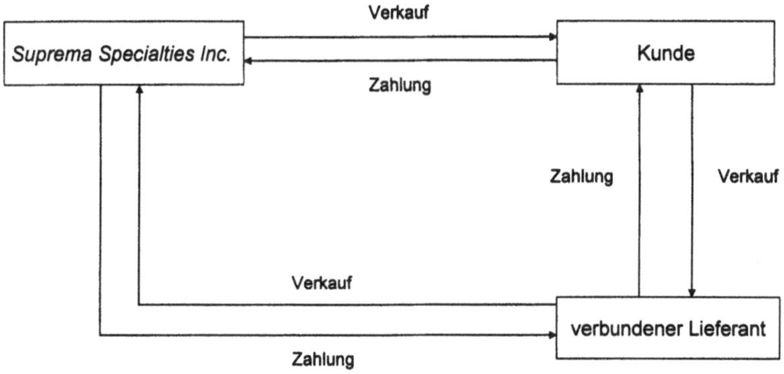

Suprema veräußerte Produkte an den Kunden gegen Zahlung unter Realisierung von Umsatzerlösen. Der Kunde veräußerte daraufhin ebenfalls die Waren gegen Zahlung an den mit ihm verbundenen Lieferanten. Als letzte Transaktion im Rahmen des Betrugsschemas kaufte *Suprema* die Waren vom Lieferanten der Kunden durch einen erfolgsneutralen Anschaffungsvorgang zurück. Teilweise wurden diese Transaktionen real, d.h. mit Warenbewegungen durchgeführt, zum Großteil jedoch einzig auf Basis von fiktiven und eigens zur Dokumentati-

[1086] Ein komplexerer Sachverhalt liegt beispielsweise *Interspeed Inc.* zu Grunde. *Interspeed* stattete dabei eine Gesellschaft mit Kapital aus, um vormals an eine andere Gesellschaft veräußerte Waren wieder zurückerwerben. Vgl. SEC Complaint No. 17758 vom 30.9.2002.

[1087] Vgl. SEC Complaint No. 18534 vom 6.1.2004.

on dieser Transaktionen gefälschten Unterlagen wie beispielsweise Rechnungen und Lieferscheinen. Die Zahlungen wurden stets in der Weise geleistet, dass die von *Suprema* entrichteten Beträge höher als die vom Kunden entrichteten Beträge waren, so dass die Differenz als Entlohnung für die Unterstützung im Betrugsprozess anzusehen ist. Der auf die fiktiven Transaktionen entfallende Anteil der Umsatzerlöse verstößt in allen Fällen gegen sämtliche Rechnungslegungsgrundsätze. Fraglich ist die Behandlung bei tatsächlich erfolgten Warenlieferungen. Die SEC wirft den Beteiligten derartiger Vergehen stets vor, falsche Angaben zu tätigen oder durch das Weglassen wesentlicher Fakten die Abschlüsse nicht den tatsächlichen Verhältnissen entsprechend aufzustellen.[1088] Eine Umsatzrealisierung nach US GAAP hätte unterbleiben müssen, da den Transaktionen regelmäßig eine zu Grunde liegende wirtschaftliche Substanz in Abrede zu stellen ist.[1089] Mit SFAS 153 wurde das von der SEC erstmals herbeigeführte Kriterium der wirtschaftlichen Substanz in eine Verlautbarung des FASB übernommen.[1090] Nach IFRS und Handelsrecht sollten die Transaktionen ebenfalls als unzulässig erachtet werden. Gerade handelsrechtlich scheint eine Realisierung durch die Kriterien des Preisgefahrenübergangs und dem Verlust des wirtschaftlichen Eigentums einer derartigen Gestaltung nicht effektiv entgegenwirken zu können. IAS 1.16 dagegen gestattet weder, unangemessene bilanzielle Abbildungen durch Anhangangaben zu heilen, sondern bietet mit IAS 1.17 die Möglichkeit, von den Grundsätzen des IAS 18 in diesem Fall abzuweichen. Auf der anderen Seite könnte auch die Gesamtheit der Transaktionen als eine Transaktion im Sinne des IAS 18.14 gewürdigt werden, so dass weder das Kriterium des Risiken- und Chancenübergangs, der aufgegebenen Verfügungsmacht noch des Nutzenzuflusses erfüllt wird.

3.10 Einflussmöglichkeiten durch channel stuffing

3.10.1 Analyse der zu Grunde liegenden Normen

Als *channel stuffing* oder *trade loading* wird die Vorgehensweise bezeichnet, die Verkaufskanäle mit eigenen Produkten zu „überfluten", um die Umsatzerlöse der entsprechenden Periode unter der Prämisse zu steigern, dem Käufer Anreize zu setzen, überhöhte, nicht zeitnah vom Markt adaptierbare Mengen zu erwerben. Diese Handlungen führen regelmäßig zu Überbeständen der Vorräte bei den Kunden. Ein in der Folgeperiode vollzogener Abbau dieser Überbestände resultiert in künftig wesentlich geringeren Produktverkäufen und geringeren realisierbaren Umsatzerlösen für den Verkäufer. So sieht es auch das AICPA: „*Channel Stuffing* without appropriate provision for sales returns is an example of booking tomorrow's revenue today in order to window-dress financial statements"[1091]. Nach Auffassung der SEC verstößt

[1088] Vgl. SEC Complaint No. 18534 vom 6.1.2004.

[1089] Vgl. SEC Complaint No. 18748 vom 16.6.2004: „these transactions failed to conform with GAAP because, among other problems, the transactions 'lacked economic substance'."

[1090] Vgl. Kapitel III.7.4.1, S. 126.

[1091] AICPA (Revenue, 2002), Rz. 1.81. Hervorhebung erfolgte durch den Verfasser.

ein solches Verhalten stets gegen US GAAP, da die tatsächliche Lage des Unternehmens bewusst falsch dargestellt wird. Originär enthalten die US GAAP jedoch keine Vorschrift zur Vermeidung sachverhaltsgestaltenden *channel stuffing*. Gleiches gilt für IFRS und HGB.

3.10.2 Analyse ausgewählter Sachverhalte anhand von SEC litigation releases

Wie der Fall der *Bristol-Myers Squibb Company* zeigt, kann durch *channel stuffing* eine erhebliche Vorverlagerung von Umsatzerlösen herbeigeführt werden. In diesem Fall handelte es sich um $ 1,5 Mrd.[1092] *Bristol* vereinbarte mit bedeutenden Großhändlern die Abnahme von pharmazeutischen Produkten über deren Bedarf hinaus. Als Entschädigung erhielten die Großhändler monatliche Zahlungen in Höhe von 2 % der als überschüssig eingestuften Vorräte, bis deren Verkauf erfolgte.[1093] Ziel dieser Vereinbarung war es, den Großhändlern einen von ihnen geplanten *return on investment* von 24 % zu garantieren. Nach US GAAP könnte argumentiert werden, die Risiken und Chancen des Eigentums seien noch nicht vollständig übergegangen, da durch die Verpflichtung der zweiprozentigen Zahlung Forderungen aus den Produkten gegen *Bristol* bestehen. Nach IAS 18.16 (a) könnte ebenfalls darauf geschlossen werden, dass das Unternehmen noch eine verbleibende Leistungspflicht hätte, die über die gewöhnliche Garantievereinbarung hinausgeht. Beide Argumentationen erweitern die Voraussetzung des Risiken- und Chancenübergangs über den Übergang der Preisgefahr hinaus. Handelsrechtlich scheitert eine Ablehnung an einem tatsächlichen Eigentumsübergang und Wegfall des wirtschaftlichen Eigentums. Jedoch ist zu bedenken, dass handelsrechtlich im Lagebericht Aussagen über die künftige Entwicklung der Ertragslage zu treffen sind.[1094] Eine ähnliche Vorgehensweise zum *channel stuffing* wurde beispielsweise von *Sunbeam Corporation* angewendet.[1095] *Sunbeam* gewährte Rabatte und andere Anreize, um die aktuellen Verkaufszahlen der Periode zu Lasten künftiger Perioden zu steigern.

Kombinationen des *channel stuffing* mit weiteren in den vorherigen Kapiteln behandelten Sachverhalten wurden beispielsweise von *Symbol Technologies Inc.* zur Steigerung der Umsatzerlöse genutzt.[1096] Wenn die Umsatzziele nicht erreicht wurden, gewährte *Symbol Technologies* den Abnehmern großzügige Rückgaberechte oder vom Wiederverkauf abhängende Zahlungspflichten. Als Anreiz erhielten die Wiederverkäufer erhebliche Preisnachlässe, die im Verkaufsfall zu hohen Gewinnmargen führten, sowie Kredite für Marketingausgaben und Zahlungen für die angefallenen Lagerkosten.

1092 Vgl. SEC Complaint No. 18820 vom 4.8.2004.

1093 Alle Vorräte, die älter als zwei Wochen waren, wurden als überschüssig klassifiziert.

1094 Vgl. Böcking/Müßig (Bilanzrecht, 2002), § 289 HGB, Rn. 117. Im Rahmen des Prognoseberichts ist insbesondere auf die Auswirkungen bezüglich des Absatzes einzugehen. Die Darstellung des Geschäftsverlaufs erfordert ebenfalls Angaben über den erfolgten Absatz. Dies trifft selbstverständlich auch auf kapitalmarktorientierte Unternehmen zu, die künftig nach IFRS im Konzernabschluss Rechnung legen.

1095 Vgl. SEC Litigation Release No. 17710 vom 4.9.2002.

1096 Vgl. SEC Complaint No. 18734 vom 3.6.2004.

4 Implikationen zur (normativen) Ausgestaltung von Rechnungslegungsnormen der Umsatzrealisierung

4.1 Anforderungen an qualitativ hochwertige Rechnungslegungsnormen

Die *American Accounting Association* hat Kriterien für die Ermittlung der Qualität von Rechnungslegungsstandards zusammengestellt.[1097] Hiernach sollen qualitativ hochwertige Normen Defizite in der Finanzberichterstattung aufgreifen, die unter anderem durch Änderungen in den wirtschaftlichen Gegebenheiten auftreten können. Wie die Ausführungen dieser Arbeit gezeigt haben, liegen im Zusammenhang mit der Umsatzrealisierung hinsichtlich vielen nicht abschließend geregelten Fragen vor allem in der handelsrechtlichen Rechnungslegung, aber auch nach US GAAP und IFRS durch erhebliche Möglichkeiten zum *earnings management* Unzulänglichkeiten in den bisherigen Normen vor. Es verwundert nicht, dass die höchstrichterliche Rechtsprechung des BFH nicht ausreichend auf die Vermeidung umsatzsteigernden *earnings managements* eingeht, zumal die Steuerpflichtigen vor dem BFH regelmäßig eine Verringerung ihrer Umsatzerlöse beanspruchen. Aus bereits zuvor genannten Gründen haben das FASB und das IASB ein gemeinsames Projekt zur Frage der *revenue recognition* initiiert.[1098] Weiterhin soll ein Rechnungslegungsstandard dazu dienen, die Fähigkeit der Adressaten hinsichtlich Investitions- und Kreditvergabeentscheidungen (auch im Sinne eines Gläubigerschutzes) zu verbessern und damit gleichzeitig die Leistung und Lage des Unternehmens entsprechend den tatsächlichen Verhältnissen darzustellen.[1099] Qualitativ hochwertige Normen müssen im Einklang mit dem zu Grunde liegenden Rahmenkonzept stehen und auf wissenschaftlichen Erkenntnissen beruhen.[1100] Die folgenden Vorschläge basieren auf den im Rahmen dieser Arbeit gewonnenen Erkenntnissen.

4.2 Betrachtung der Erfassung von Umsatzerlösen (recognition)

Obwohl zwischen US GAAP, IFRS und HGB in der Grundidee zur Umsatzrealisierung – dem Ausweis eines quasisicheren Gewinns – kaum ein Unterschied besteht, mag es fragwürdig erscheinen, eine optimale Lösung zur Minimierung der Einflussnahmen auf die Rechnungslegung unter der Nebenbedingung einer Vereinbarkeit mit den Grundprinzipien der jeweiligen Rechnungslegungssysteme zu finden. Vor diesem Hintergrund sind die folgenden Überlegungen als grundlegende Bausteine zu betrachten, die möglicherweise erst nach bestimmten Anpassungen in ein entsprechendes Rechnungslegungssystem implementiert werden können und keinen vollständigen oder selbständigen Standard darstellen. Die Ausführungen basieren zum

[1097] Vgl. Chair/Boatsman/Herz *et al.* (Quality, 1998), S. 161-162.

[1098] Vgl. FASB (Project, 2004) sowie zu dem vorläufigen Stand des Projekts Zülch/Willms (Revenue, 2004), S. 2001.

[1099] Vgl. Chair/Boatsman/Herz *et al.* (Quality, 1998), S. 161-162.

[1100] Vgl. Chair/Boatsman/Herz *et al.* (Quality, 1998), S. 162. Eine systemgerechte Entwicklung von Einzelnormen zur Vermeidung von Regelungslücken und Wertungswidersprüchen fordert auch Rüdinger (Regelungsschärfe, 2004), S. 31-40.

Teil auf bereits schon bestehenden Normen und werden im Bedarfsfall ergänzt. Ziel ist nicht, bestehende Einzelfallregelungen zu ergänzen, sondern grundlegende Aspekte und Alternativen eines noch zu entwickelnden konsistenten Systems darzustellen.[1101] Wie die ökonomische Analyse des Rechts zeigte, ist Einzelfallregelungen dann der Vorzug zu geben, wenn bestimmte Sachverhalte gehäuft auftreten.[1102] In diesem Sinne behandeln die folgenden Vorschläge und Alternativen in den vorherigen Kapiteln aufgeführte Sachverhalte, die häufig Gegenstand von Einflussnahmen auf die Rechnungslegung darstellen.[1103] Der Detailliertheitsgrad der Regelung darf weder in dessen Präzision derart umfänglich sein, dass Sachverhaltsgestaltungen vorgenommen werden, noch derart ungenau sein, dass Sachverhaltsabbildungen Einzug erhalten. Die Behandlung von Sachverhalten, welche relativ selten auftreten, muss ebenfalls aus den grundlegenden Prinzipien und Einzelfallregelungen zuverlässig und im Einklang mit der Norm durch Deduktion ermittelbar sein.[1104] Nebenbedingung ist stets die Sicherung einer adäquaten Durchsetzung durch den Abschlussprüfer und Enforcement-Institutionen durch hinreichend präzise Formulierungen.[1105] Weiterhin muss der Aufsichtsrat bzw. Prüfungsausschuss in die Lage versetzt werden, den Jahres- bzw. Konzernabschluss hinsichtlich der Richtigkeit der Höhe der Umsatzerlöse effizient prüfen und plausibilisieren zu können.[1106] Vor allem auf Grund der Relevanz der Umsatzerlöse sollten die Umsatzerlöse einen Schwerpunkt der Prüfung darstellen. Die folgenden Ausführungen dürfen nicht darüber hinwegtäuschen, dass auch mit einer derartigen Ausgestaltung der Rechnungslegungsprinzipien Einflussnahmen auf die Rechnungslegung erfolgen. Das Auftreten an sich liegt nicht in der Norm, sondern in der Handlung.[1107] Dennoch können Rechnungslegungsstandards unmittelbar und mittelbar dazu beitragen, *earnings management* zu vermeiden.

(1) Definition des Begriffs der Umsatzerlöse

Vor der normativen Ableitung zur Frage, wann Umsatzerlöse zu realisieren sind, bedarf es einer klaren Abgrenzung des Begriffsinhalts. Ungenaue Abgrenzungen oder Begrifflichkeiten wie im *revenue*-Begriff der US GAAP und IFRS, der auch Erträge aus Dividenden und Miet-

---

[1101] Vgl. zur Schwierigkeit der weitergehenden Entwicklung von Einzelfallbeschreibungen über die bisher bestehenden hinaus, Vorwold (Gewinn-Management, 1999), S. 2322.

[1102] Vgl. Kapitel IV.2.2.1, S. 153. Charakteristisch für hochwertige Rechnungslegungsnormen ist, dass ihr Regelungsbereich realen Bedingungen standhält. Eine Berücksichtigung vormaligen Normversagens bzw. häufig durchgeführter Einflussnahmen auf die Rechnungslegung führt daher zu qualitativ hochwertigen Rechnungslegungsstandards. Vgl. Wulff/Koski-Grafer (Standards, 1998), S. 189.

[1103] Hierbei wurden die SEC *Enforcement Releases* zu Grunde gelegt. Vgl. zu den nahezu unbegrenzten Möglichkeiten der Umsatzmanipulationen Giroux (Detecting, 2004), S. 115-117.

[1104] Vgl. Lüdenbach/Hoffmann (Principle-based, 2003), S. 398, die ebenfalls eine deduktive Ableitung der Regeln aus Prinzipien befürworten.

[1105] Vgl. Collins/Pasewark/Strawser (Characteristics, 2002), S. 140, die verifizierbare und leicht zu prüfende Resultate aus der Anwendung eines Rechnungslegungsstandards fordern.

[1106] Vgl. zur Pflicht der Prüfung § 171 Abs. 1 S. 1 AktG.

[1107] Vgl. Penman (Quality, 2003), S. 89.

einnahmen beinhaltet, führen zu Unsicherheiten bezüglich des Umsatzausweises.[1108] Daher bedarf es einer klaren Regel, die Umsatzerlöse auf Erlöse „der für die gewöhnliche Geschäftstätigkeit ... typischen Erzeugnisse und Waren sowie aus ... Dienstleistungen"[1109] einschränkt, die zwingend und nachhaltig mit Dritten in einer nach außen gerichteten Tätigkeit zu erfolgen hat und aus dem Leistungsangebot des Unternehmens entspringt, welches das Unternehmen regelmäßig gegen Mitbewerber und auf eigene Rechnung zu behaupten hat.[1110] Insbesondere der Nachhaltigkeitsaspekt sollte Realisierungshandlungen bereits schon im Vorfeld mit der Definition der Umsatzerlöse ausschließen, die im Rahmen von Sachverhaltsgestaltungen Rückgaben oder Rückkäufe von typischen Leistungen des Unternehmens beinhalten. Die hier vorgenommene Begriffsdefinition lehnt sich tendenziell an die handelsrechtlichen Vorschriften und Kommentare an. Zur Einschränkung sachverhaltsabbildender Maßnahmen in der Frage des Brutto- oder Nettoausweises dienen insbesondere konkretisierte Prinzipien wie in EITF 99-19.[1111] Die tendenziell im Handelsrecht verbreitete Vorgehensweise, hinsichtlich des Zahlungseingangs relativ unsichere Umsatzerlöse zu realisieren und eine Korrektur über die Forderungen herbeizuführen, sollte abgelehnt werden, da die Umsatzerlöse per se relevante Informationen enthalten.

(2) Primat der wirtschaftlichen Betrachtungsweise

Sachverhaltsgestaltungen können nur dann weitgehend vermieden werden, wenn eine kompromisslose wirtschaftliche Betrachtungsweise zur Sachverhaltsinterpretation zu Grunde gelegt wird und damit dem wirtschaftlichen Normzweck entsprochen werden kann.[1112] Die wirtschaftliche Betrachtungsweise ist unerlässlich zur Bestimmung des Inhalts des Rechtsgeschäfts, das die Beteiligten tatsächlich durchführen.[1113] Entsprechend ist der jeweilige Sachverhalt in die aus wirtschaftlicher Betrachtung einschlägige Norm einzuordnen. Sachverhaltsgestaltenden Maßnahmen wird daher der Boden insofern entzogen, als zivilrechtliche Gestaltungen bedeutungslos werden.[1114] Eine wirtschaftliche Betrachtungsweise muss im Zusammenhang mit der Umsatzrealisierung auch stets heißen, dass jedem Realisationsereignis eine Transaktion mit wirtschaftlicher Substanz zu Grunde liegt.[1115] Hier tritt deutlich der Nachteil des regelungsbasierten Ansatzes der US GAAP im Rahmen des SFAS 153 hervor. Zwar for-

---

1108 Vgl. IAS 18.29-34 sowie auch SFAC 6.79.

1109 § 277 Abs. 1 HGB. Ähnlich auch SFAC 6.79 mit der Voraussetzung der „ongoing major or central operations" oder IAS 18.7 mit „in the course of the ordinary activities of an enterprise".

1110 Vgl. Beater (Kommentar, 2001), § 277 HGB, Rn. 6; Förschle (Bilanzkommentar, 2003), § 275 HGB, Rz. 48.

1111 Vgl. Kapitel 3.1.

1112 Zur wirtschaftlichen Betrachtungsweise vgl. Böcking (Verbindlichkeitsbilanzierung, 1994), S. 31; Böcking (Betrachtungsweise, 1997), S. 87.

1113 Vgl. Böcking (Bilanzrechtstheorie, 1988), S. 82.

1114 Vgl. Meyer (Substance, 1976), S. 80.

1115 Zur Notwendigkeit einer zu Grunde liegende wirtschaftlichen Substanz vgl. statt vieler SEC AAER No. 1978 vom 17.3.2004 sowie SEC AAER No. 1631 vom 24.9.2002. Vgl. SFAS 153.

dert dieser Standard erstmals eine wirtschaftliche Substanz einer Transaktion, beschränkt diese Forderung jedoch lediglich auf Tauschgeschäfte, anstatt auf das gesamte Themengebiet der Umsatzrealisierung. Aus einer wirtschaftlichen Betrachtungsweise muss die Abbildung der Transaktion entsprechend des von den Geschäftspartnern Gewollten erfolgen.

(3) Getrennte Vorschriften für unterschiedliche Leistungsarten
Das Verkaufen von Waren, das Erbringen von Dienstleistungen oder das Fertigstellen langfristiger Aufträge bedürfen wegen ihrer Heterogenität der Leistungsart und damit zusammenhängend wegen ihrer unterschiedlichen Anfälligkeit auf sachverhaltsabbildende und sachverhaltsgestaltende Maßnahmen unterschiedlicher aber auf nur einem Prinzip basierender Regelungen zur Umsatzrealisierung innerhalb einer Norm. Beispielsweise sollten Regelungen zur Lieferung von Waren verstärkt gegen sachverhaltsgestaltende Maßnahmen ausgerichtet sein, wohingegen Regelungen zur Erbringung von Dienstleistungen oder Fertigstellung langfristiger Aufträge tendenziell sachverhaltsabbildenden Maßnahmen zu begegnen haben.

(4) Lieferung als zwingende Voraussetzung beim Verkauf von Waren
Als notwendige Bedingung zur Realisierung von Umsatzerlösen auf Grund verkaufter Waren sollte die physische Lieferung zur Herbeiführung einer nachhaltigen Übergabe in den Verfügungsbereich des Abnehmers angesehen werden. Dementsprechend sind die Grundsätze zur Umsatzrealisierung in US GAAP, IFRS und HGB zu ergänzen. Alle drei Rechnungslegungssysteme sind im idealtypischen Verkauf durch ihren prinzipienbasierten Charakter grundsätzlich gut geeignet, Sachverhaltsabbildungen und Sachverhaltsgestaltungen zu vermeiden.[1116] Sowohl die US GAAP als auch IFRS gestatten unter bestimmten Voraussetzungen eine Realisierung von Umsatzerlösen vor Warenlieferung (*bill and hold*)[1117] und widersprechen damit teilweise nicht nur ihren eigenen Grundsätzen, sondern gestatten explizit Sachverhaltsgestaltungen, die zu erheblichen Anfälligkeiten bezüglich *earnings management* führen.[1118] *Bill and hold*-Transaktionen gelten daher per se als Sachverhaltsgestaltung und sollten grundsätzlich abgelehnt werden. Die Voraussetzung einer zwingend erfolgten Lieferung wirkt dem entgegen.

(5) Konkretisierung der Regelungen bei Rücknahmepflichten
Bereits die hier unter Punkt (1) vorgeschlagene Definition der Umsatzerlöse mit der Nachhaltigkeit des Verbleibs der Waren bei dem Kunden sollte Umsatzrealisierungen bei zurückzunehmenden Waren weitgehend vermeiden. Sowohl zur Vermeidung von Sachverhaltsgestaltungen und Sachverhaltsabbildungen als auch zur Durchsetzungsfähigkeit der Norm bedarf es ergänzenden Erläuterungen. Grundlegende Voraussetzung zur Realisierung trotz eines Rück-

1116 Vgl. Kapitel IV.3.2.1.

1117 Vgl. SAB Topic 13.A.3 (a) und IAS 18 App. A.1.

1118 Siehe Kapitel IV.3.3, S. 164.

gaberechts muss sein, dass die allgemeinen, für die Warenlieferungen relevanten Realisierungskriterien erfüllt sind. Darüber hinaus sollte der Betrag künftig zurückgegebener Waren objektivierbar und verlässlich ermittelbar sein.[1119] Das an dieser Stelle über die bisherigen Standards hinaus eingefügte Kriterium der „Objektivierbarkeit" begrenzt das Ermessen des Managements und stärkt die Position des Abschlussprüfers und der Enforcement-Institution. Zur Vermeidung von Sachverhaltsgestaltungen sollte eine Umsatzrealisierung bei Rücknahmepflichten immer dann versagt werden, wenn der Verkäufer unmittelbar oder mittelbar (bspw. durch ein Tochterunternehmen) durch ein „Tun" oder „Unterlassen" im Zusammenhang mit den von ihm verkauften Waren nach dem Verkaufsakt über gewöhnliche Garantievereinbarungen hinaus in Erscheinung tritt.[1120] Vorschriften dieser Art sind konkret genug, um Sachverhaltsabbildungen einzuschränken und hinreichend allgemein um Sachverhaltsgestaltungen entgegenzuwirken. Übertragen auf die im Rahmen dieser Arbeit diskutierten *litigation releases* sind diese Kriterien ebenfalls effektiv.[1121]

(6) Konkretisierung der Regelungen bei Rückkaufpflichten

Eine Umsatzrealisierung sollte grundsätzlich dann untersagt werden, wenn Rückkaufpflichten für zuvor veräußerte Waren bestehen. Da Rückkäufe von Waren grundsätzlich nicht im originären Interesse des Unternehmens stehen, muss die unwiderlegbare Vermutung gelten, dass sie einzig dafür dienen, mit sachverhaltsgestaltenden Maßnahmen *earnings management* zu betreiben. Besteht schon beim Verkauf die Pflicht des Rückkaufs, würde nach der hier getroffenen Definition der Umsatzerlöse die Nachhaltigkeitsbedingung verletzt werden. An den Verkäufer gewährte Call-Optionen sollten stets zur Verneinung eines Realisationsereignisses mit der Begründung führen, dass eine derartige Vereinbarung stets ein Indiz dafür darstellt, sich nicht endgültig von den veräußerten Produkten lösen zu wollen. Put-Optionen des Käufers weisen eher den Charakter einer Rücknahmevereinbarung auf und sollten entsprechend der unter (5) diskutierten Grundsätze behandelt werden. Gemäß einer wirtschaftlichen Betrachtungsweise erscheint ein Rückgriff auf die Regeln zu Rücknahmevereinbarungen nur unter der Bedingung einer Identität von ursprünglichem Verkaufspreis und Rückkaufpreis gegeben. Übersteigt der Verkaufspreis den Rückkaufpreis, ist die Transaktion als entgeltliche temporäre Überlassung von Waren zu werten, wohingegen ein den Verkaufspreis übersteigender Rückkaufspreis Indiz für Finanzierungs- und Lagerkosten darstellt. Im ersten Fall wäre eine Umsatzrealisation über den Zeitraum der Warenhingabe in Höhe der Differenz zwischen Verkaufs- und Rückkaufpreis angebracht, im zweiten Fall aber gänzlich zu versagen. Zur Vermeidung sachverhaltsgestaltender Maßnahmen bedarf es einer Klarstellung, dass als Rückkauf sowohl ein unmittelbares als auch ein mittelbares Tätigwerden des ursprünglichen

---

1119 Vgl. SFAS 48.6; IAS 18.17; BFH IV R 114/94 vom 25.1.1996, S. 382 zur verlässlichen Ermittlung.

1120 Unter „Tun" kann beispielsweise die Rücknahme der Waren durch ein Tochterunternehmen verstanden werden. Ein „Unterlassen" könnte dann angenommen werden, wenn der Kaufpreis erst mit Weiterveräußerung durch den Kunden fällig wird. In diesem Fall wird die Verfolgung des Kaufpreiserhalts unterlassen.

1121 Vgl. Kapitel IV.3.4.2., S. 166.

Verkäufers diesem vollständig zuzurechnen ist und unter die entsprechende Norm der Rückkaufvereinbarungen subsumiert wird.[1122]

(7) Konkretisierung der Regelungen beim Tausch

Aus theoretischer Sicht sollte der Tausch – ungeachtet der Art der getauschten Güter – als Umsatzakt gelten. Entsprechend hat eine Umsatzrealisierung nach Maßgabe der allgemeinen Grundsätze zu erfolgen. Vor dem Hintergrund der Vielzahl an durchgeführten sachverhaltsgestaltenden Maßnahmen gilt es jedoch, eine Umsatzrealisierung bei art- und funktionsgleichen Gütern vor dem Hintergrund einer wirtschaftlichen Betrachtungsweise kritisch zu hinterfragen. Tauscht z.B. ein Lieferant von Erdgas, Benzin, Milch oder eines anderen homogenen Gutes am Standort A eine Einheit gegen das gleiche homogene Gut am Standort B, um eine schnellere Warenverfügbarkeit zu einem bestimmten Zeitpunkt an einem bestimmten Ort herbeizuführen, so findet wirtschaftlich betrachtet ein nicht mit einer Warenbewegung zusammenhängendes Verbringen vom Standort A an den Standort B statt. Unter Berücksichtigung dieser Aspekte sollte der Vorgehensweise der IFRS gefolgt werden, eine Umsatzrealisierung zu versagen.[1123] Keine andere Interpretation kann für den Tausch von Werbeleistungen gelten.[1124] Ob bei einem Tausch gleicher Güter zusätzlich Zahlungen fließen, darf zur Beurteilung der Umsatzrealisierung keine Rolle spielen. Tauschtransaktionen bei nicht art- und funktionsgleichen Gütern sollten weiterhin – und unter Berücksichtigung von Zahlungen – als realisierungswürdiges Ereignis im Sinne eines Verkaufs abzubilden sein. Die Höhe der Umsätze muss folglich nach dem *fair value* der erhaltenen Vermögenswerte bemessen werden.

(8) Klarstellung des Realisierungsverbots bei *round-trip* Transaktionen

Round-trip-Transaktionen stellen im Lichte einer wirtschaftlichen Betrachtung nichts anderes dar als Warenrückkäufe zum gleichen Preis mit der Besonderheit eines Verschleierungsversuchs der Transaktion durch Intermediäre. Sie sollten deshalb schon auf Grund des in Punkt (6) getroffenen Vorschlags und auf auch auf Grund des Nachhaltigkeitskriteriums unterbunden werden. Zur Klarstellung und zur besseren Durchsetzbarkeit der Norm wäre eine Konkretisierung wünschenswert, nach welcher solche Verkäufe nicht realisierungswürdig sind, die zu einem späteren Zeitpunkt zu Erwerbsgeschäften gleichartiger Produkte oder Leistungen führen, die mit dem ursprünglichen Veräußerungsgeschäft in unmittelbarem oder mittelbarem Zusammenhang stehen. *Round-trip*-Transaktionen fehlt es zudem an jeglicher wirtschaftlichen Substanz.[1125] Daher scheidet eine Umsatzrealisierung ebenfalls aus Sicht einer wirtschaftlichen Betrachtungsweise aus.

[1122] Unter mittelbarem Tätigwerden sei beispielsweise die Nutzung eines Tochterunternehmens oder das Anweisen eines nahe stehenden Dritten zum Rückkauf verstanden.

[1123] Vgl. IAS 18.12 ähnlich auch APB 29.21.

[1124] So auch SIC-31. Davon abweichend EITF 99-17.

[1125] Vgl. Punkt (2) dieses Kapitels.

(9) Interpretation des *channel stuffing* als Sachverhaltsgestaltung

Channel stuffing wird oftmals mit Hilfe von Rücknahmevereinbarungen, Rückkaufvereinbarungen oder *bill and hold* Transaktionen durchgeführt. Insofern gelten die zuvor entwickelten Grundsätze. Erfolgt das *channel stuffing* ausschließlich auf Basis von Verkaufsanreizen wie z.B. durch Rabatte, dann verhindern die Realisierungskriterien nicht die Erfassung von Umsatzerlösen. Vielmehr bedarf es zur Vermittlung eines tatsächlichen Bildes der Ertragslage zusätzlicher Anhangangaben. Ob nämlich eine Übersättigung des Marktes bzw. der Zwischenhändler tatsächlich vorliegt, lässt sich nicht in der Form objektivierbar feststellen, dass eine Versagung der Umsatzrealisierung für über die Marktsättigung hinaus gelieferte Ware zu rechtfertigen wäre. Andere Konstellationen gewähren ohne eingeräumtes Rückgaberecht des Kunden einen Zahlungsaufschub, bis dieser die Ware weiterveräußert hat. Wirtschaftlich betrachtet liegt ein Geschäft vor, das zwar auf eigenen Namen und eigene Rechnung durchgeführt wird, aber in der Substanz einem Kommissionsgeschäft gleicht und als solches zu werten ist. Der Gewinn kann für den Verkäufer vor allem so lange nicht quasisicher sein, bis eine Veräußerung durch den Käufer erfolgt. Zur Vermeidung von Sachverhaltsgestaltungen sollte in der Norm ein Passus aufgenommen werden, der jegliche Umsatzrealisierung versagt, sofern eine Bedingung existiert, welche die Durchsetzung der Forderung durch ein vom Käufer zu beeinflussendes „Tun“ oder „Unterlassen“ abhängig macht.

(10) Explizite Regelungen für Dienstleistungen sowie für Dauerschuldverhältnisse

Dienstleistungen sollten klar von der Lieferung von Waren abgegrenzt und explizit im Rahmen eines Standards zur Umsatzrealisierung definiert werden.[1126] Die unterschiedliche Behandlung von Dienstleistungen nach US GAAP widerspricht dem Gedanken eines prinzipienbasierten, in sich konsistenten Ansatzes.[1127] Umsätze aus der Erbringung von Dienstleistungen bedürfen einer kontinuierlich mit dem Fortschritt der Leistungserbringung zusammenhängenden Realisierung. Als einzig relevante Größe zur Messung des Fortschritts kommt eine objektivierbare Outputgröße in Frage, welche die Sichtweise des Leistungsempfangenden adäquat widerspiegelt. In Verbindung mit Dauerschuldverhältnissen könnte als zu Grunde liegendes Prinzip die Sichtweise des BFH herangezogen werden, nach der es darauf ankommt, ob die Dauerhaftigkeit der Leistung ihr selbst anhaftet oder nur den zeitlichen Rahmen bildet.[1128] Bei erst genanntem Punkt müsste eine Realisierung gemäß der Outputgröße erfolgen, bei zweit genanntem Punkt entsprechend des Zeitablaufs. Zur Konkretisierung dieses Prinzips und zur Behandlung von im voraus entrichteten Zahlungen sind die US GAAP-Grundsätze (SAB Topic 13) vor dem Hintergrund der Vermeidung von sachverhaltsgestaltenden Maßnahmen besonders zielführend. Immer dann, wenn aus Sicht des Kunden der vorab entrichtete Betrag – ohne künftiges Tun oder Dulden des Verkäufers – keinen künftigen Nut-

---

[1126] Zu einer adäquaten Definition und Abgrenzung siehe Kapitel IV.3.2.2, S. 163.

[1127] Vgl. FASB (Invitation, 1978), S. 10.

[1128] Vgl. BFH IV R 49/96 vom 10.9.1998, S. 21.

zen stiften würde, sollte die Realisierung von Umsatzerlösen bezüglich der vorab entrichteten Zahlungen über den Zeitraum des „Tuns" oder „Duldens" durch den Verkäufer erfolgen.[1129]

4.3 Betrachtung der Darstellung der Umsatzerlöse (disclosure)

4.3.1 Status quo in der Darstellung der Umsatzerlöse

Nach US GAAP sind die Umsatzerlöse in der GuV getrennt nach Warenverkäufen und Dienstleistungen auszuweisen.[1130] IAS 18.35 erfordert identische Angaben. Darüber hinaus sind Angaben über Umsatzerlöse im Zusammenhang mit der Segmentberichterstattung vorzunehmen, die im Wesentlichen mit Dritten und anderen Segmenten getätigte Umsätze beinhalten.[1131] Die US GAAP fordern weiterhin eine Aufgliederung der Drittumsätze für jedes Produkt und jede Dienstleistung oder jede Gruppe ähnlicher Produkte oder Dienstleistungen, solange keine Praktikabilitätsgesichtspunkte entgegenstehen.[1132] Den IFRS genügt die Angabe über die Art der Produkte und Dienstleistungen, aus denen sich die Umsatzerlöse des Segments zusammensetzen.[1133] Übersteigen die Umsatzerlöse mit einem Kunden 10 % der gesamten Umsatzerlöse, bedarf dies nach US GAAP einer betragsmäßigen Angabe.[1134] Sowohl US GAAP als auch IFRS und HGB verlangen Umsatzerlöse aus Beziehungen mit nahe stehenden Personen offenzulegen.[1135] Handelsrechtlich müssen gem. § 285 S. 1 Nr. 4 HGB die Umsatzerlöse nach Tätigkeitsbereichen und geographisch bestimmten Märkten aufgegliedert werden. Hinzu kommt im Rahmen der Aufstellung eines Konzernabschlusses bei bestimmten Unternehmen eine Segmentberichterstattung.[1136] Nach DRS 3.31 (Segmentberichterstattung) müssen Unternehmen Umsatzerlöse für jedes Segment angeben, aufgegliedert nach Dritten und nach anderen Segmenten. Zwischen US GAAP, IFRS und HGB gibt es offensichtlich ein quantitatives Gefälle hinsichtlich Angabepflichten in der genannten Reihenfolge.

4.3.2 Die Notwendigkeit eines revenue statement

Die Regelungen über die Darstellung der Umsatzerlöse sind in jedem hier behandelten Rechnungslegungssystem diffus und über mehrere Standards verteilt. Zielführender ist, den hier unterbreiteten Vorschlag fortzuführen und nur einen Standard für die gesamte Umsatzrealisie-

---

[1129] Vgl. im Wesentlichen SAB Topic 13.A.3 (f), Question 1.

[1130] Vgl. SEC Regulation S-X Rule 5-03 (b) 1.

[1131] Vgl. SFAS 131.27; IAS 14.16.

[1132] Vgl. SFAS 131.37.

[1133] Vgl. IAS 14.81. Die Angabe der Umsatzerlöse ist im Rahmen der Segmentberichterstattung der am häufigsten ausgewiesene Posten und scheint daher zum einen sehr relevant, zum anderen unkompliziert zu ermitteln sein. Vgl. Prather-Kinsey/Meek (IAS 14, 2004), S. 221, 222.

[1134] Vgl. SFAS 131.39.

[1135] Vgl. SFAS 57.2; IAS 24.17; DRS 11.12.

[1136] Vgl. § 297 Abs. 1 S. 2 HGB. Nach dem Bilanzrechtsreformgesetz ist die Aufstellung einer Segmentberichterstattung im Rahmen des Konzernabschlusses nicht kapitalmarktorientierter Unternehmen freiwillig möglich.

rung zu etablieren, so dass sämtliche Angabepflichten (*disclosures*) innerhalb eines Standards aufgeführt und als allgemeingültig für die Unternehmen erklärt werden sollten. Da Umsatzerlöse als einer der wichtigsten Posten des Abschlusses gelten, bedürfen die bisherigen Angabepflichten aller Rechnungslegungssysteme erheblicher Erweiterungen. Mögliche zusätzliche Angabepflichten werden folgend dargestellt. Dabei wird deren Notwendigkeit auch unter dem Aspekt der Vermeidung von sachverhaltsabbildenden und sachverhaltsgestaltenden Maßnahmen diskutiert. Die zu veröffentlichenden Angaben müssen den Abschlussadressaten, den Aufsichtsräten (Prüfungsausschüssen), den Abschlussprüfern und den Enforcement-Institutionen dazu dienen, die berichteten Umsatzerlöse effektiv plausibilisieren zu können. Als bevorzugte Lösung kommt eine Umsatzerlösrechnung (*revenue statement*) in Betracht, die eine detaillierte Aufstellung über die umsatzgenerierenden Aktivitäten liefert und in enger Verbindung mit der Gewinn- und Verlustrechnung zu sehen ist.[1137] Auf diese Weise kann Vertrauen gegenüber den Adressaten geschaffen und die tatsächliche Unternehmensleistung besser kommuniziert werden.[1138] Mit den aufgeführten Vorschlägen wird das reine *financial accounting* im Rahmen der Umsatzerlöse um qualitative und prospektive Elemente eines *business reporting* ergänzt.[1139]

(1) Notwendigkeit einer Angabe der Produktverkäufe bzw. erbrachten Leistungen

Umsatzerlöse entstehen durch den Verkauf von Waren oder das Erbringen von Dienstleistungen und werden entsprechend der Multiplikation von verkaufter Menge und dazugehörigem Preis abzüglich Erlösschmälerungen berechnet. Eine Einschätzung über die Anzahl der veräußerten Produkte ist zwingend erforderlich, um die Gesamtsumme der Umsatzerlöse verifizieren zu können. Der bloße Betrag der Umsatzerlöse reicht dazu als Angabe nicht aus. Insbesondere bedarf es Vergleichsmöglichkeiten der abgesetzten Leistungen mit dem im gesamten Markt vorhandenen Abnahmepotenzial, d.h. der Angabe von abgesetzten Mengen, aufgeteilt nach geographischen Märkten (M). Auf einzelne Produkte heruntergebrochen erscheint dies weder durchsetzbar noch auf Grund des Umfangs möglich. Vielmehr sollte auf eine Basis von Produktgruppen (P) abgestellt werden. Mit einer derartigen Angabe würden gravierende Umsatzmanipulationen und Einflussnahmen auf die Rechnungslegung unter der Voraussetzung relativ leicht erkennbar sein, dass Gesamtmarktinformationen und Informationen der Hauptwettbewerber vorliegen. Die folgende Tabelle 5 gibt die Umsatzerlöse und veräußerten Mengen für jede Produktgruppe und jeden (geographischen) Markt wieder.

[1137] Vgl. zum *revenue statement* Glover/Ijiri (Revenue, 2002), S. 40.

[1138] Zur Notwendigkeit der Beschränkung von Angabepflichten auf solche, die das Verständnis der Adressaten für die tatsächliche Unternehmensleistung erhöhen, vgl. Rogero (Quality, 1998), S. 179.

[1139] Vgl. zum *financial accounting* und *business reporting*, Böcking (Verhältnis, 1998) und Böcking/Dutzi (Reporting, 2003), S. 219-221.

Tabelle 5: Produktgruppen-Markt-Umsatz-Mengen-Matrix

	M_1	...	M_M	Summe
P_1	$Umsatz_{1,1}$ $Menge_{1,1}$		$Umsatz_{1,M}$ $Menge_{1,M}$	$\sum_{m=1}^{M} Umsatz_{1,m}$ $\sum_{m=1}^{M} Menge_{1,m}$
⋮	⋮		⋮	⋮
P_P	$Umsatz_{P,1}$ $Menge_{P,1}$		$Umsatz_{P,M}$ $Menge_{P,M}$	$\sum_{m=1}^{M} Umsatz_{P,m}$ $\sum_{m=1}^{M} Menge_{P,m}$
Summe	$\sum_{p=1}^{P} Umsatz_{p,1}$	...	$\sum_{p=1}^{P} Umsatz_{p,M}$	$\sum_{p=1}^{P} \sum_{m=1}^{M} Umsatz_{p,m}$

Weiterhin sind die Summen der Umsätze auf jedem Markt und für jede Produktgruppe sowie die Summe der Mengen für jede Produktgruppe abzulesen. Alle Umsätze summiert ergeben die Identität mit den Umsatzerlösen der Gewinn- und Verlustrechnung.

(2) Informationen über den zeitlichen Anfall der Umsatzerlöse

Die Bekanntgabe von Informationen über den zeitlichen Anfall der Umsatzerlöse gibt u.a. Aufschluss darüber, ob verkaufsfördernde Maßnahmen im Rahmen eines *channel stuffing* betrieben wurden. Wie aus den SEC *litigation releases* hervorgeht, finden regelmäßig zu Geschäftsjahres- oder Quartalsende Maßnahmen zur Steigerung der Umsatzerlöse statt. Daher erscheint eine Zeitreihe der veräußerten Mengen und korrespondierenden (realisierten) Umsatzerlösen auf Monatsbasis mit Quartalzwischensummen für jede bereits oben aufgeführte Produktgruppe sinnvoll. Alternativ könnte das Verhältnis Umsatz pro Menge, also der durchschnittliche Verkaufspreis, ausgewiesen werden. Je geringer diese Kennzahl ausfällt, desto wahrscheinlicher sind verkaufsfördernde Maßnahmen z.B. durch Preisnachlässe. Sollten die Effekte auf saisonalen Schwankungen oder anderen Ereignissen beruhen, so ist zumindest das Management in der Pflicht, die Entwicklung der Umsatzerlöse im Zeitablauf qualitativ schlüssig zu erläutern. Denkbar wäre auch eine Pflichtangabe über die Art und Höhe der verkaufsfördernden Maßnahmen im Vormonat zum jeweiligen Berichtsperiodenende. Aber auch schon der bloße Ausweis der Umsatzerlöse kann aufschlussreiche Informationen gewähren. Mit Hilfe einer Abbildung der Zahlenreihen gelingt es den Adressaten auf den ersten Blick, eventuelle Einflussnahmen auf die Umsatzrealisierung zu identifizieren. Das in Abbildung 10 aufgeführte Beispiel ist möglicherweise ein Extremfall, verdeutlicht jedoch die Relevanz der Informationen. Zu Quartalsende liegt eindeutig ein Trend vor, die Umsatzerlöse zu steigern.

Der Rückgang der Umsatzerlöse nach Quartalsende kann darauf zurückgeführt werden, dass vor Quartalsende der Markt nachhaltig durch verkaufsfördernde Maßnahmen gesättigt wurde.

Abbildung 10: Zeitlicher Anfall der Umsatzerlöse

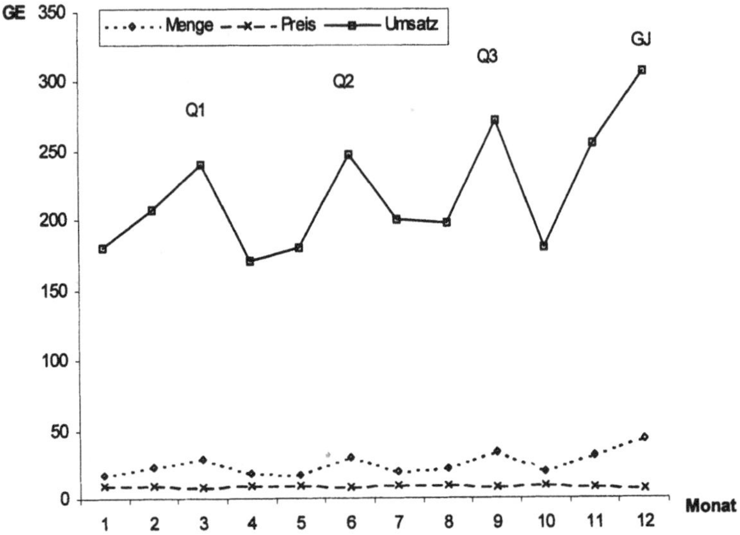

Der Preis-Absatz-Bezug zur Erklärung der Entwicklung der Umsatzerlöse vernachlässigt andere verkaufsfördernde Maßnahmen wie gewährte Rückgaberechte oder erhöhte Werbeaufwendungen. Abschlussposten wie Werbeaufwendungen ließen sich jedoch ebenfalls in das Modell integrieren, sollen aber hier nicht als verpflichtend empfohlen werden. Eine Betrachtung der Quartale ohne die dazwischenliegenden Monate lässt *earnings management* wesentlich schwerer erkennen. Ebenfalls treten hierbei im Rahmen der Quartalsberichterstattungen auf Grund der jeweils kumuliert ausgewiesenen Umsatzerlöse Probleme auf.

(3) Zusammenhang zwischen Umsatzerlösen und Zahlungseingang

Umsatzerlöse entstehen bei Produktlieferungen mit dem Übergang der Risiken und Chancen unabhängig vom Zahlungseingang. Entscheidend ist jedoch für die Unternehmenstätigkeit, in welcher Höhe und ob Zahlungsmittel tatsächlich dem Unternehmen zufließen oder die Umsatzerlöse auf langfristigen Zahlungsvereinbarungen basieren. Diese Informationen ermöglichen dem Adressaten ebenfalls verkaufsfördernde Maßnahmen wie z.B. *channel stuffing* zu entdecken und geben bei starken Abweichungen der Zahlungseingänge von den Umsatzerlösen dem Management einen Anreiz, zusätzliche Erläuterungen vorzunehmen. Weiterhin ist ein Zahlungseingang mit das wichtigste Indiz dafür, dass Umsatzerlöse tatsächlich entstanden sind und der Kunde die Leistung des Unternehmens akzeptiert hat. Die derivative Ermittlung der Ein- und Auszahlungen im Rahmen der Kapitalflussrechnung trifft die Annahme, dass sämtliche Umsatzerlöse der Periode als einzahlungswirksam klassifiziert werden; eine Korrektur erfolgt entsprechend über die Veränderung der Forderungen.[1140] Schlussendlich ist zwar feststellbar, wie viele Zahlungsmittel von Kunden zugeflossen sind, aber nicht, wie viele Zahlungsmittel dafür auf die aktuellen Umsatzerlöse entfallen oder im Zusammenhang mit Altforderungen eingehen.[1141] Zum anderen kann von den Adressaten nicht erwartet werden, dass sie die Umsatzerlöse um die Veränderung der Forderungen bereinigen. Daher bietet sich folgende Aufstellung an:

Tabelle 6: Zahlungseingänge auf die Umsatzerlöse

Geschäftsjahr	**t=1**			
Quartal	**1**	**2**	**3**	**4**
Umsatzerlöse	$U_{0,25}$	$U_{0,5}$	$U_{0,75}$	U_1
Einzahlungen auf Umsatzerlöse	$Z_{U0,25}$	$Z_{U0,5}$	$Z_{U0,75}$	Z_{U1}
Entstandene Forderungen im Zeitraum t	$U_{0,25}- Z_{U0,25}$	$U_{0,5}- Z_{U0,5}$	$U_{0,75}- Z_{U0,75}$	$U_1- Z_{U1}$

Tabelle 6 zeigt die quartalsweise (kumulierte) Entwicklung der Umsatzerlöse und korrespondierend dazu die auf jene Umsatzerlöse eingehenden Zahlungen. Die Differenz der Umsatzerlöse und Eingangszahlungen stellt folglich die im Geschäftsjahr entstandenen Forderungen dar. U_1 entspricht den in der Gewinn- und Verlustrechnung ausgewiesenen Umsatzerlösen in einem Geschäftsjahr. Zusätzlich wäre, um eine bessere Vergleichbarkeit zwischen den Quartalen herbeizuführen, ein prozentualer Ausweis des Anteils der entstandenen Forderungen an den Umsatzerlösen denkbar. Steigt diese Kennzahl gegen Geschäftsjahresende an, liegt nahe, dass verkaufspolitische Maßnahmen betrieben wurden. Eine weitere Aufgliederung der Umsatzerlöse in Umsatzerlöse, die künftig zahlungswirksam werden, und Umsatzerlöse, denen keine Zahlungen in Form von Zahlungsmitteln gegenüberstehen (bspw. bei Tauschtransaktionen), würde die Transparenz zusätzlich erhöhen. Um den Absatz zu steigern, werden oftmals Finanzierungsvereinbarungen mit Kunden getroffen. Folglich entstehen langfristige Forderungen. Daher erscheint es sinnvoll, die Forderungen mit einer Laufzeit von über einem Jahr gesondert zu vermerken.[1142]

[1140] Vgl. Gebhardt (Kapitalflussrechnungen, 2001), Rn. 85.

[1141] Die Umsatzeinzahlungen lassen sich allenfalls nur näherungsweise ermitteln, da eine einzahlungswirksam unterstellte Forderungsminderung auch auf zahlungsunwirksamen Abschreibungen basieren kann. Vgl. Gebhardt (Kapitalflussrechnungen, 1999), S. 1316.

[1142] So auch § 268 Abs. 4 S. 1 HGB; SEC Regulation S-X Rule 5-02.3 (c).

(4) Zahlungseingang und künftige Umsatzerlöse

Neben Zahlungen, die auf zuvor erfasste Umsatzerlöse folgen, führen im voraus geleistete Zahlungen nachfolgend zu Umsatzerlösen. Für die an Zahlungsströmen interessierten Adressaten und zur Vollständigkeit einer verknüpfenden Darstellung von Umsatzerlösen und Zahlungseingängen sollte ein *revenue statement* auch darauf eingehen, aus welchen Umsatzerlösen künftig keine Einzahlungen mehr zu erwarten sind. Dabei ist es sinnvoll, die auf künftige Umsatzerlöse eingegangenen Zahlungen Z_{Pt}, d.h. die Periodenabgrenzungen (P_t), hinsichtlich deren künftigen Auflösung anzugeben.[1143]

Tabelle 7: Künftige Umsatzerlöse

Geschäftsjahr	**t+1**				**t+n**
Quartal	**1**	**2**	**3**	**4**	
Erwarteter Anfall der Umsatzerlöse durch Auflösung der Periodenabgrenzungen	$U_{P0,25}$	$U_{P0,5}$	$U_{P0,75}$	U_{P1}	$U_{P,\,t+n}$

Die Summe aller künftigen Umsatzerlöse aus Periodenabgrenzungen entspricht zwangsläufig den im voraus entrichteten Zahlungen. Daraus folgt, dass alle von Kunden eingezahlten Beträge (Z_t) im Rahmen des *revenue statement* erklärt und in Bezug zu Umsatzerlösen gesetzt werden. Mit einer Ausnahme: Einzahlungen von in der Vorperiode entstandenen Forderungen (Z_{Ft}). Diese lassen sich auf Grund der Beziehung $Z_t = Z_{Pt} + Z_{Ut} + Z_{Ft}$ leicht ermitteln. Hieraus folgt ein Altbestand von Forderungen in Höhe von $U_{t-1} - Z_{U,t-1} - (Z_t - Z_{Pt} - Z_{Ut})$, der ebenfalls ausgewiesen werden könnte.

(5) Angabe über Kundenabhängigkeit

Unternehmen, die mehr als 10 % ihrer Umsätze mit einem Kunden tätigen, sollten diese Tatsache unter Nennung der exakten Beträge für jeden diese Schwelle übersteigenden Kunden offen legen.[1144] Gleiches sollte für Forderungen gegen einen Kunden gelten.[1145] Zum einen kommt dadurch die Abhängigkeit von einem Kunden zum Ausdruck, zum anderen mögen bestimmte Gestaltungen schneller Aufmerksamkeit erregen. Sofern eine namentliche Nennung des Kunden politisch nicht durchsetzbar ist, sei an dieser Stelle empfohlen, zumindest den Sitz des Kunden zu nennen.

1143 Dabei sei t die Berichtsperiode.

1144 Vgl. SFAS 131.39.

1145 Vgl. SEC Regulation S-X Rule 5-02.3 (b)

(6) Abnehmer/Lieferanten-Identität

Zirkeltransaktionen (*round-trip transactions*) beruhen darauf, dass der Kunde bzw. Abnehmer mittelbar die Ware oder die Leistung dem ursprünglichen Verkäufer wiederum verkauft. Umsätze aus Zirkeltransaktionen an sich dürfen nicht realisiert werden. Die Angabe von Umsatzerlösen, die mit einem Abnehmer getätigt werden, der zugleich unmittelbar oder mittelbar Lieferant ist, gibt zumindest Aufschluss über Wechselbeziehungen und sollte daher kritisch überprüft sein. Es darf dabei auch nicht darauf ankommen, ob eine unmittelbare oder mittelbare Verbindung durch beispielsweise Tochterunternehmen vorliegt. Eine dahingehende Angabe im Abschluss dient dem Aufsichtsrat bzw. Prüfungsausschuss, dem Abschlussprüfer und Enforcement-Institutionen als „Sensibilisierungsgrundlage".

4.3.3 Ergänzende Angaben zur Vermeidung von earnings management

Die folgenden Ausführungen sollen dazu beitragen, dass das Management von der Ausübung sachverhaltsabbildender und sachverhaltsgestaltender Maßnahmen Abstand nimmt; sie bedürfen aber einem gewissen Sachverstand der Abschlussadressaten sowie auch die Möglichkeit der Abfrage detaillierter Zahlungseingänge auf Forderungen bei den Unternehmen. Deshalb seien die folgenden Ausführungen mit Anreizen zur Ausübung von Ermessen entsprechend den tatsächlichen Erwartungen vielmehr als Diskussionsgrundlage zu sehen, anstatt eine konkrete Forderung der Implementierung auszusprechen.

Tabelle 8: Revision der Umsatzerlöse

	t=1		t=2		t=3		t=T	
	Fact	**Forecast**	**Fact**	**Forecast**	**Fact**	**Forecast**	**Fact**	**Forecast**
Fact and Forecast	Z_{U1}	F_{U1}	Z_{U2}	F_{U2}	Z_{U3}	F_{U3}	Z_{UT}	F_{UT}
Revision	-	$F^*_{U1,t=2}$	-	$F^*_{U2,t=3}$	-	$F^*_{U3,t=4}$	-	$F^*_{UT,t=T+1}$
Forecast Error	-	$F_{U1}-F^*_{U1,t=2}$	-	$F_{U2}-F^*_{U2,t=3}$	-	$F_{U3}-F^*_{U3,t=4}$	-	$F_{UT}-F^*_{UT,t=T+1}$

Der hinter der Tabelle 8 stehende Gedanke spaltet die Umsatzerlöse (U_t) des Zeitraums t in eingegangene Zahlungen (Z_{Ut}) und verbleibende Forderungen (F_{Ut}) auf. Insofern ist Tabelle 8 mit Tabelle 6 unter Berücksichtigung eines anderen Zeithorizonts identisch. Nicht zahlungswirksame Umsatzerlöse (NZ_{ut}) aus Tauschtransaktionen oder bereits in der Vorperiode bezahlte Umsatzerlöse (Z_{Pt}) könnten in einer separaten Spalte erfasst werden, seien aber im Weiteren aus Vereinfachungsgründen vernachlässigt, da sie ein Faktum darstellen. Daraus folgt: $U_t = Z_{Ut} + F_{Ut} + NZ_{ut}$. Die eingegangenen Zahlungen werden als sichere Tatsache (*Fact*) gewertet, während die ausgewiesenen Forderungen Erwartungen des Managements bezüglich künftigen Einzahlungen darstellen (*Forecast*).[1146] Diese Forderungen beinhalten beispielsweise Ermessensspielräume im Zusammenhang mit der Ermittlung von Rückgabequoten oder von Forderungsausfällen. Nach Ablauf eines jeden Folgejahres findet die Revision der im Vorjahr berichteten Umsatzerlöse in Form einer Kontrolle der Erwartungen anhand der tatsächlich erhaltenen Zahlungen auf die Umsatzerlöse statt.[1147] Werden die tatsächlich eingegangenen Zahlungen auf die Forderungen während der Periode t+1 ($F^{*}_{Ut,\,t+1}$) von F_{Ut} subtrahiert[1148], ergibt sich daraus der Schätz- bzw. Prognosefehler des Managements (*Forecast Error*), der entweder auf bewusstem *earnings management* oder falschen Annahmen beruht. Diese Vorgehensweise ermöglicht den Adressaten, selbst Erwartungen über die Zuverlässigkeit der ausgewiesenen Umsatzerlöse zu treffen und gibt zudem einen Anreiz, die Umsatzerlöse nach bestem Wissen und Gewissen zu berichten, da das Management schon im Vorfeld darüber Bescheid weiß, dass die Umsätze einer Revision unterliegen.[1149] Auch bei einem im Rahmen der Agency-Theorie angenommenen kurzfristigen Zeithorizont des Managers erscheint eine einjährige Revisionsperiode sinnvoll. Langfristige Forderungen können zudem problemlos in das Modell implementiert werden.

Angaben bezüglich der Nachhaltigkeit der entstandenen Umsatzerlöse mit einer Aufspaltung in fixe und variable Bestandteile, wobei die fixen Bestandteile in jeder Periode und unabhängig von z.B. Werbung auftreten und die variablen Bestandteile in Abhängigkeit von Verkaufsaktivitäten wie beispielsweise Werbung zu sehen sind, sollten nicht im Rahmen des geprüften Abschlusses Eingang finden.[1150] Trotz der Entscheidungsnützlichkeit derartiger Angaben, führen damit zusammenhängend erhebliche Ungewissheiten zu Scheingenauigkeiten und einer Vergrößerung der Erwartungslücke gegenüber dem Abschlussprüfer.[1151] Wenn überhaupt, sollten sie einen Platz im Rahmen der freiwilligen Berichterstattung erhalten. Zudem treffen sie keine Aussagen über Einflussnahmen auf die Rechnungslegung.

[1146] Vgl. Glover/Ijiri/Levine *et al.* (Seperate, 2002), S. 10-13.

[1147] Vgl. Lev (Facts, 2003), S. 46 im Zusammenhang mit *earnings*.

[1148] $F^{*}_{Ut,\,t+1}$ entspricht Z_{Ft+1} aus (4), wurde aber zur besseren Abgrenzung der unterschiedlichen Angabezwecke auf diese Weise benannt. Darüber hinaus dient Z_{Ft} einer ex post Betrachtung, während $F^{*}_{Ut,\,t+1}$ ex ante Aufschluss über die Schätzgenauigkeit des Managements geben soll.

[1149] Ähnlich Lev (Facts, 2003), S. 47. Neben den Bilanzierungsmethoden im Anhang sind die Auswirkungen von Schätzungen des Managements auf den Abschluss auch für Analysten relevant. Die vorgestellten Angabepflichten könnten auch hier zu einer Qualitätssteigerung der Schätzungen beitragen. Vgl. Knutson/Napolitano (Commentary, 1998), S. 175.

[1150] Vgl. zum Vorschlag der Trennung in fixe und variable *revenues* Glover/Ijiri (Revenue, 2002), S. 52-54.

[1151] Vgl. zur Entscheidungsrelevanz der Wiederkehrvermutung, Ballwieser/Hettich (Reporting, 2004), S. 83. Im Verhältnis zum Abschlussprüfer lägen von der Öffentlichkeit erwartete Aufgabenerfüllungen zu Grunde, die eine „unangemessene oder nicht realisierbare Leistungserbringung darstellt", Böcking (Erwartungslücke, 1999), S. 721.

V. Thesenförmige Zusammenfassung

(1) Rechnungslegungsnormen sind Abbildungsnormen. Sie dienen dazu, Rechenschaft gegenüber den Adressaten abzulegen und diese zu schützen. Um ihrer Schutzfunktion gerecht zu werden, muss die Rechnungslegung ein den tatsächlichen Verhältnissen entsprechendes Bild vermitteln. Rechnungslegungsnormen bilden die Basis einer effektiven Kontrolle der Verfügungsberechtigten über das ihnen anvertraute Kapital. In dieser Prinzipal-Agenten Beziehung führt die Rechnungslegung zum Abbau von Informationsasymmetrien zwischen den Managern und den Adressaten und ist damit als institutionalisierte Form der Informationsvermittlung im Unternehmen anzusehen.

(2) Die Vermittlung rechnungslegungsrelevanter Informationen selbst, hat Informationsasymmetrien zwischen den Informationsvermittlern (Managern) und den Adressaten (Kapitalmarkt) zu Folge. Manager generieren die Informationen selbst, die dazu dienen sollen, Informationsasymmetrien zwischen ihnen und dem Kapitalmarkt abzubauen sowie ihre Handlung bzw. Leistung zu kontrollieren. Typische Informationsasymmetrien sind in diesem Zusammenhang *hidden action* und *hidden information*, die zu einer Gefahr nicht moralischen Handelns (*moral hazard*) führen. Die im Rahmen der Agency-Theorie getroffene Annahme des opportunistisch handelnden und die Informationsasymmetrien ausnutzenden Managers ist nicht zu verwerfen, sondern kann auf die Realität übertragen werden. Moralische und ethische Grundsätze können den Umfang des opportunistischen Handelns einschränken.

(3) Eine Beeinflussung der Rechnungslegung findet, abgesehen von der charakterlichen Einstellung des Managers, immer dann statt, wenn Anreize und Möglichkeiten hierfür vorliegen. Anreize liegen im finanziellen Nutzen (z.B. in der Vergütung) und im nicht finanziellen Nutzen (z.B. in der Reputation) des Managers. In beiden Fällen hat die Stellung des Unternehmens im Kapitalmarkt einen erheblichen Einfluss auf den Grad des erzielbaren Nutzens, was den Manager zu einer Beeinflussung des Kapitalmarkts mit Hilfe der Finanzberichterstattung, insbesondere der Rechnungslegung, motiviert. Weiterhin bestehen im Einklang mit der *prospect theory* Anreize, Verschlechterungen des Status quo durch Einflussnahmen auf die Rechnungslegung zu vermeiden. Das heißt, Manager haben zu einer wahrheitsgemäßen Berichterstattung ein geringeres Bedürfnis, wenn ihnen damit von ihrem gegenwärtigen Referenzpunkt ein Nutzenrückgang widerfahren würde.

(4) Möglichkeiten zur Einflussnahme auf die Rechnungslegung können im Rechnungslegungssystem selbst liegen oder unabhängig vom jeweiligen System auftreten. Institutionen wie der Abschlussprüfer, ein internes Kontrollorgan (Aufsichtsrat bzw. Prüfungsausschuss) oder eine Enforcement-Einrichtung, schränken die Möglichkeiten zur Ein-

flussnahme auf die Rechnungslegung insoweit ein, als sie den Manager faktisch zu einer den tatsächlichen Verhältnissen entsprechenden Berichterstattung zwingen können. Die vorherrschenden Informationsasymmetrien versetzen den Manager jedoch in die Lage, diese Institutionen partiell wirkungslos erscheinen zu lassen. Hinzu kommt, dass der Kapitalmarkt in den meisten Fällen nicht selbst in der Lage ist, Einflussnahmen auf die Rechnungslegung zu erkennen. Einen Grund hierfür stellen beispielsweise Defizite in der Informationsversorgung des Kapitalmarkts durch die Institutionen selbst dar.

(5) Einflussnahmen auf die Rechnungslegung erfolgen im Rahmen der Rechnungslegungspolitik durch Sachverhaltsabbildungen und Sachverhaltsgestaltungen oder im Rahmen von deliktischen Handlungen (*fraud*). Zahlreiche empirische Studien weisen anhand nicht diskretionärer Periodenabgrenzungen oder Diskontinuitäten in den ausgewiesenen Gewinnen das tatsächliche Auftreten von Einflussnahmen auf die Rechnungslegung nach. Die Ergebnisse der Untersuchungen deuten darauf hin, dass Manager insbesondere in Abhängigkeit bestimmter Situationen (z.B. in Abhängigkeit der Vergütungsstruktur oder bestimmter Anlässe wie *management buy outs*) opportunistisch handeln. Diese Situationen sollten vom Abschlussprüfer, Aufsichtsrat (Prüfungsausschuss) oder von Enforcement-Einrichtungen bei ihrer Aufgabenbewältigung besondere Berücksichtigung finden.

(6) Sowohl aus ökonomischer Sicht der Adressaten, des Unternehmens und der Manager als auch unter ethischen Aspekten, sind Einflussnahmen auf die Rechnungslegung abzulehnen. Aus ökonomischer Sicht führen sie u.a. zu einer ineffektiven Unternehmenssteuerung, zu Reputationsverlusten, zu erhöhten Auszahlungen (z.B. durch Unternehmenssteuern) sowie zu Verzerrungen der Kapitalallokationen auf dem Kapitalmarkt und im Unternehmensumfeld. Oftmals angeführte *signaling*-Aspekte können Einflussnahmen auf die Rechnungslegung nicht rechtfertigen, da die Adressaten regelmäßig nicht fähig sind, derartige Signale effektiv zu verarbeiten.

(7) Gemessen an anderen Einflussnahmen auf die Rechnungslegung, treten im Bereich der Umsatzrealisierung am häufigsten Unregelmäßigkeiten auf. Annahmen, die Umsatzerlöse seinen manipulationsresistent, müssen verworfen werden. Die Relevanz der Umsatzerlöse für die Abschlussadressaten ergibt sich u.a. aus der für die Beurteilung der Ertragslage wichtigen Ertragsstrukturanalyse, bei die Umsatzerlöse regelmäßig den weitaus größten Posten darstellen. Reaktionen des Kapitalmarkts zeigen zudem im Vergleich zu anderen Abschlussposten eine erhöhte Sensibilität auf Veränderungen der Umsatzerlöse. Auch konnte gezeigt werden, dass die Marktbewertung von Unternehmen in großem Maße von den ausgewiesenen Umsatzerlösen determiniert wird. Daher gilt es insbesondere, Möglichkeiten zur Einflussnahme auf die Umsatzerlöse, einzu-

schränken. Mit einer zunehmenden Betonung der Prüfung der Umsatzerlöse haben die Abschlussprüfer im Rahmen der ISA bereits auf die Wichtigkeit des Postens reagiert.

(8) Die Definition des Begriffs Umsatzerlöse ist nach US GAAP und IFRS weiter als nach HGB gefasst, weniger auf die nur typischen, das Unternehmen prägenden Erzeugnisse begrenzt und beinhaltet grundsätzlich auch Zinsen und Dividenden. Vom Regelungsumfang, der nicht als Qualitätsindikator zur Verhinderung von Einflussnahmen herangezogen werden kann, dominieren die US GAAP die IFRS und das Handelsrecht. Sowohl US GAAP als auch IFRS kennen vier verschiedene Zeitpunkte zur Realisierung von Umsatzerlösen. Abhängig vom zu Grunde liegenden Sachverhalt fordern sie eine Realisierung nach Leistungserfüllung schon während der Produktion, nach Beendigung der Produktion aber vor Lieferung, nach erfolgter Lieferung bzw. Leistung oder bei Zahlungseingang. Handelsrechtlich ist eine Umsatzrealisierung erst nach erbrachter Lieferung oder Leistung zulässig.

(9) Während die US GAAP und IFRS die Sichtweise der Leistungserfüllung verstärkt auf den Leistungsempfangenden fixieren, geht das Handelsrecht vermehrt auf die Sichtweise des Leistenden ein. Im Gegensatz zu US GAAP und IFRS, die bei einer nicht hinreichend sicheren Messbarkeit der Umsatzerlöse eine Realisierung untersagen, findet handelsrechtlich eine Realisierung mit anschließender Wertberichtigung der entsprechenden Bilanzposition statt. Vor dem Hintergrund der Informationsökonomik und der zentralen Bedeutung der Umsatzerlöse sollte die handelsrechtliche Praxis in diesem Bezug nicht länger aufrechterhalten werden. Gemeinsam ist allen Rechnungslegungssystemen bei der Umsatzrealisierung die Betrachtung zivilrechtlicher Regelungen unter einer mehr oder weniger stark ausgeprägten wirtschaftlichen Betrachtungsweise.

(10) Einflussnahmen auf die Umsatzerlöse treten in vielschichtigen Variationen auf und stehen in unmittelbaren Zusammenhang mit der Ausgestaltung des jeweiligen Rechnungslegungssystems. Sobald vom Standardfall eines normalen Verkaufs ohne bestimmte Nebenabreden abgewichen wird, erlangen vor allem die durch Einzelregelungen konkretisierten Grundsätze der US GAAP und IFRS im Vergleich zur handelsrechtlichen Rechnungslegung erhöhte Komplexität. Hierdurch neigen die US GAAP und IFRS zu einer Inkonsistenz in sich selbst, d.h. zu anderen Verlautbarungen und zu ihrem jeweiligen Rahmenkonzept. Darüber hinaus kann nicht pauschal darüber geurteilt werden, welches Rechnungslegungssystem für Einflussnahmen auf die Umsatzrealisierung anfälliger ist. Im Gegensatz zu US GAAP und IFRS versagt die handelsrechtliche Rechnungslegung eine Realisierung von Umsatzerlösen bei *bill and hold*-Transaktionen. Auf der anderen Seite weist das HGB erhebliche Schwächen in der Abbildung von Transaktionen mit Rückgabemöglichkeiten sowie bei der Behandlung von Tauschtransaktionen auf. Wird im Rahmen der langfristigen Auftragsfertigung noch in den handelsrechtli-

chen Kommentaren diskutiert, ob eine Teilgewinnrealisierung zulässig ist, hat die BFH-Rechtsprechung dies längst abgelehnt. Nach US GAAP und IFRS bestehen hierfür ebenfalls eindeutige Regelungen.

(11) Wie Rechnungslegungsnormen auszugestalten sind um Informationsasymmetrien zwischen dem Manager und Kapitalmarkt zu reduzieren und gleichzeitig den Aufsichtsrat (Prüfungsausschuss), den Abschlussprüfer und Enforcement-Einrichtungen in die Lage zu versetzen eine den tatsächlichen Verhältnissen entsprechende Umsatzrealisierung durchzusetzen, ergibt sich aus der ökonomischen Analyse der Rechts. Hinsichtlich der Normcharakteristik ist zwischen reinen Prinzipien, prinzipienbasierten und regelungsbasierten Ansätzen zu unterscheiden. Prinzipien verleihen einer Rechtsvorschrift ex post durch Interpretation den entscheidenden Durchsetzungsgrad. Regelungsbasierte Ansätze geben der Norm ex ante den gewünschten Regelungsinhalt vor, können jedoch nicht jeden Einzelfall erfassen. Die Vorteile eines prinzipienbasierten Ansatzes liegen darin, grundlegende Prinzipien vorzugeben und die Abbildung bestimmter Sachverhalte ex ante festzulegen.

(12) Normen, die vorwiegend Prinzipien darstellen, wirken sachverhaltsgestaltenden Maßnahmen des Managements entgegen. Sie können eine Interpretation der Sachverhalte entsprechend den tatsächlichen Verhältnissen gewährleisten und im Abschluss abbilden. Regelungsbasierte Ansätze verhindern sachverhaltsabbildende Einflussnahmen auf die Rechnungslegung. Sie schränken den Interpretationsspielraum des Managements effektiv ein. Gegen Sachverhaltsgestaltungen wirken regelungsbasierte Normen nur unzureichend, da nach Strukturierung der Transaktion bereits eine faktische Rechtssicherheit eingetreten ist, die auch schon vor der Strukturierung absehbar ist und möglicherweise nicht zwingend einer wirtschaftlichen, sondern vielmehr einer rechtlichen Betrachtungsweise genügt. Die Einschränkung von Sachverhaltsabbildungen stößt bei Prinzipien an ihre Grenzen, da gerade Prinzipien weite Interpretationsspielräume auch von Seiten des Managements zulassen. Die Auswahl, eine Norm entweder als Prinzip oder Regel auszugestalten, hängt mit dem Dilemma zusammen, entweder Sachverhaltsgestaltungen oder Sachverhaltsabbildungen zu unterbinden. Eine Verringerung des Problems bietet eine Kombination beider Ansätze, nämlich die prinzipienbasierten Regelungen.

(13) Sowohl US GAAP als auch IFRS und HGB weisen jeweils Stärken und Schwächen in der Vermeidung von Sachverhaltsgestaltungen und Sachverhaltsabbildungen auf. Tendenziell sind die US GAAP hinsichtlich der Vermeidung von Sachverhaltsabbildungen im Rahmen der Umsatzrealisierung überlegen. Da sie aber nur punktuell Sachverhaltsgestaltungen behandeln, sowie zum Teil in sich selbst inkonsistent sind, können sie Sachverhaltsgestaltungen nur bedingt entgegenwirken. Das Handelsrecht wurde bisher im Wesentlichen nur durch den BFH rechtsverbindlich ausgelegt. Entscheidungen zur

Umsatzrealisierung wurden primär herbeigeführt wenn es galt, Umsatzerlöse aus steuerlichen Aspekten zu reduzieren und nicht wie in dem hier meist relevanten Fall, die Umsatzerlöse zu steigern. Eine ex post Festlegung der Norm erfolgt daher nur unzureichend oder für einen derart wichtigen Posten wie die Umsatzerlöse zu spät, und zwar zur Vermeidung von Sachverhaltsabbildungen und Sachverhaltsgestaltungen. Da die Relevanz des HGB für den Kapitalmarkt zunehmend weiter an Bedeutung verlieren wird, könnte dies die Problematik aus Sicht der Adressaten entschärfen. Die IFRS bilden mit IAS 18 ein nahezu schlüssiges aber noch verbesserungswürdiges Prinzipiengerüst, das durch dessen Allgemeingültigkeit Sachverhaltsgestaltungen vermeidet und durch dessen Bestimmtheit Möglichkeiten zu Sachverhaltsabbildungen einschränken kann.

(14) Qualitativ hochwertige Normen zur Umsatzrealisierung müssen die tatsächlichen wirtschaftlichen Gegebenheiten des zu Grunde liegenden Sachverhalts abbilden und gleichzeitig eine adäquate Durchsetzung einer ordnungsmäßigen Anwendung unterstützen. Sinnvoll ist ein Ansatz, der basierend auf einem Prinzipiengerüst, regelungsbasierte Elemente enthält, die in der Vergangenheit häufig aufgetretene Manipulationsmuster abdecken. Das zu Grunde gelegte Prinzip muss eine klare Definition der Umsatzerlöse, deren Realisierung zwingend nachhaltig mit Dritten zu erfolgen hat, fordern. Nur eine kompromisslose wirtschaftliche Betrachtungsweise ist in der Lage, eine adäquate Abbildung herbeizuführen. Zielführend kann nur sein, für unterschiedliche Leistungsarten unterschiedliche, aber auf einem Prinzip basierende Regeln zu entwickeln.

(15) Verbesserungen der Normen zur Realisierung von Umsatzerlösen alleine sind nicht ausreichend. Es bedarf einer umfassenden Darstellung der Umsatzerlöse im Rahmen der Finanzberichterstattung in einem sog. *Revenue Statement*. Aufgabe eines *Revenue Statement* ist, eine systematische Plausibilisierung der Umsatzerlöse bzw. des Umsatzanfalls für alle Adressaten zu erreichen. Angefangen mit einer einfachen Darstellung der Anzahl der verkauften Produkte auf bestimmten Märkten, kann eine Verprobung der Summe der Umsatzerlöse erfolgen. Die Darstellung des zeitlichen Anfalls der Umsatzerlöse lässt Einflussnahmen bzw. verkaufsfördernde Maßnahmen gegen Ende oder innerhalb eines jeweiligen Berichtszeitraums leicht erkennen. Eine Gegenüberstellung der realisierten Umsatzerlöse mit den auf die Umsätze eingegangenen Zahlungen gibt zum einen Hinweise auf deren ordnungsmäßige Realisierung als auch über die Fähigkeit des Unternehmens, Zahlungsmittel zu generieren. Durch eine Revision der Umsatzerlöse über mehrere Perioden hinweg, werden die Adressaten in die Lage versetzt, eigene Erwartungen über die Zuverlässigkeit der ausgewiesenen Umsatzerlöse zu bilden. Zugleich werden die Manager durch eine Revision der Umsatzerlöse faktisch verpflichtet, eingetretene Abweichungen von den vormals getroffenen Prognosen, d.h. von den ausgewiesenen Forderungen bzw. Umsatzerlösen, zu erläutern.

Literaturverzeichnis

AAA Concepts and Standards Research Study Committee (Concept, 1965): The Realization Concept, in: The Accounting Review, Vol. 40 (1965), S. 312-322.

AAA Committee on Concepts and Standards (Report, 1974): Report of the 1973-73 Committee on Concepts and Standards – External Reporting, in: The Accounting Review, Vol. 49, Supplement of Volume XLIX (1974), S. 203-222.

AAA Financial Accounting Standards Committee (Commentary, 2003): Comments on the FASB's Proposals on Consolidating Special-Purpose Entities and Related Standard-Setting Issues, in: Accounting Horizons, Vol. 17 (2003), S. 161-173.

Aboody, David (Recognition, 1996): Recognition versus Disclosure in the Oil and Gas Industry, in: Journal of Accounting Research, Vol. 34 (1996), S. 21-32.

Abowd, John M./Kaplan David S. (Compensation, 1999): Executive Compensation: Six Questions That Need Answering, in: Journal of Economic Perspectives, Vol. 13 (1999), S. 145-168.

Achleitner, Ann-Kristin/Wollmert, Peter/van Hulle, Karel/Hey, Judith/Bischof, Stefan (IAS, 2003): Teil A: Kapitel III: Grundlagen der Bilanzierung, der Bewertung und des Ausweises, in: Baetge, Jörg/Dörner, Dietrich/Kleekämper, Heinz/ Wollmert, Peter/Kirsch, Hans-Jürgen (Hrsg.): Rechnungslegung nach International Accounting Standards (IAS) – Kommentar auf der Grundlage des deutschen Bilanzrechts, 2. Aufl., Stuttgart 2003.

Adler, Hans/Düring, Walther/Schmaltz, Kurt (Rechnungslegung, 2001): Rechnungslegung und Prüfung der Unternehmen. Kommentar zum HGB, AktG, GmbHG, PublG nach den Vorschriften des Bilanzrichtlinien-Gesetzes, Teilband 5, 6. Aufl., Stuttgart 2001.

Adler, Hans/Düring, Walther/Schmaltz, Kurt (International, 2002): Rechnungslegung nach Internationalen Standards, bearbeitet von: Gelhausen, Hans-Friedrich/Pape, Jochen/ Schruff, Wienand/Stolberg, Klaus, Teilband 1, Stuttgart 2002.

Aharony, Joseph/Lin, Chan-Jane/Loeb, Martin P. (IPO, 1993): Initial Public Offerings, Accounting Choices, and Earnings Management, in: Contemporary Accounting Research, Vol. 10 (1993), S. 61-81.

AICPA (Proposal, 2002): Proposal for a Principles-Based Approach to Accounting Standards Setting in the United States, File Ref. No. 1125-001, Online im Internet: http://www.aicpa.org/members/div/acctstd/comltrs/021217ltr.asp, Stand: 17.12.2002, Abfrage: 23.8.2004.

AICPA (Revenue, 2002): AICPA Audit Guide – Auditing Revenue in Certain Industries, New York 2002.

AICPA (Construction, 2003): AICPA Audit and Accounting Guide – Construction Contractors, New York 2003.

Ajinkya, Bipin B./Gift, Michael J. (Forecasts, 1984): Corporate Managers' Earnings Forecasts and Symmetrical Adjustments of Market Expections, in: Journal of Accounting Research, Vol. 22 (1984), S. 425-444.

AKEU (Vereinbarkeit, 1999): Vereinbarkeit internationaler Konzernrechnungslegung mit handelsrechtlichen Grundsätzen, in: Busse von Colbe, Walter/Seeberg, Thomas (Hrsg.): Empfehlungen des Arbeitskreises „externe Unternehmensrechnung“ der Schmalenbach-Gesellschaft – Deutsche Gesellschaft für Betriebswirtschaft e.V., Sonderheft 43, 2. Aufl., Düsseldorf 1999.

AKEU (Enforcement, 2002): Enforcement der Rechnungslegung – Stellungnahme des Arbeitskreises Externe Unternehmensrechnung der Schmalenbach-Gesellschaft, in: Der Betrieb, 55. Jg. (2002), S. 2173-2176.

Alchian, Armen A./Woodward, Susan (The Firm, 1988): The Firm Is Dead; Long Live the Firm – A Review of Oliver E. Williamson's The Economic Institutions of Capitalism, in: Journal of Economic Literature, Vol. 26 (1988), S. 65-79.

Alexander, David/Archer, Simon (Myth, 2000): On the Myth of "Anglo-Saxon" Financial Accounting, in: The International Journal of Accounting, Vol. 35 (2000), S. 539-557.

Alexander, David/Archer, Simon (Response, 2003): On the myth of "Anglo-Saxon" financial accounting: A response to Nobes, in: The International Journal of Accounting, Vol. 38 (2003), S. 503-504.

Alexander, David/Archer, Simon (IFRS, 2004): International Accounting/Financial Reporting Standards – Guide, New York 2004.

Alexander, David/Nobes, Christopher (Accounting, 2001): Financial Accounting – An International Introduction, London 2001.

Altamuro, Jennifer/Beatty, Anne/Weber, Joseph (Motives, 2002): Motives for Early Revenue Recognition: Evidence from SEC Staff Accounting Bulletin (SAB) 101, Working Paper, 2002.

Altamuro, Jennifer/Beatty, Anne/Weber, Joseph (Evidence, 2005): The Effects of Accelerated Revenue Recognition on Earnings Management and Earnings Informativeness: Evidence from SEC Staff Accounting Bulletin 101, in: The Accounting Review, Vol. 80 (2005), S. 373-401.

Ameen, Philip D. (Letter, 2000): Financial Executive Institute, Online im Internet: http://www.fei.org/download/sab_delay_ltr.pdf, Stand: 9.6.2000, Abfrage: 28.4.2004.

Amihud, Yakov/Mendelson, Haim (Pricing, 1986): Asset Pricing and the Bid-Ask Spread, in: Journal of Financial Economics, Vol. 17 (1986), S. 223-249.

Anderson, Kirsten L./Yohn, Teri Lombardi (Restatements, 2002): The Effect of 10-K Restatements on Firm Value, Information Asymmetries, and Investors' Reliance on Earnings, Working Paper, 2002.

Antle, Rick/Eppen, Gary D. (Organizational Slack, 1985): Capital rationing and organizational slack in capital budgeting, in: Management Science, Vol. 31 (1985), S. 163-174.

Archibald, Ross T. (Depreciation, 1997): The Return to Straight-Line Depreciation: An Analysis of a Change in Accounting Method, in: Journal of Accounting Research, Vol. 5 (1967), S. 164-180.

Arnett, Harold E. (Recognition, 1963): Recognition as a Function of Measurement in the Realization Concept, in: The Accounting Review, Vol. 38 (1963), S. 733-741.

Arrow, Kenneth J. (Agency, 1985): The Economics of Agency, in: Pratt, John W./Zeckhauser, Richard J. (Hrsg.): Principals and Agents: The Structure of Business, Boston 1985, S. 37-51.

Arya, Anil/Glover, Jonathan C./Sunder, Shyam (Revelation, 1998): Earnings Management and The Revelation Principle, Working Paper, 1998.

Arya, Anil/Glover, Jonathan C./Sunder, Shyam (Earnings, 2003): Are Unmanaged Earnings Always Better for Shareholders, in: Accounting Horizons, Supplement (2003), S. 111-116.

Association of Certified Fraud Examiners (Fraud, 2002): 2002 Report to the nation – occupational fraud and abuse, Online im Internet: http://www.cfenet.com/ pdfs/2002RttN.pdf, Stand: 26.8.2003, Abfrage: 26.8.2003.

Backhaus, Klaus (Gewinnrealisation, 1980): Die Gewinnrealisation bei mehrperiodigen Lieferungen und Leistungen in der Aktienbilanz, in: Zeitschrift für betriebswirtschaftliche Forschung, 32. Jg. (1980), S. 347-360.

Backhaus, Klaus (Gewinnrealisierung, 1996): Gewinnrealisierung im Anlagengeschäft vor dem Hintergrund nationaler und internationaler Rechnungslegungsvorschriften, in: Baetge, Jörg/Börner, Dietrich/Forster, Karl-Heinz/Schruff, Lothar (Hrsg.): Rechnungslegung, Prüfung und Beratung – Herausforderungen für den Wirtschaftsprüfer, Festschrift zum 70. Geburtstag von Professor Dr. Rainer Ludewig, Düsseldorf 1996, S. 22-51.

Baetge, Jörg (Bilanzanalyse, 1998): Bilanzanalyse, Düsseldorf 1998.

Baetge, Jörg/Ballwieser, Wolfgang (Bilanzpolitik, 1978): Probleme einer rationalen Bilanzpolitik, in: Betriebswirtschaftliche Forschung und Praxis, 30. Jg. (1978), S. 511- 530.

Baetge, Jörg/Kirsch, Hans-Jürgen/Thiele, Stefan (Bilanzen, 2003): Bilanzen, 7. Aufl., Düsseldorf 2003.

Baetge, Jörg/Thiele, Stefan/Matena, Sonja (Prüfungsqualität, 2004): Mittelbare Sicherung der Prüfungsqualität durch Enforcement geprüfter Jahres- und Konzernabschlüsse – Überlegungen aus ökonomischer Sicht, in: Betriebswirtschaftliche Forschung und Praxis, 56. Jg. (2004), S. 201-218.

Bagnoli, Mark/Kallapur, Sanjay/Watts, Susan G. (Forecasts, 2001): Top Line and Bottom Line Forecasts: A Comparison of Internet Firms During and After the Bubble, Working Paper, 2001.

Baiman, Stanley/Lewis, Barry L. (Equivalence, 1989): An Experiment Testing the Behavioral Equivalence of Strategically Equivalent Employment Contracts, in: Journal of Accounting Research, Vol. 27 (1989), S. 1-20.

Ball, Ray/Brown, Philip (Accounting, 1968): An Empirical Evaluation of Accounting Income Numbers, in: Journal of Accounting Research, Vol. 6 (1968), S. 159-178.

Ballwieser, Wolfgang (Theorie, 1991): Das Rechnungswesen im Lichte ökonomischer Theorie, in: Ordelheide, Dieter/Rudolph, Bernd/Büsselmann, Elke (Hrsg.): Betriebswirtschaftslehre und Ökonomische Theorie, Stuttgart 1991, S. 97-124.

Ballwieser, Wolfgang (Analyse, 1996): Ein Überblick über Ansätze zur ökonomischen Analyse des Bilanzrechts, in: Betriebswirtschaftliche Forschung und Praxis, 48. Jg. (1996), S. 503-527.

Ballwieser, Wolfgang (Kommentar, 2001): Kommentierung zu § 252 HGB, in: Schmidt, Karsten (Hrsg.): Münchner Kommentar zum Handelsgesetzbuch, Bd. 4, Drittes Buch, Handelsbücher, §§ 238-342a HGB, München 2001.

Ballwieser, Wolfgang (Rechnungslegung, 2002): Rechnungslegung im Umbruch – Entwicklungen, Ziele, Missverständnisse, in: Der Schweizer Treuhänder, 2002, S. 295-304.

Ballwieser, Wolfgang (Rahmenkonzept, 2003): Rahmenkonzepte der Rechnungslegung: Funktionen, Vergleich, Bedeutung, in: Der Konzern, 1. Jg. (2003), S. 337-348.

Ballwieser, Wolfgang/Dobler, Michael (Bilanzdelikte, 2003): Bilanzdelikte: Konsequenzen, Ursachen und Maßnahmen zu ihrer Vermeidung, in: Die Unternehmung, 57. Jg. (2003), S. 449-469.

Ballwieser, Wolfgang/Hettich, Silvia (Reporting, 2004): Das IASB-Projekt „Reporting Comprehensive Income": Bedeutung für das Controlling, in: Zeitschrift für Controlling und Management, 5. Jg. (2004), Sonderheft 2, S. 79-88.

Barth, Mary E./Clinch, Greg/Shibano, Toshi (Market, 2003): Market Effects of Recognition and Disclosure, in: Journal of Accounting Research, Vol. 41 (2003), S. 581-609.

Barth, Mary E./Elliott, John A./Finn, Mark W. (Market, 1999): Market Rewards Associated with Patterns of Increasing Earnings, in: Journal of Accounting Research, Vol. 37 (1999), S. 387-413.

Bartov, Eli (Timing, 1993): The Timing of Asset Sales and Earnings Manipulation, in: The Accounting Review, Vol. 68 (1993), S. 840-855.

Bartov, Eli/Gul, Ferdinand A. (Qualifications, 2000): Discretionary-Accruals Models and Audit Qualification, Working Paper, 2002.

Bauer, Jörg (Rechnungspolitik, 1981): Grundlagen einer handels- und steuerrechtlichen Rechnungspolitik der Unternehmung, Wiesbaden 1981.

Beasley, Mark S./Carcello, Joseph V./Hermanson, Dana R./Lapides, Paul D. (Reporting, 2000): Fraudulent Financial Reporting: Consideration of Industry Traits and Corporate Governance Mechanisms, in: Accounting Horizons, Vol. 14 (2000), S. 441-454.

Beater, Axel (Kommentar, 2001): Kommentierung zu § 277 HGB, in: Schmidt, Karsten (Hrsg.): Münchner Kommentar zum Handelsgesetzbuch, Bd. 4, Drittes Buch, Handelsbücher, §§ 238-342a HGB, München 2001.

Beatty, Anne L./Ke, Bin/Petroni, Kathy R. (Earnings, 2002): Earnings Management to Avoid Earnings Declines across Publicly and Privately Held Banks, in: The Accounting Review, Vol. 77 (2002), S. 547-570.

Becker, Connie L./Defond, Mark L./Jiambalvo, James/Subramanyam, K. R. (Audit, 1998): The Effect of Audit Quality on Earnings Management, in: Contemporary Accounting Research, Vol. 15 (1998), S. 1-24.

Becker, Gary S. (Nobel, 1993): Nobel Lecture: The Economic Way of Looking at Behavior, in: Journal of Political Economy, Vol. 101 (1993), No. 3, S. 385-409.

Beidleman, Carl R. (Smoothing, 1973): Income Smoothing: The Role of Management, in: The Accounting Review, Vol. 48 (1973), S. 653-667.

Beisse, Heinrich (Gewinnrealisierung, 1981): Gewinnrealisierung – Ein systematischer Überblick über Rechtsgrundlagen, Grundtatbestände und grundsätzliche Streitfragen, in: Ruppe, Hans Georg (Hrsg.): Theorie und Praxis der Gewinnverwirklichung durch Umsatzakt und Steuerentstrickung sowie des Besteuerungsaufschubs, Köln 1981, S. 13-43.

Beisse, Heinrich (Bilanzrecht, 1984): Zum Verhältnis von Bilanzrecht und Betriebswirtschaftslehre, in: Steuer und Wirtschaft, 61. Jg. (1984), S. 1-14.

Beisse, Heinrich (Auslegung, 1990): Grundsatzfragen der Auslegung des neuen Bilanzrechts, in: Betriebs-Berater, 45. Jg. (1990), S. 2007-2012.

Benecke, Birka (Rechnungslegung, 2000): Internationale Rechnungslegung und Management Approach: Bilanzierung derivativer Finanzinstrumente und Segmentberichterstattung, Wiesbaden 2000.

Beneish, Messod D. (Violation, 1997): Detecting GAAP Violation: Implications for Assessing Earnings Management among Forms with Extreme Financial Performance, in: Journal of Accounting and Public Policy, Vol. 16 (1997), S. 271-309.

Beneish, Messod D. (Penalties, 1999): Incentives and Penalties Related to Earnings Overstatements that Violate GAAP, in: The Accounting Review, Vol. 74 (1999), S. 425-457.

Benston, George J. (Prices, 1967): Published Corporate Accounting Data and Stock Prices, in: Empirical Research in Accounting: Selected Studies 1967, Vol. 5 (1967). S. 1-14 (Part I) und S. 22-54 (Part II).

Benston, George J./Hartgraves, Al L. (Enron, 2002): Enron: what happened and what we can learn from it, in: Journal of Accounting and Public Policy, Vol. 21 (2002), S. 105-127.

Berndt, Thomas (Bilanzwahrheit, 2001): Vorsichtsprinzip und Grundsatz der Bilanzwahrheit im Rahmen der Jahresabschlussrichtlinie, in: Zeitschrift für Betriebswirtschaftliche Forschung, 53. Jg. (2001), S. 366-390.

Biletzki, Gregor C. (Gläubigerschutz, 1999): Strafrechtlicher Gläubigerschutz bei 5hafter Buchführung durch den GmbH-Geschäftsführer, in: Neue Zeitschrift für Strafrecht, 1999, S. 537-541.

Bischof, Stefan (Anwendbarkeit, 1998): Anwendbarkeit der percentage of completion-Methode nach IAS und US-GAAP im internen Rechnungswesen, in: Kostenrechnungspraxis, 42. Jg. (1998), S. 8-15.

Böckem, Hanne/Schurbohm-Ebneth, Anne (E-DRS-17, 2002): Erlöserfassung nach E-DRS 17, in: Betriebs-Berater, 57. Jg. (2002), S. 1471-1475.

Böcking, Hans-Joachim (Bilanzrechtstheorie, 1988): Bilanzrechtstheorie und Verzinslichkeit, Wiesbaden 1988.

Böcking, Hans-Joachim (Gewinnrealisierung, 1989): Der Grundsatz umsatzbezogener Gewinnrealisierung beim Finanzierungsleasing – Zugleich eine kritische Würdigung der BFH-Entscheidung IV R 18/86 vom 8.10.1987, in: Zeitschrift für betriebswirtschaftliche Forschung, 41. Jg. (1989), S. 491-515.

Böcking, Hans-Joachim (Betrachtungsweise, 1997): Betriebswirtschaftslehre und wirtschaftliche Betrachtungsweise im Bilanzrecht, in: Budde, Wolfgang/Moxter, Adolf/Offerhaus, Klaus (Hrsg.): Handelsbilanzen und Steuerbilanzen, Festschrift zum 70. Geburtstag von Professor Heinrich Beisse, Düsseldorf 1997, S. 85-103.

Böcking, Hans-Joachim (Verbindlichkeitsbilanzierung, 1994): Verbindlichkeitsbilanzierung: Wirtschaftliche versus formalrechtliche Betrachtungsweise, Wiesbaden 1994.

Böcking, Hans-Joachim (Verbundberücksichtigungsprinzip, 1994): Das Verbundberücksichtigungsprinzip als Grundsatz ordnungsmäßiger Unternehmensbewertung, in: Ballwieser, Wolfgang/Böcking, Hans-Joachim/Drukarczyk, Jochen/ Schmidt, Reinhard H. (Hrsg.): Bilanzrecht und Kapitalmarkt, Festschrift zum 65. Geburtstag von Professor Dr. Dr. h.c. Dr. h.c. Adolf Moxter, Düsseldorf 1994, S. 1407-1434.

Böcking, Hans-Joachim (Verhältnis, 1998): Zum Verhältnis von Rechnungslegung und Kapitalmarkt: Vom „financial accounting" zum „business reporting", in: Ballwieser, Wolfgang/Schildbach, Thomas (Hrsg.): Rechnungslegung und Steuern international, Zeitschrift für betriebswirtschaftliche Forschung, Sonderheft 40, Düsseldorf 1998, S. 17-53.

Böcking, Hans-Joachim (Erwartungslücke, 1999): Auswirkungen der neuen Rechnungslegungs- und Prüfungsvorschriften auf die Erwartungslücke, in: Dörner, Dietrich/Menold, Dieter/Pfitzer, Norbert (Hrsg.): Reform des Aktienrechts, der Rechnungslegung und Prüfung, Stuttgart 1999, S. 717-743.

Böcking, Hans-Joachim (Audit, 2003): Audit und Enforcement: Entwicklungen und Probleme, in: Zeitschrift für betriebswirtschaftliche Forschung, 55. Jg. (2003), S. 683-706.

Böcking, Hans-Joachim (Enforcement, 2004): Stellungnahmen im Meinungsspiegel zum Thema: Sicherung der Abschlußprüfung durch Enforcement – aber wie?, in: Betriebswirtschaftliche Forschung und Praxis, 56. Jg. (2004), S. 268-279.

Böcking, Hans-Joachim (Internationalisierung, 2004): Internationalisierung der Rechnungslegung und ihre Auswirkungen auf die Grundprinzipien des deutschen Rechts, in: Der Konzern, 2. Jg. (2004), S. 177-183.

Böcking, Hans-Joachim (Modernisierung, 2004): Modernisierung der 4. und 7. EU-Richtlinie, in: Baetge, Jörg (Hrsg.): Übergang der Rechnungslegung vom HGB zu den IFRS, Düsseldorf 2004, S. 103-129.

Böcking, Hans-Joachim (Prüfungsausschuss, 2004): Prüfungsausschuss und Aufsichtsratsvergütung – Elemente einer verantwortungsvollen Corporate Governance, in: Lange, Thomas A./Löw, Edgar (Hrsg.): Rechnungslegung, Steuerung und Aufsicht von Banken, Wiesbaden 2004, S. 564-588.

Böcking, Hans-Joachim/Benecke, Birka (Segmentberichterstattung, 1998): Neue Vorschriften zur Segmentberichterstattung nach IAS und US-GAAP unter dem Aspekt des Business Reporting, in: Die Wirtschaftsprüfung, 51. Jg. (1998), S. 92-106.

Böcking, Hans-Joachim/Benecke, Birka (Bewertung, 2000): Die *fair value*-Bewertung von Finanzinstrumenten, in: Ballwieser, Wolfgang (Hrsg.): US-amerikanische Rechnungslegung: Grundlagen und Vergleiche mit dem deutschen Recht, 4. Aufl., Stuttgart 2000, S. 193-239.

Böcking, Hans-Joachim/Dutzi, Andreas (Bilanzrecht, 2002): Kommentierung zu §§ 342, 342a HGB, in: Baetge, Jörg/Kirsch, Hans-Jürgen/Thiele, Stefan (Hrsg.): Bilanzrecht – Handelsrecht mit Steuerrecht und den Regelungen des IASB, Bonn 2002.

Böcking, Hans-Joachim/Dutzi, Andreas (Reporting, 2003): Corporate Governance und Value Reporting: Verbesserung der Corporate Governance durch wertorientierte Unternehmensberichterstattung?, in: Seicht, Gerhard (Hrsg.): Jahrbuch für Controlling und Rechnungswesen 2003, Wien 2003, S. 213-239.

Böcking, Hans-Joachim/Dutzi, Andreas (Aufsichtsratsvergütung, 2004): Konzeption und Praxis der Aufsichtsratsvergütung – Ausbeutung oder Interessenwahrnehmung der Anteilseigner?, in: Seicht, Gerhard (Hrsg.): Jahrbuch für Controlling und Rechnungswesen 2004, Wien 2004, S. 391-421.

Böcking, Hans-Joachim/Dutzi, Andreas/Müßig, Anke (Funktion, 2004): Ökonomische Funktion des Prüfungsausschusses im deutschen Corporate Governance-System, in: Betriebswirtschaftliche Forschung und Praxis, 56. Jg. (2004), S. 417-440.

Böcking, Hans-Joachim/Herold, Christian/Müßig, Anke (IFRS, 2004): IFRS für nicht kapitalmarktorientierte Unternehmen – unter besonderer Berücksichtigung mittelständischer Belange, in: Der Konzern, 2. Jg. (2004), S. 664-672.

Böcking, Hans-Joachim/Herold, Christian/Müßig, Anke (Mittelstand, 2004): Rechnungslegung nach IFRS auch für Mittelstand, in: Frankfurter Allgemeine Zeitung vom 25.10.2004, Nr. 249, S. 22.

Böcking, Hans-Joachim/Herold, Christian/Wiederhold, Philipp (Modernisierung, 2003): Modernisierung des HGB in Richtung IAS/IFRS – Auswirkungen der Änderungen der 4. und 7. EU-Richtlinie vom 6.5.2003, in: Der Konzern, 1. Jg. (2003), S. 394-409.

Böcking, Hans-Joachim/Kiefer, Markus (Finanzaufsichtsbehörde, 2002): Eine europäische Finanzaufsichtsbehörde ist notwendig – Ein Plädoyer für ein schlagkräftiges Pendant zur amerikanischen Börsenaufsichtsbehörde SEC, in: Frankfurter Allgemeine Zeitung vom 23.09.2002, Nr. 221, S. 28.

Böcking, Hans-Joachim/Löcke, Jürgen (Abschlussprüfung, 1997): Abschlussprüfung und Beratung – Eine ökonomische Analyse, in: Die Betriebswirtschaft, 57. Jg. (1997), S. 461-474.

Böcking, Hans-Joachim/Müßig, Anke (Bilanzrecht, 2002): Kommentierung zu § 289 HGB, in: Baetge, Jörg/Kirsch, Hans-Jürgen/Thiele, Stefan (Hrsg.): Bilanzrecht – Handelsrecht mit Steuerrecht und den Regelungen des IASB, Bonn 2002.

Böcking, Hans-Joachim/Müßig, Anke (Konzernlagebericht, 2003): Neue Herausforderungen für den Konzernlagebericht durch das Transparenz- und Publizitätsgesetz sowie den Deutschen Corporate Governance Kodex? – Zugleich ein Ausschnitt aus dem gegenwärtigen Anforderungsprofil an Vorstand, Aufsichtsrat und Abschlussprüfer, in: Der Konzern, 1. Jg. (2003), S. 38-50.

Böcking, Hans-Joachim/Nowak, Karsten (Unternehmensbewertung, 1999): Marktorientierte Unternehmensbewertung – Darstellung und Würdigung der marktorientierten Vergleichsverfahren vor dem Hintergrund der deutschen Kapitalmarktverhältnisse, in: Finanz Betrieb, 1. Jg. (1999), S. 169-176.

Böcking, Hans-Joachim/Orth, Christian (KonTraG, 1998): Kann das „Gesetz zur Kontrolle und Transparenz im Unternehmensbereich (KonTraG)" einen Beitrag zur Verringerung der Erwartungslücke leisten? – Eine Würdigung auf Basis von Rechnungslegung und Kapitalmarkt, in: Die Wirtschaftsprüfung, 51. Jg. (1998), S. 351-364.

Böcking, Hans-Joachim/Orth, Christian (Kontrolle, 1999): Mehr Kontrolle und Transparenz im Unternehmensbereich durch eine Verbesserung der Qualität der Abschlussprüfung?, in: Betriebswirtschaftliche Forschung und Praxis, 51. Jg. (1999), S. 418-436.

Böcking, Hans-Joachim/Orth, Christian (Segmentberichterstattung, 2003): Segmentberichterstattung – Ein Baustein zur Beurteilung der Lage des Konzerns durch Dritte, in: Dörner, Dietrich/Menold, Dieter/Pfitzer, Norbert/Oser, Peter (Hrsg.): Reform des Aktienrechts, der Rechnungslegung und der Prüfung, 2., überarbeitete Aufl., Stuttgart 2003, S. 761-794.

Böcking, Hans-Joachim/Sittmann-Haury, Caroline (Auswirkungen, 2002): Auswirkungen der IAS/IFRS auf die Rechnungslegung in Deutschland, in: Eibelshäuser, Manfred (Hrsg.): Finanzpolitik und Finanzkontrolle – Partner für Veränderung, Gedächtnisschrift für Udo Müller, Baden-Baden 2002, S. 179-192.

Böcking, Hans-Joachim/Wesner, Peter (Reporting, 2004): Value Reporting und Corporate Governance – Anreizkompatible Vergütung, Performancemessung und Unternehmensüberwachung, in: Die Wirtschaftsprüfung, Sonderheft: Wirtschaftsprüfung und Zeitgeist (2004): S. S 98-S 107.

Bodarwé, E. (Bewertung, 1971): Bewertung und Darstellung nicht abgerechneter Leistungen bei „langfristiger Fertigung" im Jahresabschluss, in: Der Betrieb, 24. Jg. (1971), S. 1973-1977.

Bonner, Sarah E./Palmrose, Zoe-Vonna/Young, Susan M. (Litigation, 1998): Fraud Type and Auditor Litigation: An Analysis of SEC Accounting and Auditing Enforcement Releases, in: The Accounting Review, Vol. 73 (1998), S. 503-532.

Bowen, Robert M./DuCharme, Larry/Shores, D. (Claims, 1995): Stakeholders' implicit claims and accounting method choice, in: Journal of Accounting and Economics, Vol. 20 (1995), S. 255-295.

Brandt, Claus (Fertigstellungsgrad, 2001): Die Ermittlung des Fertigstellungsgrades im Rahmen der Percentage-of-Completion-Methode, in: Freidank, Carl-Christian (Hrsg.): Die deutsche Rechnungslegung und Wirtschaftsprüfung im Umbruch: Festschrift für Wilhelm Theodor Strobel zum 70. Geburtstag, München 2001, S. 155-174.

Bratton, William W. (Rules, 2003): Enron, Sarbanes-Oxley and Accounting: Rules versus Principles versus Rents, in: Villanova Public Law and Legal Theory Working Paper Series, Vol. 48 (2003), S. 1023-1056.

Breid, Volker (Ansätze, 1995): Aussagefähigkeit agencytheoretischer Ansätze im Hinblick auf die Verhaltenssteuerung von Entscheidungsträgern, in: Zeitschrift für betriebswirtschaftliche Forschung, 47. Jg. (1995), S. 821-854.

Brief, Richard P./Owen, Joel (Estimation, 1973): A Reformulation of the Estimation Problem, in: Journal of Accounting Research, Vol. 11 (1973), S. 1-15.

Brody, Richard G./Lowe, Jordan D./Pany, Kurt (Income, 2003): Commentary – Could $51 Million Be Immaterial When Enron Reports Income of $105 Million?, in: Accounting Horizons, Vol. 17 (2003), S. 153-160.

Bruns, William J. Jr./Merchant, Kenneth A. (Morality, 1990): The Dangerous Morality of Managing Earnings, in: Management Accounting, August 1990, S. 22-25.

Bundesregierung (Maßnahmenkatalog, 2003): Maßnahmenkatalog der Bundesregierung zur Stärkung der Unternehmensintegrität und des Anlegerschutzes vom 25.2.2003; Online im Internet: http://www.bmj.bund.de, Abfrage: 13.08.2003.

Burgstahler, David/Dichev, Ilia (Earnings, 1997): Earnings management to avoid earnings decreases and losses, in: Journal of Accounting and Economics, Vol. 24 (1997), S. 99-126.

Busse von Colbe, Walther (Informationsinstrument, 1993): Die Entwicklung des Jahresabschlusses als Informationsinstrument, in: Wagner, Franz W. (Hrsg.): Ökonomische Analyse der Bilanzrechts, Zeitschrift für betriebswirtschaftliche Forschung und Praxis, , Sonderheft 32 (1993), S. 11-29.

Cairns, David (IAS, 2003): Applying International Accounting Standards, 3. Aufl., London 2003.

Caneghem, Tom van (Earnings, 2002): Earnings Management Induced by Cognitive Reference Points, in: The British Accounting Review, Vol. 34 (2002), S. 167-178.

Caneghem, Tom van (Rounding, 2004): The Impact of Audit Quality on Earnings Rounding-up Behaviour: Some UK Evidence, in: European Accounting Review, Vol. 13 (2004), S. 771-786.

Carmichael, Douglas R. (Accounting, 1999): Hocus-Pocus Accounting, in: Journal of Accountancy, Vol. 188 (1999), S. 59-65.

Chair, Thomas J. Linsmeier/Boatsman, James R./Herz, Robert H./Jennings, Ross G./Jonas, Gregory J./Lang, Mark H./Petroni, Kathy R./Shores, D./Wahlen, James M. (Quality, 1998): American Accounting Association's Financial Accounting Standards Committee: Criteria for Assessing the Quality of an Accounting Standard, in: Accounting Horizons, Vol. 12 (1998), S. 161-162.

Chan, Konan/Jegadeesh, Narasimhan/Sougiannis, Theodore (Accrual, 2004): The Accrual Effect on Future Earnings, in: Review of Quantitative Finance and Accounting, Vol. 22 (2004), S. 97-121.

Chaney, Paul K./Philipich, Kirk L. (Reputation, 2002): Shredded Reputation: The Cost of Audit Failure, in: Journal of Accounting Research, Vol. 40 (2002), S. 1221-1245.

Chasteen, Lanny G./Flaherty, Richard E./O'Connor, Melvin C. (Accounting, 1998): Intermediate Accounting, 6. Aufl., Boston 1998.

Chow, Chee W./Cooper, Jean C./Waller, William S. (Budgeting, 1988): Participative Budgeting: Effects of a Truth-Inducing Pay Scheme and Information Asymmetry on Slack and Performance, in: The Accounting Review, Vol. 63 (1988), S. 111-122.

Ciscel, Ciscel H./Carroll, Thomas M. (Salary, 1980): The Determinants of Executive Salaries: An Econometric Survey, in: The Review of Economics and Statistics, Vol. 62 (1980), S. 7-13.

Clemm, Hermann (Bilanzpolitik, 1989): Bilanzpolitik und Ehrlichkeits-(„true and fair view"-) Gebot, in: Die Wirtschaftsprüfung, 42. Jg. (1989), S. 357-366.

Clemm, Hermann (Ethik, 1998): Rechnungslegungspolitik und ihre Begrenzung durch Recht und (Wirtschafts-)Ethik – Vereinbarkeit mit rechtlichen und ethischen Grundgeboten wie Fairneß, Ehrlichkeit, Verantwortungsbewußtsein, getreue Rechenschaftslegung, in: Freidank, Carl-Christian (Hrsg.): Rechnungslegungspolitik – Eine Bestandsaufnahme aus handels- und steuerrechtlicher Sicht, Berlin 1998, S. 1199-1242.

Coenenberg, Adolf Gerhard (Gewinnregulierungspolitik, 1985): Instrumente der Gewinnregulierungspolitik deutscher Aktiengesellschaften – Eine empirische Untersuchung, in: Gross, Gerhard (Hrsg.): Der Wirtschaftsprüfer: im Schnittpunkt nationaler und internationaler Entwicklungen, Festschrift für Klaus von Wysocki, Düsseldorf 1985, S. 111-128.

Coenenberg, Adolf Gerhard (Jahresabschluss, 2003): Jahresabschluss und Jahresabschlussanalyse: Betriebswirtschaftliche, handelsrechtliche, steuerrechtliche und internationale Grundsätze – HGB, IAS/IFRS, US-GAAP, DRS, 19. Aufl., Stuttgart 2003.

Coenenberg, Adolf Gerhard/Schmidt, F./Werhand, M. (Entscheidungen, 1983): Bilanzpolitische Entscheidungen und Entscheidungswirkungen in manager- und Anteilseignerkontrollierten Unternehmen, in: Betriebswirtschaftliche Forschung und Praxis, 35. Jg. (1983), S. 321-343.

Collins, Denton L./Pasewark, William R./Strawser, Jerry R. (Characteristics, 2002): Characteristics Influencing Perceptions of Accounting Pronouncement Quality, in: Accounting Horizons, Vol. 16 (2002), S. 137-151.

Copeland, Ronald M. (Smoothing, 1968): Income Smoothing, in: Journal of Accounting Research, Vol. 6 (1968), S. 101-116.

Cornell, Bradford (Response, 2001): Is the Response of Analysts to Information Consistent with Fundamental Valuation? The Case of Intel, in: Financial Management, Vol. 30 (2001), S. 113-136.

COSO (Reporting, 1997): Fraudulent Financial Reporting: 1987-1997 - An Analysis of U.S. Public Companies, Online im Internet: http://www.coso.org, Stand: November 2003, Abfrage: 29.10.2003.

Crezelius, Georg (Geschäft, 1988): Das sogenannte schwebende Geschäft in Handels-, Gesellschafts- und Steuerrecht, in: Knobbe-Keuk, Brigitte/Klein, Franz/Moxter, Adolf (Hrsg.): Handelsrecht und Steuerrecht, Festschrift für Dr. Dr. h.c. Georg Döllerer, Düsseldorf 1988, S. 81-95.

Cuccia, Andrew D./Hackenbrack, Karl/Nelson, Mark W. (Reporting, 1995): The Ability of Professional Standards to Mitigate Aggressive Reporting, in: The Accounting Review, Vol. 70 (1995), S. 227-248.

Cutler, Stephen M. (Speech, 2004): Speech by SEC Staff: 24th Annual Ray Garrett Jr. Corporate & Securities Law Institute, Online im Internet: http://www.sec.gov/news/speech /spch495.htm, Stand: 29.4.2004, Abfrage: 3.11.2004.

Daske, Holger/Gebhardt, Günther/McLeay, Stuart (Distribution, 2003): A Comperative Analysis of the Distribution of Earnings Relative to Targets in the European Union, Working Paper, 2004.

Davidson, Ronald A./Chrisman, Heidi Hadlich (Uncertainty, 1993): Interlinguistic Comparison of International Accounting Standards: The Case of Uncertainty Expressions, in: The International Journal of Accounting, Vol. 28 (1993), S. 1-16.

Davis, Angela K. (Relevance, 2002): The Value Relevance of Revenue for Internet Firms: Does Reporting Grossed-up or Barter Revenue Make a Difference?, in: Journal of Accounting Research, Vol. 40 (2002), S. 445-477.

Davis-Friday, Paquita Y./Folami, Buky L./Liu, Chao-Shin/Mittelstaedt, Fred H. (Relevance, 1999): The Value Relevance of Financial Statement Recognition vs. Disclosure: Evidence from SFAS No. 106, in: The Accounting Review, Vol. 74 (1999), S. 403-423.

De Albornoz, Gill B./Alcarria, José J. (Smoothing, 2003): Analysis and diagnosis of income smoothing in Spain, in: European Accounting Review, Vol. 12 (2003), S. 443-463.

DeAngelo, Harry/DeAngelo, Linda/Skinner, Douglas J. (Reversal, 1996): Reversal of fortune – Dividend signaling and the disappearance of sustained earnings growth, in: Journal of Financial Economics, Vol. 40 (1996), S. 341-371.

DeAngelo, Linda Elizabeth (Auditor, 1981): Auditor Size and Audit Quality, in: Journal of Accounting and Economics, Vol. 3 (1981), S. 183-199.

DeAngelo, Linda Elizabeth (Accounting, 1986): Accounting Numbers as Market Valuation Substitutes: A Study of Management Buyouts of Public Stockholders, in: The Accounting Review, Vol. 61 (1986), S. 400-420.

Dechow, Patricia M. (Accruals, 1994): Accounting earnings and cash flows as measures of firm performance – The role of accounting accruals, in: Journal of Accounting and Economics, Vol. 18 (1994), S. 3-42.

Dechow, Patricia M./Richardson, Scott A./Tuna, Irem (Explanation, 2003): Why Are Earnings Kinky? An Examination of the Earnings Management Explanation, in: Review of Accounting Studies, Vol. 8 (2003), S. 355-384.

Dechow, Patricia M./Skinner, Douglas J. (Earnings, 2000): Earnings Management: Reconciling the Views of Accounting Academics, Practitioners, and Regulators, in: Accounting Horizons, Vol. 14 (2000), S. 235-250.

Dechow, Patricia M./Sloan, Richard G./Sweeney, Amy P. (Detecting, 1995): Detecting Earnings Management, in: The Accounting Review, Vol. 70 (1995), S. 193-225.

Dechow, Patricia M./Sloan, Richard G./Sweeney, Amy P. (Manipulation, 1996): Causes and Consequences of Earnings Manipulation: An Analysis of Firms Subject to Enforcement Actions by the SEC, in: Contemporary Accounting Research, Vol. 13 (1996), S. 1-36.

Deckop, John R. (Compensation, 1988): Determinants of Chief Executive Officer Compensation, in: Industrial and Labor Relations Review, Vol. 41 (1988), S. 215-226.

Defliese, Philip L. (Concept, 1965): A Practitioners's View of the Realization Concept, in: The Accounting Review, Vol. 40 (1965), S. 517-521.

DeFond, Mark L./Park, Chul W. (Smoothing, 1997): Smoothing income in anticipation of future earnings, in: Journal of Accounting and Economics, Vol. 23 (1997), S. 115-139.

Degeorge, Francois/Patel, Jayendu/Zeckhauser, Richard (Earnings, 1999): Earnings Management to Exceed Thresholds, in: The Journal of Business, Vol. 72 (1999), S. 1-33.

Delaney, Patrick R./Epstein, Barry J./Nach, Ralph/Budak, Susan Weiss (GAAP, 2003): GAAP 2004 – Interpretation and Application of Generally Accepted Accounting Principles, New Jersey 2003.

DeMark, Eugene F./Dell'Aera, Mario R. (Barter, 2002): Accounting for Internet-Based Barter Transactions, in: The CPA Journal, Vol. 69 (1999), S. 56

Demers, Elisabeth/Lev, Baruch (Shakeout, 2001): A Rude Awakening: Internet Shakeout in 2000, in: Review of Accounting Studies, Vol. 6 (2001), S. 331-351.

Demski, Joel S. (Performance, 1998): Performance Measure Manipulation, in: Contemporary Accounting Research, Vol. 15 (1998), S. 261-285.

Denis, David J./Denis, Diane K. (Performance, 1995): Performance Changes Following Top Management Dismissals, in: The Journal of Finance, Vol. 50 (1995), S. 1029-1057.

Dent d'Almuano, Roseline (Accounting, 1996): Accounting principles and concepts: an analytical approach, Bern 1996.

Dexheimer, Sigrid (Gewinngliederungsgrundsätze, 2002): Gewinngliederungsgrundsätze im internationalen Vergleich: HGB, US-GAAP und IAS, in: Betriebs-Berater, 57. Jg. (2002), S. 451-457.

DeZoort, Todd F./Salterio, Steven (Audit, 2001): The Effects Of Corporate Governance Experience and Financial Reporting and Audit Knowledge on Audit Committee Members' Judgments, in: Auditing, Vol. 20 (2001), S. 31-47.

Dietz, Stephanie (Aktienoptionsprogramme, 2004): Aktienoptionsprogramme und Corporate Governance – Ausgestaltung vergütungshalber gewährter Stock Options und die Berichterstattung in der externen Rechnungslegung, Wiesbaden 2004.

Döll, Brigitte (Fertigung, 1984): Bilanzierung langfristiger Fertigung: Eine theoretische und empirische Untersuchung aktienrechtlicher Rechnungslegung, Frankfurt am Main 1984.

Döllerer, Georg (Anschaffungskosten, 1966): Anschaffungskosten und Herstellungskosten nach neuem Aktienrecht unter Berücksichtigung des Steuerrechts, in: Betriebs-Berater, 21. Jg. (1966), S. 1405-1409.

Döllerer, Georg (Bilanzierung, 1974): Zur Bilanzierung des schwebenden Vertrags, in: Betriebs-Berater, 29. Jg. (1974), S. 1541-1548.

Döllerer, Georg (Aktivierungswelle, 1980): Droht eine neue Aktivierungswelle?, in: Betriebs-Berater, 35. Jg. (1980), S. 1333-1337.

Döllerer, Georg (Bilanzierung, 1982): Grundsätze ordnungswidriger Bilanzierung – Systematische Fehler in Bilanzen, in: Betriebs-Berater, 37. Jg. (1982), S. 777-781.

Döllerer, Georg (Bundesfinanzhof, 1984): Die Rechtsprechung des Bundesfinanzhofs zum Steuerrecht der Unternehmen, in: Zeitschrift für Unternehmens- und Gesellschaftsrecht, 13. Jg. (1984), S. 629-654.

Döllerer, Georg (Bundesfinanzhof, 1987): Die Rechtsprechung des Bundesfinanzhofs zum Steuerrecht der Unternehmen, in: Zeitschrift für Unternehmens- und Gesellschaftsrecht, 16. Jg. (1987), S. 443-474.

Donaldson, Lex (Economics, 1990): The Ethereal Hand: Organizational Economics and Management Theory, in: The Academy of Management Review, Vol. 15 (1990), S. 369-381.

Doupnik, Timothy S./Richter, Martin (Uncertainty, 2003): Interpretation of uncertainty expressions: a cross-national study, in: Accounting, Organizations and Society, Vol. 28 (2003), S. 15-35.

Dutta, Sunil/Gigler, Frank (Effect, 2002): The Effect of Earnings Forecasts on Earnings Management, in: Journal of Accounting Research, Vol. 40 (2002), S. 631-655.

Dye, Ronald A. (Earnings, 1988): Earnings Management in an Overlapping Generations Model, in: Journal of Accounting Research, Vol. 26 (1988), S. 195-235.

Edenfeld, Stefan (Erman, 2004): Kommentierung zu § 611 BGB, in: Westermann, Harm Peter (Hrsg.): Erman Bürgerliches Gesetzbuch, 11. Aufl., Köln 2004.

EFRAG (Modernisation, 2001): Modernisation of the Accounting Directives, Online im Internet: http://www.efrag.org/doc/1125_ModernisationofDirectivesletterto EC.pdf, Stand: 10.12.2001, Abfrage: 25.05.2004.

Egbers, Bernd (Basel II, 2003): Basel II: Eine Chance für den Mittelstand, in: Finanz Betrieb, 5. Jg. (2003), S. 456-461.

Ehrhardt, Olaf/Nowak, Eric (Durchsetzung, 2002): Die Durchsetzung von Corporate-Governance-Regeln, in: Die Aktiengesellschaft, 47. Jg. (2002), S. 336-345.

Eisenführ, Franz/Weber, Martin (Entscheiden, 2003): Rationales Entscheiden, 4. Aufl., Berlin 2003.

Eisenhardt, Kathleen M. (Agency, 1989): Agency Theory: An Assessment and Review, in: The Academy of Management Review, Vol. 14 (1989), S. 57-74.

Eisolt, Dirk (Konzernrechnungslegung, 1992): US-amerikanische und deutsche Konzernrechnungslegung: Untersuchung amerikanischer Vorschriften über den Konzernabschluss und systematischer Vergleich mit ausgewählten Vorschriften des HGB, Hamburg 1992.

Elias, Rafik Z. (Determinants, 2002): Determinants of Earnings Management Ethics Among Accountants, in: Journal of Business Ethics, Vol. 40 (2002), S. 33-45.

Ellrott, Helmut/Ring, Stephan (Bilanzkommentar, 2003): Kommentierung zu § 247 HGB, in: Berger, Axel/Ellrott, Helmut/Förschle, Gerhart/Hense, Burkhard (Hrsg.): Beck'scher Bilanz-Kommentar: Handels- und Steuerrecht – §§ 238 bis 339 HGB –, 5. Aufl., München 2003.

Ellrott, Helmut/Schmidt-Wendt, Dietrich (Bilanzkommentar, 2003): Kommentierung zu § 255 HGB, in: Berger, Axel/Ellrott, Helmut/Förschle, Gerhart/Hense, Burkhard (Hrsg.): Beck'scher Bilanz-Kommentar: Handels- und Steuerrecht – §§ 238 bis 339 HGB –, 5. Aufl., München 2003.

Elschen, Rainer (Agency-Theorie, 1991): Gegenstand und Anwendungsmöglichkeiten der Agency-Theorie, in: Zeitschrift für betriebswirtschaftliche Forschung, 43. Jg. (1991), S. 1002-1012.

Elschen, Rainer (Shareholder Value, 1991): Shareholder Value und Agency-Theorie: Anreiz- und Kontrollsysteme für Zielsetzungen der Anteilseigner, in: Betriebswirtschaftliche Forschung und Praxis, 43. Jg. (1991), S. 209-220.

Elschen, Rainer (Agent, 1998): Principal-Agent, in: Busse von Colbe, Walther/Pellens, Bernhard (Hrsg.): Lexikon des Rechnungswesens – Handbuch der Bilanzierung und Prüfung, der Erlös-, Finanz-, Investitions- und Kostenrechnung, 4. Aufl., München 1998, S. 557-560.

Epstein, Barry J./Mirza, Abbas Ali (IAS, 2003): IAS 2003 – Interpretation and Application of International Accounting Standards, New Jersey 2003.

Erickson, Merle/Hanlon, Michelle/Maydew, Edward L. (Earnings, 2004): How Much Will Firms Pay for Earnings That Do Not Exist? Evidence of Taxes Paid on Allegedly Fraudulent Earnings, in: The Accounting Review, Vol. 79 (2004), S. 387-408.

Erickson, Merle/Mayhew, Brian W./Felix, William L Jr. (Audit, 2000): Why Do Audit Fail? Evidence from Lincoln Savings and Loan, in: Journal of Accounting Research, Vol. 38 (2000), S. 165-194.

Erickson, Merle/Wang, Shiing-wu (Earnings, 1999): Earnings management by acquiring firms in stock for stock mergers, in: Journal of Accounting and Economics, Vol. 27 (1999), S. 149-176.

Ernst, Hermann-Josef/Hanikaz, Mahmut (Unternehmensbewertung, 2002): Modulgesteuerte Businessplanung als Instrument der Unternehmensbewertung, in: Peemöller, Volker H. (Hrsg.): Praxishandbuch der Unternehmensbewertung, 2. Aufl., Berlin 2002, S. 133-155.

Ertimur, Yonca/Livnat, Joshua/Martikainen, Minna (Revenue, 2003): Differential Market Reactions to Revenue and Expense Surprises, in: Review of Accounting Studies, Vol. 8 (2003), S. 185-211.

Espahbodi, Hassan/Espahbodi, Pouran/Rezaee, Zabihollah/Tehranian, Hassan (Stock, 2002): Stock price reaction and value relevance of recognition versus disclosure: the case of stock-based compensation, in: Journal of Accounting and Economics, Vol. 33 (2002), S. 343-373.

Euler, Roland (Gewinnrealisierung, 1989): Grundsätze ordnungsmäßiger Gewinnrealisierung, Düsseldorf 1989.

Evans III, John H./Hannan, Lynn R./Krishnan, Ranjani/Moser, Donald V. (Reporting, 2001): Honesty in Managerial Reporting, in: The Accounting Review, Vol. 76 (2001), S. 537-559.

Evans III, John H./Sridhar, Sri S. (Accounting, 1996), Multiple Control Systems, Accrual Accounting, and Earnings Management, in: Journal of Accounting Research, Vol. 34 (1996), S. 45-65.

Ewert, Ralf (Agency-Probleme, 1986): Rechnungslegung, Gläubigerschutz und Agency-Probleme, Wiesbaden 1986.

Ewert, Ralf (Interessenkonflikte, 1992): Controlling, Interessenkonflikte und asymmetrische Information, in: Betriebswirtschaftliche Forschung und Praxis, 44. Jg. (1992), S. 277- 303.

Ewert, Ralf (Beratung, 2003): Prüfung, Beratung und externe Rotation: Ökonomische Forschungsergebnisse zur aktuellen Regulierungsdebatte im Bereich der Wirtschaftsprüfung, in: Der Konzern, 1. Jg. (2003), S. 528-539.

Ewert, Ralf/Wagenhofer, Alfred (Unternehmensrechnung, 2003): Interne Unternehmensrechnung, 5. Aufl., Berlin 2003.

Ewert, Ralf/Wagenhofer, Alfred (Ausschüttungsbemessung, 2003): Aspekte ökonomischer Forschung in der Rechnungslegung und Anwendung auf Ausschüttungsbemessung und Unabhängigkeit des Prüfers, in: Betriebswirtschaftliche Forschung und Praxis, 55. Jg. (2003), S. 603-622.

Ewert, Ralf/Wagenhofer, Alfred (Effects, 2005): Economic Effects of Tightening Accounting Standards to Restrict Earnings Management, Forthcoming in: The Accounting Review, October 2005, S. 1-37.

Fama, Eugene F. (Marktes, 1970): Efficient Capital Markets: A Review of Theory and Empirical Work, in: The Journal of Finance, Vol. 25 (1970), S. 383-417.

FASB (Invitation, 1978): FASB Invitation to Comment – Accounting for Certain Service Transactions, Stamford 1978.

FASB (Proposal, 2003): Proposal – Principles-Based Approach to U.S. Standard Setting, Online im Internet: http://www.fasb.org/proposals/principles-based_approach.pdf, Stand: 3.1.2003, Abfrage: 23.8.2004.

FASB (Project, 2004): Project Updates – Revenue Recognition, Online im Internet: http://www.fasb.org/project/revenue_recognition.shtml, Stand: 24.3.2004, Abfrage: 28.4.2004.

FASB (April Meeting, 2004): Minutes of the April 23, 2004 - FASB-IASB Joint Board Meeting, Online im Internet: http://www.fasb.org/board_meeting_minutes/04-23-04_rev_rec.pdf, Stand: 3.5.2004, Abfrage: 14.5.2004.

FASB Staff (IAS 18, 1999): IAS 18 (1993), Revenue, and Related U.S. GAAP, in: Bloomer, Carrie (Hrsg.): The IASC-U.S. Comparison Project: A Report on the Similarities and Differences between IASC Standards and U.S. GAAP, Norwalk 1999, S. 209-229.

Ferlings, Josef/Lanfermann, Georg (Unabhängigkeit, 2002): Unabhängigkeit von deutschen Abschlussprüfern nach Verabschiedung des Sarbanes-Oxley Acts, in: Der Betrieb, 55. Jg. (2002), S. 2117-2122.

Feroz, Ehsan H./Park, Kyungjoo/Pastena, Victor S. (SEC, 1991): The Financial and Market Effects of the SEC's Accounting and Auditing Enforcement Releases, in: Journal of Accounting Research, Vol. 29 (1991), S. 107-142.

Fey, Gerd/Schruff, Wienand (SIC, 1997): Das Standing Interpretations Committee (SIC) des International Accounting Standards Committee, in: Die Wirtschaftsprüfung, 50. Jg. (1997), S. 585-595.

Fischer, Andrea/Haller, Axel (Bilanzpolitik, 1993): Bilanzpolitik zum Zwecke der Gewinnglättung, in: Zeitschrift für Betriebswirtschaft, 63. Jg. (1993), S. 35-59.

Fischer, Dirk/Neubeck, Guido (Umsatzrealisationszeitpunkt, 2004): Umsatzrealisationszeitpunkt bei Werklieferungsverträgen nach der Schuldrechtsreform, in: Betriebs-Berater, 59. Jg. (2004), S. 657-660.

Fischer, Paul E./Verrecchia, Robert E. (Bias, 2000): Reporting Bias, in: The Accounting Review, Vol. 75 (2000), S. 229-245.

Fon, Vincy/Parisi, Francesco (Specificity, 2004): Codifications and the Optimal Specificity of Legal Rules, in: Law and Economics Working Paper Series, Vol. 04-32 (2004).

Förschle, Gerhart (Bilanzkommentar, 2003): Kommentierung zu § 275 HGB, in: Berger, Axel/Ellrott, Helmut/Förschle, Gerhart/Hense, Burkhard (Hrsg.): Beck'scher Bilanz-Kommentar: Handels- und Steuerrecht – §§ 238 bis 339 HGB –, 5. Aufl., München 2003.

Förschle, Gerhart/Kroner, Matthias (Bilanzkommentar, 2003): Kommentierung zu § 246 HGB, in: Berger, Axel/Ellrott, Helmut/Förschle, Gerhart/Hense, Burkhard (Hrsg.): Beck'scher Bilanz-Kommentar: Handels- und Steuerrecht – §§ 238 bis 339 HGB –, 5. Aufl., München 2003.

Francis, Jennifer/Hanna, Douglas/Vincent, Linda (Write-Offs, 1996): Causes and Effects of Discretionary Asset Write-Offs, in: Journal of Accounting Reseach, Vol. 34 (1996), S. 117-134.

Francis, Jennifer/LaFond, Ryan/Olsson, Per/Schipper, Katherine (Quality, 2003): The Market Pricing of Accruals Quality, Working Paper, 2003.

Francis, Jennifer/Philbrick, Donna/Schipper, Katherine (Litigation, 1994): Shareholder Litigation and Corporate Disclosures, in: Journal of Accounting Research, Vol. 32 (1994), S. 137-164.

Freidank, Carl-Christian (Erfolgsrealisierung, 1989): Erfolgsrealisierung bei langfristigen Fertigungsprozessen, in: Der Betrieb, 42. Jg. (1989), S. 1197-1204.

Freidank, Carl-Christian (Zielformulierungen, 1998): Zielformulierungen und Modellbildungen im Rahmen der Rechnungslegungspolitik, in: Freidank, Carl-Christian (Hrsg.): Rechnungslegungspolitik – Eine Bestandsaufnahme aus handels- und steuerrechtlicher Sicht, Berlin 1998, S.85-153.

Freisleben, Norbert/Leibfried, Peter (IFRS, 2004): Warum IAS/IFRS-Abschlüsse nicht (miteinander) vergleichbar sind – Fehlende Detailregelungen, Auswirkungen von US-GAAP und Mangel an Kontrolle, in: Kapitalmarktorientierte Rechnungslegung, 4. Jg. (2004), S. 101-109.

Fudenberg, Drew/Tirole, Jean (Theory, 1995): A Theory of Income and Dividend Smoothing Based on Incumbency Rents, in: Journal of Political Economy, Vol. 103 (1995), S. 75-93.

Gaber, Christian (Bilanzpolitik, 2004): Bilanzpolitik, Motivation und Agency-Kosten, in: Zeitschrift für Betriebswirtschaft, 74. Jg. (2004), S. 339-358.

GAO (Restatements, 2002): Financial Statement Restatements – Trends, Market Impacts, Regulatory Responses, and Remaining Challenges, Report GAO-03-138, Washington 2002.

Gaver, Jennifer J./Gaver, Kenneth M./Austin, Jeffrey R. (Additional, 1995): Additional evidence on bonus plans and income management, in: Journal of Accounting and Economics, Vol. 19 (1995), S. 3-28.

Gebhardt, Günter (Kapitalflussrechnungen, 1999): Empfehlungen zur Gestaltung informativer Kapitalflußrechnungen nach internationalen Grundsätzen, in: Betriebs-Berater, 54. Jg. (1999), S. 1314-1321.

Gebhardt, Günter (Kapitalflussrechnungen, 2001): Kapitalflußrechnungen, in: Castan, Edgar/Böcking, Hans-Joachim/Heymann, Gerd/Pfitzer, Norbert/Scheffler, Eberhard (Hrsg.): Beck'sches Handbuch der Rechnungslegung, München 2001, C620.

Gedenk, Karen (Agency-Theorie, 1998): Agency-Theorie und die Steuerung von Geschäftsführern – Paradebeispiel oder Problemfall?, in: Die Betriebswirtschaft, 58. Jg. (1998), S. 22-37.

Gelhausen, Hans Friedrich (Realisationsprinzip, 1985): Das Realisationsprinzip im Handels- und Steuerbilanzrecht, Frankfurt am Main 1985.

Gelter, Martin (Rechnungslegungsnormen, 2001): Neue Rechnungslegungsnormen im Handelsrecht: Gesellschaftsrecht, Kapitalmarkt, IAS und private Normsetzung, Wien 2001.

Gerety, Mason/Lehn, Kenneth (Causes, 1997): The Causes and Consequences of Accounting Fraud, in: Managerial and Decision Economics, Vol. 18 (1997), S. 587-599.

Gesellschaft für Finanzwirtschaft in der Unternehmensführung e.V. (IASC, 1995): Möglichkeiten und Grenzen der Anpassung deutscher Konzernabschlüsse an die Rechnungslegungsgrundsätze des International Accounting Standards Committee (IASC) (Teil 1) – Stellungnahme des Arbeitskreises „Rechnungslegungsvorschriften der EG-Kommission“, in: Der Betrieb, 48. Jg. (1995), S. 1137-1143.

Gibbins, Michael/Salterio, Steven/Webb, Alan (Negotiation, 2001): Evidence About Auditor-Client Management Negotiation Concerning Clients's Financial Reporting, in: Journal of Accounting Research, Vol. 39 (2001), S. 535-563.

Giroux, Gary (Detecting, 2004): Detecting Earnings Management, Honoken 2004

Glaubig, Jürgen (Dauerrechtsverhältnisse, 1993): Grundsätze ordnungsmäßiger Bilanzierung für Dauerrechtsverhältnisse, Frankfurt am Main 1993.

Glover, Jonathan C./Ijiri, Yuji (Revenue, 2002): "Revenue Accounting" in the Age of E-Commerce: A Framework for Conceptual, Analytical, and Exchange Rate Considerations, in: Journal of International Financial Management and Accounting, Vol. 13 (2002), S. 32-72.

Glover, Jonathan C./Ijiri, Yuji/Levine, Carolyn B./Liang, Pierre Jinghong (Seperate, 2002): The Emerging Needs to Separate Facts and Forecasts: Exploring 'Intertemporal Financial Statements' with Two Time-Phases, Working Paper, 2002.

Goerdeler, Reinhard (View, 1973): „A True and Fair View – or Compliance with the Law and the Company Statutes", in: Die Wirtschaftsprüfung, 26 Jg. (1973), S. 517-525.

Gordon, Myron J. (Postulates, 1964): Postulates, Principles and Research in Accounting, in: The Accounting Review, Vol. 39 (1964), S. 251-263.

Grau, Andreas (Gewinnrealisierung, 2002): Gewinnrealisierung nach International Accounting Standards, Wiesbaden 2002.

Greth, Michael (Konzernbilanzpolitik, 1996): Konzernbilanzpolitik, Wiesbaden 1996.

Griffin, Paul A./Grundfest, Joseph A./Perino, Michael A. (Litigation, 2004): Stock Price Response to News of Securities Fraud Litigation: An Analysis of Sequential and Conditional Information, in: Abacus, Vol. 40 (2004), S. 21-48.

Gruson, Michael/Kubicek, Matthias (SOA, 2003): Der Sarbanes-Oxley Act, Corporate Governance und das deutsche Aktienrecht, in: Die Aktiengesellschaft, 48. Jg. (2003), S. 337-352 (Teil I)und 393-406 (Teil II).

Guay, Wayne R./Kothari, S. P./Watts, Ross L. (Evaluation, 1996): A Market-Based Evaluation of Discretionary Accrual Models, in: Journal of Accounting Research, Vol. 34 (1996), S. 83-105.

Guidry, Flora/Leone, Andrew J./Rock, Steve (Bonus, 1999): Earnings-based bonus plans and earnings management by business-unit managers, in: Journal of Accounting and Economics, Vol. 26 (1999), S. 113-142.

Haller, Axel (FASB, 1990): Financial Accounting Standards Board, in: Die Betriebswirtschaft, 50. Jg. (1990), S. 265-269.

Haller, Axel (GAAP, 1990): Die „Generally Accepted Accounting Principles“ – Die Normen der externen Rechnungslegung in den USA, in: Zeitschrift für betriebswirtschaftliche Forschung, 42. Jg. (1990), S. 751-777.

Haller, Axel (Grundlagen, 1994): Die Grundlagen der externen Rechnungslegung in den USA – Unter besonderer Berücksichtigung der rechtlichen, institutionellen und theoretischen Rahmenbedingungen, 4. Aufl., Stuttgart 1994.

Haller, Axel (Theory, 1994): Positive Accounting Theory – Die Erforschung der Beweggründe bilanzpolitischen Verhaltens, in: Die Betriebswirtschaft, 54. Jg. (1994), S. 597-612.

Haller, Axel/Schloßgangl, Maria (Performance, 2003): Notwendigkeit einer Neugestaltung des Performance Reporting nach International Accounting (Financial Reporting) Standards – Konzeptionelle und empirische Evidenzen, in: Kapitalmarktorientierte Rechnungslegung, 3. Jg. (2003), S. 317-327.

Han, Jerry C. Y./Wild, John J. (Stock, 1991): Stock Price Behavior Associated with Managers' Earnings and Revenue Forecasts, in: Journal of Accounting Research, Vol. 29 (1991), S. 79-95.

Hansen, J. V./McDonald J. B./Messier W. F./Bell T. B. (Model, 1996): A Generalized Qualitative-response Model and the Analysis of Management Fraud, in: Management Science, Vol. 42 (1996), S. 1022-1032.

Harrell, Adrian/Harrison, Paul (Shirk, 1994): An Incentive to Shirk, Pivately Held Information, and Managers' Project Evaluation Decisions, in: Accounting, Organizations and Society, Vol. 19 (1994), S. 569-577.

Harris, Trevor S./Lang, Mark/Möller, Hans Peter (Relevance, 1994): The Value Relevance of German Accounting Measures: An Empirical Analysis, in: Journal of Accounting Research, Vol. 32 (1994), S. 187-209.

Harrison, Walter T./Horngren, Charles T. (Accounting, 2004): Financial Accountin, 5. Aufl., New Jersey 2004.

Hartmann-Wendels, Thomas (Principal-Agent-Theorie, 1989): Principal-Agent-Theorie und asymmetrische Informationsverteilung, in: Zeitschrift für Betriebswirtschaft, 59. Jg. (1989), S. 714-734.

Häuselmann, Holger (Darlehen, 2000): Wertpapier-Darlehen in der Steuerbilanz, in: Der Betrieb, 53. Jg. (2000), S. 495-497.

Hax, Herbert (Vorschriften, 1988): Rechnungslegungsvorschriften – Notwendige Rahmenbedingungen für den Kapitalmarkt, in: Domsch, Michel/Eisenführ, Franz/Ordelheide, Dieter/Perlitz, Manfred (Hrsg.): Unternehmenserfolg, Planung – Ermittlung – Kontrolle, Walther Busse von Colbe zum 60. Geburtstag, Wiesbaden 1988, S. 187-201.

Hax, Herbert (Theorie, 1991): Theorie der Unternehmung – Information, Anreize und Vertragsgestaltung, in: Ordelheide, Dieter/Rudolph, Bernd/Büsselmann, Elke (Hrsg.): Betriebswirtschaftslehre und Ökonomische Theorie, Stuttgart 1991, S. 51-72.

Hax, Herbert (Unternehmensethik, 1993): Unternehmensethik – Ordnungselement der Marktwirtschaft?, in: Zeitschrift für betriebswirtschaftliche Forschung, 45. Jg. (1993), S. 769-779.

Hax, Herbert (Integration, 2002): Integration externer und interner Unternehmensrechnung, in: Küpper, Hans-Ulrich/Wagenhofer, Alfred (Hrsg.): Handwörterbuch Unternehmensrechnung und Controlling, 4. Aufl., Stuttgart 2002, Sp. 758-767.

Hax, Herbert (Rationalität, 2003): Thünen-Vorlesung: Unternehmensführung und ökonomische Rationalität, in: Perspektiven der Wirtschaftspolitik, Vol. 4 (2003), S. 295-312.

Hayn, Carla (Information, 1995): The information content of losses, in: Journal of Accouning and Economics, Vol. 20 (1995), S. 125-153.

Hayn, Sven (Standards, 1994): Die International Accounting Standards (Teil I) – Ihre grundlegende Bedeutung für die internationale Harmonisierung der Rechnungslegung sowie eine Darstellung wesentlicher Unterschiede zu den einzelgesellschaftlichen Normen des HGB, in: Die Wirtschaftsprüfung, 47. Jg. (1994), S. 713-721.

Healy, Paul M. (Bonus, 1985): The Effect of Bonus Schemes on Accounting Decisions, in: Journal of Accounting and Economics, Vol. 7 (1985), S. 85-107.

Healy, Paul M./Wahlen, James M. (Review, 1999): A Review of the Earnings Management Literature and Its Implications for Standard Setting, in: Accounting Horizons, Vol. 13 (1999), S. 365-383.

Hefermehl, Wolfgang/Spindler, Gerald (Kommentar, 2004): Kommentierung zu §§ 91, 93 AktG, in: Kropff, Bruno/Semler, Johannes (Hrsg.): Münchener Kommentar zum Aktiengesetz, Bd. 3, §§ 76 - 117 AktG, 2. Aufl., München 2004.

Heilman, E. A. (Income, 1929): Realized Income, in: The Accounting Review, Vol. 4 (1929), S. 80-87.

Hendriksen, Eldon S./Van Breda, Michael F. (Theory, 1991): Accounting Theory, 5. Aufl., Boston 1991.

Hense, Burhard/Poullie, Michael (Bilanzkommentar, 2003): Kommentierung zu § 321 HGB, in: Berger, Axel/Ellrott, Helmut/Förschle, Gerhart/Hense, Burkhard (Hrsg.): Beck'scher Bilanz-Kommentar: Handels- und Steuerrecht – §§ 238 bis 339 HGB –, 5. Aufl., München 2003.

Hepworth, Samuel R. (Smoothing, 1953): Smoothing Periodic Income, in: The Accounting Review, Vol. 28 (1953), S. 32-39.

Herz, Robert H. (Challenge, 2003): A Year of Challenge and Change for the FASB, in: Accounting Horizons, Vol. 17 (2003), S. 247-255.

Herzig, Norbert (Dauerrechtsverhältnisse, 1988): Bilanzrechtliche Ganzheitsbetrachtung und Rückstellung bei Dauerrechtsverhältnissen – dargestellt am Beispiel von Arbeitsverhältnissen, in: Zeitschrift für Betriebswirtschaft, 58. Jg. (1988), S. 212-225.

Herzig, Norbert (Anmerkung, 1996): Anmerkung zum EuGH Urteil C-234/94 vom 27.6.1996, in: Der Betrieb, 49. Jg. (1996), S. 1401-1402.

Hilke, Wolfgang (Bilanzpolitik, 2002): Bilanzpolitik – Jahresabschluss nach Handels- und Steuerrecht, 6. Aufl., Wiesbaden 2002.

Hinz, Michael (Jahresabschlusspolitik, 1994): Sachverhaltsgestaltungen im Rahmen der Jahresabschlusspolitik, Düsseldorf 1994.

Hirshleifer, David (Reputation, 1993): Managerial Reputation and Corporate Investment Decisions, in: Financial Management, Vol. 22 (1993), S. 145-160.

Hoffmann, Karsten (Jahresabschlusspolitik, 1994): Sachverhaltsgestaltende Jahresabschlusspolitik im Einzelabschluß bei gegebener Unternehmenskonstitution, Frankfurt am Main 1994.

Hoffmann, Wolf-Dieter (Realisationsverhinderer, 1996): Die neue Qualität der Verbindlichkeitsrückstellung als Realisationsverhinderer – Anmerkung zum BFH-Urteil vom 25.1.1996 – IV R 114/94, in: Betriebs-Berater, 49. Jg. (1996), S. 1821-1823.

Hoffmann, Wolf-Dieter (Wertaufhellung, 1996): Wertaufhellung – das Bilanzierungsproblem schlechthin: Weiterführende Anmerkungen zur Dissertation von Dejan Ciric, in: Betriebs-Berater, 51. Jg. (1996), S. 1157-1164.

Hofmann, Rainer (Vergleich, 1997): Internationaler Vergleich der materiellen bilanzpolitischen Möglichkeiten großer Kapitalgesellschaften im Einzel- und Konzernabschluss, Wien 1997.

Holmström, Bengt (Moral hazard, 1979): Moral hazard and observability, in: The Bell Journal of Economics, Vol. 10 (1979), S. 74-91.

Holmström, Bengt/Ricart i Costa, Joan (Incentives, 1986): Managerial Incentives and Capital Management, in: The Quarterly Journal of Economics, Vol. 101 (1986), S. 835-860.

Holthausen, Robert W./Larcker, David F./Sloan, Richard G. (Annual, 1995): Annual bonus schemes and the manipulation of earnings, in: Journal of Accounting and Economics, Vol. 19 (1995), S. 29-74.

Homann, Karl/Meyer, Matthias/Waldkirch, Rüdiger (Ethik, 2002): Ethik und Unternehmensrechnung, in: Küpper, Hans-Ulrich/Wagenhofer, Alfred (Hrsg.): Handwörterbuch Unternehmensrechnung und Controlling, 4. Aufl., Stuttgart 2002, Sp. 495-504.

Hommel, Michael (Grundsätze, 1992): Grundsätze ordnungsmäßiger Bilanzierung für Dauerschuldverhältnisse, Wiesbaden 1992.

Hommel, Michael (Bilanzrechtskonzeptionen, 1997): Internationale Bilanzrechtskonzeptionen und immaterielle Vermögensgegenstände, in: Zeitschrift für Betriebswirtschaftliche Forschung, 49. Jg. (1997), S. 345-369.

Hommel, Michael (Bilanzierung, 1998): Bilanzierung immaterieller Anlagewerte, Stuttgart 1998.

Hommel, Michael (Besprechung, 1999): Besprechung zu „Küting, Karlheinz/Weber Claus-Peter: Die Bilanzanalyse, Lehrbuch zur Beurteilung von Einzel- und Konzernabschlüssen, 4. Aufl. Stuttgart 1999", in: Betriebs-Berater, 54. Jg. (1999), S. 1507-1508.

Hommel, Michael (Fortschritte, 2001): Fortschritte im Rechnungswesen - ein Wegweiser durch das Labyrinth von Unternehmenssteuerung und -publizität, Besprechung zu „Fortschritte im Rechnungswesen - Gerhard Seicht zum 60. Geburtstag", in: Betriebs-Berater, 56. Jg. (2001), S. 1207.

Hommel, Michael (Goodwillbilanzierung, 2001): Neue Goodwillbilanzierung - das FASB auf dem Weg zur entobjektivierten Bilanz?, in: Betriebs-Berater, 56. Jg. (2001), S. 1943-1949.

Hommel, Michael (Rechnungsabgrenzungsposten, 2002): Rechnungsabgrenzungsposten, in: Ballwieser, Wolfgang/Coenenberg, Adolf G./Wysocki, Klaus von (Hrsg): Handwörterbuch der Rechnungslegung und Prüfung, 3. Aufl., Stuttgart 2002, Sp. 1971-1978.

Hommel, Michael (Rückstellung, 2003): Rückstellung für Abbruchkosten nach HGB, IAS/IFRS und US-GAAP, in: Der Konzern, 1. Jg. (2003), S. 746-754.

Hommel, Michael/Berndt, Thomas (Transformation, 2002): Transformation der Fair-Value-Richtlinie in deutsches Recht - Anmerkung zum Umsetzungsvorschlag des DSR, in: Betriebs-Berater, 57. Jg. (2002), S. 90-92.

Hommel, Michael/Hermann, Olga (Accounting, 2003): Hedge-Accounting und Full-Fair-Value-Approach Hedge in der internationalen Rechnungslegung, in: Der Betrieb, 56. Jg. (2003), S. 2501-2506.

Hommel, Michael/Benkel, Muriel/Wich, Stefan (Unwägbarkeiten, 2004): IFRS 3 Business Combinations: Neue Unwägbarkeiten im Jahresabschluss, in: Betriebs-Berater, 59. Jg. (2004), S. 1267-1273.

Hommel, Michael/Schmidt, Reinhard H./Wüstemann, Jens (Rechnungslegung, 2004): Adolf Moxter und die Grundsätze ordnungsgemäßer Rechnungslegung - Kontinuität eines Forschungsleitbildes, in: Die Wirtschaftsprüfung, 57. Jg. (2004), Sonderheft Wirtschaftsprüfung und Zeitgeist, S. S84-S98.

Hommel, Michael/Wich, Stefan (Entfernungsverpflichtungen, 2004): Die Bilanzierung von Entfernungsverpflichtungen gemäß HGB und SFAS 143 in der kritischen Betrachtung, in: Zeitschrift für kapitalmarktorientierte Rechnungslegung, 4. Jg. (2004), S. 16-28.

Hommel, Michael/Wolf, Sandra (Emissionsrechte, 2005): IFRIC 3: Bilanzierung von Emissionsrechten nach IFRS - mehr Schadstoffe im Jahresabschluss, in: Betriebs-Berater, 60. Jg. (2005), S. 315-321.

Hommelhoff, Peter/Mattheus, Daniela (Enforcement, 2004): BB-Gesetzgebungsreport: Verlässliche Rechnungslegung – Enforcement nach dem geplanten Bilanzkontrollgesetz, in: Betriebs-Berater, 59. Jg. (2004), S. 93-100.

Horngren, Charles T. (Realization, 1965): How Should We Interpret the Realization Concept?, in: The Accounting Review, Vol. 40 (1965), S. 323-333.

Hribar, Paul/Jenkins, Nicole Thorne (Restatements, 2003): The effect of accounting restatements on earnings revisions and the estimated cost of capital, Working Paper, 2003.

Hylton, Delmer P. (Revenue, 1965): On Matching Revenue with Expense, in: The Accounting Review, Vol. 40 (1965), S. 824-828.

IDW (Stellungnahme BFA 2/1982, 1982): Bankenfachausschuss: Stellungnahme BFA 2/1982: Auflösung stiller Reserven durch Veräußerungsgeschäfte, in: Die Wirtschaftsprüfung, 35. Jg. (1982), S. 548.

IDW (TransPuG, 2002): IDW Stellungnahme: Entwurf eines Gesetzes zur weiteren Reform des Aktien- und Bilanzrechts, zu Transparenz und Publizität (Transparenz- und Publizitätsgesetz), in: Die Wirtschaftsprüfung, 55 Jg. (2002), S. 146-151.

IDW E-IPS 240: Übersetzung des ISA 240 (n.F.) und Entwurf IDW Prüfungsstandard zur ISA-Ergänzung: Die Verantwortung des Abschlussprüfers zur Berücksichtigung von Verstößen (fraud) im Rahmen der Abschlussprüfung (IDW E-IPS 240, Stand: 14.10.2004), in: Die Wirtschaftsprüfung, 57. Jg. (2004), S. 1282-1333.

IDW ERS HFA 13: Entwurf IDW Stellungnahme zur Rechnungslegung: Einzelfragen zum Übergang des wirtschaftlichen Eigentums und zur Gewinnrealisierung nach HGB, in: Die Wirtschaftsprüfung, 57. Jg. (2004), S. 952-956.

IDW PS 200: Ziele und allgemeine Grundsätze der Durchführung von Abschlussprüfungen (IDW PS 200, Stand: 28.6.2000), in: Die Wirtschaftsprüfung, 53. Jg. (2000), S. 706-710.

IDW PS 210: Zur Aufdeckung von Unregelmäßigkeiten im Rahmen der Abschlussprüfung (IDW PS 210, Stand: 8.5.2003), in: Die Wirtschaftsprüfung, 56. Jg. (2003), S. 655-664.

IDW PS 250: Wesentlichkeit im Rahmen der Abschlussprüfung (IDW PS 250, Stand: 8.5.2003), in: Die Wirtschaftsprüfung, 56. Jg. (2003), S. 944-946.

IDW PS 450: Grundsätze ordnungsmäßiger Berichterstattung bei Abschlussprüfungen (IDW PS 450, Stand 04.11.2002), in: IDW (Hrsg.): IDW-Prüfungsstandards, IDW Stellungnahmen zur Rechnungslegung, IDW Standards, Stand: 9. Ergänzungslieferung Januar 2003, Düsseldorf 2003.

IDW PS 470: Grundsätze für die mündliche Berichterstattung des Abschlussprüfers an den Aufsichtsrat (IDW PS 470, Stand: 8.5.2003), in: Die Wirtschaftsprüfung, 56. Jg. (2003), S. 608-610.

Institute of Chartered Accountants in England and Wales (Revenue, 2000): Revenue and expense recognition – An issues paper, London 2000.

International Accounting Standards Board (IAS, 2002): International Accounting Standards 2002 (Deutsche Ausgabe), Stuttgart 2002.

ISA 240: The Auditor's Responsibility to Consider Fraud in an Audit of Financial Statements, Online im Internet: http://www.ifac.org, Stand: Februar 2004, Abfrage: 25.11.2004.

Jegadeesh, Narasimhan (Revenue, 2002): Revenue Growth and Stock Returns, Working Paper, 2002.

Jennings, Robert M./McCosh, Bruce R. (Construction, 1967): Construction in Progress -- A Different Approach, in: The Accounting Review, Vol. 42 (1967), S. 598-600.

Jensen, Donald A./Craig, James W. Jr. (Construction, 1998): The impact of TAMRA '88 on US construction accounting practices, in: Construction Management and Economics, Vol. 16 (1998), S. 303-313.

Jensen, Michael C. (Organization, 1983): Organization Theory and Methodology, in: The Accounting Review, Vol. 58 (1983), S. 319-339.

Jensen, Michael C. (Costs, 1986): Agency Costs of Free Cash Flow, Corporate Finance, and Takeovers, in: The American Economic Review, Vol. 76 (1986), S. 323-329.

Jensen, Michael C./Meckling William H. (Theory, 1976): Theory of the firm: Managerial Behavior, Agency Cost and Ownership Structure, in: Journal of Financial Economics, Vol. 3 (1976), S. 305-360.

Jones, Jennifer J. (Earnings, 1991): Earnings Management During Import Relief Investigations, in: Journal of Accounting Research, Vol. 29 (1991), S. 193-228.

Jost, Peter-J. (Prinzipal-Agenten-Theorie, 2001): Die Prinzipal-Agenten-Theorie im Unternehmenskontext, in: Jost, Peter-J. (Hrsg.): Die Prinzipal-Agenten-Theorie in der Betriebswirtschaftslehre, Stuttgart 2001, S. 11-43.

Jung, Alwin (Erfolgsrealisation, 1990): Erfolgsrealisation im industriellen Anlagengeschäft: ein Ansatz zur Operationalisierung einer zusätzlichen Angabepflicht, Frankfurt am Main 1990.

Kahneman, Daniel/Knetsch, Jack L./Thaler, Richard H. (Anomalies, 1991): Anomalies: The Endowment Effect, Loss Aversion, and Status Quo Bias, in: The Journal of Economic Perspectives, Vol. 5 (1991), S. 193-206.

Kahneman, Daniel/Lovallo, Dan (Choices, 1993): Timid Choices and Bold Forecasts: A Cognitive Perspective on Risk Taking, in: Management Science, Vol. 39 (1993), S. 17-31.

Kahneman, Daniel/Tversky, Amos (Prospect, 1979): Prospect Theory: An Analysis of Decision Under Risk, in: Econometrica, Vol. 47 (1979), S. 263-292.

Kanodia, Chandra/Bushman, Robert/Dickhaut, John (Escalation, 1989): Escalation Errors and the Sunk Cost Effect: An Explanation Based on Reputation and Information Asymmetries, in: Journal of Accounting Research, Vol. 27 (1989), S. 59-77.

Kaplan, Robert S. (Comments, 1985): Comments on Paul Healy – Evidence on the Effect of Bonus Schemes on Accounting Procedures and Accrual Decisions, in: Journal of Accounting and Economics, Vol. 7 (1985), S. 109-113.

Kaplan, Steven E. (Evidence, 2001): Further evidence on the ethics of managing earnings: an examination of the ethically related judgment of shareholders and non-shareholders, in: Journal of Accounting and Public Policy, Vol. 20 (2001), S. 27-44.

Kaplan, Steven E. (Judgments, 2001): Ethically Related Judgments by Observers of Earnings Management, in: Journal of Business Ethics, Vol. 32 (2001), S. 285-298.

Kaplow, Louis (Rules, 1999): General Characteristics of Rules, Online im Internet: http://allserv.rug.ac.be/~gdegeest/9000book.pdf, Stand: 1999, Abfrage: 26.8.2004.

Kaplow, Louis/Shavell, Steven (Analysis, 1999): Economic Analysis of Law, in: National Bureau of Economic Research Working Paper Series, No. 6960, Cambridge 1999.

Kerwin, Richard J. (Fraud, 1995): Financial statement fraud, in: Secured Lender, Vol. 51 (1995), S. 36-41.

Kessler, Harald (EuGH, 1999): Der EuGH und das Gebot des true and fair view – Anmerkungen zum Vorlagebeschluss des FG Hamburg vom 22.4.1999 – II 23/97, in: Steuern und Bilanzen, 1. Jg. (1999), S. 1314-1315.

Kiefer, Marcus (Kapitalmarktregulierung, 2003): Kritische Analyse der Kapitalmarktregulierung der U.S. Securities and Exchange Commission, Wiesbaden 2003.

Kieso, Donald E./Weygandt, Jerry J./Warfield, Terry D. (Accounting, 2001): Intermediate Accounting, 10. Aufl., New York 2001.

Kirsch, Hans-Jürgen (BiRiLiG, 2002): Vom Bilanzrichtlinien-Gesetz zum Transparenz- und Publizitätsgesetz – die Entwicklung der deutschen Bilanzierungsnormen in den vergangenen 20 Jahren, in: Die Wirtschaftsprüfung, 55. Jg. (2002), S. 743-755.

Kirschenheiter, Michael/Melumad, Nahum D. (Earnings, 2002): Can "Big Bath“ and Earnings Smoothing Co-exist as Equilibrium Financial Reporting Strategies?, in: Journal of Accounting Research, Vol. 40 (2002), S. 761-796.

Kirstein, Roland (Analyse, 2004): Ökonomische Analyse des Rechts, German Working Papers in Law and Economics, 2004.

Klein, April (Audit, 2000): Audit Committee, Board of Director Characteristics, and Earnings Management, Working Paper, 2000.

Kleindiek, Detlef (Bilanzrecht, 2002): Kommentierung zu § 252 HGB, in: Ulmer, Peter (Hrsg.): HGB-Bilanzrecht – Rechnungslegung, Abschlußprüfung, Publizität, Großkommentar, Teilband 1 §§ 238 – 289 HGB, Berlin 2002.

Kleinholz, Rainer (Signalisierung, 1989): Ein Anreizsystem mit Signalisierung der Markteinschätzung, in: Zeitschrift für Betriebswirtschaft, 59. Jg. (1989), S. 735-741.

Knabe, Stephan/Mika, Sebastian/Müller, Klaus-Robert/Rätsch, Gunnar/Schruff, Wienand (Fraud, 2004): Zur Beurteilung des Fraud-Risikos im Rahmen der Abschlussprüfung, in: Die Wirtschaftsprüfung, 57. Jg. (2004), S. 1057-1068.

Knapp, Michael C. (Conflict, 1985): Audit Conflict: An Empirical Study of the Perceived Ability of Auditors to Resist Management Pressure, in: The Accounting Review, Vol. 60 (1985), S. 202-211.

Knobbe-Keuk, Brigitte (Bilanzrecht, 1993): Bilanz- und Unternehmenssteuerrecht, 9. Aufl., Köln 1993.

Knutson, Dennis L./Wichmann, Henry Jr. (Overload, 1985): The Accounting Standards Overload Problem for American Small Businesses, in: Journal of Business Finance & Accounting, Vol. 12 (1985), S. 387-397.

Knutson, Peter H./Napolitano, Gabrielle U. (Commentary, 1998): Criteria Employed by the AIMR Financial Accounting Policy Committee in Evaluating Financial Accounting Standards, in: Accounting Horizons, Vol. 12 (1998), S. 170-176.

Kohl, Steffen (Gewinnrealisierung, 1994): Gewinnrealisierung bei langfristigen Aufträgen, Düsseldorf 1994.

Körner, Werner (Bilanzierungsfähigkeit, 1974): Die Leistung als Kriterium der Bilanzierungsfähigkeit, in: Die Wirtschaftsprüfung, 27. Jg. (1974), S. 509-517.

Kothari, S. P. (Capital, 2001): Capital markets research in accounting, in: Journal of Accounting and Economics, Vol. 21 (2001), S. 105-231.

KPMG Deutsche Treuhand-Gesellschaft (Rechnungslegung, 2003): Rechnungslegung nach US-amerikanischen Grundsätzen – Grundlagen der US-GAAP und SEC-Vorschriften, 3. Aufl., Düsseldorf 2003.

Kreikebaum, Hartmut/Behnam, Michael/Gilbert, Dirk Ulrich (Management, 2001): Management ethischer Konflikte in international tätigen Unternehmen, Wiesbaden 2001.

Kriebel, Hugo-Manfred (Gewinnrealisierung, 2000): Gewinnrealisierung bei langfristigen freiberuflichen Leistungen, in: Poll, Jens (Hrsg.): Bilanzierung und Besteuerung der Unternehmen, Stuttgart 2000, S. 215-226.

Krishnan, Gopal V. (Accruals, 2003): Audit Quality and the Pricing of Discretionary Accruals, in: Auditing, Vol. 22 (2003), S. 109-126.

Krishnan, Gopal V. (Industry, 2003): Does Big 6 Auditor Industry Expertise Constrain Earnings Management?, in: Accounting Horizons, Supplement (2003), S. 1-16.

Kronner, Markus (Tauschgeschäfte, 1995): GoB für immaterielle Anlagewerte und Tauschgeschäfte, Düsseldorf 1995.

Kruschwitz, Lutz (Finanzierung, 2002): Finanzierung und Investition, 3. Aufl., München 2002.

Kuhlewind, Andreas-Markus (Bilanzrechtstheorie, 1997): Grundlagen einer Bilanzrechtstheorie in den USA, Frankfurt am Main 1997.

Kuhner, Christoph (Prinzipienbasierung, 2004): Auf dem Weg zur Prinzipienbasierung der kapitalmarktorientierten Rechnungslegung? – Einige Anmerkungen zum aktuellen Diskussionsstand, in: Die Wirtschaftsprüfung, 57. Jg. (2004), S. 261-271.

Kümpel, Thomas (Gewinnrealisierung, 2002): Gewinnrealisierung bei langfristigen Fertigungsaufträgen im Konzernabschluss im Zuge der Internationalisierung der Rechnungslegung – eine informationsökonomische Betrachtung, in: Zeitschrift für Betriebswirtschaft, 72. Jg. (2002), S. 1007-1024.

Küting, Karlheinz/Weber, Claus-Peter (Bilanzanalyse, 2000): Die Bilanzanalyse – Lehrbuch zur Beurteilung von Einzel- und Konzernabschlüssen, 5. Aufl., Stuttgart 2000.

Küting, Karlheinz/Weber, Claus-Peter/Pilhofer, Jochen (Umsatzrealisation, 2002): Umsatzrealisation als modernes bilanzpolitisches Instrumentarium im Rahmen des Gewinnmanagements (earnings management), in: Finanz Betrieb, 4. Jg. (2002), S. 310-329.

Küting, Karlheinz/Wohlgemuth, Frank (Enforcement, 2002): Internationales Enforcement – Bestandsaufnahme und Entwicklungstendenzen, in: Kapitalmarktorientierte Rechnungslegung, 2. Jg. (2002), S. 265-276.

Küting, Karlheinz/Zwirner, Christian (Medienunternehmen, 2001): Bilanzierung und Bewertung bei Film- und Medienunternehmen des Neuen Marktes, in: Finanz Betrieb, Beilage 3 (2001).

Lambert, Richard A. (Compensation, 1993): The use of accounting and security price measures of performance in managerial compensation contracts, in: Journal of Accounting and Economics, Vol. 16 (1993), S. 101-123.

Lambert, Richard A. (Contracting, 2001): Contracting theory and accounting, in: Journal of Accounting and Economics, Vol. 32 (2001), S. 3-87.

Lanfermann, Georg/Maul, Silja (Sarbanes-Oxley, 2002): Auswirkungen des Sarbanes-Oxley Acts in Deutschland, in: Der Betrieb, 55. Jg. (2002), S. 1725-1732.

Lang, Joachim (Rezension, 1980): Rezension zu Herrmann/Heuer, „Kommentar zur Einkommensteuer und Körperschaftsteuer einschl. Nebengesetze", in: Steuer und Wirtschaft, 57. Jg. (1980), S. 60-63.

Laswad, Fawzi/Mak, Y. T. (Comparison, 1994): An International Comparison of Uncertainty Expressions in Accounting Standards, in: The International Journal of Accoutning, Vol. 29 (1994), S. 1-19.

Laux, Helmut (Risiko, 1990): Risiko, Anreiz und Kontrolle – Principal-Agent-Theorie, Einführung und Verbindung mit dem Delegationswert-Konzept, Berlin 1990.

Leffson, Ulrich (GoB, 1987): Die Grundsätze ordnungsmäßiger Buchführung, 7. Aufl., Düsseldorf 1987.

Lenz, Hansrudi (Sarbanes-Oxley, 2002): Sarbanes-Oxley Act of 2002 – Abschied von der Selbstregulierung der Wirtschaftsprüfer in den USA, in: Betriebs-Berater, 57. Jg. (2002), S. 2270-2275.

Leuz, Christian/Nanda, Dhananjay/Wysocki, Peter David (Protection, 2002): Investor protection and earnings management: an international comparison, Sloan Working Paper 4225-01 (2002).

Lev, Baruch (Facts, 2003): Corporate Earnings: Facts and Fiction, in: Journal of Economic Perspectives, Vol. 17 (2003), S. 27-50.

Lev, Baruch/Penman, Stephen H. (Forecast, 1990): Voluntary Forecast Disclosure, Nondisclosure, and Stock Prices, in: Journal of Accounting Research, Vol. 28 (1990), S. 49-76.

Levinthal, Daniel (Agency, 1988): A survey of agency models of organizations, in: Journal of Economic Behavior and Organization, Vol. 9 (1988), S. 153-185.

Levitt, Arthur (Commentary, 1998): Commentary – The Importance of High Quality Accounting Standards, in: Accounting Horizons, Vol. 12 (1998), S. 79-82.

Levitt, Arthur (Numbers, 1998): The „Numbers Game", Online im Internet: http://www.sec.gov./news/speech/speecharchive/1998/spch220.txt, Stand: 23.4.2003, Abfrage: 22.8.2003.

Libby, Robert/Bloomfield, Robert/Nelson, Mark W. (Research, 2002): Experimental research in financial accounting, in: Accounting, Organizantions and Society, Vol. 27 (2002), S. 775-810.

Libby, Robert/Libby, Patricia A./Short, Daniel G. (Accounting, 2001): Financial Accounting, 3. Aufl., New York 2001.

Libby, Robert/Libby, Patricia A./Short, Daniel G. (Accounting, 2004): Financial Accounting, 4. Aufl., New York 2004.

Lücke, Wolfgang (Bilanzstrategie, 1969): Bilanzstrategie und Bilanztaktik, in: Der Betrieb, 22. Jg. (1969), S. 2285-2295.

Lüdenbach, Norbert (IAS, 2003): Erträge, in: Lüdenbach, Norbert/Hoffmann, Wolf-Dieter (Hrsg.): Haufe IAS-Kommentar, Freiburg 2003.

Lüdenbach, Norbert/Hoffmann, Wolf-Dieter (Enron, 2002): Enron und die Umkehrung der Kausalität bei der Rechnungslegung, in: Der Betrieb, 55. Jg. (2002), S. 1169-1175.

Lüdenbach, Norbert/Hoffmann, Wolf-Dieter (Principle-based, 2003): Vom Principle-based zum Objectives-oriented Accounting, in: Kapitalmarktorientierte Rechnungslegung, 3. Jg. (2003), S. 387-398.

Lüdenbach, Norbert/Hoffmann, Wolf-Dieter (Wahrscheinlichkeit, 2003): Imparitätische Wahrscheinlichkeit – Zukunftswerte im IAS-Regelwerk, in: Kapitalmarktorientierte Rechnungslegung, 3. Jg. (2003), S. 5-14.

Lüdenbach, Norbert/Janssen, Torsten (Erlösrealisierung, 2004): Internationale Rechnungslegung im Brennpunkt – Erlösrealisierung bei Dienstleistungsaktivitäten nach IAS/IFRS, in: Bilanzbuchhalter und Controller, 28. Jg. (2004), S. 30-33.

Lüders, Jürgen (Realisationszeitpunkt, 1986): Realisationszeitpunkt und wirtschaftliche Betrachtungsweise – Anmerkung zum BFH-Urteil vom 27.2.1986 IV R 52/83, BStBl. II 1986 S. 552 = DB 1986 S. 1655, in: Der Betrieb, 39. Jg. (1986), S. 1944-1946.

Lüders, Jürgen (Gewinnrealisierung, 1987): Der Zeitpunkt der Gewinnrealisierung im Handels- und Steuerbilanzrecht, Köln 1987.

Luft, Joan L. (Fairness, 1997): Fairness, Ethics and the Effect of Management Accounting on Transaction Costs, in: Journal of Management Accounting Research, Vol. 9 (1997), S. 199-216.

Luik, Hans (Gewinnrealisierung, 1981): Gewinnrealisierung und Bilanzierungsprinzipien – Grundprobleme des Realisationszeitpunktes, dargestellt an den Fällen der Lieferung mit Rückgaberecht, des Umtauschgeschäftes und der Liquidation, in: Ruppe, Hans Georg (Hrsg.): Theorie und Praxis der Gewinnverwirklichung durch Umsatzakt und Steuerentstrickung sowie des Besteuerungsaufschubs, Köln 1981, S. 97-115.

Marquardt, Carol A./Wiedman, Christine I. (Earnings, 2004): How Are Earnings Managed? An Examination of Specific Accruals, in: Contemporary Accounting Research, Vol. 21 (2004), S. 461-491.

Marten, Kai-Uwe/Quick, Reiner/Ruhnke, Klaus (Wirtschaftsprüfung, 2003): Wirtschaftsprüfung – Grundlagen des betriebswirtschaftlichen Prüfungswesen nach nationalen und internationalen Normen, 2. Aufl., Stuttgart 2003.

Martin, Jimmy W. (Revenue, 2002): Auditor Skepticism and Revenue Transactions, in: The CPA Journal, Vol. 72 (2002), S. 30-38.

Marx, Franz Jürgen/Löffler, Christoph (Auftragsfertigung, 2000): Bilanzierung der langfristigen Auftragsfertigung, in: Castan, Edgar/Böcking, Hans-Joachim/Heymann, Gerd/Pfitzer, Norbert/Scheffler, Eberhard (Hrsg.): Beck'sches Handbuch der Rechnungslegung, München 2003, B700.

Mason, Alister K./Gibbins, Michael (Standards, 1991): Judgment and U.S. Accounting Standards, in: Accounting Horizons, Vol. 5 (1991), S. 14-24.

Mathiak, Walter (Rechtsprechung, 1987): Rechtsprechung zum Bilanzsteuerrecht, in: Steuer und Wirtschaft, 64. Jg. (1987), S. 51-59.

Mathiak, Walter (Rechtsprechung, 1988): Rechtsprechung zum Bilanzsteuerrecht, in: Steuer und Wirtschaft, 65. Jg. (1988), S. 79-85.

Matsumoto, Dawn A. (Avoid, 2002): Management's Incentives to Avoid Negative Earnings Surprises, in: The Accounting Review, Vol. 77 (2002), S. 483-514.

Mattheus, Daniela/Schwab, Martin (Rechtsschutz, 2004): Rechtsschutz für Aktionäre beim Rechnungslegungs-Enforcement, in: Der Betrieb, 57. Jg. (2004), S. 1975-1984.

May, Robert G./Mueller, Gerhard G./Williams, Thomas H. (Accounting, 1980): A new introduction to financial accounting, 2. Aufl., London 1980.

Mayr, Gunter (Gewinnrealisierung, 2001): Gewinnrealisierung im Steuerrecht und Handelsrecht, Wien 2001.

McKendall, Marie A./Wagner, John A. (Motive, 1997): Motive, Opportunity, Choice and Corporate Illegality, in: Organization Science, Vol. 8 (1997), S. 624-647.

McNichols, Maureen (Research, 2000): Research design issues in earnings management studies, in: Journal of Accounting and Public Policy, Vol. 19 (2000), S. 313-345.

McNichols, Maureen (Discussion, 2003): Discussion of "Why are Earnings Kinky? An Examination of the Earnings Management Explanation", in: Review of Accounting Studies, Vol. 8 (2003), S. 385-391.

McNichols, Maureen/Wilson, Peter (Evidence, 1988): Evidence of Earnings Management from the Provision of Bad Debts, in: Journal of Accounting Research, Vol. 26 (1988), S. 1-31.

Meitner, Matthias/Hüfner, Felix/Kleff, Volker/Lehmann, Erik/Lüders, Erik (Aktienanalyse, 2002): Bilanzskandale und Börsencrash: Neue Herausforderungen an die Aktienanalyse, in: Finanz Betrieb, 4. Jg. (2002), S. 537-540.

Mellwig, Winfried (Realisationsprinzip, 1995): Herstellungskosten und Realisationsprinzip, in: Förschle, Gerhart/Kaiser, Klaus/Moxter, Adolf (Hrsg.): Rechenschaftslegung im Wandel, Festschrift für Wolfgang Dieter Budde, München 1995, S. 397-417.

Mellwig, Winfried/Hastedt, Uwe-Peter (Gewinnrealisation, 1992): Gewinnrealisation bei Unbestimmbarkeit der Gegenleistung – dargestellt am Beispiel des Wärmelieferungsvertrags, in: Der Betrieb, 45. Jg. (1992), S. 1589-1592.

Mellwig, Winfried/Sabel, Elmar (Nichtbilanzierung, 2005): Der Grundsatz der Nichtbilanzierung schwebender Geschäfte unter den IAS/IFRS, in: Der Konzern, 3. Jg. (2005), S. 357-370.

Merchant, Kenneth A./Rockness, Joanne (Ethics, 1994): The Ethics of Managing Earnings: An Empirical Investigation, in: Journal of Accounting and Public Policy, Vol. 13 (1994), S. 79-94.

Meub, Michael H. (Schuldrechtsreform, 2002): Schuldrechtsreform: Das neue Werkvertragsrecht, in: Der Betrieb, 54. Jg. (2002), S. 131-134.

Meyer, Philip E. (Framework, 1976): A Framework for Understanding "Substance over Form" in Accounting, in: The Accounting Review, Vol. 51 (1976), S. 80-89.

Meyer, Philip E. (Substance, 1976): A Framework for Understanding „Substance Over Form" In Accounting, in: The Accounting Review, Vol. 51 (1976), S. 80-89.

Meyer-Sievers, Jürgen (Gewinnrealisierung, 1988): Gewinnrealisierung bei Wertpapierpensionsgeschäften, in: Die Wirtschaftsprüfung, 41. Jg. (1988), S. 291-296.

Milbourn, Todd T. (CEO, 2003): CEO reputation and stock-bases compensation, in: Journal of Financial Economics, Vol. 68 (2003), S. 233-262.

Milgrom, Paul R. (Representation,1981): Good News and Bad News: Representation Theorems and Applications, in: The Bell Journal of Economics, Vol. 12 (1981), S. 380-391.

Milgrom, Paul/Roberts, John (Economics, 1992): Economics, Organization and Management, New Jersey 1992.

Mochty, Ludwig (Benford, 2002): Die Aufdeckung von Manipulationen im Rechnungswesen – Was leistet das Benford's Law?, in: Die Wirtschaftsprüfung, 55. Jg. (2002), S. 725-736.

Modigliani, Franco/Perotti, Enrico (Markets, 2000): Security Markets versus Bank Finance : Legal Enforcement and Investors' Protection, in: International Review of Finance, Vol. 1 (2000), S. 81-96.

Moffeit, Kathy S./Eikner, Elaine A. (Implementation, 2003): Implementation of SAB 101, in: The CPA Journal, Vol. 73 (2003), S. 56-57.

Moxter, Adolf (Jahresabschlussaufgaben, 1979): Die Jahresabschlussaufgaben nach der EG-Bilanzrichtlinie: Zur Auslegung von Art. 2 EG-Bilanzrichtlinie, in: Die Aktiengesellschaft, 24. Jg. (1979), S. 141-146.

Moxter, Adolf (Gewinnermittlung, 1982): Betriebswirtschaftliche Gewinnermittlung, Tübingen 1982.

Moxter, Adolf (Unternehmensbewertung, 1983): Grundsätze ordnungsmäßiger Unternehmensbewertung, 2. Aufl., Wiesbaden 1983.

Moxter, Adolf (Bilanztheorie, 1984): Bilanzlehre: Band I – Einführung in die Bilanztheorie, 3. Aufl., Wiesbaden 1984.

Moxter, Adolf (Realisationsprinzip, 1984): Das Realisationsprinzip – 1884 und heute, in: Betriebs-Berater, 39. Jg. (1984), S. 1780-1786.

Moxter, Adolf (Bilanzlehre, 1986): Bilanzlehre: Band II – Einführung in das neue Bilanzrecht, 3. Aufl., Wiesbaden 1986.

Moxter, Adolf (Zweck, 1987): Zum Sinn und Zweck des handelsrechtlichen Jahresabschlusses nach neuem Recht, in: Havermann, Hans (Hrsg.): Bilanz- und Konzernrecht: Festschrift zum 65. Geburtstag von Dr. Dr. h. c. Reinhard Goerdeler, Düsseldorf 1987, S. 361-374.

Moxter, Adolf (Betrachtungsweise, 1989): Zur wirtschaftlichen Betrachtungsweise im Bilanzrecht, in: Steuer und Wirtschaft, 66. Jg. (1989), S. 232-241.

Moxter, Adolf (GoB, 1993): Grundsätze ordnungsmäßiger Buchführung – ein handelsrechtliches Faktum, von der Steuerrechtssprechung festgestellt, in: Der Präsident des Bundesfinanzhofs (Hrsg.): 75 Jahre Reichsfinanzhof – Bundesfinanzhof: Festschrift, Bonn 1993, S. 533-544.

Moxter, Adolf (EuGH, 1995): Zum Umfang der Entscheidungskompetenz des Europäischen Gerichtshofes im Bilanzrecht, in: Betriebs-Berater, 50. Jg. (1995), S. 1463-1466.

Moxter, Adolf (Verhältnis, 1995): Zum Verhältnis von handelsrechtlichen Grundsätzen ordnungsmäßiger Bilanzierung und True-and-fair-view-Gebot bei Kapitalgesellschaften, in: Förschle, Gerhart/Kaiser, Klaus/Moxter, Adolf (Hrsg.): Rechenschaftslegung im Wandel – Festschrift für Wolfgang Dieter Budde, München 1995, S. 419-429.

Moxter, Adolf (Handelsbilanz, 1997): Zum Verhältnis von Handelsbilanz und Steuerbilanz, in: Betriebs-Berater, 50. Jg. (1997), S. 195-199.

Moxter, Adolf (Bilanzrechtsprechung, 1999): Bilanzrechtsprechung, 5. Aufl., Tübingen 1999.

Moxter, Adolf (Dividendenaktivierung, 2000): Phasengleiche Dividendenaktivierung: Der Große Senat des BFH im Widerstreit zu den handelsrechtlichen GoB, in: Der Betrieb, 53. Jg. (2000), S. 2333-2336.

Moxter, Adolf (Rechnungslegungsmythen, 2000): Rechnungslegungsmythen, in: Betriebs-Berater, 55. Jg. (2000), S. 2143-2149.

Moxter, Adolf (Zukunft, 2001): Die Zukunft der Rechnungslegung – Anmerkungen zu den Thesen eines Arbeitskreises der Schmalenbach-Gesellschaft, in: Der Betrieb, 54. Jg. (2001), S. 605-607.

Moxter, Adolf (Grundsätze, 2003): Grundsätze ordnungsgemäßer Rechnungslegung, Düsseldorf 2003.

Moxter, Adolf/Wesner, Peter (Gewinnrealisierungsprobleme, 2001): Gewinnrealisierungsprobleme in der höchstrichterlichen Rechtsprechung, in: Hommelhoff, Peter/Zätzsch, Roger/Erle, Bernd (Hrsg.): Gesellschaftsrecht, Rechnungslegung, Steuerrecht – Festschrift für Welf Müller zum 65. Geburtstag, München 2001, S. 649-662.

Mulford, Charles W./Comiskey, Eugene E. (Numbers, 2002): The Financial Numbers Game – Detecting Creative Accounting Practices, New York 2002.

Müller, Christian (Informationsgehalt, 1995): Agency-Theorie und Informationsgehalt – Der Beitrag des normativen Prinzipal-Agent-Ansatzes zum Erkenntnisfortschritt der Betriebswirtschaftslehre, in: Die Betriebswirtschaft, 55. Jg. (1995), S. 61-76.

Müller, Wolfgang (Bilanzinformation, 1992): Bilanzinformation und Aktienbewertung, Frankfurt am Main 1992.

Murphey, Kevin J. (Remuneration, 1985): Corporate Performance and Managerial Remuneration, in: Journal of Accounting and Economics, Vol. 7 (1985), S. 11-42.

Murphy, Kevin J./Zimmerman, Jerold L. (Financial, 1993): Financial performance surrounding CEO turnover, in: Journal of Accounting and Economics, Vol. 16 (1993), S. 273-315.

Myers, John H. (Critical, 1959): The Critical Event and the Recognition of Net Profit, in: The Accounting Review, Vol. 34 (1959), S. 528-532.

Nash, John F. (Equilibrium, 1950): Equilibrium Points in n-Person Games, in: Proceedings of the National Academy of Sciences of the United States of America, Vol. 36 (1950), S. 48-49.

National Association of Fraud Examiners (Books, 1993): Cooking the books: What every accountant should know about fraud, No. 92-5401, self-study workbook: 12.

National Commission on Fraudulent Financial Reporting (Report, 1987): Report of the National Commission on Fraudulent Financial Reporting October 1987, Online im Internet: http://www.coso.org/Publications/NCFFR.pdf, Stand: 2003, Abfrage: 29.8.2003.

Nelson, Mark W. (Evidence, 2003): Behavioral Evidence on the Effects of Principles- and Rules-Based Standards, in: Accounting Horizons, Vol. 17 (2003), S. 91-104.

Nelson, Mark W./Elliott, John A./Tarpley, Robin L. (Decisions, 2002): Evidence from Auditors about Managers' and Auditors' Earnings Management Decisions, in: The Accounting Review, Vol. 77 Supplement (2002), S. 175-202.

Nieskens, Hans (Geschäfte, 1989): Schwebende Geschäfte und das Postulat des wirtschaftlichen Eigentums, in: Finanz-Rundschau, 71. Jg. (1989), S. 537-542.

Nikolai, Loren A./Bazley, John D. (Accounting, 2003): Intermediate Accounting, 9. Aufl., Mason (Ohio) 2003.

Nobes, Christopher W. (Practices, 1983): A Judgemental International Classification of Financial Reporting Practices, in: Journal of Business Finance & Accounting, Vol. 10 (1983), S. 1-19.

Nobes, Christopher W. (Liabilities, 2003): Liabilities and their Measurement in UK and International Accounting Standards, London 2003.

Nobes, Christopher W. (Standards, 2005): Rules-Based Standards and the Lack of Principles in Accounting, in: Accounting Horizons, Vol. 19 (2005), S. 25-34.

O.V. (Worldcom, 2002): Worldcom: Höhere Falschbuchungen, in: Frankfurter Allgemeine Zeitung vom 17.11.2002, Nr. 259, S. 15.

O.V. (Xerox, 2002): SEC wirft Xerox Bilanztricks vor - 10 Millionen Dollar Strafe / Bilanzen von 1997 bis 2000 werden revidiert, in: Frankfurter Allgemeine Zeitung vom 13.04.2002, Nr. 86, S. 21.

O.V. (News, 2004): NewsDigest - Accounting, in: Journal of Accountancy, Vol. 197 (March 2004), S. 18-20.

Ohlson, James A./Penman, Stephen H. (Returns, 1992): Disaggregated Accounting Data as Explanatory Variables for Returns, in: Journal of Accounting, Auditing and Finance, Vol. 7 (1992), S. 553-573.

Oldenburger, Iris (Bilanzierung, 2000): Die Bilanzierung von Pensionsgeschäften nach HGB, US-GAAP und IAS: Die wirtschaftliche Betrachtungsweise als Konvergenzkriterium, Wiesbaden 2000.

Ordelheide, Dieter (Anschaffungskosten, 1999): Anschaffungskosten, in: Castan, Edgar/Heymann, Gerd/Müller, Eberhard/Ordelheide, Dieter/Scheffler, Eberhard (Hrsg.): Beck'sches Handbuch der Rechnungslegung, München 1999, B 162.

Ordelheide, Dieter/Böckem, Hanne (IAS, 2003): Teil B: Kommentierung zu IAS 18, in: Baetge, Jörg/Dörner, Dietrich/Kleekämper, Heinz/Wollmert, Peter/Kirsch, Hans-Jürgen (Hrsg.): Rechnungslegung nach International Accounting Standards (IAS) – Kommentar auf der Grundlage des deutschen Bilanzrechts, 2. Aufl., Stuttgart 2003.

Packmohr, Arthur (Bilanzpolitik, 1984): Bilanzpolitik und Bilanzmanagement: Leitlinien für die optimale Gestaltung des Jahresabschlusses mit Checkliste der bilanzpolitischen Aktivitäten, Köln 1984.

Palmrose, Zoe-Vonna/Richardson, Vernon J./Scholz, Susan (Restatement, 2004): Determinants of market reactions to restatement announcements, in: Journal of Accounting and Economics, Vol. 37 (2004), S. 59-89.

Parfet, William U. (Commentary, 2000): Accounting Subjectivity and Earnings Management: A Preparer Perspective, in: Accounting Horizons, Vol. 14 (2000), S. 481-488.

Peemöller, Volker H. (Rechnungslegung, 2004): Internationale Rechnungslegung und Finanzmarktkommunikation, in: Bank, Matthias/Schiller, Bettina (Hrsg.): Finanzintermediation – Theoretische, wirtschaftspolitische und praktische Aspekte aktueller Entwicklungen im Bank- und Börsenwesen, Stuttgart 2004, S. 559-578.

Pellens, Bernhard/Bonse, Andreas/Fülbier, Rolf Uwe (Rahmen, 1996): Organisatorischer und konzeptioneller Rahmen des IASC, in: Mitteilungen der Wirtschaftsprüferkammer, 35. Jg. (1996), S. 264-278.

Pellens, Bernhard/Detert, Karsten/Nölte, Uwe/Sellhorn, Thorsten (Enforcement, 2004): Enforcement von Rechnungslegungsregeln – Zum Referentenentwurf eines Bilanzkontrollgesetzes, 4. Jg. (2004), S. 1-4.

Pellens, Bernhard/Fülbier Rolf Uwe/Gassen, Joachim (Rechnungslegung, 2004): Internationale Rechnungslegung, 5. Aufl., Stuttgart 2004

Pellens, Bernhard/Sellhorn, Thorsten/Streckenbach, Jana (Konsolidierungskreis, 2003): Neue Abgrenzungskriterien für den Konsolidierungskreis – Zur Bilanzierung von Zweckgesellschaften nach FIN 46, in: Kapitalmarktorientierte Rechnungslegung, 3. Jg. (2003), S. 191-194.

Penman, Stephen H. (Quality, 2003): The Quality of Financial Statements: Perspectives from the Recent Stock Market Bubble, in: Accounting Horizons, Supplement 2003, S. 77-96.

Perry, Susan E./Williams, Thomas H. (MBO, 1994): Earnings management preciding management buyout offers, in: Journal of Accounting and Economics, Vol. 18 (1994), S. 157-179.

Pfitzer, Norbert/Oser, Peter/Orth, Christian (TransPubG, 2002): Zur Reform des Aktienrechts, der Rechnungslegung und Prüfung durch das TransPubG – Darstellung und kritische Würdigung des Referentenentwurfs vom 26.11.2001 –, in: Der Betrieb, 55. Jg. (2002), S. 157-165.

Pfleger, Günter (Bilanzpolitik, 1991): Die neue Praxis der Bilanzpolitik – Strategien und Gestaltungsmöglichkeiten im handels- und steuerrechtlichen Jahresabschluss, 4. völlig überarbeitete und erweiterte Aufl., Freiburg i. Br. 1991.

Phillips, Thomas J. Jr./Luehlfing, Michael S./Daily, Cynthia M. (Revenue, 2001): The Right Way to Recognize Revenue, in: Journal of Accountancy, Vol. 191 (2001), S. 39- 46.

Picot, Arnold (Organisation, 1991): Ökonomische Theorien der Organisation – Ein Überblick über neuere Ansätze und deren betriebswirtschaftliches Anwendungspotential, in: Ordelheide, Dieter/Rudolph, Bernd/Büsselmann, Elke (Hrsg.): Betriebswirtschaftslehre und Ökonomische Theorie, Stuttgart 1991, S. 143-170.

Pilhofer, Jochen (Umsatzrealisierung, 2002): Umsatz- und Gewinnrealisierung im internationalen Vergleich: Bilanzpolitische Gestaltungsmöglichkeiten nach HGB, US-GAAP und IFRS, Berlin 2002.

Piltz, Detlev (Rückgaberecht, 1985): Die Gewinnrealisierung bei Kaufverträgen mit Rückgaberecht des Käufers, in: Betriebs-Berater, 40. Jg. (1985), S. 1368-1372.

Plock, Marcus (Ertragsrealisation, 2004): Ertragsrealisation nach International Financial Reporting Standards (IFRS), Düsseldorf 2004.

Posner, Richard A. (Analysis, 1986): Economic Analysis of Law, 3. Aufl., Boston 1986.

Pourciau, Susan (Earnings, 1993): Earnings management and nonroutine executive changes, in: Journal of Accounting and Economics, Vol. 16 (1993), S. 317-336.

Powers, William C./Troubh, Raymond S./Winokur, Herbert S. (Report, 2002): Report of investigation by the special investigative committee of the board of directors of Enron Corp., Austin 2002.

Prather-Kinsey, Jenice/Meek, Gary K. (IAS 14, 2004): The Effect of Reviced IAS 14 on Segment Reporting by IAS Companies, in: European Accounting Review, Vol. 13 (2004), S. 213-234.

Preißler, Gerald (Prinzipienbasierung, 2002): „Prinzipienbasierung" der IAS, in: Der Betrieb, 55. Jg. (2002), S. 2389-2395.

PriceWaterhouseCoopers (IAS, 2002): Understanding IAS – Analysis and Interpretation of International Accounting Standards, Kopenhagen 2002.

PriceWaterhouseCoopers (Litigation, 2002): 2002 Securities Litigation Study, Online im Internet: http://www.10b5.com/2002_study.pdf, Stand: November 2003, Abfrage: 29.10.2003.

Psaros, Jim/Trotman, Ken T. (Accounting, 2004): The Impact of the Type of Accounting Standards on Preparers' Judgments, in: Abacus, Vol. 40 (2004), S. 76-93.

Quick, Reiner/Wolz, Matthias (Benford, 2003): Benford's Law in deutschen Rechnungslegungsdaten, in: Betriebswirtschaftliche Forschung und Praxis, 55. Jg. (2003), S. 208- 224.

Rangan, Srinivasan (Earnings, 1998): Earnings management and the performance of seasoned equity offerings, in: Journal of Financial Economics, Vol. 50 (1998), S. 101-122.

Rau, Stephan (Eigentum, 2000): Wirtschaftliches Eigentum und Gewinnrealisierung bei echten Pensions- und Repogeschäften – Unter dem besonderen Blickwinkel der Girosammelverwahrung von Aktien und Abgrenzung derartiger Geschäfte von Wertpapiersachdarlehen, in: Betriebs-Berater, 55. Jg. (2000), S. 2338-2341.

Regierungskommission Deutscher Corporate Governance Kodex (DCGK, 2002): Deutscher Corporate Governance-Kodex, Online im Internet: http://www.corporate-governance-code.de/ger/kodex/index.html, Stand: 04.07.2003, Abfrage: 10.11.2003.

Richter, Martin (Gewinnrealisierung, 2000): Gewinnrealisierung bei langfristiger Fertigung, in: Ballwieser, Wolfgang (Hrsg.): US-amerikanische Rechnungslegung – Grundlagen und Vergleiche mit dem deutschen Recht, 4. Aufl., Stuttgart 2000, S. 139-168.

Richter, Rudolf/Furubotn, Eirik (Institutionenökonomik, 1998): Neue Institutionenökonomik – eine Einführung und kritische Würdigung, 2. Aufl., Tübingen 1998.

Rogero, L. Hal (Quality, 1998): Characteristics of High Quality Accounting Standards, in: Accounting Horizons, Vol. 12 (1998), S. 177-183.

Roosenboom, Peter/Van der Goot, Tjalling/Mertens, Gerard (Earnings, 2003): Earnings management and initial public offerings: Evidence from the Netherlands, in: The International Journal of Accounting, Vol. 38 (2003), S. 243-266.

Ross, Stephen A. (Theory, 1973): The Economic Theory of Agency: The Principal's Problem, in: The American Economic Review, Vol. 63 (1973), S. 134-139.

Rountree, Brian (Response, 2003): The Response to Changes in Revenue Recognition Policies, Working Paper, 2003.

Rubin, Steven (GAAP, 1984): Professional Notes - The House of GAAP, in: Journal of Accountancy, Vol. 157, S. 122-129.

Rudolf, Andreas/Suter, Daniel (Fertigung, 1999): True and fair view bei der langfristigen Fertigung – ein Widerspruch? – Completed-Contract-Methode CCM versus Percentage-of-Completion-Methode POCM, in: Der Schweizer Treuhänder (1999), S. 527-542.

Rüdinger, Andreas (Regelungsschärfe, 2004): Regelungsschärfe bei Rückstellungen – Normkonkretisierung und Anwendungsermessen nach GoB, IAS/IFRS und US-GAAP, Wiesbaden 2004.

Ruhnke, Klaus/Nerlich, Christoph (Regelungslücken, 2004): Behandlung von Regelungslücken innerhalb der IFRS, in: Der Betrieb, 57. Jg. (2004), S. 389-395.

Ruß, Werner (Kommentar, 2002): Kommentar zu § 331 HGB, in: Glanegger, Peter/Güroff, Georg et al. (Hrsg.): Heidelberger Kommentar zum Handelsgesetzbuch – Handelsrecht, Bilanzrecht, Steuerrecht, 6. Aufl., Heidelberg 2002.

Rutledge, Robert W./Karim, Khondkar E. (Self-interest, 1999): The influence of self-interest and ethical considerations on managers' evaluation judgments, in: Accounting, Organizations and Society, Vol. 24 (1999), S. 173-184.

Samuelson, Richard A. (Framework, 1999): The Subjectivity of the FASB's Conceptual Framework: A Commentary on Bryer, in: Critical Persectives on Accounting, Vol. 10 (1999), S. 631-641.

Sankar, Mandira R./Subramanyam, K. R. (Discretion, 2001): Reporting Discretion and Private Information Communication through Earnings, in: Journal of Accounting Research, Vol. 39 (2001), S. 365-434.

SAS No. 99: Consideration of Fraud in a Financial Statement Audit, in: Journal of Accountancy, Vol. 195-1 (2003), S. 105-120.

Sauter, Douglas (GAAP, 1991): Remodeling the House of GAAP – Proposed changes in the GAAP hierarchy may be the most extensive ever, in: Journal of Accountancy, Vol. 172 (1991), S. 30-37.

Schäfer, Hans-Bernd (Rules, 2002): Legal Rules and Standards, in: German Working Papers in Law and Economics, 2002.

Schäfer, Wolf (Forderungen, 1971): Grundsätze ordnungsmäßiger Bilanzierung für Forderungen, Düsseldorf 1971.

Scheffler, Eberhard (Berichterstattung, 2002): Die Berichterstattung des Abschlussprüfers aus der Sicht des Aufsichtsrates, in: Die Wirtschaftsprüfung, 55. Jg. (2002), S. 1289-1300.

Scheffler, Wolfram (Bilanzpolitik, 2002): Bilanzplanung und -politik, in: Küpper, Hans-Ulrich/Wagenhofer, Alfred (Hrsg.): Handwörterbuch Unternehmensrechnung und Controlling, 4. Aufl., Stuttgart 2002, Sp. 186-194.

Scheffler, Wolfram (Bilanzsteuerrecht, 2004): Europäisierung des Bilanzsteuerrechts – Anmerkungen zum Urteil des FG Hamburg vom 28.11.2003 auf der Grundlage des EuGH-Urteils vom 7.1.2003 (BIAO), in: Steuern und Bilanzen, 6. Jg. (2004), S. 776-781.

Scheuerell, Francis E. (IAS 11, 1999): Comparative Analysis of IAS 11, in: Bloomer, Carrie (Hrsg.): The IASC-U.S. Comparison Project: A Report on the Similarities and Differences between IASC Standards and U.S. GAAP, Norwalk 1999, S. 125-141.

Schiff, Michael (Accounting, 1966): Accounting Tactics and the Theory of the Firm, in: Journal of Accounting Research, Vol. 4 (1966), S. 62-67.

Schildbach, Thomas (Prinzipienorientierung, 2003): Prinzipienorientierung – wirksamer Schutz gegen Enronitis?, in: Betriebswirtschaftliche Forschung und Praxis, 55. Jg. (2003), S. 247-266.

Schindler, Joachim (Fertigung, 1984): Die Probleme der langfristigen Fertigung nach derzeitigem und künftigem Handelsrecht, in: Der Betieb, 37. Jg. (1984), S. 574-577.

Schipper, Katherine (Commentary, 1989): Commentary on Earnings Management, in: Accounting Horizons, Vol. 3 (1989), S. 91-102.

Schipper, Katherine (Principles-Based, 2003): Principles-Based Accounting Standards, in: Accounting Horizons, Vol. 17 (2003), S. 61-72.

Schlechtriem, Peter (Schuldrecht, 2003): Schuldrecht, Besonderer Teil, 6. Aufl., Tübingen 2003.

Schlüter, Jörg (Handbuch, 2004): Gewinn- und Verlustrechnung, in: Bohl, Werner/Riese, Joachim/Schlüter, Jörg (Hrsg.): Beck'sches IFRS-Handbuch – Kommentierung der IAS/IFRS, München 2004.

Schmid, Peter/Walter, Wolfgang (Teilgewinnrealisierung, 1994): Teilgewinnrealisierung bei langfristiger Fertigung in Handels- und Steuerbilanz, in: Der Betrieb, 47. Jg. (1994), S. 2353-2359.

Schmidbauer, Rainer (E-DRS 17, 2002): Die Erfassung von Erlösen nach E-DRS 17 – ein Fortschritt für die deutsche Rechnungslegung?, in: Deutsches Steuerrecht, 40. Jg. (2002), S. 2051-2056.

Schmidtchen, Dieter (Analyse, 2001): Vertrauen und Recht: eine ökonomische Analyse, German Working Papers in Law and Economics, 2001.

Schneider, Dieter (Thesen, 1970): Sieben Thesen zum Verhältnis von Handels- und Steuerbilanz – Ein Beitrag zur Reform der steuerlichen Gewinnermittlung, in: Der Betrieb, 23. Jg. (1970), S. 1697-1705.

Schneider, Dieter (Gewinn, 1971): Aktienrechtlicher Gewinn und ausschüttungsfähiger Betrag, in: Die Wirtschaftsprüfung, 24. Jg. (1971), S. 607-617.

Schneider, Dieter (Gewinnermittlung, 1971): Gewinnermittlung und steuerliche Gerechtigkeit, in: Zeitschrift für betriebswirtschaftliche Forschung, 23. Jg. (1971), S. 352-394.

Schneider, Dieter (Methoden, 2003): Problemfelder und Methoden des Rechnungswesens allgemein und einer Konzernrechnungslegung als internationale Gewinnsteuerbemessungsgrundlage im besonderen, in: Betriebswirtschaftliche Forschung und Praxis, 55. Jg. (2003), S. 652-669.

Schön, Wolfgang (Auslegung, 2004): Kompetenzen der Gerichte zur Auslegung von IAS/IFRS, in: Betriebs-Berater, 59. Jg. (2004), S. 763-768.

Schruff, Wienand (Fraud, 2003): Zur Aufdeckung von Top-Management-Fraud durch den Wirtschaftsprüfer im Rahmen der Jahresabschlussprüfung, in: Die Wirtschaftsprüfung, 56. Jg. (2003), S. 901-911.

Schruff, Wienand/Rothenburger, Manuel (Konsolidierung, 2002): Zur Konsolidierung von Special Purpose Entities im Konzernabschluss nach US-GAAP, IAS und HGB, in: Die Wirtschaftsprüfung, 55. Jg. (2002), S. 755-765.

Schulte, Karl-Werner (Bilanzpolitik, 1986): Bilanzpolitik und Publizitätsverhalten deutscher Aktiengesellschaften: Derzeitige Praxis und erwartete Auswirkungen des Bilanzrichtlinien-Gesetzes, Bergisch Gladbach 1986.

Schulze-Osterloh, Joachim (EuGH, 1995): Vorabentscheidung des Europäischen Gerichtshofs zum Handelsbilanzrecht – zugleich Besprechung der Entscheidung BGH ZIP 1994, 1259, in: Zeitschrift für Unternehmens- und Gesellschaftsrecht, 24. Jg. (1995), S. 170-189.

Schulze-Osterloh, Joachin (Reform, 2004): HGB-Reform: Der Einzelabschluß nicht kapitalmarktorientierter Unternehmen unter dem Einfluss von IAS/IFRS, in: Betriebs-Berater, 59. Jg. (2004), S. 2567-2570.

Schwartz, Kenneth B./Soo, Billy S. (Evidence, 1996): Evidence of Regulatory Noncompliance with SEC Disclosure Rules on Auditor Changes, in: The Accounting Review, Vol. 71 (1996), S. 555-572.

Scott, Richard A./Scott, Rita K. (Installment, 1979): Installment Accounting: Is it Inconsistent?, in: The Journal of Accountancy, Vol. 148 (1979), S. 52-58.

SEC (Study, 2003): Study Pursuant to Section 108(d) of the Sarbanes-Oxley Act of 2002 on the Adoption by the United States Financial Reporting System of a Principles-Based Accounting System, Online im Internet: http://www.sec.gov/news/studies/ principlesbasedstand.htm, Stand: 25.7.2003, Abfrage: 13.8.2004.

SEC (SAB, 2004): Selected Staff Accounting Bulletins, Online im Internet: http://www.sec.gov/interps/account.shtml, Stand: März 2004, Abfrage: 22.4.2004.

Seeberg, Thomas (IAS, 2003): Teil B: Kommentierung zu IAS 11, in: Baetge, Jörg/Dörner, Dietrich/Kleekämper, Heinz/Wollmert, Peter/Kirsch, Hans-Jürgen (Hrsg.): Rechnungslegung nach International Accounting Standards (IAS) – Kommentar auf der Grundlage des deutschen Bilanzrechts, 2. Aufl., Stuttgart 2003.

Selchert, Friedrich W. (Auftragsfertigung, 1990): Das Realisationsprinzip – Teilgewinnrealisierung bei langfristiger Auftragsfertigung, in: Der Betrieb, 43. Jg. (1990), S. 797-805.

Selchert, Friedrich W./Lorchheim, Ulrich (Teilgewinnrealisierung, 1998): Teilgewinnrealisierung bei Auftragsfertigung – Regelung nach IAS 11 und ihre Kompatibilität mit den deutschen Rechnungslegungsvorschriften, München 1998.

Shavell, Steven (Analysis, 1987): Economic Analysis of Accident Law, Cambridge 1987.

Shivakumar, Lakshmanan (Overstating, 2000): Do firms mislead investors by overstating earnings before seasoned equity offerings?, in: Journal of Accounting and Economics, Vol. 29 (2000), S. 339-371.

Shortridge, Rebecca Toppe/Myring, Mark (Defining, 2004): Defining Principles-Based Accounting Standards, in: The CPA Journal, Vol. 74 (August 2004), S. 34-37.

Sieben, Günter (Rechnungslegungspolitik, 1998): Rechnungslegungspolitik als Instrument der Unternehmensführung – Ein Überblick über die Grundlagen, Ziele und Instrumente handelsrechtlicher Rechnungslegungspolitik, in: Freidank, Carl-Christian (Hrsg.): Rechnungslegungspolitik – Eine Bestandsaufnahme aus handels- und steuerrechtlicher Sicht, Berlin 1998, S. 3-35.

Siebert, Henning (Grundlagen, 1996): Grundlagen der US-amerikanischen Rechnungslegung: Ziele und Inhalte der Verlautbarungen der SEC und des FASB sowie ihre Unterschiede zum deutschen Bilanzrecht, Köln 1996.

Siegel, Theodor (Wahlrecht, 1986): Wahlrecht, in: Leffson, Ulrich/Rückle, Dieter/Großfeld, Bernhard (Hrsg.): Handwörterbuch unbestimmter Rechtsbegriffe im Bilanzrecht des HGB, Köln 1986, S. 416-427.

Siegler, Jan (Erlöse, 2002): Erfassung von Erlösen (E-DRS 17) – Der Irrgang des DRSC geht weiter, in: Der Betrieb, 55. Jg. (2002), S. 1513-1517.

Skinner, Douglas J. (Disclose, 1994): Why Firms Voluntarily Disclose Bad News, in: Journal of Accounting Research, Vol. 32 (1994), S. 38-60.

Skinner, Douglas J./Sloan, Richard G. (Earnings, 1999): Earnings Surprises, Growth Expectations, and Stock Returns or Don't Let an Earnings Torpedo Sink Your Portfolio, Working Paper, 1999.

Smith, Pamela/Kivi, Leslie/Wagner, Colette (Standards, 2004): Principles-Based Standards and the Determination of Control for Consolidation, in: The CPA Journal, Vol. 74 (January 2004), S. 11-13.

Sonnenberg, Carsten (Bartering, 1997): Grundfragen des Bartering, Frankfurt am Main 1997.

Spence, Michael (Signals, 1974): Competitive and Optimal Responses to Signals: An Analysis of Efficiency and Distribution, in: Journal of Economic Theory, Vol. 7 (1974), S. 296-332.

Spiceland, David J./Sepe, James F./Tomassini, Lawrence A. (Accounting, 2004): Intermediate Accounting, 3. Aufl., New York 2004.

Spremann, Klaus (Agent, 1987): Agency Theory and Risk Sharing – Agent and Principal, in: Bamberg, Günter/Spremann, Klaus (Hrsg.): Agency Theory, Information, and Incentives, Berlin 1987, S. 3-37.

Spremann, Klaus (Stakeholder-Ansatz, 1989): Stakeholder-Ansatz versus Agency-Theorie, in: Zeitschrift für Betriebswirtschaft, 59. Jg. (1989), S. 742-745.

Spremann, Klaus (Information, 1990): Asymmetrische Information, in: Zeitschrift für Betriebswirtschaft, 60. Jg. (1990), S. 561-586.

Sprinkle, Geoffrey B. (Perspectives, 2003): Perspectives on experimental research in managerial accounting, in: Accounting, Organizations and Society, Vol. 28 (2003), S. 287-318.

Sridhar, Sri S. (Managerial, 1994): Managerial Reputation and Internal Reporting, in: The Accounting Review, Vol. 69 (1994), S. 343-363.

Sridharan, Uma V./Summers, Suzanne/McAlum, Harry (Valuation, 2003): The Case of MicroStrategy, Inc.: SAB 101, Revenue Recognition, and Stock Valuation, in: Journal of Education for Business, Vol. 78 (2003), S. 258-262.

Stein, Heinz-Gerd (Konzernbilanzpolitik, 1993): Ziele und Maßnahmen der Konzernbilanzpolitik, in: Zeitschrift für betriebswirtschaftliche Forschung, 45. Jg. (1993), S. 973-993.

Steinberg, Joel (Barter, 1999): Accounting for Transactions Involving Barter Credits, in: The CPA Journal, Vol. 69 (1999), S. 56.

Sterling, Robert R. (Patch, 2003): A Patch on GAAP, in: Abacus, Vol. 39 (2003), S. i-vi.

Stewing, Clemens (Auftragsfertigung, 1990): Bilanzierung bei langfristiger Auftragsfertigung, in: Betriebs-Berater, 45. Jg. (1990), S. 100-106.

Stickney, Clyde P./Weil, Roman L./Davidson, Sidney (Accounting, 1991): Financial Accounting – an introduction to concepts, methods, and uses, 6. Aufl., Chicago 1991.

Storck, Sylvia (Spielräume, 2004): Bilanzpolitische Handlungsspielräume im deutschen und amerikanischen Handelsbilanzrecht – Eine rechtsvergleichende Analyse, Berlin 2004.

Storey, Reed K. (Revenue, 1959): Revenue Realization, Going Concern and Measurement of Income, in: The Accounting Review, Vol. 34 (1959), S. 232-238.

Strobl, Elisabeth (Matching, 1994): Matching Principle und deutsches Bilanzrecht, in: Ballwieser,Wolfgang/Böcking, Hans-Joachim/Drukarczyk, Jochen/Schmidt, Reinhard H. (Hrsg.): Bilanzrecht und Kapitalmarkt, Festschrift zum 65. Geburtstag von Professor Dr. Dr. h.c. Dr. h.c. Adolf Moxter, Düsseldorf 1994, S. 407-432.

Sunder, Shyam (Rechnungslegung, 2003): Politisch-ökonomische Betrachtungen zum Zusammenbruch der Rechnungslegung in den USA, in: Die Wirtschaftsprüfung, 56. Jg. (2003), S. 141-150.

Sunder, Shyam (Rethinking, 2003): Rethinking the Structure of Accounting and Auditing, Working Paper, 2003.

Sutton, Tim (Accounting, 2000): Corporate Financial Accounting and Reporting, Essex 2000.

Taggart, H. F. (Construction, 1926): Construction Company Accounts, in: The Accounting Review, Vol. 1 (1926), S. 20-32.

Takeuchi, Yoshiyuki (Method, 2004): On a statistical method to detect discontinuity in the distribution function of reported earnings, in: Mathematics and Computers in Simulation, Vol. 64 (2004), S. 103-111.

Teichmann, Christoph (Werkvertragsrecht, 2002): Schuldrechtsmodernisierung 2001/2002 – Das neue Werkvertragsrecht, in: Juristische Schulung, 3. Jg. (2002), S. 417-424.

Teoh, Siew H./Welch, Ivo/Wong, T. J. (Earnings, 1998): Earnings management and the underperformance of seasoned equity offerings, in: Journal of Financial Economics, Vol. 50 (1998), S. 63-99.

Terberger, Eva (Ansätze, 1994): Neo-institutionalistische Ansätze – Entstehung und Wandel – Anspruch und Wirklichkeit, Wiesbaden 1994.

Terhoeven, Kerstin (Aktienanalyse, 1999): Aktienanalyse durch Erfolgsspaltung – Eine theoretische und empirische Untersuchung, Frankfurt am Main 1999.

Theisen, Manuel René (Unternehmensüberwachung, 2004): Zwölf Hürden für eine „gute Unternehmensüberwachung“ in Deutschland, in: Betriebswirtschaftliche Forschung und Praxis, 56. Jg. (2004), S. 480-492.

Trueman, Brett (Managers, 1986): Why Do Managers Voluntarily Release Earnings Forecasts?, in: Journal of Accounting and Economics, Vol. 8 (1986), S. 53-71.

Trueman, Brett/Titman, Sheridan (Accounting, 1988): An Explanation for Accounting Income Smoothing, in: Journal of Accounting Research, Vol. 26 (1988), S. 127-139.

Trueman, Brett/Wong, Franco M. H./Zhang, Kiao-Jun (Revenues, 2001): Back to Basics: Forecasting the Revenues of Internet Firms, in: Review of Accounting Studies, Vol. 6 (2001), S. 305-329.

Turner, Lynn E. (Speech, 2001): Speech by SEC Staff: Revenue Recognition, Online im Internet: http://www.sec.gov/news/speech/spch495.htm, Stand: 31.3.2001, Abfrage: 26.8.2004.

Tversky, Amos/Kahneman, Daniel (Aversion, 1991): Loss Aversion in Riskless Choice: A Reference-Dependent Model, in: The Quarterly Journal of Economics, Vol. 106 (1991), S. 1039-1061.

Tweedie, David Sir (Statement, 2002): Statement of Sir David Tweedie Chairman, International Accounting Standards Board before the Committee in Banking, Housing and Urban Affairs of the United States Senate, Washington, D.C., February 14, 2002, Online im Internet: http://www.iasb.org/uploaded_files/documents/8_129_020214-dpt.pdf, Stand: 14.2.2002, Abfrage: 18.8.2004.

Veit, Klaus Rüdiger (Bilanzpolitik, 2002): Bilanzpolitik, München 2002.

Verrecchia, Robert E. (Disclosure, 1983): Discretionary Disclosure, in: Journal of Accounting and Economics, Vol. 5 (1983), S. 179-194.

Vorwold, Gerhard (Gewinn-Management, 1999): Gewinn-Management in den USA – Beobachtungen aus deutscher Sicht, in: Der Betrieb, 52. Jg. (1999), S. 2321-2328.

Wagenhofer, Alfred (Informationspolitik, 1990): Informationspolitik im Jahresabschluß: Freiwillige Informationen und strategische Bilanzanalyse, Heidelberg 1990.

Wagenhofer, Alfred (Gestaltung, 1999): Anreizkompatible Gestaltung des Rechnungswesens, in: Bühler, Wolfgang/Siegert, Theo (Hrsg.): Unternehmenssteuerung und Anreizsysteme – Kongress-Dokumentation 52. Deutscher Betriebswirtschafter-Tag 1998, Stuttgart 1999, S. 183-205.

Wagenhofer, Alfred (Internationalisierung, 2002): Die Rolle der Standards des IASB in der Internationalisierung der Rechnungslegung, in: Betriebswirtschaftliche Forschung und Praxis, 54. Jg. (2002), S. 230-245.

Wagenhofer, Alfred (IAS, 2003): Internationale Rechnungslegungsstandards – IAS/IFRS, Grundkonzepte/Bilanzierung, Bewertung, Angaben/Umstellung und Analyse, 4. Aufl., Frankfurt am Main 2003.

Wagenhofer, Alfred (Accounting, 2004): Accounting and Economics: What we Learn from Analytical Models in Financial Accounting and Reporting, in: Leuz, Christian/Pfaff, Dieter/Hopwood, Anthony (Hrsg.): The Economics and Politics of Accounting – International Perspectives on Research Trends, Policy, and Practice, New York 2004, S. 5-31.

Wagenhofer, Alfred/Ewert, Ralf (Unternehmensrechnung, 2002): Externe Unternehmensrechnung, Berlin 2002.

Walz, Rainer W. (Europäisierung, 1998): Der Einfluss von Globalisierung und Europäisierung auf die Auslegung des geltenden Bilanzrechts (Einzelabschluss), in: Zeitschrift für betriebswirtschaftliche Forschung, Sonderheft 40 (1998), S. 83-104.

Wambach, Martin/Kirchmer, Thomas (Unternehmensrating, 2002): Unternehmensrating: Weit reichende Konsequenzen für mittelständische Unternehmen und Wirtschaftsprüfer, in: Betriebs-Berater, 57. Jg. (2002), S. 400-405.

Wassermeyer, Franz (Tausch, 1984): Bewertungsfragen beim Tausch und bei tauschähnlichen Vorgängen, in: Raupach, Arndt (Hrsg. im Auftrag der DStJG): Werte und Wertermittlung im Steuerrecht – Steuerbilanz, Einheitsbewertung, Einzelsteuern und Unternehmensbewertung, Köln 1984, S. 169-193.

Wassermeyer, Franz (Anmerkung, 1986): Anmerkung zum Urteil des Bundesfinanzhof vom 27.2.1986 – IV R 52/83, in: Finanz-Rundschau, 68. Jg. (1986), S. 486.

Watts, Ross L./Zimmerman, Jerold L. (Theory, 1978): Towards a Positive Theory of the Determination of Accounting Standards, in: The Accounting Review, Vol. 53 (1978), S. 112-134.

Watts, Ross L./Zimmerman, Jerold L. (Demand, 1979): The Demand for and Supply of Accounting Theories: The Market for Excuses, in: The Accounting Review, Vol. 54 (1979), S. 273-305.

Watts, Ross L./Zimmerman, Jerold L. (Positive, 1990): Positive Accounting Theory: A Ten Year Perspective, in: The Accounting Review, Vol. 65 (1990), S. 131-156.

Weber-Grellet, Heinrich (Realisationsprinzip, 1996): Realisationsprinzip und Rückstellungen unter Berücksichtigung der neueren Rechsprechung, in: Deutsches Steuerrecht, 34. Jg. (1996), S. 896-908.

Wells, Joseph T. (Fraud, 1990): Six common myths about fraud – if not debunked, the can obscure the existence of white-collor crime, in: Journal of Accountancy, Vol. 169 (1990), S. 82-87.

Wells, Joseph T. (Timing, 2001): Timing is of the Essence, in: Journal of Accountancy, Vol. 191, S. 78-87.

Wells, Peter (CEO, 2002): Earnings management surrounding CEO changes, in: Accounting and Finance, Vol. 42 (2002), S. 169-193.

Wenger, Ekkehard/Knoll, Leonhard (Management-Anreize, 1999): Aktienkursgebundene Management-Anreize: Erkenntnisse der Theorie und Defizite der Praxis, in: Betriebswirtschaftliche Forschung und Praxis, 51. Jg. (1999), S. 565-591.

Wenk, Reinhard (Fertigung, 1997): Bilanzierung bei langfristiger Fertigung nach deutschem Handelsrecht unter Berücksichtigung US-amerikanischer Rechnungslegungsgrundsätze, Frankfurt am Main 1997.

West, Robert N. (Industries, 1998): Chase Industires, in: Issues in Accounting Education, Vol. 13 (1998), S. 1031-1042.

Wiedmann, Harald (Matching, 1994): Vergleich der deutschen Rechnungslegungsvorschriften mit den internationalen Rechnungslegungsgrundsätzen unter besonderer Berücksichtigung des Vorsichtsprinzips sowie des Matching Principle, in: Baetge, Jörg (Hrsg.): Die deutsche Rechnungslegung vor dem Hintergrund internationaler Entwicklungen, Düsseldorf 1994, S. 99-121.

Williams, Jan R. (GAAP, 2003): Miller GAAP Guide – Restatement and Analysis of Current FASB Standards, New York 2003.

Williams, Jan R./Carcello, Joseph V. (GAAP, 2004): Miller GAAP Guide – Restatement and Analysis of Current FASB Standards, New York 2004.

Williamson, Oliver E. (Trust, 1993): Calculativeness, Trust, and Economic Organization, in: Journal of Law & Economics, Vol. 36 (1993), S. 453-486.

Woerner, Lothar (Gewinnrealisierung, 1988): Die Gewinnrealisierung bei schwebenden Geschäften – Vollständigkeitsgebot, Vorsichts- und Realisationsprinzip, in: Betriebs-Berater, 43. Jg. (1988), S. 769-777.

Wöhe, Günter (Bilanzierung, 1997): Bilanzierung und Bilanzpolitik, 9. Aufl., München 1997.

Wollmert, Peter/Achleitner, Ann-Krisin (Grundlagen, 1997): Konzeptionelle Grundlagen der IAS-Rechnungslegung, in: Die Wirtschaftsprüfung, 50. Jg. (1997), S. 209-222.

Wu, Min (Restatements, 2002): A Review of Earnings Restatements, Working Paper, 2002.

Wu, Woody Y. (Management, 1997): Management Buyouts and Earnings Management: in: Journal of Accounting Auditing & Finance, Vol. 12 (1997), S. 373-389.

Wulff, John K./Koski-Grafer, Susan (Standards, 1998): Characteristics of High Quality Accounting Standards: Perspective of the Corporate Preparer, in: Accounting Horizons, Vol. 12 (1998), S. 188-191.

Young, Mark S. (Slack, 1985): Participative Budgeting: The Effects of Risk Aversion and Asymmetric Information on Budgetary Slack, in: Journal of Accounting Research, Vol. 23 (1985), S. 829-842.

Zimmermann, Jochen (Incentives, 2002): Bilanzmanipulationen – Ergebnis perverser Incentives?, in: Zeitschrift für Wirtschaftspolitik, 82. Jg. (2002), S. 537-543.

Zülch, Henning/Willms, Jesco (Revenue, 2004): Revenue Recognition: Mögliche Änderungen bei der Ertragsrealisation nach IFRS, in: Der Betrieb, 57. Jg. (2004), S. 2001-2006.

Rechtsprechungsverzeichnis

Europäischer Gerichtshof

EuGH C-234/94 vom 27. Juni 1996, in: Der Betrieb, 49. Jg. (1996), S. 1400-1401.

EuGH C-275/97 vom 14. September 1999, in: Betriebs-Berater, 54. Jg. (1999), S. 2291-2294.

EuGH C-306/99 vom 7. Januar 2003, in: Der Betrieb, 56. Jg. (2003), S. 181-188.

Bundesgerichtshof

BGH VIII ZR 175/73 vom 19. Februar 1975, in: Betriebs-Berater, 30. Jg. (1975), S. 393-394.

BGH II ZR 82/93 vom 21. Juli 1994, in: Betriebs-Berater, 47. Jg. (1994), S. 1673-1675.

BGH II ZR 263/94 vom 29. März 1996, in: Betriebs-Berater, 49. Jg. (1996), S. 1105-1109.

BGH 1 StR 169/02 vom 10. September 2002, in: BGHSt, 48. Jg. (2002), S. 4-14.

Bundesfinanzhof

BFH I 84/56 U vom 18. Dezember 1956, in: BStBl. III 1957, S. 27-28.

BFH I D 1/57 S vom 16. Dezember 1958, in: BStBl. III 1959, S. 30-39.

BFH IV 226/58 S vom 28. Januar 1960, in: BStBl. III 1960, S. 291-294.

BFH IV 335/59 S vom 17. Januar 1963, in: BStBl. III 1963, S. 257-258.

BFH I 51/61 S vom 2. November 1965, in: BStBl. III 1966, S. 61-64.

BFH VI 318/65 vom 14. Juni 1967, in: BStBl. III 1967, S. 574.

BFH IV 123/63 vom 23. November 1967, in: BStBl. II 1968, S. 176-177.

BFH IV R 144/66 vom 26. Januar 1970, in: BStBl. II 1970, S. 264-273.

BFH I R 107/68 vom 15. April 1970, in: BStBl. II, 1970, S. 517-518.

BFH IV R 222/69 vom 27. Mai 1970, in: BStBl. II 1971, S. 743-745.

BFH VI R 99/67 vom 18. Dezember 1970, in: BStBl. II 1971, S. 237-239.

BFH VIII 15/65 vom 13. Juni 1971, in: BStBl. II 1971, S. 731-732.

BFH IV R 181/71 vom 29. November 1973, in: BStBl. II, 1974, S. 202-205.

BFH I R 121/74 vom 5. Mai 1976, , in: BStBl. II 1976, S. 541-543.

BFH IV R 1/75 vom 29. März 1979, in: BStBl. II 1979, S. 412-414.

BFH IV R 69/74 vom 13. Dezember 1979, in: BStBl. II 1980, S. 239-242.

BFH VIII R 53/81 vom 14. Dezember 1982, in: BStBl. II 1983, S. 303-306.

BFH I R 198/80 vom 22. August 1984, in: BStBl. II 1985, S. 126-129.

BFH I B 49/85 vom 11. Dezember 1985, in: BFH/NV, 2. Jg. (1986), S. 595-596.

BFH VIII R 134/80 vom 25. Februar 1986, in: BStBl. II 1986, S. 788-790.

BFH IV R 52/83 vom 27. Februar 1986, in: BStBl. II 1986, S. 552-554.

BFH VIII R 391/83 vom 13. November 1985, in: BFH/NV, 2. Jg. (1986), S. 531-534.

BFH I R 192/82 vom 29. April 1987, in: BStBl. II 1987, S. 797-800.

BFH I R 157/84 vom 3. August 1988, in: BStBl. II 1989, S. 21-24.

BFH X R 48/81 vom 20. Januar 1988, in: BStBl. II 1988, S. 557-561.

BFH III R 18/85 vom 10. Juni 1988, in: BFH/NV, 5. Jg. (1989), S. 348-350.

BFH VIII R 193/83 vom 27. September 1988, in: BStBl. II 1989, S. 414-416.

BFH III R 70/87 vom 2. März 1990, in: BStBl. II 1990, S. 733-736.

BFH X R 49/89 vom 20. Mai 1992, in: BStBl. II 1992, S. 904-909.

BFH XI R 51/89 vom 8. Juli 1992, in: BStBl. II 1992, S. 946-948.

BFH XI R 1/93 vom 12. Mai 1993, in: BStBl. II 1993, S. 786-787.

BFH XI R 6/93 vom 25. August 1993, in: BStBl. II 1994, S. 23-26.

BFH IV R 114/94 vom 25. Januar 1996, in: BStBl. II 1997, S. 382-384.

BFH X B 235/96 vom 19. Dezember 1997, nicht veröffentlicht.

BFH IV R 80/96 vom 10. September 1998, in: BStBl. II 1999, S. 21-23.

BFH XI R 55/97 vom 17. Juni 1998, in: BFH/NV, 15. Jg. (1999), S. 9-10.

BFH X R 38/98 vom 28. Juli 1999, in: BStBl. II 2000, S. 653-656.

BFH I R 29/97 vom 15. Dezember 1999, in: BStBl. II 2000, S. 527-533.

BFH VIII R 77/96 vom 28. März 2000, in: BStBl. II 2002, S. 227-230.

BFH I R 17/02 vom 18. Dezember 2002, in: BFHE 201, S. 234-241.

BFH I R 49/02 vom 20. August 2003, in: Der Betrieb, 56. Jg. (2003), S. 2573-2575.

Finanzgerichte

FG Münster I 213/71 F vom 21.Oktober 1971, in: EFG 1972, S. 173.

FG Baden-Württemberg 3 K 392/87 vom 27. Februar 1992, nicht veröffentlicht.

FG Köln 13 K 812/97 vom 16. Juli 1997, in: Betriebs-Berater, 50. Jg. (1997), S. 1941-1942.

FG Hamburg II 23/97 vom 22. April 1999, in: Betriebs-Berater, 52. Jg. (1999), S. 1866-1867.

FG Düsseldorf 10 K 2408/00 G vom 20. Februar 2003, in: EFG 2003, S. 763-764.

FG Berlin 8 K 8572/99 vom 24. März 2003, in: DStR-E 2003, S. 964-966.

FG Hamburg III 1/01 vom 28. November 2003, nicht veröffentlicht.

Landgerichte

LG Mannheim 22 KLs 628 Js 10855/01 vom 18. Dezember 2001, nicht veröffentlicht.

LG München I 6 KLs 305 Js 34066/02 vom 21. November 2002, nicht veröffentlicht.

LG Frankfurt am Main 3-7 O 47/02 vom 28. April 2003, nicht veröffentlicht.

LG Mannheim 25 KLs 628 Js 10855/01 vom 22. Mai 2003, nicht veröffentlicht.

Sonstige amtliche Quellen

SEC Litigation Releases

SEC Litigation Release No. 17001 vom 15. Mai 2001
Online im Internet: http://www.sec.gov/litigation/litreleases/lr17001.htm

SEC Litigation Release No. 17465 vom 11. April 2002
Online im Internet: http://www.sec.gov/litigation/litreleases/lr17465.htm

SEC Litigation Release No. 17588 vom 27. Juni 2002
Online im Internet: http://www.sec.gov/litigation/litreleases/lr17588.htm

SEC Litigation Release No. 17710 vom 4. September 2002
Online im Internet: http://www.sec.gov/litigation/litreleases/lr17710.htm

SEC Litigation Release No. 17866 vom 26. November 2002
Online im Internet: http://www.sec.gov/litigation/litreleases/lr17866.htm

SEC Litigation Release No. 17934 vom 15. Januar 2003
Online im Internet: http://www.sec.gov/litigation/complaints/comp17934.htm

SEC Litigation Release No. 17996 vom 25. Februar 2003
Online im Internet: http://www.sec.gov/litigation/litreleases/lr17996.htm

SEC Litigation Release No. 18104 vom 24. April 2003
Online im Internet: http://www.sec.gov/litigation/litreleases/lr18104.htm

SEC Litigation Release No. 18199 vom 20. Juni 2003
Online im Internet: http://www.sec.gov/litigation/litreleases/lr18199.htm

SEC Litigation Release No. 18277 vom 7. August 2003
Online im Internet: http://www.sec.gov/litigation/litreleases/lr18277.htm

SEC Litigation Release No. 18327 vom 8. September 2003
Online im Internet: http://www.sec.gov/litigation/litreleases/lr18327.htm

SEC Litigation Release No. 18355 vom 18. September 2003
Online im Internet: http://www.sec.gov/litigation/litreleases/lr18355.htm

SEC Litigation Release No. 18536 vom 9. Januar 2004
Online im Internet: http://www.sec.gov/litigation/litreleases/lr18536.htm

SEC Litigation Release No. 18605 vom 2. März 2004
Online im Internet: http://www.sec.gov/litigation/litreleases/lr18605.htm

SEC Litigation Release No. 18741 vom 9. Juni 2004.
Online im Internet: http://www.sec.gov/litigation/litreleases/lr18741.htm

SEC Complaints

SEC Complaint No. 17648 vom 8. Januar 2002
Online im Internet: http://www.sec.gov/litigation/complaints/comp17648.htm

SEC Complaint No. 17758 vom 30. September 2002
Online im Internet: http://www.sec.gov/litigation/complaints/comp17758.htm

SEC Complaint No. 17852 vom 8. November 2002
Online im Internet: http://www.sec.gov/litigation/complaints/comp17852.htm

SEC Complaint No. 17745 vom 24. November 2002
Online im Internet: http://www.sec.gov/litigation/complaints/comp17745.htm

SEC Complaint No. 17996 vom 25. Februar 2003
Online im Internet: http://www.sec.gov/litigation/complaints/comp17996.htm

SEC Complaint No. 18022 vom 10. März 2003
Online im Internet: http://www.sec.gov/litigation/complaints/comp18022.htm

SEC Complaint No. 18387 vom 30. September 2003
Online im Internet: http://www.sec.gov/litigation/complaints/comp18387.htm

SEC Complaint No. 18534 vom 6. Januar 2004
Online im Internet: http://www.sec.gov/litigation/complaints/comp18534.htm

SEC Complaint No. 18715 vom 17. Mai 2004
Online im Internet: http://www.sec.gov/litigation/complaints/comp18715.pdf

SEC Complaint No. 18734 vom 3. Juni 2004
Online im Internet: http://www.sec.gov/litigation/complaints/comp18734.pdf

SEC Complaint No. 18748 vom 16. Juni 2004
Online im Internet: http://www.sec.gov/litigation/complaints/comp18748.pdf

SEC Complaint No. 18820 vom 4. August 2004
Online im Internet: http://www.sec.gov/litigation/complaints/comp18820.pdf

SEC Accounting and Auditing Enforcement Releases

SEC AAER No. 1215 vom 11. Januar 2000
Online im Internet: http://www.sec.gov/litigation/admin/34-42326.htm

SEC AAER No. 1350 vom 14. Dezember 2000
Online im Internet: http://www.sec.gov/litigation/admin/34-43724.htm

SEC AAER No. 1393 vom 15. Mai 2001
Online im Internet: http://www.sec.gov/litigation/admin/33-7976.htm

SEC AAER No. 1511 vom 5. März 2002
Online im Internet: http://www.sec.gov/litigation/admin/34-45507.htm

SEC AAER No. 1631 vom 24. September 2002
Online im Internet: http://www.sec.gov/litigation/admin/33-8134.htm

SEC AAER No. 1760 vom 23. April 2003
Online im Internet: http://www.sec.gov/litigation/admin/34-47727.htm

SEC AAER No. 1861 vom 11. September 2003
Online im Internet: http://www.sec.gov/litigation/admin/34-48485.htm

SEC AAER No. 1879 vom 29. September 2003
Online im Internet: http://www.sec.gov/litigation/admin/33-8295.htm

SEC AAER No. 1913 vom 14. November 2003
Online im Internet: http://www.sec.gov/litigation/admin/34-48783.htm

SEC AAER No. 1978 vom 17. März 2004
Online im Internet: http://www.sec.gov/litigation/admin/33-8403.htm

SEC AAER No. 2033 vom 9. Juni 2004
Online im Internet: http://www.sec.gov/litigation/admin/33-8428.htm

Verlautbarungen der EU

VO (EG) Nr. 1606/2002: Verordnung (EG) Nr. 1606/2002 des Europäischen Parlaments und des Rates vom 19. Juli 2002 betreffend die Anwendung internationaler Rechnungslegungsstandards, in: ABl. L 243 vom 11.09.2002, S. 1-4.

VO (EG) Nr. 1725/2003: Verordnung (EG) Nr. 1725/2003 der Kommission vom 29. September 2003 betreffend die Übernahme bestimmter Rechnungslegungsstandards in Übereinstimmung mit der Verordnung (EG) Nr. 1606/2002 des Europäischen Parlaments und des Rates, ABl. L 261 vom 13.10.2003, S. 1-420.

EU-RL 78/660/EWG: Vierte Richtlinie 78/660/EWG des Rates vom 25. Juli 1978 aufgrund von Artikel 54 Absatz 3 Buchstabe g) des Vertrages über den Jahresabschluss von Gesellschaften bestimmter Rechtsformen, in: ABl. L 222 vom 14.08.1978, S. 11-31

EU-RL 83/349/EWG: Siebente Richtlinie 83/349/EWG des Rates vom 13. Juni 1983 aufgrund von Artikel 54 Absatz 3 Buchstabe g) des Vertrages über den konsolidierten Abschluss, in: ABl. L 193 vom 18.07.1983 S. 1-17.

EU-RL 2003/51/EG: Richtlinie 2003/51/EG des Europäischen Parlaments und des Rates vom 18. Juni 2003 zur Änderung der Richtlinien 78/660/EWG, 83/349/EWG, 86/635/EWG und 91/674/EWG über den Jahresabschluss und den konsolidierten Abschluss von Gesellschaften bestimmter Rechtsformen, von Banken und anderen Finanzinstituten sowie von Versicherungsunternehmen, in: ABl. L 178 vom 17.07.2003, S. 16-22.

EU-KOM 95(508): „Harmonisierung auf dem Gebiet der Rechnungslegung: eine neue Strategie im Hinblick auf die internationale Harmonisierung" vom November 1995, Online im Internet: http://europa.eu.int/comm/internal_market/ accounting/docs/com-95-508/com-95-508_de.pdf.

Drucksachen

BT-Drucksache 15/3984: Drucksache des Deutschen Bundestages 15/3984 vom 20.10.2004: Gesetzentwurf der Bundesregierung: Entwurf eines Gesetzes zur Fortentwicklung der Berufsaufsicht über Abschlussprüfer in der Wirtschaftsprüferordnung (Abschlussprüferaufsichtsgesetz – APAG), S. 1-20.

BR-Drucksache 851/04: Drucksache des Deutschen Bundesrates 851/04 vom 5.11.2004: Gesetzesbeschluss des Deutschen Bundestages: Gesetz zur Kontrolle von Unternehmensabschlüssen (Bilanzkontrollgesetz – BilKoG), S. 1-9.

BR-Drucksache 852/04: Drucksache des Deutschen Bundesrates 852/04 vom 5.11.2004: Gesetzesbeschluss des Deutschen Bundestages: Gesetz zur Einführung internationaler Rechnungslegungsstandards und zur Sicherung der Qualität der Abschlussprüfung (Bilanzrechtsreformgesetz – BilReG), S. 1-21.

FSC
www.fsc.org
MIX
Papier | Fördert gute Waldnutzung
FSC® C083411

Kolibri 360 GmbH
Ferdinand-Jühlke-Straße 7
99095 Erfurt, Deutschland
produktsicherheit@kolibri360.de